ALMANACH DROIT ET SEXUALITÉS

ISBN 978-2-8224-0541-6

MA Editions - ESKA, 12, rue du Quatre Septembre – 75002 Paris
Tél . : 01 42 86 55 75 – Fax : 01 42 60 45 35

ALMANACH DROIT ET SEXUALITÉS

JACQUES DELGA

Du même auteur

– *Prostitution – Plus de cent questions d'actualité sur la prostitution Internet : un très grand proxénète,* MA Éditions, 2017.

– *Criminalité en col blanc* (ouvrage collectif). Direction d'ouvrage (avec Stephen Almaseanu, Fabrice Bien, Bruno Brochenin, Grégory Carteaux, Olivier Charrier, Nicolas Cys, Jacques Delga, Frédéric Echenne, Paul Le Fèvre, Maxime Lemarquis, Christian Lopez, Éric Meillan, Adeline Planckaert, Brigitte Raynaud, Jean-Louis Roy, David Senat), Éditions L'Harmattan, 2016.

– *Penser et repenser Le Terrorisme*, (ouvrage collectif). Coordination d'ouvrage (avec Laurent Testot, Julien Fragnon, Jacques Delga, Jean Bevalet, Jean Pierre Pochon, Éric Meillan, Jacques Baud, Jean Paul Hamon, Julie Boumrar, Samir B, Jean Michel Oughourlian, Christine Bonardi, Pierre Mannoni, Renos Papadopoulos, Pierre Simon, Jerome de Verdiere, Jean Luc Ronge, Éric Corthay, Wally Struys, Ami Jacques Rapin, Najwa El Haité, Bruno Brochenin, Laurent Bibard, Philippe Vin, Brigitte Lahaie, Beatrice Cuzin) MA Éditions, 2015.

– *Prostitution Cent questions d'actualité Étude de la législation* (postface B. Lahaie), Éditions Eska, 2014.

– *De l'immoralité ou de la difficulté d'approche de la morale humaine* (oeuvre collective). Coordination d'ouvrage (avec Laurent Bibard, Olivier Brisson, Guy Chaty, Marie Paule Labreur, Francisco Mananga, Vanessa Padioleau, Claire Abitbol) Éditions L'Harmattan, 2014.

– *Droit de l'Entreprise*, ouvrage collectif, 3.650 pages, partie « Droit des Contrats » avec F. Bien, 19e édition (19 éditions successives depuis l'année 1997), Éditions Lamy, Éditions 2013-2014, Wolters Kluvers.

– *Sexualité, Libertinage, Échangisme et Droit*, Éditions L'Harmattan, 2012.

– *Souffrance au travail dans les grandes entreprises* (ouvrage collectif). Coordination d'ouvrage (avec Dorsave Ben Salah, Fabrice Bien, Clarisse Burger, Aube Violaine Leduc, Éric Laurent, Francisco Mananga, Saida Mehneni, Abiramy Rajkumar, Gerard Raymond, Nazeha Drati, Florian Sellier, Marc Sorel, Patrick Vexiau), Editions Eska, 2010.

– *Manuel de l'Innocent*, Editions Eska, 2008.

– *Droit des Associations*, Juris associations : « Personnalité morale et actions en justice des associations » in Dalloz « Professionnels » (feuillets mobiles destinés aux professionnels), éditions Dalloz 2005-2006 (37 coauteurs), mise à jour annuelle à partir de 2006.

– *Gouvernement d'entreprise*, ouvrage collectif (auteur de « Abus de biens ») Egon Zehnder International, Novembre 2002.

– *Droit des Associations* Dalloz Action 2000 (ouvrage collectif sous la direction de E. Alfandari, 40 coauteurs), Éditions Dalloz.

– *Gouvernement d'entreprise* ouvrage collectif (auteur de délinquance d'affaires) Egon Zehnder International, novembre 2000.

– *Droit des Sociétés*, Éditions Dalloz 1998.

– *Gouvernement d'entreprise Aspects juridiques*, Egon Zehnder International, 1997.

Sommaire de l'ouvrage

Mes remerciements à Vanessa Padioleau
et Marie-Anne François, professeures

Mes remerciements aussi à Adeline Planckaert
et Maxime Lemarquis, tous deux juristes

Une place à part pour Anne-Marie et son soutien toujours précieux

« L'instinct sexuel est la cause de la guerre et de la paix. Il est le fondement de toute action sérieuse, l'objet de toute plaisanterie, la source inépuisable de mots d'esprit, la clef de toutes les allusions, l'explication de tout signe muet, de toute proposition non formulée, de tout regard furtif, la pensée et l'aspiration quotidienne du jeune homme et souvent aussi du vieillard, l'idée fixe qui occupe toutes les heures de l'impudique et la vision qui s'impose sans cesse à l'esprit de l'homme chaste ».

Extrait de l'ouvrage *Le Monde comme volonté et comme représentation* (*Die Welt als Wille und Vorstellung*) d'Arthur Schopenhauer,
publié pour la première fois chez Brockhaus à Leipzig en 1819,
traduction A. Burdeau, Paris PUF, 1966.

Introduction

On peut considérer au sens large que l'almanach est un livre comprenant des renseignements divers. Il est destiné à la propagation d'un savoir. À titre d'exemple, l'almanach de l'agronome contient les travaux que le cultivateur et le jardinier doivent faire pendant chaque mois (Économie rurale, 1824). À titre anecdotique, la BNF détient *L'Almanach des adresses des demoiselles de Paris*, avec leurs tarifs et leurs spécialités (Imprimerie de l'Amour, 1791). L'almanach qui est présenté ci-dessous est celui du droit et des sexualités. L'ouvrage est sans doute moins coquin *que L'Almanach des adresses des demoiselles de Paris*. Il n'en est pas moins instructif. Il existe en matière de sexualité, sujet tabou en France, une perte de repères. Le droit européen a aboli plus ou moins notre morale sexuelle judéo-chrétienne pour une laïcité et une liberté souvent inconnue du grand public. On peut être d'autant plus surpris que la nouvelle loi française sur la prostitution qui pénalise le client fait exception et ne va pas en ce sens. Il était temps d'informer.

L'idée de présenter des informations sur le droit et la sexualité sous forme d'un almanach nous a paru originale et amusante. Cet almanach reprend les dates du calendrier mois par mois, jour par jour, sur 365 jours. Certaines données importantes citées en matière de sexualité remontent à quelques années, d'autres sont très récentes. À proximité de chaque date figurent les références des titres, le plus souvent des décisions de jurisprudence ou des dispositions réglementaires ou législatives. L'analyse objective et explicative du contenu est effectuée sous cette présentation. Un intitulé « Réaction/Actualité » situé à la suite de chaque examen donne le la, commente la solution, précise l'évolution, indique la tendance actuelle. L'ensemble est présenté de manière uniforme.

L'almanach comporte des investigations d'ordre notamment juridique, mais aussi sociologique, psychologique, etc. Sous chaque jour de l'année figurent un ou plusieurs cas concrets sur le sexe en tant que genre, masculin, féminin (ou neutre), l'homosexualité, la transsexualité, le changement de sexe, les discriminations, le harcèlement moral ou sexuel, le sexisme, l'adoption suite à la gestation pour autrui (GPA) ou la procréation médicale assistée (PMA). Il aborde de même la prostitution, le proxénétisme, l'assistance sexuelle. Les questions relatives au plaisir sexuel, aux libertés sexuelles (libertinage, échangisme) aux pratiques sexuelles (sadomasochisme, sodomie, fellation, zoophilie, etc.) ne sont pas oubliées. Les infractions sexuelles, ou les violences sexuelles (agressions sexuelles, viols) comme les poursuites et responsabilités en cas de MST et de transmission du VIH sont exposées. L'ouvrage traite aussi de la protection des mineurs, des infractions spécifiques (prostitution de mineurs, corruption, détournement, inceste ou atteinte sexuelle sur mineur, etc.), mais aussi de leurs droits (majorité sexuelle, relations sexuelles entre mineurs). Des décisions soulignant les droits et les devoirs des utilisateurs de messages via Internet et plus particulièrement les limites quant aux applications libertines des salariés dans l'entreprise sont présentées. Enfin la notion de la famille, de mariage, de fidélité, d'infidélité, de faute en cas de divorce, de relations sexuelles minimum ou maximum entre époux clôture globalement l'étude. La liste des sujets évoqués ci-dessus est loin d'être exhaustive.

Ce manuel n'a pas la prétention d'aborder l'ensemble de la sexualité ou des sexualités. Il présente cependant un panorama important du droit et de la sexualité. Il décrit les évolutions qui ont eu lieu sur le plan national et international. Il ne manque pas de souligner l'impact de la Cour européenne des Droits de l'homme (CEDH) sur le droit français. De courtes études critiques et/ou prospectives sur certains points d'actualité sont proposées telles les réflexions sur la notion d'agression et d'agresseur sexuel, la remise en cause de la Cour européenne des Droits de l'homme (CEDH), le sexe neutre, l'avenir des intersexués, la gestation pour autrui (GPA), l'adoption par le parent d'intention d'un enfant né à l'étranger suite à une procréation médicale assistée (PMA) ou même une GPA (mère porteuse), les modalités de changement de sexe et l'incidence liée au fait de la démédicalisation récente, les arrêtés anti-burkini ou anti-prostitution, l'assistance sexuelle des handicapés, la loi du 13 avril 2016 réprimant le client de la prostituée, etc.

Les principaux sujets traités dans l'almanach peuvent aussi être regroupés sous les grands thèmes présentés ci-dessous.

I «Mineur» / Liberté sexuelle / Sexualité / Infractions sexuelles concernant plus spécifiquement les mineurs

II Prostitution / Proxénétisme

III Transsexualité / Intersexualité / Changement de sexe / Changement d'état civil / Sexe neutre

IV Procréation médicale assistée / Gestation pour autrui (PMA/GPA) Filiation Adoption

V «VIH/SIDA»

VI «Homosexualité» / Discrimination / Dépénalisation / Répression

VII Harcèlement sexuel et moral / Sexisme / Discrimination / Principe de parité

VIII Infractions sexuelles (autres que celles déjà citées *supra* -exclusion notamment des infractions liées aux mineurs, à l'inceste, au harcèlement, au proxénétisme, à la prostitution, à la transmission du VIH-)

IX Liberté, Liberté sexuelle, Droit au plaisir sexuel (et limites)

X Famille, Fidélité, Infidélité

XI Enquêtes et observations diverses

Un double récapitulatif figure dans ce livre. Il se présente d'une part sous forme d'une reprise chronologique, jour par jour, des divers cas et d'autre part, sous forme d'une classification par grand thème (11 thèmes, voir annexes). Chaque thème regroupe les situations qui le concernent. L'ensemble des sujets est ainsi abordé.

Brigitte Lahaie a été la marraine du colloque national interuniversitaire «les 24 Heures du Droit, Droit(s) aux sexe(s)», le 3 juin 2016 au Mans. Elle est connue comme actrice et animatrice radio sur des thèmes concernant la sexualité. Elle devrait être plus connue en tant qu'auteure de nombreux ouvrages, organisatrice de pièces de théâtre ou de rencontres variées permettant des échanges avec des universitaires, professeurs de renom, dans tout domaine. Certes il n'est pas possible de rivaliser avec le caractère « sexy » de son propre almanach composé de superbes photos. Mais la volonté a été de tenter d'apporter au droit ou à sa présentation trop souvent austère un petit piment. Piment souvent encore de nos jours oublié ou moqué à tort comme l'extrait ci-dessus de Schopenhauer peut l'illustrer.

Ce livre qui peut servir pédagogiquement ou pour résoudre des cas concrets et que nous voudrions populaire bien que fondé sur des recherches parfois complexes tente d'être simple sans être simpliste. Il est destiné à tout public. Juristes ou non-juristes, jeunes ou plus âgés, professeurs ou étudiants, médecins ou psychologues, sexologues ou patients, épicuriens, libertins ou ascètes, magistrats, avocats, policiers ou peut-être même délinquants sexuels repentis. La sexologie, discipline transversale qui ne peut ignorer le droit et est appelée à se développer, peut trouver dans cet ouvrage quelques éléments d'intérêts.

Janvier

- **1er janvier 2002** – Une ordonnance fixe implicitement la majorité sexuelle à 15 ans
- **2 janvier 2013** – Loi islamique : La femme ne peut être assise à califourchon sur une moto (Province d'Indonésie)
- **3 janvier 1972** – Loi : Égalité entre les enfants naturels et légitimes
- **4 janvier 2006** – Cour de cassation : Mettre la main au sexe ne peut être qualifié d'exhibition sexuelle
- **4 janvier 2005** – Cour d'appel de Colmar : La transmission volontaire du Sida a pour fondement pénal « l'administration de substance nuisible »
- **5 janvier 1956** – Cour de cassation : Le fiancé peut obtenir réparation de son préjudice en cas de décès de sa fiancée du fait d'un accident provoqué par un tiers conducteur (préjudice certain et direct)
- **6 janvier 1998** – Cour de cassation belge : À propos du sadomasochisme « Des coups et blessures volontaires peuvent être excusables »
- **7 janvier 2015** – Décision MLD-2014-209 du Défenseur des Droits du 7 janvier 2015 relative au harcèlement moral subi par une fonctionnaire territoriale depuis la dénonciation de l'agression sexuelle dont elle aurait été victime de la part de son supérieur hiérarchique

- **8 janvier 1993** – La loi consacre le principe de l'exercice conjoint de l'autorité parentale
- **9 janvier 2017** – Hommage (date anniversaire) à l'engagement féministe de Simone de Beauvoir (née le 9 janvier 1908)
- **10 janvier 2006** – Cour de cassation : Condamnation du transmetteur de VIH sur la qualification : « d'administration de substance nuisible » (et non d'empoisonnement)
- **11 janvier 2017** – Cour de cassation : La victime, à moitié endormie et alcoolisée, a cru que son mari lui prodiguait des caresses dans son lit avant de comprendre son erreur et de s'y opposer. L'auteur a été condamné pour agression sexuelle par surprise en l'absence même de manœuvre ou stratagème
- **12 janvier 2017** – La proposition de loi de doublement des délais de prescription pénale (crime 20 ans, délit 6 ans) est adoptée en deuxième lecture à l'Assemblée. Elle concerne aussi les crimes et délits sexuels
- **13 janvier 2017** – Émission RMC de Roselyne Bachelot sur la liberté sexuelle, la pornographie et les jeunes
- **14 janvier 2010** – Tribunal de Pau : Absence de caractère prostitutionnel de l'annonce « JF cherche H courtois et généreux »
- **15 janvier 2015** – Cour de cassation chambre sociale : Obligation absolue (de résultat) de cessation de harcèlement à la charge de l'employeur en cas de harcèlement moral ou sexuel d'une employée
- **16 janvier 2009** – Tribunal de grande instance de Paris : L'organisation de soirées échangistes n'est pas contraire aux bonnes mœurs
- **17 janvier 1975** – La loi VEIL autorise l'interruption volontaire de grossesse (IVG)
- **18 janvier 2016** – Cour d'appel d'Agen : Une femme homosexuelle mariée a obtenu l'adoption plénière de l'enfant de sa compagne suite à une PMA à l'étranger
- **19 janvier 2005** – Cour de cassation chambre criminelle : La stérilisation pratiquée dans un but strictement contraceptif sur

une patiente non consentante ne constitue un délit que si elle est réversible (et un crime dans le cas contraire)

- **20 janvier 2017** – Publication d'une enquête du Défenseur des Droits dénonçant le contrôle au faciès des hommes
- **21 janvier 2017** – Marche des femmes (contre l'atteinte aux Droits de l'homme) après l'investiture de Donald Trump
- **22 janvier 2008** – CEDH : La Cour européenne des Droits de l'homme condamne la France pour avoir refusé l'adoption d'un enfant en raison de l'homosexualité de la demanderesse
- **23 janvier 2014** – Cassation 2e chambre civile : Le traitement plus favorable réservé au conjoint marié survivant par rapport au partenaire d'un PACS ne constitue pas une discrimination
- **24 janvier 2012** – Étude par l'Université de Sherbrooke (faculté de droit) des crimes d'honneur « qui devraient être qualifiés de déshonneur » au Canada (https://www.usherbrooke.ca/actualites/nouvelles/actualites/details/.../17330/)
  Suivie d'un aperçu personnel global succinct tant dans le monde qu'en France)
- **25 janvier 2013** – Circulaire (Taubira) du ministère de la Justice au profit des mères porteuses exigeant des autorités la délivrance de certificats de nationalité aux enfants nés à l'étranger issus d'une GPA
- **26 janvier 2016** – Loi supprimant le délai de réflexion d'une semaine en matière d'IVG
- **27 janvier 1987** – La loi autorise la publicité pour les préservatifs
- **27 janvier 2007** – Ordonnance du préfet Lépine interdisant les travestissements sur la voie publique
- **28 janvier 2015** – Cour de cassation : Mariage franco-marocain de personnes de même sexe autorisé en France (bien qu'interdit au Maroc)
- **29 janvier 2013** – Résumé de l'esprit et bref extrait du discours de Christiane Taubira ministre de la Justice prononcé le 29 janvier 2013 à l'Assemblée lors de la présentation du projet de loi sur le mariage homosexuel (mariage pour tous)

- **30 janvier 2003** – Tribunal de grande instance de Paris, 17e chambre : Principe de licéité des sites à caractère pornographique
- **31 janvier 1999** – Manifestation anti PACS. Menace d'Act up « d'outer » un député homosexuel présent à cette manifestation

1ER JANVIER 2002

Une ordonnance fixe implicitement la majorité sexuelle à 15 ans

Une ordonnance en vigueur à dater du 1er janvier 2002 considère qu'un majeur commet une atteinte sexuelle (infraction réprimant les relations sexuelles) sur la personne d'un mineur de 15 ans (c'est-à-dire de moins de quinze ans) même si ce mineur est consentant (si le mineur n'était pas consentant il ne s'agit plus d'atteinte sexuelle, mais du délit plus grave d'agression sexuelle – voire de viol (crime) – s'il y a eu pénétration. La notion de « majorité sexuelle » est tirée de cette disposition. Mais le terme « majorité sexuelle » n'est pas présent explicitement. De nombreux textes législatifs ont mentionné plus officiellement l'existence d'une sexualité des mineurs à partir de 15 ans.

Réaction/Actualité

La majorité sexuelle à 15 ans ne signifie pas qu'un adulte a toute liberté sexuelle avec un mineur de plus de 15 ans. Il existe de nombreux cas (du fait notamment de la subordination) où un rapport sexuel avec un mineur de plus de 15 ans est pénalement répréhensible.

2 JANVIER 2013

Loi islamique : La femme ne peut être assise à califourchon sur une moto (Province d'Indonésie)

Le 2 janvier 2013, Suaidi Yahya – maire de Lhokseumawe (la deuxième plus grande ville de la province indonésienne d'Aceh) – annonce qu'il va interdire aux passagères de chevaucher les deux-roues, conformément aux préceptes de la charia (?). « Il n'est pas décent pour une femme d'être assise à califourchon. Nous appliquons la loi islamique ici », dit-il. Sous prétexte que cette position donnerait aux femmes un air trop masculin ou trop provocateur, au choix, il leur est désormais interdit d'écarter les jambes à l'arrière d'une moto. Elles doivent s'asseoir en amazone, juchées en équilibre instable derrière le pilote. C'est plus féminin, estime le maire, qui commente : « Nous souhaitons honorer les femmes par le biais de cette loi, car ce sont des créatures fragiles ». (Citation provenant du Blog « les 400 Culs » Libération.fr, Rédaction Agnès Giard, auteure de livres, journaliste et docteur en anthropologie. Agnès Giard est maintenant chercheuse rattachée à l'Université de Paris Ouest, laboratoire Sophiapol (EA 3932), groupe de recherches « socioanthropologie de la sexualité »).

Réaction/Actualité

On a tendance à se moquer un peu vite de la situation inféodée des femmes dans certains pays étrangers. On ne peut oublier qu'en France en 1942 une loi fut votée punissant l'avortement de la peine de mort. On ne peut oublier que jusqu'en 1965 le mari administrait les biens propres de la femme. C'est un peu sur le même principe équivoque, la protection de la femme contre elle-même, et notamment de la femme mariée en France, que cette dernière ne pouvait sans l'autorisation du mari s'inscrire à un examen ou au permis de conduire ou même retirer de l'argent sur son compte bancaire. On ne peut enfin oublier que jusqu'en 1970 existait la puissance paternelle (qui fut remplacée alors par l'autorité parentale). De nos jours encore l'enfant, sauf disposition contraire, prend le nom du père.

3 JANVIER 1972

Loi : Égalite entre les enfants naturels et légitimes

La loi du 3 janvier 1972 reconnaît l'égalité des enfants naturels (nés hors mariage) et légitimes (issus d'un couple marié). Depuis, le législateur français a donné les mêmes droits à tous les enfants.

Réaction/Actualité

De nos jours, les enfants légitimes ou non légitimes, les enfants naturels ou adultérins, les enfants adoptés ont droit à la succession de leurs parents. Tel n'est pas le cas cependant des enfants non reconnus qui n'ont aucun droit sur l'héritage (sauf à exercer une action en paternité).

4 JANVIER 2006

Cour de cassation : Mettre la main au sexe ne peut être qualifié d'exhibition sexuelle

Le 4 janvier 2006, la Cour de cassation a considéré qu'un geste obscène « mains sur ses parties génitales » « fume c'est du Belge ! » ne peut être considéré comme exhibition sexuelle.

Réaction/Actualité

Sortir le sexe de son pantalon, se masturber en public est en revanche constitutif d'un délit d'exhibition sexuelle. C'est sur ce fondement qu'a été poursuivi le vice-président d'un parti politique en 2016.

4 JANVIER 2005

Cour d'appel de Colmar : La transmission volontaire du Sida a pour fondement pénal « l'administration de substance nuisible »

La répression de la transmission volontaire du VIH a posé à l'origine problème. La Cour de cassation rejetait la qualification d'empoisonnement dans la mesure où la volonté de tuer n'était pas avérée même si le prévenu avait connaissance de sa maladie.

Le 4 janvier 2005, la cour d'appel de Colmar a rendu un arrêt important qui a servi de référence. Elle a confirmé le jugement précédent du 28 juin 2004 du tribunal correctionnel de Strasbourg (voir *infra*). Une peine de prison de six ans a été infligée au prévenu pour avoir « administré une substance nuisible ayant entraîné une infirmité permanente ». En l'espèce un homme, se sachant séropositif, avait tenu ses partenaires dans l'ignorance de son état et avait transmis le virus à deux femmes qui n'avaient donc pu se protéger (absence de préservatif). C'est sur ce fondement d'administration de substance nuisible que désormais les poursuites en la matière ont lieu.

Réaction/Actualité

La pénalisation de la transmission du sida est délicate. On sanctionne pénalement la transmission « volontaire » (ceux qui savaient). Dès lors le risque est que certains ne veulent pas savoir et ne se fassent plus dépister. Pour le Conseil national du sida, « il est de la plus haute importance que la responsabilisation partagée soit prise en compte dans les procédures judiciaires relatives à la transmission du VIH lors d'une relation sexuelle ». En d'autres termes il appartient aussi au partenaire de se protéger.

5 JANVIER 1956

Cour de cassation : Le fiancé peut obtenir indemnisation de son préjudice en cas de décès de sa fiancée du fait d'un accident provoqué par un tiers conducteur (préjudice direct et certain)

Le Code civil ignore les fiançailles. La fiancée n'a pas selon le Code de lien de droit avec le fiancé. La jurisprudence a eu toutefois à se prononcer à diverses reprises sur les effets des fiançailles. Les effets des fiançailles notamment à l'égard des tiers à propos d'accidents mortels de la circulation ont fait l'objet de diverses décisions. Le problème était de savoir si l'autre fiancé pouvait obtenir des dommages-intérêts en agissant contre l'auteur responsable de l'accident. Initialement la Cour de cassation était hostile à toute indemnisation. Elle considérait que le préjudice était incertain, le mariage étant hypothétique, la loi étant muette sur les fiançailles. Mais d'autres jugements, émanant des juges du fond, avaient toutefois admis le droit à réparation. La notion de « perte d'une chance », c'est-à-dire la perte d'une situation que l'on pouvait espérer en raison du mariage projeté, était évoquée. Mais la perte d'une chance était alors faiblement indemnisée.

La Cour de cassation en date du 5 janvier 1956 (D. 1956, 216 ; JCP 1956.II.9146) a *in fine* considéré qu'une fiancée avait éprouvé du fait du décès de son fiancé un préjudice direct, actuel et certain. Il s'agissait alors d'un véritable revirement. L'allocation de dommages-intérêts était de ce fait pleinement justifiée.

Réaction/Actualité

La solution de la Cour de cassation en date du 5 janvier 1956 ne semble plus faire de doute, depuis que la chambre mixte de la Cour de cassation (le 27 février 1970, arrêt Dangereux, cité) a reconnu droit à indemnisation de la concubine en réparation du préjudice subi du fait du décès du concubin. On ne voit pas, en effet, pourquoi la concubine serait mieux protégée que la fiancée.

6 JANVIER 1998

Cour de Cassation belge : À propos du sadomasochisme « Des coups et blessures volontaires peuvent être excusables »

Des coups et blessures volontaires commis dans le contexte d'une vie sadomasochiste peuvent être excusables en vertu de l'article 8 paragraphe 1 de la convention de sauvegarde des Droits de l'homme et des libertés fondamentales s'ils ne sont pas de nature à porter atteinte à la santé de la personne qui les subit et si cette dernière y consent

Réaction/Actualité

L'article n° 8 de la Convention européenne des Droits de l'homme (CEDH) proclame le droit de toute personne au respect « de sa vie privée ». Or la vie sexuelle fait partie de la vie privée qui doit être protégée de toute immixtion. La décision rendue par la Cour de cassation belge n'est pas éloignée de la conception que peut avoir la CEDH ou la Cour de cassation française du sadomasochisme de nos jours. Des violences légères dans ce jeu sexuel sont admises sous réserve du consentement.

7 JANVIER 2015

Décision MLD-2014-209 du 7 janvier 2015 du Défenseur des Droits relative au harcèlement moral subi par une fonctionnaire territoriale depuis la dénonciation de l'agression sexuelle dont elle aurait été victime de la part de son supérieur hiérarchique

Le résumé ci-dessous est extrait de www.defenseurdesdroits.fr/.droits./ decision-mld-2014-209-du-7-janvier-2015-relat...

« Le Défenseur des Droits a été saisi par l'intermédiaire de l'association européenne contre les violences faites aux femmes au travail (AVFT) de la réclamation d'un agent territorial qui fait l'objet d'un harcèlement moral depuis la dénonciation de l'agression sexuelle dont elle aurait été victime de la part de son supérieur hiérarchique.

L'enquête conduite auprès de la collectivité a permis d'établir que la réclamante subissait des changements d'affectation successifs depuis la dénonciation des faits de harcèlement sexuel auprès des autorités judiciaires, mettant en cause sa stabilité professionnelle, alors même que l'auteur présumé des faits n'est pas inquiété par la hiérarchie. De même, le déroulement de carrière de la réclamante se trouve entravé, comme le prouve la nomination au grade supérieur un an plus tard que les autres agents candidats à l'avancement professionnel.

Enfin, la collectivité tarde à lui fournir un fauteuil ergonomique, pourtant préconisé par le médecin de prévention depuis 2008. L'ensemble de ces faits (changements d'affectation successifs, non-respect de prescriptions médicales, retard dans l'avancement de carrière) a eu des répercussions sur l'état de santé de la réclamante, qui est fortement fragilisé depuis l'agression sexuelle dont elle se dit victime. La réclamante est considérée comme victime d'un harcèlement moral qui doit, en outre, recevoir la qualification de représailles dès lors qu'il fait suite à la dénonciation d'une agression sexuelle commise par le supérieur hiérarchique. La discrimination, au sens de l'article 6ter de la loi n° 83-634 du 13 juillet 1983 portant droits et obligations des fonctionnaires, est donc caractérisée.

Par conséquent, le Défenseur des Droits recommande au président de la collectivité de diligenter une enquête interne afin de déterminer s'il y a lieu d'engager une procédure disciplinaire à l'encontre du supérieur hiérarchique mis en cause, de fournir rapidement à la réclamante le fauteuil ergonomique préconisé par le médecin de prévention et enfin, de se rapprocher de la réclamante afin d'examiner avec elle les voies et moyens permettant de l'indemniser des préjudices moraux qu'elle a subis ».

Réaction/Actualité

Le défenseur des Droits est un organisme indépendant non juridictionnel. Il ne rend donc pas de décision judiciaire, mais peut appuyer des demandes. Le président actuel, nommé pour 6 ans par le président de la République, est Jacques Toubon. Cet organisme qui peut être saisi gratuitement par toute personne a notamment pour mission de se préoccuper des personnes discriminées et de celles ayant des litiges avec le service public (ombudsman). Il est aussi chargé de la défense des droits de l'enfant et du respect de la déontologie des activités de sécurité. Le premier titulaire a été Dominique Baudis.

8 JANVIER 1993

La loi consacre le principe de l'exercice conjoint de l'autorité parentale

La loi du 8 janvier 1993 n° 93-22 affirme le principe général de la coparentalité : la « coparentalité » est en substance le nom donné à l'exercice conjoint par les deux parents de l'autorité parentale. Les parents, qu'ils soient mariés ou non mariés (mariés, concubins divorcés, séparés) exercent tous deux l'autorité parentale.

Réaction/Actualité

Il importe d'indiquer qu'à cette époque, en 1993, la loi sur le mariage pour tous n'existait pas (ainsi que le PACS). Il ne s'agissait donc que d'une coparentalité de type hétérosexuel.

9 JANVIER 2017

Hommage (date anniversaire) à l'engagement féministe de Simone de Beauvoir (née le 9 janvier 1908)

Simone de Beauvoir philosophe, écrivaine, romancière et militante des droits humains est une des grandes figures du féminisme. *Le Deuxième Sexe*, publié en 1949, traduit en de nombreuses langues, best-seller aux États-Unis, dénonce les injustices faites aux femmes, refuse le rôle de l'infériorité naturelle de la femme. La phrase « On ne naît pas femme, on le devient » est encore d'actualité. « Oui, on peut changer le monde » disait-elle aussi.

Elle soutient le mouvement libertaire de mai 1968. Elle fonde avec Jean-Paul Sartre en 1969 le quotidien *Libération*.

Simone de Beauvoir en 1970 a rejoint le Mouvement de Libération des Femmes (MLF). Elle a été signataire du Manifeste des 343 salopes ayant déclaré dans *Le Nouvel Observateur* « Je me suis fait avorter ». Elle a défendu la loi sur l'Interruption Volontaire de Grossesse qu'elle a portée à l'Assemblée nationale. Elle s'est engagée dans la lutte pour la décolonisation (Viet Nam). Elle lutte, avec Jean-Paul Sartre, pour l'indépendance de l'Algérie.

Elle fonde en 1974 la Ligue du Droit des Femmes pour modifier les lois patriarcales du Code Napoléon

Réaction/Actualité

Simone de Beauvoir est critiquée de nos jours par certaines féministes. Mais on ne peut nier son engagement personnel, son désir d'humanité et d'égalité. De plus elle révèle à travers certains écrits les préoccupations d'aujourd'hui sur la souffrance physique et la dignité des mourants ou des personnes âgées. Les livres *La Vieillesse* édit. Gallimard 1970 (les vieillards sont-ils des hommes ?) ou *Une mort très douce* publié en 1964, récit autobiographique qui décrit les derniers instants qu'elle vécut auprès de sa mère mourante, en témoignent. Simone de Beauvoir demeure au cœur des débats modernes sur le féminisme, l'amour, la mort, l'euthanasie.

10 JANVIER 2006

Cour de cassation : Condamnation du transmetteur du VIH sur le fondement « d'administration de substance nuisible » (et non d'empoisonnement)

Dans un arrêt du 10 janvier 2006 la chambre criminelle de la Cour de cassation a approuvé la condamnation, par la cour d'appel, d'un individu qui, bien que sachant qu'il était porteur du VIH, a multiplié les relations sexuelles non protégées avec plusieurs jeunes femmes auxquelles il dissimulait volontairement son état de santé. La qualification « d'administration de substance nuisible » a été retenue.

Réaction/Actualité

La qualification d'empoisonnement avait été antérieurement parfois admise. Mais la qualification d'administration de substance nuisible moins sévèrement punissable est de nos jours toujours retenue. La sanction est de 6 ans de prison.

11 JANVIER 2017

Cour de cassation : La victime, à moitié endormie et alcoolisée, a cru que son mari lui prodiguait des caresses dans son lit avant de comprendre son erreur et de s'y opposer. L'auteur a été condamné pour agression sexuelle par surprise en l'absence même de manœuvre ou stratagème

Un individu alcoolisé, qui s'introduit dans le lit d'une femme endormie, dont le mari était absent, et qui profite de l'erreur de cette femme elle-même alcoolisée pour avoir des caresses intimes surprend le consentement de la victime et commet une agression sexuelle par surprise prévue par les articles 222-22 et 222-27 du Code pénal (en ce sens aussi Crim. 25 juin 1857). La victime, dans un état de semi-conscience ou compréhension, a cru que son mari lui prodiguait des caresses avant de comprendre son erreur et de s'y opposer. L'auteur des faits a fait un pourvoi estimant que les magistrats ne devaient pas en l'espèce retenir la surprise pour caractériser le défaut de consentement de la victime en l'absence de toutes manœuvres.

Réaction/Actualité

Le pourvoi a été rejeté. Pour la Cour de cassation, constitue « le délit d'agression sexuelle commise par surprise, prévu par les articles 222-22 et 222-27 du Code pénal, le fait de profiter, en connaissance de cause, de l'erreur d'identification commise par une personne pour pratiquer sur elle des gestes à caractère sexuel comportant un contact corporel », et ce « en l'absence même de toute autre manœuvre ». Cette décision est conforme à la jurisprudence ancienne et traditionnelle. L'état même d'alcoolémie de la victime générant la confusion pouvant suffire (Crim. 25 juin 1857). Sur ces questions voir aussi Crim. 25 avr. 2001, n° 00-85.467 P, D. 2001. 1994 ; RSC 2001. 808, obs. Y. Mayaud. Crim. 25 juin 1857 : S. 1857. 1. 711. Crim. 22 janv. 1997, n° 96-80.353 P, RSC 1998. 325, obs. Notons qu'en la matière plus que la surprise découlant de l'étonnement c'est le « consentement » de la victime qui a été surpris. L'agression aurait pu en cas de penétration être qualifiée de viol

12 JANVIER 2017

La proposition de loi de doublement des délais de prescription pénale (crime 20 ans, délit 6 ans) est adoptée en deuxième lecture à l'Assemblée. Elle concerne aussi les crimes et délits sexuels

Les députés ont adopté à l'Assemblée en deuxième lecture une proposition de loi visant à doubler les délais de prescription pénale, de dix à vingt ans pour les crimes (ex : homicide, viol) et de trois à six ans pour les délits de droit commun (vol). Concernant les infractions financières occultes ou dissimulées, le texte prévoit par ailleurs que le point de départ du délai de prescription ne soit plus la date de l'infraction elle-même, mais la date de la révélation de l'infraction. La jurisprudence de la Cour de cassation à propos notamment de l'abus de biens ou de confiance avait déjà consacré cette solution. Les crimes sexuels sont concernés. En cas de viol, le délai de prescription en France est de dix ans à partir du jour où l'infraction a été commise, sauf dérogation si la victime est mineure. Dans ce dernier cas en cas de viol, d'attouchements sexuels sur un mineur de moins de 15 ans ou commis par un ascendant, une personne ayant autorité ou par plusieurs personnes, le délai de prescription est de 20 ans à compter de la majorité de la victime. La victime peut donc porter plainte pour ces faits jusqu'à ses 38 ans. En cas d'agression sexuelle sur un mineur de plus de 15 ans, ou de corruption de mineur (etc.) le délai de prescription est de 10 ans à compter de la majorité de la victime. La victime peut donc porter plainte pour ces faits jusqu'à ses 28 ans.

Au cas donc où la loi serait définitivement adoptée le délai de prescription passerait donc à 20 ans pour les crimes de droit commun (voire à plus dans les cas des dérogations, notamment lorsque la victime était mineure au moment des faits de viol ou d'agressions sexuelles).

Réaction/Actualité

Les praticiens, les pénalistes notamment sont critiques. Ils estiment que l'idée de rédemption semble ainsi abandonnée. Ils considèrent que lorsque le délai est trop long l'établissement de preuves devient difficile. Les incohérences du dossier peuvent alors se retourner contre la victime. Il faut toutefois noter qu'à l'étranger, en Angleterre ou en Suisse ou dans l'état de Californie les crimes sexuels sont devenus imprescriptibles.

13 janvier 2017

Émission RMC de Roselyne Bachelot sur la liberté sexuelle, la pornographie et les jeunes

Roselyne Bachelot dans son émission à RMC constate qu'à 15 ans, 85 % des jeunes disent avoir déjà vu des films X. La première consultation d'une vidéo porno sur internet se ferait à l'âge de 12 ans. Pour Frédéric, appelé comme témoin et gérant d'une boîte de nuit en région parisienne, il est déjà trop tard pour les jeunes générations.

Réaction/Actualité

Les sexologues, notamment encore aux assises de sexologie de Lille en 2017, ne semblent pas contester ce phénomène pornographique. Mais la jeunesse n'a pas modifié ses caractéristiques. L'amour existe toujours. Il serait bénéfique que des cours d'éducation sexuelle, qui ne sont pas toujours ce qu'on imagine et prônent le respect de l'autre, puissent exister dans tous les collèges et les lycées. Or selon un rapport du Haut Conseil à l'égalité entre les femmes et les hommes, l'éducation sexuelle reste marginale dans l'enseignement. Sur 3000 établissements publics et privés seuls 10 à 21 % des élèves ont eu droit aux trois cours d'éducation sexuelle prévus par la loi de 2001 de l'Éducation nationale.

14 janvier 2010

Tribunal de Pau: Absence de caractère prostitutionnel de l'annonce « JF cherche H courtois et généreux »

Le tribunal de Pau en date du 14 janvier 2010 s'est prononcé sur la question de savoir si l'annonce qui suit « Jeune femme cherche à entrer en contact avec homme courtois et généreux » est une annonce prostitutionnelle. La réponse fut négative dans la mesure où il n'y a pas clairement de proposition d'acte sexuel contre rémunération.

Réaction/Actualité

L'annonce était usuelle à une époque dans certains médias. Les poursuites furent rares. Si la qualification d'acte prostitutionnel devait être retenue elle pourrait engendrer non seulement des poursuites pour racolage à l'encontre de la personne prostituée (délit de racolage supprimé en 2016), mais de plus le directeur du journal pourrait être poursuivi pour proxénétisme. Certains journaux qui prêchaient la morale et notamment la pénalisation de la prostitution comportaient dans les pages « annonces » des intitulés qui ne laissaient que peu de doute sur la proposition de la demanderesse. Il semblerait de nos jours que de telles annonces fleurissent plutôt sur internet sous des formes autres (massage, etc.).

15 JANVIER 2015

Cour de cassation chambre sociale : Obligation absolue (de résultat) de cessation de harcèlement à la charge de l'employeur en cas de harcèlement moral ou sexuel d'une employée

L'employeur a une obligation de résultat et non simplement de moyens afin de faire cesser le harcèlement d'une de ses employées. Il importe peu qu'il ait pris des mesures en vue de faire cesser les agissements.

Les attendus de l'arrêt de la Cour de cassation pour condamner l'employeur suite au harcèlement sexuel et/ou moral d'une employée sont en substance les suivants.

Alors que l'employeur, tenu d'une obligation de résultat en matière de protection de la santé et de la sécurité des travailleurs, manque à cette obligation, lorsqu'un salarié est victime sur le lieu de travail d'actes de harcèlement moral ou sexuel exercés par l'un ou l'autre de ses salariés, quand bien même il aurait pris des mesures en vue de faire cesser ces agissements ; que la cour d'appel qui a estimé qu'aucun manquement grave à cette obligation ne pouvait être imputé à l'employeur parce que la salariée ne l'avait pas avisé du comportement de son coéquipier avant l'agression sexuelle dont elle a été victime a violé les articles L. 1152-1, L. 1152-4 et L. 4121-1 du Code du travail ;

Alors enfin que le fait de n'avoir pas pris de mesures pour protéger la salariée des agissements de son coéquipier autres qu'une mise à pied disciplinaire d'une journée et de l'avoir fait travailler à nouveau en contact avec ce dernier constitue une violation grave de l'obligation de sécurité de résultat de l'employeur en matière de protection de la santé et de la sécurité de ses travailleurs ; que la cour d'appel qui a constaté que la salariée s'était retrouvée postérieurement à l'agression sexuelle dont elle avait été victime en contact avec son agresseur, mais a estimé qu'ils n'étaient pas seuls dans l'établissement a de plus fort violé les articles L. 1152-1, L. 1152-4 et L. 4121-1 du Code du travail.

Réaction/Actualité

L'employeur a de nos jours l'obligation de faire cesser le harcèlement. Le résultat seul importe. Il ne suffit pas qu'il ait mis tous les moyens en œuvre. Il doit prendre aussi toutes les mesures prescrites notamment par les articles du Code du travail afin d'éviter le renouvellement.

16 JANVIER 2009

Tribunal de grande instance de Paris : L'organisation de soirées échangiste n'est pas contraire aux bonnes mœurs

Le 16 janvier 2009 le tribunal de grande instance de Paris 17ᵉ chambre a jugé que l'organisation de soirées échangistes payantes n'est pas contraire aux bonnes mœurs ou à la morale. Tel est toujours le cas. Depuis le nouveau Code pénal de 1994 le gérant de club échangiste n'est plus un proxénète, mais un dirigeant comme un autre. Avant 1994, le gérant de club échangiste était un proxénète et ses activités ne pouvaient être juridiquement reconnues (cf. Arrêt chambre criminelle de la Cour de cassation en date du 16 janvier 1991 et autres).

Réaction/Actualité

La notion de bonnes mœurs ou de morale doit être entendue dans le cas ci-dessus comme étant appréciée par le juge. C'est ce dernier qui apprécie par exemple si un contrat doit être nul comme étant contraire aux bonnes mœurs. Cette appréciation juridique ou judiciaire n'est plus tout à fait liée à la morale judéo-chrétienne. L'évolution (avec notamment le droit européen) est de nos jours telle que les magistrats ne font pratiquement plus référence à des opérations qui seraient contraires à la morale ou aux bonnes mœurs (exception notable pour la prostitution).

17 JANVIER 1975

La Loi Veil autorise l'interruption volontaire de grossesse (IVG)

En France la loi relative à l'interruption volontaire de grossesse, dite loi Veil, est applicable à la date du 17 janvier 1975. Jusque-là, avorter pour une raison non médicale était un délit, passible de prison. Un texte provisoire autorisant l'IVG fut voté non sans passion et difficultés à la date du 15 janvier 1975 pour 5 ans. Le vote définitif sera réalisé en 1979. La loi prévoit que les mineures peuvent avoir aussi recours à l'IVG sans l'autorisation de leurs parents.

Réaction/Actualité

De nos jours encore cette loi génère des débats. Divers mouvements hostiles, parfois masqués, édictent par l'intermédiaire de sites internet « IVG » des recommandations plus ou moins médicales ou psychologiques mettant en garde contre l'IVG.

Madame Veil dont les qualités semblent aujourd'hui reconnues par tous les parlementaires et membres du gouvernement est décédée le 1er juillet 2017.

18 JANVIER 2016

Cour d'appel d'Agen : Une femme homosexuelle mariée a obtenu l'adoption plénière de l'enfant de sa compagne suite à PMA à l'étranger

Le 18 janvier 2016, la cour d'appel d'Agen a prononcé l'adoption plénière d'un enfant né par la technique de procréation médicalement assistée à l'étranger (PMA) au profit d'une jeune femme homosexuelle mariée à sa compagne. L'insémination artificielle de la compagne homosexuelle avait été réalisée avec l'aide d'un donneur anonyme en Espagne. Si la filiation de l'enfant avec la mère porteuse biologique ne posait pas de problème, des incertitudes voire des rejets existaient en matière d'adoption plénière par celle qui n'était pas la mère biologique.

Ainsi le 12 janvier 2015, le tribunal de grande instance de Cahors avait rejeté cette demande d'adoption plénière. Les motivations de refus reposaient plus généralement en la matière sur le fait de la fraude à la loi que l'intérêt de l'enfant ne pouvait pas même justifier. On affirmait qu'en France, la PMA n'est réservée qu'aux couples hétérosexuels, mariés ou non, justifiant d'une stérilité pathologique. Il était aussi souligné l'existence d'une atteinte au principe d'égalité entre les couples de femmes et les couples d'hommes, ces derniers ne pouvant pas avoir recours à une telle technique de reproduction.

C'était oublier la loi du 17 mai 2013 relative au mariage pour tous et donc au mariage homosexuel. C'était oublier que l'article 345-1 du Code civil prévoit l'adoption plénière de l'enfant du conjoint lorsque celui-ci n'a de lien de filiation qu'à l'égard de ce conjoint. C'était aussi oublier qu'on risquait de créer une discrimination entre les couples hétérosexuels et les couples homosexuels. En définitive il existait une sorte de vide juridique concernant l'adoption d'enfant par le parent d'intention, parent non biologique. La jurisprudence a longuement hésité. Elle a fini par avancer en matière de PMA notamment (voire aussi de GPA).

Le Conseil constitutionnel (17 mai 2013, n° 2013-669 DC, conseil n° 58) a rejeté le motif d'inconstitutionnalité du texte (loi du 17 mai 2013) selon lequel les couples seraient incités à recourir à la PMA ou à la GPA à l'étranger, « le caractère bilinéaire de la filiation fondée sur l'altérité sexuelle » ne constitue pas un principe fondamental reconnu par les lois de la République.

La cour d'appel d'Agen, infirmant le jugement du TGI de Cahors, a repris dans ses attendus les avis du 22 septembre 2014 de la Cour de cassation (Avis n° 15011 et 15010 du 22 septembre 2014 cité *infra*) : « l'assistance médicale à la procréation sous la forme d'une insémination artificielle avec donneur anonyme à l'étranger ne fait pas obstacle au prononcé de l'adoption par l'épouse de la mère de l'enfant né de cette procréation dès lors que les conditions légales de l'adoption sont réunies et qu'elle est conforme à l'intérêt de l'enfant ». L'épouse de la mère de l'enfant a donc pu adopter l'enfant né suite à une procréation médicalement assistée.

De telles avancées avaient déjà été observées. La cour d'appel d'Aix-en-Provence le 14 avril 2015 (6e chambre B, 14 avril 2015. Numéro de rôle : 14/13183) avait ainsi reconnu l'adoption plénière d'un enfant né par PMA réalisée également par insémination artificielle (en Belgique) par l'épouse homosexuelle de sa mère, estimant qu'il était « le fruit d'un projet parental ».

La fraude à la loi soutenue par le ministère public lors de son appel n'a pas été retenue et avait été contestée de la manière qui suit par les juges du fond. Cependant, la fraude à la loi, qui ne peut s'entendre que de manière restrictive dans le domaine du droit des personnes, suppose que le sujet de droit a artificieusement provoqué les circonstances qui lui permettent de se prévaloir de la loi étrangère. Or, l'usage d'artifices ou la manipulation de la règle de conflit n'est pas démontré par le ministère public. En effet, la mère s'est contentée d'aller en Belgique, pays de l'Union européenne, où chaque citoyen européen peut se rendre en vertu de la liberté de circulation dans les pays membres, pour profiter de la loi belge moins restrictive que la loi française. De plus, l'article L. 2141-2 du Code de la santé publique, qui limite l'accès à la procréation médicalement assistée, ne prévoit aucune sanction ni nullité d'ordre public qui interdirait l'établissement d'une filiation comme c'est le cas en matière de gestation pour autrui ou d'inceste formellement prohibés par le Code civil. En outre, les textes relatifs à l'adoption ne posent aucune condition quant aux circonstances de la conception de l'enfant. Considérer comme l'a fait le tribunal qu'il y a eu détournement de la loi revient donc à ajouter une condition à l'adoption. Le législateur n'a pas franchi ce pas.

Réaction/Actualité

Il est apparu dans notre législation un manque de concordance entre la conception de la filiation résultant de la loi nouvelle de 2013 (mariage pour tous) et celle sur laquelle s'est construit le droit relatif à la PMA. Ce dernier est conçu par référence au modèle classique de la filiation fondée sur l'altérité sexuelle. Ce modèle, s'il est dominant, n'est plus le modèle exclusif. Certains, se conformant à la tradition ou à un mode de pensée, tendent à rattacher à tout prix l'enfant à une mère et au père biologique. Le Conseil constitutionnel a pourtant affirmé que : « le caractère bilinéaire de la filiation fondée sur l'altérité sexuelle ne constitue pas un principe fondamental reconnu par les lois de la République ».

Les juridictions de droit privé ont longuement tâtonné. Le motif de fraude à la loi a été souvent à l'origine avancé. Tel ne semble plus tout à fait le cas. La pression de la Cour européenne des Droits de l'homme a sans doute joué un rôle important ; l'intérêt de l'enfant semble prédominer bien que récemment encore certains tribunaux, Aix et Versailles, aient manifesté une grande réticence (TGI Versailles, 29 avril 2014, n° 13/00168 ; TGI Aix-en-Provence, 23 juin 2014, n° 14/01472).

Dans d'autres pays, la PMA est autorisée pour les couples de même sexe. Il en est ainsi en Belgique, aux Pays-Bas, en Espagne, au Royaume-Uni, mais aussi en Finlande, en Suède, en Grèce, etc.

19 JANVIER 2005

Cour de cassation chambre criminelle : La stérilisation pratiquée dans un but strictement contraceptif (ligature des trompes) sur une patiente non consentante ne constitue qu'un délit si elle est réversible (et un crime dans le cas contraire)

En l'espèce deux femmes avaient accouché par césarienne en 1993 et 1996. Elles découvrent que le médecin avait, sans leur consentement, procédé à une ligature des trompes. Elles déposent plainte avec constitution de partie civile courant 2000 du chef de violences ayant entraîné une mutilation ou une infirmité permanente.

Il a été considéré par la Cour de cassation que ces femmes ayant subi, sans leur consentement, une ligature des trompes ne sont ni mutilées ni infirmes permanentes, leur stérilité étant « réversible ». Dès lors la faute commise ne pouvait être que délictuelle. Leur pourvoi trop tardif du fait de la prescription a été rejeté.

Attendu qu'il résulte des éléments du dossier que Fatoumata Y. et Gondola X. ont accouché respectivement les 4 août 1993 et 17 mai 1996 à l'hôpital de Rodez, par voie de césarienne ; que le docteur Z. a pratiqué ces interventions ;

En cet état ;

Attendu que, pour confirmer l'ordonnance de non-lieu rendue par le juge d'instruction, l'arrêt attaqué, après avoir notamment relevé que l'élément intentionnel des infractions n'était pas caractérisé, constate que les violences remontent à 1993 et 1996 et que les plaintes déposées par les parties civiles l'ont été plus de trois ans après la commission des faits ;

Que les juges en concluent que l'action publique est prescrite, le caractère criminel desdites infractions ne pouvant être retenu, les victimes n'étant, d'une part, « ni mutilées ni infirmes permanentes, au sens de l'article 222-9 du Code pénal » et, d'autre part, leur stérilité étant « réversible ».

En droit donc la stérilisation non consentie opérée par un médecin dans un but contraceptif ne constitue pas, si la stérilisation est réversible, une mutilation comme pourrait l'être l'excision du clitoris. Il ne s'agit, à la différence de l'excision du clitoris, que d'une violence délictuelle moins sévèrement sanctionnée et soumise à une prescription plus courte. En revanche l'excision serait considérée comme un crime.

Réaction/Actualité

On peut s'étonner de procédés aussi brutaux que la stérilisation forcée. Mais la France elle-même a posé de grands problèmes aux transsexuels qui désiraient changer de sexe (cité *infra* dans *L'Almanach*).

L'ONU en mai 2014 avait condamné la stérilisation forcée des transsexuels pratiquée dans de nombreux pays y compris des pays européens. En Europe même des personnes trans' et intersexuées devaient subir une stérilisation non consentie, comme prérequis à une hormonothérapie et un changement de l'état civil. La France était notamment concernée. Les tribunaux français dans les faits imposaient souvent jusqu'à une époque très récente la stérilisation comme prérequis à l'obtention du changement de la mention du sexe sur l'état civil des personnes transsexuelles. Depuis peu (2016) une procédure distincte consistant en une démédicalisation de la procédure de changement de sexe semble avoir eu lieu. Elle paraît être maintenue (*infra* 19 juillet 2016 / 12 oct. 2016).

20 JANVIER 2017

Publication d'une enquête du Défenseur des Droits dénonçant le contrôle au faciès des hommes

Le Défenseur des Droits suite à enquête publiée publiée le 20 janvier 2017 souligne que « 80 % des personnes correspondant au profil de "jeune homme perçu comme noir ou arabe" déclarent avoir été contrôlées dans les cinq dernières années (contre 16 % pour le reste des enquêtés) ». Ces derniers profils ont donc vingt fois plus de probabilité d'être contrôlés. Les jeunes filles ou les femmes ne font en général pas l'objet de tels contrôles.

Réaction/Actualité

Il semblerait qu'il n'existe aucune évaluation des contrôles d'identité. Un système non seulement répressif, mais discriminatoire paraît prédominer de la sorte dans les banlieues. Les personnes contrôlées sont d'autant plus heurtées qu'elles n'ont pas même bien souvent d'explications. La Cour de cassation a déjà condamné en novembre 2015 l'État du fait de discriminations dont il faut reconnaître qu'elles ont aussi pour origine l'application de la loi sur l'entrée des étrangers en France. Plus que les policiers du terrain qui ont une tâche ingrate c'est la politique de la police et plus précisément l'absence de doctrine qui devrait être mise en cause. Pour lutter contre les « racailles » ou les « magouilles » de nos jeunes, une certaine cohérence est nécessaire. Il convient d'ajouter à cette impéritie que l'exemple donné par quelques hommes politiques, criminels en col blanc ou délinquants d'affaires n'est pas du meilleur effet.

21 JANVIER 2017

Marche des femmes (contre l'atteinte aux Droits de l'homme) après l'investiture de Donald Trump

Peu de temps après la défaite d'Hillary Clinton une avocate, Teresa Shook, qui désirait voir une femme accéder à la présidence, a organisé une marche des femmes le lendemain de l'investiture de Donald Trump, le 21 janvier 2017. Cette marche a eu lieu non seulement à Washington, mais aussi dans d'autres capitales et notamment à Londres et Paris.

Réaction/Actualité

La « Marche des femmes » ne désirait pas se présenter spécifiquement comme un rassemblement anti-Trump. Il s'agissait surtout de défendre les droits des femmes et d'attirer l'attention sur les risques de l'atteinte aux Droits de l'homme. À diverses reprises en effet le candidat élu semblait remettre en cause certains droits. Cette marche a eu un succès relatif.

22 JANVIER 2008

CEDH : La Cour européenne des Droits de l'homme condamne la France pour avoir refusé l'adoption d'un enfant en raison de l'homosexualité de la demanderesse

Une institutrice française de 45 ans se plaignait que sa demande d'agrément (l'agrément est soumis à une appréciation administrative la situation générale de la requérante, mais n'est qu'un préalable à l'adoption individuelle proprement dite) pour adopter un enfant ait été rejetée en raison de son homosexualité. La France a été condamnée pour discrimination par la Cour européenne pour avoir refusé l'adoption pour une telle raison.

En l'espèce le conseil général du Jura, qui devait délivrer l'agrément, avait invoqué un défaut de « repères identificatoires » dû à l'absence de référent paternel et l'ambiguïté de la compagne homosexuelle, avec qui vivait l'institutrice depuis 1990. En réalité et plus clairement, l'homosexualité de la requérante était en cause.

Rappelons qu'à cette époque seuls les célibataires et les couples mariés hétérosexuels pouvaient adopter puisqu'on ne concevait le mariage qu'entre une femme et un homme. Les couples homosexuels étaient donc exclus. Avant la loi sur le mariage pour tous de 2013, ce qui était le cas, les demandeurs homosexuels se présentaient donc souvent en fait en tant que célibataires même si beaucoup vivaient en couple.

La décision de la CEDH est intéressante en ce qu'elle marque une avancée au profit de l'adoption homosexuelle. La CEDH avait précédemment en effet validé un refus de l'agrément opposé à des homosexuels au nom de l'intérêt de l'enfant en raison de circonstances graves (CEDH 2002). Dans le cadre de la décision commentée du 22 janvier 2008 elle affirme en réponse à la motivation du conseil général que les circonstances graves portant atteinte à l'intérêt supérieur de l'enfant ne sauraient résulter de l'homosexualité de la requérante ou même de sa partenaire. En d'autres termes il ne saurait exister en matière d'adoption par un ou une célibataire une discrimination entre requérante homosexuelle ou hétérosexuelle. Selon la Cour européenne des Droits de l'homme (CEDH) « Le droit français autorise l'adoption d'un enfant par une célibataire (sans discrimination) confirmant ainsi la voie à l'adoption par une personne célibataire homosexuelle ».

Réaction/Actualité

L'homosexualité des personnes candidates à l'adoption a été un réel obstacle à l'adoption. Avant la loi Taubira, l'adoption n'était possible que pour les couples mariés hétérosexuels ainsi que les personnes célibataires. Seuls les célibataires qui avaient obtenu l'agrément étaient reconnus par l'État français. Le fait d'être célibataire homosexuel était cependant mal perçu *a fortiori* lorsque le célibataire homosexuel vivait en couple avec un autre homosexuel comme tel était le cas dans la situation ci-dessus jugée par la CEDH. En ce sens la décision de 2008 de la CEDH a permis de mieux lutter contre la discrimination.

La loi relative au mariage pour tous de 2013 a ouvert non sans difficulté le droit d'adoption aux homosexuels dans les mêmes conditions que les couples hétérosexuels mariés. Ils peuvent adopter de façon plénière ou simple. L'hypocrisie qui consistait dans la pratique pour une personne homosexuelle à se présenter pour une adoption en tant que célibataire alors qu'elle vivait avec une autre personne de même sexe a pu de ce fait cesser.

Le droit d'adoption (qui intéresse particulièrement les homosexuels afin de pouvoir dans bien des cas adopter l'enfant du conjoint ou de la conjointe) n'est peut-être pas immuable. Des propositions sont aujourd'hui faites pour le réduire. Il ne s'agit pas tant d'annuler la loi sur le mariage pour tous que d'interdire aux couples de même sexe de procéder à l'adoption plénière et de ne réserver cette adoption plénière (qui génère une nouvelle filiation et remplace légalement l'ancienne à la différence de l'adoption simple) qu'aux couples hétérosexuels. On semble vouloir ainsi consacrer le fait traditionnel qu'un enfant ne peut être né et ne peut avoir pour père et mère qu'un papa homme et une maman femme. Cette proposition symbolique (car dans la majorité des cas de couples homosexuels l'adoption est dite simple) d'un candidat à la présidence de la République risque toutefois de générer une discrimination entre les couples mariés hétérosexuels et les couples mariés homosexuels.

23 JANVIER 2014

Cour de cassation 2e chambre civile : Le traitement plus favorable réservé au conjoint marié survivant par rapport au partenaire d'un PACS ne constitue pas une discrimination

Le traitement plus favorable réservé aux gens mariés ne constitue pas une discrimination, car selon les magistrats d'une part « la protection du mariage constitue une raison importante et légitime pouvant justifier des différences de traitement » et d'autre part « le choix du PACS ou du mariage est libre pour les individus », ces deux institutions étant désormais ouvertes aux couples de même sexe ou de sexes différents.

Réaction/Actualité

De nombreuses dispositions sont aujourd'hui communes au PACS et au mariage (impôt notamment). Mais le mariage est toutefois plus favorable au conjoint survivant que le PACS au regard des droits à succession et à pension de réversion. En cas de mariage le conjoint survivant a toujours vocation à bénéficier d'une partie de la succession de son époux décédé. Ce n'est pas le cas du pacsé (sauf bénéfice d'un testament). Par ailleurs seul le conjoint survivant a droit à bénéficier d'une pension de réversion. Le partenaire de PACS survivant n'a aucun droit à une telle pension de réversion après le décès de sa compagne ou de son compagnon. En dépit de ces circonstances le nombre de pacsés n'est pas très éloigné de celui des gens mariés.

24 JANVIER 2012

Étude par l'université de Sherbrooke (faculté de droit) des crimes d'honneur « qui devraient être qualifiés de déshonneur ») au Canada (https://www.usherbrooke.ca/actualites/nouvelles/actualites/details/.../17330/) suivie d'un aperçu personnel global succinct tant dans le monde qu'en France

Nous résumons brièvement ci-dessous les recherches menées par la professeure Marie-Pierre Robert, de la Faculté de droit de Sherbrooke, sur les crimes d'honneur, publiées dans la *Revue canadienne de droit pénal*. Un examen succinct des crimes d'honneur en général puis en France sera abordé en complément.

« Le crime d'honneur n'est pas une notion spécifiquement reconnue en droit pénal canadien, indique la spécialiste en droit pénal de l'université de Sherbrooke. Il n'existe aucune disposition du Code criminel canadien qui vise le crime d'honneur spécifiquement. Néanmoins, le droit pénal canadien contient les outils pour condamner sévèrement ce type de crime ». Dans son analyse, la chercheuse a uniquement considéré les cas dans lesquels l'honneur était spécifiquement invoqué comme mobile du crime. « Tous les dossiers impliquent au moins une victime de sexe féminin. Son étude révèle également que les crimes d'honneur sont punis très sévèrement au Canada. L'emprisonnement à perpétuité est de loin la peine la plus fréquemment imposée pour un crime d'honneur, soit dans 78 % des cas », indique la professeure Robert. Ces condamnations ont été accompagnées en moyenne de périodes d'inéligibilité à une libération conditionnelle de 18,4 ans (soit 25 ans automatiquement pour un meurtre au premier degré et 14,6 ans en moyenne pour un meurtre au second degré).

« La véritable solution demeure la prévention, qui risque d'être plus efficace par le biais de l'éducation plutôt que du droit. C'est la culture de l'égalité entre les hommes et les femmes qui doit être propagée ».

Aperçu général du crime d'honneur :

Le crime d'honneur n'étant pas défini juridiquement il convient de donner un aperçu criminologique et sociologique.

Un crime d'honneur est le plus souvent perpétré en réaction à une attitude considérée comme ayant apporté le déshonneur à un homme ou surtout une famille. Il est lié à une certaine conception du patriarcat et la plupart des victimes sont des femmes. Consignée à la maison, la femme est traditionnellement traitée encore dans de nombreux pays comme la propriété de son mari et de sa famille. Ces crimes d'honneur qui ne méritent pas ce qualificatif sont, à la différence des crimes dits passionnels, prémédités.

Entre 15 000 et 20 000 femmes seraient tuées chaque année dans le monde, selon les estimations des organisations non gouvernementales, par un cousin, un frère ou un père craignant l'opprobre de la communauté (cinq fois plus selon d'autres experts). « Plus qu'un permis de tuer, c'est un devoir de tuer », écrit Surgir*. « Le déshonneur [d'une fille] est une menace d'exclusion sociale pour toute la famille élargie ».

L'augmentation actuelle du phénomène résulterait de l'immigration et de « l'évolution des modes de vie, qui donne du pouvoir aux femmes via Internet et se télescope avec les normes sociales traditionnelles ». Le rapport publié par Surgir, qui établit un lien direct entre les assassinats d'honneur et l'immigration, souligne que, « majoritairement pratiqué au sein des communautés musulmanes, le crime d'honneur l'est aussi par les communautés sikhes, hindoues et chrétiennes ».

Le HCR mentionne que des demandes d'asile sont aussi faites par des personnes d'orientation LGBT qui risquent de subir des meurtres d'honneur.

À titre d'exemple la jeune Kurde Nuran Halitoglu âgée de seize ans avait été violée par des agresseurs. Pour cette raison, elle a été jugée coupable par le tribunal familial. Trente-deux personnes se sont réunies et l'ont condamnée à mort. La mort a été donnée par strangulation exercée par son père et ses frères avec un fil de fer.

Réaction/Actualité « La France »

Il convient de se pencher naturellement sur la France, car le sujet bien que d'actualité n'est abordé que trop rarement et de manière trop sensationnelle par les médias.

Le crime d'honneur n'existe plus depuis 1791 dans notre Code pénal sans doute du fait de l'évolution des mentalités. Dans la pratique cette notion de crime d'honneur a laissé la place à celle de crime passionnel. Notre droit ne reconnaît pas de circonstances atténuantes pour ce crime. Mais les jurés dans les procès d'assises, au nom d'argumentations fondées sur la passion, l'émotion, l'honneur, font parfois preuve d'une certaine indulgence dans la peine prononcée.

Il ne faudrait pas croire pour autant que le crime d'honneur n'existe plus en France ou qu'il n'est plus d'actualité. Mais nous n'avons pas

---

* Fondation qui lutte contre les violences coutumières faites aux femmes.

de statistiques véritablement détaillées du ministère de la Justice pour diverses raisons. D'une part faute d'existence juridique du crime d'honneur, d'autre part en raison de la problématique des statistiques ethniques et de la crainte de stigmatiser sans doute des pays ou des religions. Mais ces crimes existent bien en France et il y aurait même une relation entre ces crimes et l'immigration. La peur de l'assimilation pourrait renforcer le besoin de protéger la communauté. Le mariage mixte et l'émancipation des jeunes générations peuvent être ainsi perçus comme des menaces.

Les victimes de ces crimes sont le plus souvent les filles ou les femmes. Les auteurs les frères, les cousins parfois les maris ou les ascendants. Dans les quartiers perdus de la République, l'absence d'insertion professionnelle ou scolaire ou plus généralement d'intégration au système français est compensée par un regain de l'honneur se référant aux pratiques ancestrales du pays. Un vif patriarcat prédomine. La femme doit se soumettre aux diktats masculins. « Si tu ne te comportes pas bien, si tu ne respectes nos usages tu prends des risques ». Le port de la burqa par précaution peut être parfois ainsi justifié.

Quelques exemples de crimes d'honneur en France peuvent être cités.

En 2010 à Stains un jeune homme de la Cote d'ivoire est assassiné par le frère (de nationalité algérienne) de sa petite amie dans la banlieue lyonnaise, ce dernier était opposé à ses relations. En 2012 à Mantes-la-Jolie une femme a le crâne défoncé par son mari qui ne supportait pas sa liaison amoureuse. En 2009, Fatima, 22 ans, est assassinée par son frère opposé à son mode de vie. En 2014 à Nogent, le père (en fuite en Turquie) de la petite amie de Julien V aurait tué ce dernier après l'avoir surpris dans la salle de bains avec sa fille. On ne peut manquer de citer aussi l'affaire Sohane, brûlée vive à Vitry-sur-Seine en 2002 par un petit caïd qui aurait considéré qu'on lui manquait de respect ou l'affaire de Nazmiye à Colmar qui, voulant trouver sa liberté, a été assassinée par ses parents il y a quelques années en 93.

Ce n'est pas (ou du moins pas seulement) par la pénalisation ou le renforcement des sanctions qu'il faudrait agir. Il ne s'agit pas non plus de déclamer les textes de droit pénal surtout s'ils ne sont pas compris. Il conviendrait de mieux éduquer les populations et notamment les populations immigrées non francophones. Expliquer la notion d'honneur au sens où nous l'entendons et dans leur propre langue. L'Éducation nationale ne suffit pas pour accomplir cette tâche. Les associations aidantes devraient être mieux entendues comme le réclamait Mme Gaye Petek, directrice de l'Association ELELE (main dans la main-migration et culture de Turquie) qui luttait contre le mariage forcé et les crimes d'honneur.

25 JANVIER 2013

Circulaire (Taubira) du 25 janvier 2013 du ministère de la Justice au profit des mères porteuses exigeant des autorités la délivrance de certificats de nationalité aux enfants nés à l'étranger et issus d'une gestation pour autrui (GPA)

Cette circulaire exige des autorités de ne pas refuser la délivrance de certificats de nationalité française aux enfants nés à l'étranger au seul motif qu'il s'agit d'enfants issus d'une gestation pour autrui. La législation française répond ainsi aux arrêts de la Cour européenne des Droits de l'homme l'ayant sanctionné pour son refus de transposition d'actes de naissance d'enfants nés d'une gestation pour autrui à l'étranger (cas divers cités dans l'almanach). Cette circulaire permet de régler une situation difficile, puisque le refus de transposition de l'acte de naissance privait les enfants nés à l'étranger de la nationalité française.

La délivrance du certificat de nationalité française en matière de GPA est une chose heureuse pour l'intéressé. Mais elle n'entraîne pas pour autant en cas de GPA la reconnaissance de la filiation qui en est une autre. La reconnaissance de l'adoption par le parent « d'intention » par le droit français a posé et pose toujours problème.

Réaction/Actualité

La filiation demeure encore de nos jours en 2016 pour de nombreux tribunaux français une question biologique. Il existe donc un frein lorsqu'il s'agit de transcrire à l'état civil français lors d'une GPA réalisée à l'étranger un parent non biologique ou d'autoriser l'adoption, par le père « d'intention » dans un couple homosexuel. Il en est de même dans une moindre mesure en cas de PMA à l'étranger d'un couple lesbien de la mère d'intention. On semble estimer en général qu'en droit français, la seule mère possible est la femme qui accouche et donc la mère porteuse.

Dans l'affaire des jumelles Menneson, où les enfants sont nés par mère porteuse aux États-Unis et qui a abouti le 26 juin 2014 à la condamnation de la France (affaire citée *infra*) par la CEDH les tribunaux avaient refusé notamment de reconnaître la mère d'intention.

La Cour confirme la condamnation de juin 2014 dans les dossiers Mennesson et Labassée, où les enfants sont nés par mère porteuse aux États-Unis.

On ajoutera de manière surabondante et pour mémoire que la France a de nouveau été condamnée, jeudi 21 juillet 2016, par la Cour européenne des Droits de l'homme (CEDH), pour avoir refusé de transcrire à l'état civil les actes de naissance d'enfants nés à l'étranger par gestation pour autrui. Elle se prononçait dans les dossiers Foulon et Bouvet, (cités dans *L'Almanach*) où des hommes ont eu recours à des mères porteuses en Inde. La Cour (CEDH) estime, comme dans l'affaire Mennesson, que le refus de transcription constitue une violation du droit au respect de la vie privée des enfants, garanti par l'article 8 de la Convention européenne des Droits de l'homme (*contra* Cour de cassation du 3 juillet 2015 cité *infra*: Transcription sur l'état civil d'un enfant né d'une GPA). Toutefois dans cette dernière affaire Mennesson la question de la transcription à l'état civil français de la filiation au profit d'un parent d'intention ne se posait pas, car les actes de naissance en question mentionnaient le père biologique et la mère porteuse.

26 JANVIER 2016

Loi supprimant le délai de réflexion d'une semaine en matière d'IVG

La loi du 26 janvier 2016 s'inscrit dans la continuité de la loi du 23 juillet 2014 développée plus loin et qui supprime la condition de situation de détresse de la femme enceinte souhaitant interrompre sa grossesse. Le délai de réflexion d'une semaine jugée infantilisant par les associations de protection des droits de la femme avait initialement pour objectif de préserver l'intégrité du consentement de la patiente.

Pour autant, ce délai de réflexion peut toujours être fixé par le médecin ou la patiente si ceux-ci considèrent qu'il est préférable de lui laisser éventuellement la possibilité de se rétracter.

Réaction/Actualité

Cette loi n'a pas pour objet de minimiser l'importance de l'acte médical mais de permettre à une femme sûre de son choix de ne pas avoir à respecter un délai légal qu'elle percevrait comme une contrainte et une restriction du droit à disposer de son corps.

27 JANVIER 1987

La loi autorise la publicité pour les préservatifs

La loi n° 87-39 du 27/01/1987 parue au JO du 28/01/1987 abroge l'article de la loi de 1920 concernant l'interdiction de publicité pour les préservatifs.

La loi de 1920 réprimait toute propagande anticonceptionnelle, mais laissait en vente libre les préservatifs. Mais la publicité n'était pas autorisée. De ce fait et jusqu'en 1987 on n'osait pas demander des préservatifs dans une pharmacie. Il existait une sorte de honte liée à notre tradition judéo-chrétienne où le sexe est encore tabou. L'autorisation de la publicité a contribué sans doute à une certaine déculpabilisation.

Il est vrai qu'en tant que moyen de contraception (et de prévention de maladie sexuelle transmissible) l'usage du préservatif n'a pas toujours été aisément admis par l'Église. En 1968 le pape dans l'encyclique *Humanae Vitae Paul VI* le classait parmi les « moyens illicites de régulation des naissances ». On comprend mieux la gêne qui s'attachait à un tel achat en France. Même encore de nos jours l'usage du préservatif est apprécié de manière divergente par l'Église catholique. À une époque où le sida fait encore des ravages dans certains pays, le préservatif n'est pas toujours considéré comme un bien par certains évêques.

Réaction/Actualité

La communication sur le préservatif a été traitée parfois avec humour. Mais cette publicité a été aussi parfois censurée dans un pays où l'idée de plaisir sexuel n'est pas encore entrée totalement dans les mœurs en France. On ne badine pas avec l'amour.

27 JANVIER 1907

Ordonnance du 27 janvier 1907 du préfet Lépine interdisant le travestissement sur la voie publique

Sur le fondement de l'ordonnance du 27 janvier 1907 interdisant le travestissement excepté durant la période du Mardi gras les homosexuels, mais aussi les transsexuels étaient poursuivis. Les hommes en bas résille prenaient des risques ! On peut se demander en dépit de la laïcité du pays si cette ordonnance ne se référait pas plus ou moins à l'Ancien Testament (*Deutéronome* XXII bible Jérusalem « L'homme ne portera pas d'habit de femme, la femme ne portera pas d'habit d'homme »). Il convient d'ajouter qu'une disposition antérieure en date de 1800 interdisait déjà le port du pantalon aux femmes.

Réaction/Actualité

Il semblerait que l'arrêté de 1907 n'ait été applicable qu'au département de la Seine. Il aurait permis dans les années 70 des rafles de prostitués et transsexuels parisiens. Il est tombé en désuétude. L'ordonnance de 1800 interdisant le port du pantalon n'a été abrogée qu'en 2013 au motif qu'une telle interdiction est incompatible avec les principes d'égalité entre les femmes et les hommes (discrimination).

28 JANVIER 2015

Cour de cassation : Mariage franco-marocain de personnes de même sexe autorisé en France (bien qu'interdit au Maroc)

Le 28 janvier 2015 la Cour de cassation déclare valable le mariage franco-marocain conclu en septembre 2013 entre personnes de même sexe alors que la loi marocaine l'interdit. La Convention franco-marocaine du 10 août 1981, relative au statut des personnes et de la famille et de la coopération judiciaire, prévoit que pour déterminer si le mariage est autorisé, il faut se référer, pour chaque époux, à la loi de l'État dont il a la nationalité (article 5 de la Convention). Toutefois (selon l'article 4) la Convention n'est pas applicable si celle-ci est manifestement incompatible avec l'ordre public. Or selon la Cour de cassation le mariage de personnes de même sexe fait partie intégrante de l'ordre public français.

Réaction/Actualité

Les principes d'ordre public français s'opposent en matière de mariage depuis la loi sur le mariage pour tous en 2013 à ceux du droit marocain en matière de mariage. Le droit marocain refuse le mariage aux personnes de même sexe et considère à titre fondamental que le mariage ne peut résulter que d'une union entre un homme et une femme. Accepter en France un mariage franco-marocain de personnes de même sexe est sans doute générateur de tensions diplomatiques. Mais il existe aussi pour les époux mariés des équivoques puisque la reconnaissance d'un tel mariage ne sera pas validée au Maroc si les époux s'y rendent (sur le sujet voir circulaire du 5 août 2016).

29 JANVIER 2013

Résumé de l'esprit et bref extrait du discours de Christiane Taubira ministre de la Justice prononcé le 29 janvier 2013 à l'Assemblée lors de la présentation du projet de loi sur le mariage homosexuel (mariage pour tous)

La ministre évoque l'évolution du mariage, insiste sur l'instauration du mariage civil, sa dimension contractuelle, son évolution, la possibilité d'un divorce, une plus grande égalité entre l'homme et la femme ou entre les enfants naturels ou adultérins avant de présenter son projet d'ouverture au mariage pour tous qui se veut dans la lignée de l'évolution. Christine Taubira rappelle qu'après la révocation de l'édit de Nantes en 1685 le mariage, qui était devenu indissoluble, n'incluait que les croyants. Les protestants ne pouvaient se marier et il en était de même des comédiens en raison « des pratiques infâmes des acteurs de théâtre ». Il faudra attendre la Constitution de septembre 1791 pour établir un mariage, sans distinction, pour tous les habitants. Ce mariage civil permettra un élargissement du mariage aux non-croyants et le divorce sera reconnu dans la loi de 1792 (y compris par consentement mutuel !). Le divorce sera prohibé en 1816, mais rétabli en 1884. La ministre rappelle ainsi que le mariage a réussi à se détacher du sacrement. Elle précise qu'il se détachera aussi petit à petit d'un ordre social fondé sur une conception patriarcale de la société. Une évolution vers l'égalité va moderniser l'institution du mariage en reconnaissant la femme comme sujet de droit, et en reconnaissant progressivement des droits aux enfants y compris adultérins. Cette évolution conduit sa démonstration et son cheminement vers la reconnaissance d'un mariage pour tous. « En vous présentant aujourd'hui ce projet de loi qui contient des dispositions ouvrant le mariage à droits constants et l'adoption à droits constants aux couples homosexuels, le gouvernement choisit de permettre aux couples de même sexe d'entrer dans cette institution et de pouvoir composer une famille comme les couples hétérosexuels, c'est-à-dire de pouvoir le faire, soit par une union de fait que l'on appelle le concubinage, soit par un contrat, le PACS, soit par le mariage ».

Réaction/Actualité

La proposition de la ministre (devenue la loi sur le mariage pour tous) a été considérée par certains plus comme une révolution que comme une évolution. Il semblerait que le gouvernement ou le parlement ne s'attendait pas à des manifestations ou des réactions aussi importantes. De ce fait un certain nombre de conséquences liées au mariage pour tous ont été gérées avec grande prudence ou n'ont pas été gérées. Les questions d'adoption par les couples homosexuels, celles relatives à la PMA ou la GPA ont été laissées ainsi à l'appréciation arbitraire des tribunaux.

30 JANVIER 2003

Tribunal de grande instance de Paris 17e chapitre : Principe de licéité des sites à caractère pornographique

Le 30 janvier 2003 le tribunal de grande instance de Paris 17e chambre considère que les sites à caractère pornographique sont licites à condition que leurs contenus ne soient pas susceptibles d'être vus ou perçus par un mineur. La protection des mineurs est en l'espèce la dérogation essentielle. Telle est la raison pour laquelle le tribunal de grande instance de Paris a condamné le créateur d'un site Internet à 3 000 euros d'amende pour le caractère obscène et attentatoire à la dignité humaine de photographies sur son site, librement accessible à tous les internautes (TGI Paris 17e chambre, 30 janvier 2003, Crane Navarro).

Si donc les sites à caractère pornographique sont licites, la loi sanctionne en revanche les infractions en matière de pédophilie sur internet. L'article 227-23 du Code pénal prévoit en substance :

« Le fait, en vue de sa diffusion, de fixer, d'enregistrer ou de transmettre l'image ou la représentation d'un mineur lorsque cette image ou cette représentation présente un caractère pornographique est puni de cinq ans d'emprisonnement et de 75 000 euros d'amende. Lorsque l'image ou la représentation concerne un mineur de quinze ans, ces faits sont punis même s'ils n'ont pas été commis en vue de la diffusion de cette image ou représentation.

Le fait d'offrir, de rendre disponible ou de diffuser une telle image ou représentation, par quelque moyen que ce soit, de l'importer ou de l'exporter, de la faire importer ou de la faire exporter, est puni des mêmes peines.

Le fait de consulter habituellement ou en contrepartie d'un paiement un service de communication au public en ligne mettant à disposition une telle image ou représentation, d'acquérir ou de détenir une telle image ou représentation par quelque moyen que ce soit est puni de deux ans d'emprisonnement et 30 000 euros d'amende ».

Réaction/Actualité

Les mœurs évoluent même en matière de pédopornographie considérée de nos jours avec sévérité. Il fut un temps dans les années 1970 ou cette dernière bénéficiait d'une certaine bienveillance. La littérature de l'époque en témoigne. Toute indulgence a disparu de nos jours. Une vive réprobation morale et des sanctions sévères sont actuellement prévues. Ainsi la simple consultation de site à caractère pédopornographique représentant des mineurs sous réserve d'être habituelle est punissable.

L'âge du jeune homme ou de la jeune fille victime de pratique pédopornographique est déterminant. Cet âge est-il de 15 ans (majorité dite sexuelle) ou de 18 ans? Mais surtout comment le savoir, comment le déterminer? La réponse fournie par le texte de l'article 227-23 est identique à celles concernant la question relative à l'âge des prostituées (cité *infra*). L'article 227-23 indique «Les dispositions du présent article sont également applicables aux images pornographiques d'une personne dont l'aspect physique est celui d'un mineur, sauf s'il est établi que cette personne était âgée de dix-huit ans au jour de la fixation ou de l'enregistrement de son image».

31 JANVIER 1999

Manifestation anti PACS. Menace d'Act up «d'outer» un député homosexuel présent à cette manifestation

31 janvier 1999: Manifestation anti pacs. Menace d'Act up (association homosexuelle de lutte contre le sida) «d'outer» un député homosexuel présent à cette manifestation. Le procédé (contesté) d'outing cité ci-dessus est une sorte de dénonciation de ceux qui désirent garder secrète leur orientation sexuelle. Cette pratique est en France illégale. La vie privée est protégée. Act up en raison de slogans homophobes entendus à la manifestation anti PACS s'apprêtait à «outer» un député homosexuel qui défilait.

L'outing et le coming out sont des procédés proches parfois confondus. Mais le coming out doit être plus précisément entendu comme une annonce volontaire d'une orientation. C'est aussi une forme d'émancipation. Ainsi Guy Hocquenghem fut l'un de premiers dans un article du *Nouvel Observateur* à déclarer en France son homosexualité. D'autres par la suite suivirent avec un certain courage, car la carrière a pu en pâtir (Amélie Mauresmo, Roger Karouchi, Bertrand Delanoë, etc.).

L'hostilité de certains au PACS provenait de la reconnaissance des unions civiles homosexuelles (une des raisons du PACS était de reconnaître des couples de même sexe vivant en union libre) et de la crainte de possibilité d'adoption d'enfants par le couple. Rappelons qu'à cette époque de 1999 le mariage pour tous n'était pas encore institué.

Réaction/Actualité

Le PACS est de nos jours largement utilisé, presque autant que le mariage. Mais il est adopté beaucoup plus par les hétérosexuels que les homosexuels (environ 4 %). Les débats sur l'ouverture du mariage aux couples de personnes de même sexe, également appelé « mariage pour tous », rendu possible en France en date du 17 mai 2013 ont remplacé ceux du PACS. La question de l'adoption des enfants par des couples homosexuels liée par ailleurs à celle de PMA et surtout de GPA est l'objet de nos jours d'appréciations diverses. Des études semblent pourtant montrer que les enfants de couples homosexuels ne paraissent pas subir de préjudices particuliers. En dépit d'une évolution jurisprudentielle relativement libérale sous la pression notamment de la CEDH un certain flou règne encore sur le sujet. Les parents « d'intention » ont des difficultés à faire reconnaître une filiation qui n'est pas biologique.

Février*

- **1er février 2012** – Cour de cassation : De l'obligation au devoir conjugal. L'inexécution du devoir conjugal justifie le prononcé du divorce
- **2 février 2016** – Tribunal correctionnel Paris : Harcèlement sexuel (aggravé) d'une femme gendarme par ses collègues (condamnation)
- **3 février 1972** – Cour de cassation : Absence de délit de détournement de mineur en cas de rapport sexuel en voiture avec un mineur de plus de 15 ans (laps de temps trop court)
- **4 février 2016** – Sénat du Michigan : Adoption anticonstitutionnelle d'un projet de loi USA anti-sodomy
- **5 février 2012** – *Journal du Dimanche*. Rajeunissement dans les clubs échangistes (Sociologie)
- **6 février 2015** – Journée internationale de la tolérance 0 à l'égard des mutilations sexuelles féminines
- **7 février 2011** – Cour d'appel de Lyon : Recevabilité de preuves de l'infidélité recueillies sur l'ordinateur familial

---

* Le présent mois de février reprend pour majeure partie l'article de l'auteur Jacques Delga figurant dans les actes du colloque universitaire du Mans en date du 3 juin 2016 (Éditions L'épitoge-Lextenso, coll. l'Unité du droit, vol. XIX (Colloque Droit(s) aux Sexe(s) sous la direction de Mathieu Touzeil Divina et Morgan Sveeney)).

- **8 février 2010** – Loi (art. 222-31-1 C. pénal). Inscription pour la première fois de l'inceste sur mineur dans le Code pénal
- **9 février 2011** – Cour d'appel de Celle (Allemagne) : Un prisonnier transsexuel peut imposer le port des vêtements féminins en cellule
- **10 février 1993** – Cour de cassation : Une mère tunisienne vivant en concubinage avec un Algérien a pu faire reconnaître en France la filiation naturelle de son enfant en dépit de la loi tunisienne
- **11 février 2005** – Loi relative à l'assistance des handicapés : L'assistance sexuelle des handicapés n'est (toujours) pas reconnue par la loi du 11 févr. 2005
- **12 février 2013** – Décision du Défenseur des Droits MLD-2012-185 du 12 février 2013 « Nécessité absolue en cas de licenciement économique d'une salariée enceinte d'indiquer en quoi les raisons économiques placent l'employeur averti de la grossesse dans l'impossibilité de maintenir le propre contrat de la réclamante pendant la période de protection légale »
- **13 février 2013** – Cour de cassation : La rectification d'état civil d'un transsexuel nécessite (à cette date) la preuve médico-chirurgicale du changement de sexe
- **14 février 2017** – Saint Valentin : Fête des amoureux ou fête d'un saint ?
- **15 février 2012** – Tribunal de grande instance de Paris : Condamnation de Google au déréférencement d'une vidéo pornographique : « Consécration d'un Droit à l'oubli en Europe »
- **16 février 2016** – Emmanuel Macron porte plainte pour réception de mails érotiques
- **17 février 2005** – Cour de justice de l'Union européenne (CJUE) : « Le sadomasochisme (SM) relève de la liberté individuelle »
- **18 février 2016** – Avis du contrôleur général de la prison sur la situation carcérale des femmes et leur discrimination : « Discrimination par rapport à l'homme »
- **19 février 2008** – Tribunal de grande instance de Paris 17e chambre : De la nécessité de distinguer Actrice X et Prostituée

- **20 février 2016** – Tribunal de Colombie britannique : « Silence de la loi pénale sur le *Revenge porn* » (revanche en mode pornographique via internet). Diffusion de l'image sans consentement non sanctionnée à l'ère du numérique au Canada (et en France jusqu'en Oct. 2016)
- **20 février 2017** – Tribunal de grande instance de Bobigny : De Théo à Alexandre. Violence, viol ou quelle autre qualification préférable en cas d'insertion d'une matraque policière dans le rectum ?
- **21 février 2007** – Cour de cassation : « L'introduction contrainte dans la bouche d'un objet phallique n'est pas un viol »
- **22 février 1984** – Cour de cassation : De la nécessité de distinguer en matière de fellation l'impératif « Suce-moi » (viol) de « Je te suce » (agression sexuelle) ou « la fellation pratiquée sur l'organe de la victime n'est pas un viol »
- **23 février 2016** – Source internet. Un écolier de 16 ans a droit en cadeau à une actrice porno russe « tout inclus ». *Quid* en France ? Corruption ? Détournement de mineur ? Recommandation juridique : « Privilégier le rapport sexuel »
- **24 février 2015** – *L'Obs*. Vers une reconnaissance légale généralisée de la prise de Truvada (traitement préventif contre le VIH) en France ?
- **25 février 1790** – Loi : Suppression du droit d'aînesse
- **26 février 2016** – Décret : La victime d'abus sexuels semblant être mineure doit être considérée comme mineure au regard des procédures
- **27 février 1970** – Cour de cassation : L'arrêt Dangereux ou « l'action en réparation possible de la concubine en cas de décès par accident de son concubin »
- **28 février 1919** – Tribunal administratif de Toulon : Un préfet ne peut refuser aux personnes prostituées leur « va-et-vient »
- **29 février 2012** – Tribunal correctionnel de Paris : La limite à la liberté d'entreprendre la création d'une « *love shop* » fondée sur la protection de l'enfance plus que sur la pornographie

1ER FÉVRIER 2012

Cour de cassation : de l'obligation au devoir conjugal. L'inexécution du devoir conjugal justifie le prononcé du divorce

Le 1er février 2012, la Cour de cassation a jugé que la non-exécution du devoir conjugal est un fait grave qui justifie le prononcé du divorce pour faute. Ce devoir n'est pas réservé aux seuls catholiques. Il est notamment fondé sur l'article 215 du Code civil, qui prévoit lors du mariage (homo ou hétéro) « fidélité, assistance réciproque », mais aussi « communauté de vie ». Cette dernière notion inclut selon les magistrats « communauté de lit » et pour être plus précis « relations sexuelles ». À de nombreuses reprises la Cour de cassation, depuis 1956, s'est prononcée en ce sens (voir aussi SA Aix-en-Provence 1er octobre 2008 *infra*).

Réaction/Actualité

On peut s'interroger sur la compatibilité de cette obligation à des relations sexuelles avec la reconnaissance du viol entre époux. L'un des conjoints doit-il se contraindre ou être plus ou moins contraint à de telles relations ? Cette question est abordée et développée à diverses reprises (sur l'obligation au devoir conjugal voir le Thème Liberté, Liberté sexuelle, Droit au plaisir sexuel (et limites) et notamment 16 juillet 2016 / 16 décembre 1963 / 7décembre 1997 / 1er février 2002.

2 FÉVRIER 2016

2 février 2016, Tribunal correctionnel : Harcèlement sexuel (aggravé) d'une femme gendarme par ses collègues

Mardi 2 février 2016 : le procès de deux gendarmes de Joigny s'est ouvert devant la 10e chambre du tribunal correctionnel de Paris. Il est reproché à ces gradés d'avoir harcelé sexuellement et moralement une femme gendarme, leur subordonnée, entre octobre 2012 et novembre 2013. (…) Dans une voiture de patrouille aux sièges tachés de sperme, la jeune victime s'entendait dire : « ça te dit un plan à trois ? », ou encore « fais-moi une pipe », « les Réunionnaises, elles sont chaudes, montre-moi ce que tu sais faire ». Le harcèlement a duré un an, dans le huis clos de la brigade. La jeune femme a perdu ses cheveux, fait de l'eczéma, avant de contacter l'association de défense des droits des militaires. Elle y a trouvé le soutien de l'ancien colonel de gendarmerie, Jacques Bessey, qui dénonce des dérapages encore très nombreux chez les militaires. Le tribunal correctionnel de Paris a condamné ce mardi 2 février les deux gendarmes à huit et six mois de prison avec sursis pour avoir harcelé leur jeune collègue pendant un an. Le moins gradé écope également d'une interdiction définitive d'exercer.

Réaction/Actualité

Le harcèlement sexuel et moral chez les militaires semble être un sujet tabou et plus spécifiquement dans la gendarmerie. On peut se demander si la bise usuelle en apparence anodine qui est souvent faite par la subordonnée à ses collègues chaque matin chez la grande muette ne constitue pas un des prémices de harcèlement comme peut l'être en matière d'atteinte sexuelle la bise du petit enfant à tout inconnu.

On peut de même se demander « si un militaire condamné à huit mois avec sursis pour harcèlement sexuel mérite ou non sa place au sein de son corps » a déclaré l'avocate de la victime. Mais n'est-ce pas trop demander à une époque où tant de candidats à la présidence de la République font l'objet de poursuites, de mises en examen ou de condamnations ?

3 FÉVRIER 1972

Cour de cassation : Absence de délit de détournement de mineur en cas de rapport sexuel en voiture avec un mineur de plus de 15 ans (laps de temps trop court)

Selon la Cour de cassation du 3 février 1972 le fait pour un amoureux majeur d'emmener une mineure faire une promenade en voiture (mineure en l'espèce de moins de 18 ans et de plus de 15 ans) le temps d'avoir des rapports sexuels n'est pas un détournement de mineur (le détournement de mineur se réfère à la majorité civile de 18 ans et non à la majorité sexuelle de 15 ans).

Réaction/Actualité

Le laps de temps trop court de soustraction à l'autorité parentale ne permet pas d'invoquer la poursuite pour détournement de mineur. En revanche un hébergement de plus longue durée même sans relation sexuelle d'un mineur de moins de 18 ans fait encourir le risque d'une condamnation du majeur de plus de 18 ans pour détournement de mineur. Le fait en l'espèce pour un adulte d'avoir des rapports sexuels (hétérosexuels ou homosexuels) avec une mineure de plus de quinze ans, âge de la majorité sexuelle, ne peut être sanctionné (sauf par exception quelques cas tels subordination, inceste, prostitution).

4 FÉVRIER 2016

Sénat du Michigan : Adoption (anticonstitutionnelle) du projet de loi USA *anti-sodomy*

Le Sénat du Michigan a adopté le 4 février 2016 un projet de loi anti *sodomy* (sanction 15 ans de prison). La *sodomy* aux USA ne consiste pas uniquement en une pénétration anale, mais vise aussi les relations non procréatives dites contre nature, bucco-génitales notamment, entre personnes du même sexe ou de sexe opposé, mariées ou non. En pratique la loi *anti-sodomy* était essentiellement utilisée à l'encontre de personnes homosexuelles (affaire Bowers vs Hardwick 1986 / Lawrence v. Texas 2003).

Ken Cuccinelli, procureur général de l'État de Virginie et candidat républicain au poste de gouverneur de Virginie en 2013, avait de même voulu rétablir la loi sur les « crimes contre la nature » au cœur de sa campagne électorale. Pourtant le mariage gay a été adopté dans tous les États des USA. De plus et surtout la Cour suprême des États-Unis a invalidé en 2013 toutes les lois *anti-sodomy* en vigueur. Mais la décision des juges de Washington n'oblige pas les États à abroger leurs lois. Des personnes peuvent donc toujours être poursuivies devant les tribunaux, même si la décision de condamnation est par la suite infirmée.

Réaction/Actualité

On se souvient que le président Bill Clinton a été poursuivi pour « acte de *sodomy* » aux USA. En France il s'agirait non de « sodomie », mais de pratiques « bucco-génitales ». La notion de « sodomie » n'est donc pas identique à celle de « *sodomy* ». La poursuite de tels faits ou la condamnation par les tribunaux français nous semble très incertaine. La question du consentement ou de l'âge du fait de la subordination (la stagiaire a-t-elle réellement et librement consenti ? a-t-elle plus de 18 ans ?), car en cas de subordination la majorité sexuelle n'est plus à 15 ans ou celle d'un possible harcèlement pourrait toutefois être soulevée.

5 FÉVRIER 2012

Journal du Dimanche. Rajeunissement dans les clubs échangistes et reconnaissance de la situation de gérant(e)

Selon Jean-Pierre Vergès, journaliste au *Journal du Dimanche* (JDD) paru le 5 février 2012, les interviews confirment le sentiment d'un rajeunissement de la population des clubs échangistes : « Il y a vingt ans, c'était des quinquas en bout de course qui n'y arrivaient plus, et des boîtes avec la petite lanterne rouge à l'entrée. Aujourd'hui, des couples jeunes, gavés d'internet et de films porno, viennent chercher une sexualité plus récréative ».

Réaction/Actualité

On rappelle que la gérance de club échangiste fut assimilée à du proxénétisme (sans pour autant que les clients ne soient considérés comme des personnes prostituées). Tel n'est plus le cas depuis 1994. Le gérant d'un club échangiste est en France un dirigeant comme un autre.

Pour de nombreux tribunaux, l'échangisme n'est pas (plus) contraire aux bonnes mœurs. La liberté sexuelle, droit démembré du droit au respect de la vie privée, doit être protégée. Un salarié qui serait qualifié d'échangiste par son employeur pourrait assigner ce dernier pour discrimination sexuelle. Un gérant d'association qualifié d'échangiste à la télévision a été débouté de sa plainte. L'échangisme selon la juridiction saisie n'est pas immoral. Il n'y a donc pas eu diffamation.

6 FÉVRIER 2015

Journée internationale de la tolérance 0 à l'égard des mutilations sexuelles féminines

Le 6 février 2015 était la journée internationale de tolérance zéro à l'égard des mutilations sexuelles féminines. Les mutilations génitales féminines lèsent les organes sexuels sans raison médicale. Il s'agit d'une atteinte aux droits fondamentaux des femmes. Ces pratiques discriminatoires sont importantes (200 millions de femmes et de filles dans le monde ont subi des mutilations génitales (excision du clitoris, infibulation, etc). 44 millions de filles âgées de moins de 14 ans ont subi des mutilations. Les pays les plus concernés par ces pratiques sont : La Somalie (98 %) la Guinée (97 %), la Gambie (56 %), la Mauritanie (54 %). En Indonésie, la moitié des filles âgées de moins de 11 ans ont subi des mutilations.

Le Fonds des Nations Unies pour la population (FNUAP) et le Fonds des Nations Unies pour l'enfance (UNICEF) codirigent un grand programme mondial destiné à lutter contre les mutilations génitales féminines ou à prendre en charge les problèmes sanitaires posés.

Réaction/Actualité

Bien qu'îlot de la francophonie, aujourd'hui plus ou moins déserté par les Français qui n'y voient souvent qu'une base militaire, Djibouti semble compter un taux très important (93 %) de femmes ayant subi des mutilations sexuelles.

En France comme dans la plupart des pays africains les mutilations sexuelles et notamment l'excision sont interdites, mais les pratiques demeurent. Par ailleurs juridiquement on ne sait pas toujours déterminer avec précision où commencent les mutilations. *Quid* du piercing, de la circoncision, etc. ?

7 FÉVRIER 2011

Cour d'appel de Lyon : Recevabilité de la preuve de l'infidélité recueillie sur l'ordinateur familial

La cour d'appel de Lyon, en date du 7 février 2011, a considéré comme recevables les preuves recueillies par un époux contre l'autre sur l'ordinateur familial dans la mesure où l'ordinateur consulté était accessible sans code d'accès verrouillé.

Réaction/Actualité

Le verrouillage de l'ordinateur par un mot de passe personnel aurait pu rendre la preuve sur informatique irrecevable.

8 FÉVRIER 2010

Loi n° 2010-121 du 8 février 2010. Inscription pour la première fois de l'inceste sur mineur dans le Code pénal (article 222-31-1 Code pénal)

Une loi tendant à inscrire (pour la première fois depuis la Révolution) l'inceste commis sur les mineurs dans le Code pénal et à améliorer la détection et la prise en charge des victimes d'actes incestueux fut promulguée en date du 8 février 2010 (JO du 9 février). L'inceste n'est plus seulement alors comme antérieurement une simple circonstance aggravante du viol ou de l'agression sexuelle. Le texte définit la relation incestueuse et précise qu'un mineur ne peut jamais être considéré comme consentant dans une relation sexuelle avec un membre de sa famille : Article 222-31-1 de la loi du 8 février 2010 « les viols et les agressions sexuelles sont qualifiés d'incestueux lorsqu'ils sont commis au sein de la famille sur la personne d'un mineur par un ascendant, un frère, une sœur ou par toute autre personne, y compris s'il s'agit d'un concubin, d'un membre de la famille, ayant sur la victime une autorité de droit ou de fait ».

Toutefois ce texte, à la suite d'une question prioritaire de constitutionnalité, fut censuré le 11 septembre 2011. Le Conseil constitutionnel le considéra comme inconstitutionnel en raison de l'absence de définition de la notion de famille : « le Code civil ni aucun autre texte législatif ne donne une définition de la famille ». On voulut donc éviter l'arbitraire et respecter le principe selon lequel il ne doit pas exister de peine sans loi précise.

Réaction/Actualité

L'observation étonne, mais le terme inceste, bien que souvent utilisé en pratique ne figurait plus dans le Code pénal depuis la Révolution. Le législateur considérait à cette époque qu'il ne s'agissait que d'un interdit moral non nuisible à la société (à l'instar de la sodomie ou de la bestialité) et que la sphère familiale devait être protégée (d'où de grands secrets toujours d'actualité). La répression de l'inceste par la suite ne se fit pas directement par le biais d'une telle qualification incestueuse, mais indirectement : le législateur réprima le viol ou l'agression sexuelle, et ne prit en compte que des circonstances aggravantes (ascendant ou âge de la victime). Les relations sexuelles dans une même famille ont certes donc toujours été sanctionnées, mais la loi punissait les viols, agressions sexuelles, et les relations sexuelles avec des mineurs de moins de 15 ans sans que le mot « inceste » y figure. Ce n'est *in fine* que le 12 mai 2015 que le mot inceste fit sa réapparition dans le Code pénal.

9 FÉVRIER 2011

Cour d'appel de Celle (Allemagne) : Un prisonnier transsexuel peut imposer le port de vêtements féminins en cellule

La cour d'appel de Celle (Celle est une ville de Basse-Saxe – Allemagne –) en date du 9 février 2011 a considéré que le refus opposé à un prisonnier transsexuel de porter en privé dans sa cellule des vêtements féminins est illégal. Ce refus est contraire au principe de non-discrimination relative à l'identité sexuelle. Mais le refus aurait-il pu résulter de l'argument selon lequel le prisonnier prenait le grand risque de se faire agresser par ses collègues ? Tout dépend de la force que l'on veut attribuer au principe de non-discrimination. Ce principe peut être suffisamment élevé pour imposer à l'État une obligation de protection particulièrement spécifique du prisonnier transsexuel.

Réaction/Actualité

Quelle est la situation en France ? Il ne semble pas y avoir eu de jurisprudence sur le sujet. Un établissement carcéral ne pourrait à notre sens refuser « en principe » l'obtention de vêtements féminins à un prisonnier transsexuel. Toutefois, un refus pour des raisons liées à la sécurité de ce dernier pourrait être justifié. Il existe une marge importante donc entre la pratique et la théorie.

10 FÉVRIER 1993

Cour de cassation : Une mère tunisienne vivant en concubinage dans notre pays avec un Algérien a pu faire reconnaître en France la filiation naturelle de son enfant en dépit de la loi tunisienne

La Chambre civile de la Cour de cassation en date du 10 février 1993 reconnaît la possibilité à une mère tunisienne vivant en concubinage et résidant en France de faire établir la filiation naturelle de son enfant né en France en dépit de la loi tunisienne impérative qui ne reconnaissait pas cette filiation.

Mme Y., de nationalité tunisienne, résidant en France, a donné naissance le 22 mai 1984 à Paris à une fille prénommée Sarah. En juin 1986, elle a assigné M. X., de nationalité algérienne, avec lequel elle prétendait avoir vécu en concubinage de 1981 à la fin de 1985, en recherche de paternité.

Elle a de ce fait réclamé paiement d'une pension alimentaire pour l'enfant. Or la loi tunisienne normalement compétente et d'ordre public prohibait la reconnaissance de paternité. Elle refusait l'établissement de la filiation naturelle. Il y avait donc conflit de loi avec le droit français qui l'autorisait. Dès lors, le droit français pouvait-il ou non permettre l'établissement de la filiation naturelle de l'enfant ? La réponse de la Cour de cassation à ce problème complexe a été la suivante. Si les lois étrangères qui prohibent l'établissement de la filiation naturelle ne sont, en principe, pas contraires à la conception française de l'ordre public international, il en est autrement lorsque ces lois ont pour effet de priver un enfant français ou résidant habituellement en France du droit d'établir sa filiation. Dans ce cas, cet ordre public (de proximité) s'oppose à l'application de la loi étrangère normalement compétente. La loi tunisienne a été écartée.

Le recours à cet ordre public de proximité (résidence de l'enfant en France) n'a pour finalité que d'assurer à des Français ou à des étrangers domiciliés ou résidant en France des droits subjectifs propres à tout Français ou tout résident et d'éviter ainsi toute discrimination entre des personnes liées au droit français du fait de la résidence.

Réaction/Actualité

Une solution analogue pourrait être applicable de nos jours au mariage entre personnes homosexuelles. Des étrangers homosexuels vivant en France, Algériens ou Marocains par exemple, pourraient de nos jours contracter une union que leur permet la loi française et qui, au contraire, leur est refusée par la loi étrangère normalement compétente en vertu de la règle française de conflit ou sur le fondement d'une convention internationale. Mais il convient de préciser que le mariage, célébré en France, de résidents étrangers, ne produira pas effet dans les États qui n'admettent pas le mariage entre personnes de même sexe.

11 FÉVRIER 2005

Loi relative à l'assistance des handicapés : L'assistance sexuelle des handicapés n'est (toujours) pas reconnue par la loi du 11 février 2005

La loi du 11 février 2005 est relative à l'assistance des handicapés. Elle prend en charge le handicap des gens en situation de dépendance vivant à domicile ou en milieu institutionnel. Mais on lui reproche d'oublier la personne dans son intégrité et notamment dans son intimité. Il en est ainsi de l'activité sexuelle. Ce dernier sujet reste encore tabou.

L'assistance sexuelle des handicapés n'est pas (encore) reconnue en France. Tel n'est pas le cas dans d'autres pays et notamment en Suisse ou en Belgique. On semble redouter des dérives (du proxénétisme). Toutefois une première formation certifiante à l'accompagnement sexuel a vu le jour en février 2015. Elle est assurée en France par des assistants sexuels exerçant en Suisse.

Réaction/Actualité

Le droit au respect de la vie privée qui incorpore le droit aux relations sexuelles est un droit fondamental. Les personnes incarcérées conservent ces mêmes droits, et il existe dans un certain nombre de prisons en France des parloirs sexuels. À l'heure où la pornographie publicitaire accapare notre espace public, où les clubs échangistes se multiplient librement, où le cap d'Agde est mondialement connu des touristes internationaux pour sa plage « La baie des cochons », dont la promotion est tolérée, si ce n'est encouragée ; à l'heure où la prostitution est légale, où l'échangisme n'est pas considéré comme contraire aux bonnes mœurs, les réticences en matière d'assistance sexuelle des personnes handicapées même fondées sur la crainte du proxénétisme semblent abusives, si ce n'est condamnables. La loi nouvelle et incohérente du 13 avril 2016 contre le système prostitutionnel ne contribue pas il est vrai à une amélioration. Il serait temps d'accorder aux handicapés la possibilité légale d'une assistance sexuelle déjà reconnue dans d'autres pays proches.

12 FÉVRIER 2013

Décision du Défenseur des Droits MLD-2012-185 du 12 février 2013 « Nécessité absolue en cas de licenciement économique d'une salariée enceinte d'indiquer en quoi les raisons économiques placent l'employeur averti de la grossesse dans l'impossibilité de maintenir le propre contrat de la réclamante pendant la période de protection légale »

Le Défenseur des Droits a fait valoir devant la cour d'appel que la lettre de licenciement pour motif économique d'une salariée en état de grossesse médicalement constaté devait indiquer en quoi les raisons économiques plaçaient l'employeur averti dans l'impossibilité de maintenir le contrat de la réclamante pendant la période de protection légale. En l'espèce, la cour d'appel (devant laquelle a été déposé l'avis du Défenseur des Droits) a considéré en date du 21 mars 2014 que l'employeur n'a pas indiqué dans la lettre de licenciement de façon explicite le motif autorisant exceptionnellement le licenciement de la salariée pendant la période de protection légale dont elle bénéficiait. Le licenciement a donc été annulé.

Réaction/Actualité

La décision précédente de la cour d'appel est dans la ligne de la jurisprudence actuelle et de l'arrêt rendu le 6 janvier 2010 par la Chambre sociale de la Cour de cassation. Le licenciement d'une salariée enceinte avait été annulé au motif que l'existence d'un motif économique de licenciement ne caractérise pas, à elle seule, l'impossibilité de maintenir le contrat (cas. soc. 28 septembre 2004, n° 02-40055 FD ; cas. soc. 21 mai 2008, n° 07-41179, BC V n° 110).

Pour mieux protéger les salariées en état de grossesse ayant donné satisfaction et devant l'accroissement du nombre de contrats de travail à durée déterminée (CDD) pourquoi ne pas aller plus loin et songer à adopter une solution analogue au profit de toute salariée ayant déclaré sa grossesse en l'absence de renouvellement du contrat ?

13 FÉVRIER 2013

Cour de cassation : La rectification d'état civil d'un transsexuel nécessite (à cette date) la preuve médico-chirurgicale du changement de sexe.

Selon un arrêt de la Cour de cassation du 13 févr. 2013 la preuve médico-chirurgicale du changement de sexe d'une personne qui demande rectification de son état civil sur son acte de naissance doit être rapportée. En l'absence d'opération chirurgicale ou de stérilisation, la modification à l'état civil n'est pas envisageable. Le transsexuel n'est alors pas fondé à demander le changement de sexe sur l'état civil.

Cette solution a paru à l'époque rigoureuse et arbitraire du fait de décisions distinctes. De plus une circulaire du ministère de la Justice du 14 mai 2010 demandait déjà aux juges de faciliter le changement d'état civil sans exigence d'opération médicale du sexe. Mais une circulaire ne s'impose pas aux magistrats et n'a pas la force d'une loi.

Réaction/Actualité

Une évolution importante a eu lieu notamment en 2016, date à laquelle la procédure de changement de sexe a été démédicalisée. On s'oriente non seulement vers la suppression de toute opération chirurgicale, mais encore vers la suppression du certificat psychiatrique ou d'attestation de traitement médical.

Le bref rappel historique est le suivant :

Un arrêt de la cour d'appel de Douai en date du 17 mai 2016 estime non seulement qu'une opération n'est pas nécessaire, mais encore qu'une expertise médicale visant à établir le caractère irrévocable de changement de sexe n'est plus indispensable. Par ailleurs un projet de législation du 19 mai 2016, devenu la loi du 12 octobre 2016, vise à simplifier et démédicaliser la procédure. Toutefois le magistrat chargé de statuer sur le changement d'état civil ne peut se prononcer uniquement en fonction de la seule volonté exprimée par la personne.

14 FÉVRIER 2017

Saint-Valentin : Fête des amoureux ou fête d'un saint ?

La Saint-Valentin est considérée dans de nombreux pays comme la fête des amoureux. Mais on ne sait en déterminer les origines ni en expliquer la date. On peut même se demander si la Saint-Valentin n'est pas devenue une fête laïque. Ce saint, en effet, a été éliminé du calendrier liturgique en 1969. Cette année-là précisément suite au IIe concile œcuménique du Vatican, l'Église opéra des évictions parmi les saints officiellement reconnus. Valentin disparut, ses origines étant sujettes à débat. Saint Cyrille et saint Méthode, évangélisateurs des Slaves, prirent sa place, se partageant chrétiennement le 14 février.

Réaction/Actualité

Mardi 14 février 2017 est le jour de la Saint-Valentin. Saint ou pas saint, cela se fête. C'est en tous cas pour les commerçants jour de fête des amoureux et plus encore de leurs commerces !

15 FÉVRIER 2012

Tribunal de grande instance de Paris : Condamnation de Google au déréférencement d'une vidéo pornographique : « Consécration d'un Droit à l'oubli en Europe »

Le 15 février 2012, le tribunal de grande instance de Paris, se fondant sur la protection de la vie privée, a condamné en référé Google à déréférencer une vidéo pornographique à laquelle on pouvait accéder en mentionnant le vrai nom d'une ancienne actrice X nommée Diana Z. (devenue par la suite secrétaire juridique). Il est à noter toutefois qu'un droit spécifique à l'oubli n'existait pas formellement en France en la matière (recherches sur son nom).

Depuis la décision de la Cour de justice de l'Union européenne de 2014 (Arrêt de la Cour – grande Chambre, 13 mai 2014, dans l'affaire C-131/12) le droit à l'oubli numérique est consacré. Cette décision, en dépit de demande de la CNIL, n'est toutefois pas suivie par Google dans tous les pays (à l'exception de l'Europe).

Réaction/Actualité

Les internautes, depuis l'arrêt cité, ont la possibilité d'obtenir en Europe de Google, Bing, ou Microsoft, etc. qui sont des moteurs de recherche, l'effacement d'informations les concernant sous certaines conditions. De ce fait, si une recherche est effectuée sur le nom de la personne, les liens incriminés sont alors masqués. La suppression de ces informations peut être aussi demandée au site d'origine. La protection n'est toutefois pas parfaite puisqu'elle ne s'étend pas à d'autres pays dans le monde.

16 FÉVRIER 2016

Emmanuel Macron porte plainte pour réception de mails érotiques

Emmanuel Macron a porté plainte le 16 février 2016 à la suite de mails enflammés érotiques et de photos de même style reçus à titre personnel sur sa boîte mail. L'expéditrice était une jeune femme gabonaise étudiante en droit domiciliée à Aubignac. Cette dernière a été placée en garde à vue pour « messages réitérés malveillants en vue de troubler la tranquillité d'autrui ».

Réaction/Actualité

Pour une fois c'est un homme, pas n'importe lequel, qui est victime d'une sorte de harcèlement. À titre anecdotique de nombreux Français de sexe masculin à défaut d'être ministre ou président de la République ne seraient pas hostiles à de telles conduites !

17 FÉVRIER 2005

Cour de justice de l'Union européenne (CJUE) : « Le sadomasochisme (SM) relève de la liberté individuelle »

Le 17 février 2005 la Cour de justice de l'Union européenne (CJUE) a rendu une décision importante sur le plan des principes en matière de sadomasochisme (affaire KA et AD Belgique). Elle considère que le droit pénal ne peut en principe intervenir dans le domaine des pratiques sexuelles librement consenties qui relèvent du libre arbitre des individus. Elle relève que le sadomasochisme relève de la liberté sexuelle reconnue par l'État aux individus dans une société démocratique. La CEDH rappelle que (l'article 8) la Convention européenne protège la vie privée des individus et donc leur vie sexuelle. La présence du consentement permet à la Cour de valider les pratiques SM. Il importe peu qu'elles soient selon les sociétés contraires à la morale. La limite selon cet arrêt est la menace à la liberté et aux droits d'autrui. Le droit pénal pourrait alors intervenir.

Dans l'arrêt en question une sanction a été prononcée à l'encontre des « maîtres ». Mais en l'espèce le consentement de la femme n'avait pas été respecté. Sur le plan plus détaillé du sadomasochisme même la CEDH énonce que les pratiques en cause doivent se dérouler avec précaution dans des conditions qui permettent le plein respect du consentement de tous les partenaires. Il est renvoyé aux règles de prudence et de bonne conduite prescrites dans les milieux sadomasochistes. Par exemple, le masochiste doit disposer d'un code convenu pour faire cesser la séance afin que son consentement soit sans cesse assuré. La personne soumise doit rester en permanence consciente. Elle doit pouvoir être déliée rapidement. La consommation d'alcool et autres produits psychotropes est interdite, etc.

Au regard du droit européen le principe qui prédomine en matière de sadomasochisme n'est pas celui de l'indisponibilité du corps humain ou de la protection de son intégrité physique, mais le droit inaliénable de pouvoir librement disposer de son corps en cas de consentement (ce sous quelques réserves en cas de violences dangereuses).

La Cour européenne des Droits de l'homme fait preuve d'un libéralisme parfois encore plus grand. Il en est ainsi à l'occasion de l'affaire dite Pretty c. Royaume-Uni, affaire qui concernait un suicide assisté. Elle considère que « la faculté pour chacun de mener sa vie comme il l'entend peut également inclure la possibilité de s'adonner à des activités perçues comme étant d'une nature physiquement ou moralement dommageable ou dangereuse pour sa personne. En d'autres termes on doit être libre d'opérer de tout choix concernant son propre corps». Au regard en revanche du pénal droit français le SM, du fait des risques physiques (coups, blessures, violences, traitements dégradants), ne peut être justifié par la présence du seul consentement de la partie faible à la relation. La cour d'appel de Grenoble (cour d'appel, chambre correctionnelle du 11 mars 2009), par une décision confirmée par la chambre criminelle de la Cour de cassation en 2009 (Cour de cassation, ch. criminelle, 2 décembre 2009, req. n° 09-82447) affirme que le consentement ne peut être une cause d'exonération. En l'espèce, un prévenu souhaitait être confronté à sa victime pour faire établir son consentement à la pratique SM, ce que lui refusa la Cour. Dans cette dernière affaire, la Cour de cassation estime que même si le consentement est établi, cela n'a aucune incidence sur l'affaire.

On peut observer un libéralisme sur le plan du droit européen, mais des restrictions importantes sur le plan interne français. Toutefois il nous semble que des égratignures très légères et passagères sous forme de quelques griffures ne devraient pas permettre en France la condamnation en cas de consentement.

Réaction/Actualité

On peut observer en matière de sadomasochisme un libéralisme sur le plan du droit européen, mais des restrictions importantes sur le plan interne français. Toutefois il nous semble que des égratignures très légères et passagères consenties rendent incertaines en France des poursuites ou condamnations.

On évoque souvent la liberté et le consentement initial formulé en matière de sadomasochisme. Mais l'état d'extase, l'état de transe dans lequel se trouve par la suite le pratiquant peut le conduire à retarder ou même à ne pas prononcer «le safe word» mettant un terme à ce jeu pouvant être dangereux. Dès lors peut-on vraiment parler de liberté ou de consentement éclairé? Cette observation est rarement soulignée par les juristes. Elle ne saurait toutefois constituer une critique plus générale de cette pratique.

18 FÉVRIER 2016

JO, Avis du contrôleur général de la prison sur la situation carcérale des femmes et leur discrimination

Selon la publication au *Journal officiel* du 18 février 2006 de l'avis du contrôleur général de la prison (en date du 25 janvier 2016) il existe une discrimination à l'encontre des femmes en prison. Les femmes souffrent davantage que les hommes de la rupture du lien familial du fait du maillage territorial déséquilibré des établissements susceptibles de les accueillir. Par ailleurs, elles sont hébergées dans des locaux plus exigus et souvent mal aménagés. Elles sont le plus souvent cantonnées dans des enclaves, réduites à pratiquer essentiellement des activités ménagères ou de cuisine, alors que les prisonniers hommes peuvent par exemple faire du sport à l'extérieur. Pourtant : « Il serait loisible de penser que le faible nombre de femmes privées de liberté faciliterait la prise en charge et permettrait un strict respect des droits fondamentaux. Il n'en est rien ».

Réaction/Actualité

Même en tant que juge ou avocat on ignore souvent la vie dans les prisons, et plus encore les prisons de femmes ! Le bref passage des avocats ou même des magistrats dans le cadre du stage est peu significatif. La nomination d'une contrôleuse des prisons peut permettre aux femmes une plus grande liberté. Peut-être aussi pourrait-on s'interroger à nouveau : des prisons pour quoi faire ? L'enfermement est-il vraiment bénéfique ? L'exemple des Pays-Bas où les prisons se vident n'est-il pas à considérer ? Ne peut-on commencer en limitant l'enfermement des femmes et en supprimant quelques prisons ?

19 FÉVRIER 2008

Tribunal de grande instance de Paris 17e Chambre : De la nécessité de distinguer Actrice X et Prostituée

Le tribunal de grande instance de Paris (17e chambre correctionnelle) par jugement du 19 février 2008, fait une différence entre actrice X et prostituée bien que considérant que dans les deux cas l'activité est légale. Il condamne la revue *Entrevue* en diffamation pour avoir déclaré que des actrices X (et notamment l'une d'entre elles, Tiffany H.) peuvent faire aussi généralement de l'escorting prostitutionnel comme beaucoup d'autres actrices X.

Réaction/Actualité

Alors que la notion d'activité immorale a quasi disparu en droit de nos jours en matière de sexualité et notamment de sexualité marchande (films pornographiques à la télévision ou sur les sites internet, promotion de clubs échangistes par des animateurs célèbres (publicité par Thierry Ardisson du club Les Chandelles) publicités érotiques ou sadomasochistes dans la mode), la prostitution fait l'objet d'une déconsidération anormale dans les esprits bien qu'en droit l'activité prostitutionnelle ne soit plus selon diverses décisions de justice considérée comme contraire aux bonnes mœurs. Pourtant la distinction entre débauche, échangisme, et prostitution ou actrice pornographique et prostituée n'est pas en fait très marquée. Il faut reconnaître que si l'actrice X était assimilée à une prostituée, toute l'activité cinématographique X du perchman au producteur devrait être considérée comme du proxénétisme. Ajoutons qu'une libéralité motivée par le maintien de relation adultère n'est plus considérée comme atteinte aux bonnes mœurs par les tribunaux (Cass. Ass. Plénière arrêt Galopin 29 octobre 2004).

Quand rendra-t-on enfin justice aux personnes prostituées ? Quand leur reconnaîtra-t-on des droits identiques à ceux de tout prestataire de services indépendant ?

20 FÉVRIER 2016

Tribunal de Colombie-Britannique : Silence de la loi pénale sur le « *Revenge porn* » (revanche en mode pornographique via internet). Diffusion de l'image non sanctionnée à l'ère du numérique au Canada (et en France jusqu'en Oct. 2016) faute de texte

Un tribunal de la Colombie-Britannique en date du 20 février 2016 n'a pu, faute de texte, condamner pénalement un homme qui avait créé un site Internet montrant son ex-femme nue (elle avait initialement accepté cette prise de vue intime) dans le but de se venger et de ternir sa réputation. Les dispositions pénales du Code criminel canadien sur ce qu'on appelle le *Revenge porn* (sorte de harcèlement sexuel à l'ère numérique) était muette sur le sujet de la diffusion. Les technologies nouvelles ont été de même plus rapides que le droit. On ne peut oublier pourtant que de jeunes adolescentes sont souvent victimes de la diffusion d'un cliché intime sur internet.

Réaction/Actualité

En France, selon l'IFOP, 4 % des hommes auraient reconnu avoir déjà diffusé des photos intimes de leurs ex-partenaires. Pourtant une carence législative analogue au droit canadien existait jusqu'à octobre 2016 (voir le cas *de Revenge porn, infra* Cass. crim. en date du 16 mars 2016). Accepter la prise de photos ou vidéo intimes peut emporter en droit pénal permis de diffuser (cas de *Revenge porn*). L'article 226-1 du Code pénal français qui réprime l'atteinte à la vie privée sur internet ignorait en effet la situation de diffusion. La Cour de cassation en date du 16 mars 2016 a considéré que faute de disposition spécifique (jusqu'au 7 oct. 2016) elle ne peut pénalement réprimer le fait de diffuser, sans son accord, l'image à caractère sexuel d'une personne réalisée dans un lieu privé avec son consentement. Elle se fonde sur le principe « Pas de peine sans loi ».

La loi numérique du 7 octobre 2016 a mis fin dans notre pays à la carence soulignée. Un nouvel article 226-2-1 du Code pénal prévoit :

«Art. 226-2-1. – Lorsque les délits prévus aux articles 226-1 et 226-2 portent sur des paroles ou des images présentant un caractère sexuel prises dans un lieu public ou privé, les peines sont portées à deux ans d'emprisonnement et à 60 000 euros d'amende ».

« Est puni des mêmes peines le fait, en l'absence d'accord de la personne pour la diffusion, de porter à la connaissance du public ou d'un tiers tout enregistrement ou tout document portant sur des paroles ou des images présentant un caractère sexuel, obtenu, avec le consentement exprès ou présumé de la personne ou par elle-même, à l'aide de l'un des actes prévus à l'article 226-1 ».

Désormais donc depuis le texte ci-dessus l'auteur du délit de *revenge porn* (y compris via des selfies), peut être condamné à deux ans de prison et 60 000 euros d'amende. Des condamnations pénales fondées sur ce texte ont déjà été prononcées.

La prévention est toutefois la meilleure solution. On ne peut que recommander de ne pas conserver sur son ordinateur ou de ne pas adresser sans protection des corps dénudés.

20 FÉVRIER 2017

Tribunal de grande instance de Bobigny : De Théo à Alexandre. Violence, viol ou acte de torture ? Quelle qualification en cas d'insertion d'une matraque policière dans le rectum ?

L'affaire « Alexandre » relatée ci-dessous et jugée le lundi 20 février par la 14e chambre du tribunal de Bobigny est similaire à l'affaire « Théo » plus récente encore. Il était reproché dans les deux cas aux fonctionnaires de police d'avoir introduit une matraque noire télescopique dans le rectum du jeune Alexandre le soir du 29 octobre 2015 comme dans celui du jeune Théo le 2 février 2016. Cette matraque avait occasionné pour le premier une plaie de 1,5 cm au niveau de la marge rectale par déchirure des tissus (10 Jours d'ITT) et pour le second une plaie de 10,5 cm de profondeur (60 Jours d'ITT).

Dans l'affaire Alexandre en date du lundi 20 février 2016 le tribunal correctionnel de Bobigny devant lequel l'affaire a été portée s'est finalement déclaré incompétent. Il qualifie les faits de crime, passible donc de la Cour d'assises. Dans l'affaire Théo alors que le parquet du même tribunal s'était orienté initialement vers une qualification de violences volontaires le juge d'instruction du TGI de Bobigny en date du 20 février 2017 a estimé qu'il s'agit d'un viol et donc aussi d'un crime. Dans les deux cas, une opposition existe donc entre le parquet et les magistrats de la juridiction de jugement et d'instruction du tribunal correctionnel de Bobigny. Les juges autres que ceux du parquet estiment que la Cour d'assises devrait être saisie. Plus précisément la qualification de viol est invoquée. Cette affaire a fait la une des journaux.

Faute de meilleure connaissance du dossier il paraît délicat d'avoir un avis péremptoire. Mais des pistes peuvent se dessiner qui ne sont pas toutes nécessairement celles des incriminations envisagées par les juges (siège ou juge instructeur) ou le magistrat du parquet.

Le choix difficile entre la qualification juridique de violence ou de violence aggravée selon le parquet ou celle de viol selon les magistrats du tribunal de Bobigny

En l'absence de légitime défense, élément qui ne semble pas devoir être retenu à la lecture des médias, la qualification de viol est-elle la mieux adaptée ? Le viol est selon l'article 222-23 du Code pénal « tout acte de pénétration sexuelle de quelque nature qu'il soit commis sur la personne d'autrui par violence, contrainte, menace, ou surprise ». On peut estimer de nos jours qu'un objet ou un bâton introduit sous la contrainte dans « l'anus » peut être constitutif d'un viol. Toutefois la pénétration anale par un objet ne suffit pas. Il convient de différencier parmi les pénétrations celles qui ont une finalité sexuelle de celles fondées sur d'autres motifs (telle par exemple la violence volontaire). La recherche de l'intention poursuivie et plus précisément de la connotation sexuelle est donc capitale. Il a été jugé que l'initiation sexuelle faite par un parent à son enfant par pénétration dans l'anus d'un doigt ou d'un objet était un viol (CA Paris, 23 juin 1967, gp 67, 2, p. 189). La preuve de la finalité sexuelle n'est pas évidente à établir. A-t-on voulu humilier par un acte de sodomie ou même de parodie de sodomie les deux jeunes de Bobigny ? Il a déjà été jugé par la chambre criminelle de la Cour de cassation que le fait d'introduire un manche de pioche dans l'anus d'un jeune homme était un viol (Cass. crim. 6 décembre 1995 n° de pourvoi : 95-84881). La nature sexuelle pouvait être notamment caractérisée par le fait qu'un préservatif recouvrait le bout du bâton. En l'espèce dans les deux affaires Bobigny concernant des actes de sodomie par matraque des difficultés de preuve risquent de surgir. Parmi les indices destinés à illustrer la finalité sexuelle peut-être peut-on rechercher la manière dont le bout de cette matraque a été introduit ou tenu ? Par le petit bout du manche télescopique ? Par le gros bout ? L'introduction a-t-elle été réalisée sur le pantalon ? Sur le slip ? Sans pantalon ? Sans slip ? Le pantalon était-il tenu par une ceinture, un élastique ? A-t-il été descendu volontairement par le policier ou à la suite d'un échange, d'une bagarre ? Les constats médicaux peuvent sans doute apporter d'autres révélations. Une enquête dans les commissariats de la police municipaux ou nationaux situés aux alentours n'est pas sans intérêt. Quels sont les bruits qui circulent sur l'utilisation de telles matraques ? On ne doit jamais oublier que le doute bénéficie à l'accusé.

Une piste autre que celle de cette dernière incrimination mériterait d'être envisagée si les faits relatés par la victime ou la presse devaient être confirmés.

Vers une autre qualification « L'incrimination pour acte de torture et barbarie »

L'incrimination pour acte de torture et barbarie mériterait d'être envisagée à la place de celle de viol ou violence.

Depuis 1992, date du nouveau Code pénal, l'acte de torture et de barbarie est devenu une infraction autonome (sauf quelques situations où l'infraction n'est qu'un cas de circonstances aggravantes). Des conflits de qualification avec la violence ou même le viol sont certes possibles. Mais en l'espèce, une telle qualification pourrait être préférée à celles évoquées. L'article 222-1 du Code pénal prévoit parmi les violences les plus graves les actes de torture et de barbarie : « Constitue l'infraction le fait de soumettre une personne à des actes de torture et barbarie ». La loi ne donne cependant aucune définition ou aucun exemple de comportement relatif à ces actes de torture et barbarie que la jurisprudence paraît confondre ou assimiler. Cette dernière semble en substance considérer comme tels des agissements qui excèdent les violences ordinaires et humilient la victime. À plusieurs reprises l'introduction d'objet dans l'anus n'a pas été poursuivie pour viol, mais pour actes de tortures et barbarie. Il en est ainsi d'une tentative d'extorsion de fonds précédée de coups et d'introduction d'un bâton dans l'anus sur un jeune garçon. La qualification d'extorsion de fonds accompagnée d'acte de barbarie plus sévèrement réprimé en l'espèce que le viol a été préférée (crim. 9 déc. 1993).

Cette volonté d'humiliation (qui ne nécessite pas de connotation sexuelle) se déduit des comportements de fait. Dans les affaires de Bobigny si la finalité sexuelle n'est nullement évidente et reste à démontrer la volonté d'humilier par le biais d'une pénétration anale, conduisant par ailleurs à des soins de longue durée et à une violence dépassant la violence ordinaire, est beaucoup plus manifeste que le viol. Les deux critères, violence extraordinaire et humiliation, semblent être présents. C'est donc peut-être cette qualification d'acte de torture qui pourrait être préférée au viol ou au viol aggravé ou à la violence. Dans chacun des cas de viol ou d'acte de torture les peines ne sont pas très distinctes. La sanction de réclusion criminelle est de quinze ans pour les actes de torture et barbarie (idem pour viol simple.) Elle est plus élevée (20 ans) en cas de circonstances aggravantes notamment lorsqu'une personne abuse de l'autorité de ses fonctions comme tel pourrait être le cas d'un agent de la force publique.

Réaction/Actualité

Il convient d'appréhender cette affaire qui a été médiatisée avec la plus grande prudence. Les éléments constitutifs de l'infraction, à savoir les faits et surtout l'intention (nature sexuelle ou non de l'acte), sont complexes et restent à prouver. Par ailleurs il n'est nullement évident qu'en pratique les peines infligées par la Cour d'assises soient de manière absolue plus sévères que celles prononcées par le tribunal correctionnel. Tout dépend du lieu, de la composition de cette Cour, de sa présidence, peut-être aussi des médias. Il arrive parfois qu'en dépit de plus grands risques encourus par les auteurs criminels les peines prononcées soient moins sévères du fait de la composition des juridictions populaires dans lesquelles sont présents des non professionnels. Ces derniers peuvent être particulièrement sensibles à la situation des banlieues et par là même au travail ingrat de policiers agissant sur le terrain. Mais l'inverse peut aussi se produire.

21 FÉVRIER 2007

Cour de cassation : « L'introduction contrainte dans la bouche d'un objet phallique n'est pas un viol »

La chambre criminelle de la Cour de cassation, dans un arrêt du 21 février 2007, (Bull. crim. n° 61, Dr. pénal 2007) a jugé qu'encourt la censure l'arrêt qui renvoie devant la Cour d'assises sous l'accusation de viols aggravés un médecin qui, agissant dans un contexte sexuel et animé par la volonté d'accomplir un acte sexuel, a contraint trois jeunes patientes à introduire dans leur bouche puis à sucer un objet (bâton) de forme phallique recouvert d'un préservatif. Pour être constitutive d'un viol, selon cette jurisprudence la fellation imposée par l'agresseur implique une pénétration par l'organe sexuel masculin de l'auteur et non par un objet le représentant. L'acte ne demeure pas pour autant impuni, mais sous une autre qualification d'agression sexuelle moins sévèrement réprimée.

Cette jurisprudence jette un peu le trouble sur la définition légale du viol. Selon l'article 222.23 du Code pénal, « tout acte de pénétration sexuelle, de quelque nature qu'il soit, commis sur la personne d'autrui, par violence, contrainte, menace ou surprise, est un viol ». Or il y a bien eu un acte contraint de pénétration. Mais en l'espèce il est précisé en cas de viol par fellation qu'il doit s'agir d'une pénétration par un organe sexuel (masculin) et non par un objet. « Pour être constitutive d'un viol, la fellation implique une pénétration par l'organe sexuel masculin de l'auteur et non par un objet le représentant ». L'analyse serait distincte si ce bâton de forme phallique avait été introduit non dans la bouche, mais dans le sexe ou l'anus de la patiente. Il s'agirait alors d'un viol.

Réaction/Actualité

Un problème de qualification pourrait se poser si l'objet introduit dans la bouche n'était pas de forme phallique ou même n'était pas recouvert d'un préservatif. La nature sexuelle de l'acte pourrait être contestée. Dans l'affaire du jeune Théo interpellé en février 2017 un policier avait introduit dans son anus une matraque. Le crime de viol a été évoqué selon la presse dans tous les médias. Mais s'agissait-il véritablement d'un agissement de nature sexuelle ? Ne peut-on pas considérer, à défaut d'établir la nature sexuelle, qu'il s'agit d'un acte de torture et barbarie plus sévèrement puni (Crim. 21 février 2007 pourvoi n° 06-89.543) ?

22 FÉVRIER 1984

Cour de cassation : De la nécessité de distinguer en matière de fellation l'impératif « Suce-moi ! » (viol) du « Je te suce ! » (Agression sexuelle) ou « la fellation pratiquée sur l'organe de la victime n'est pas un viol »

Selon la Cour de cassation en date du Cass. 22 février 1984, une fellation imposée sur l'organe de l'agresseur : « suce-moi dit l'agresseur » à la victime est un viol. Tel n'est pas le cas d'une fellation faite par l'agresseur sur l'organe de la victime « je te suce, impose l'agresseur ». Il s'agit alors d'une agression sexuelle, moins sévèrement sanctionnée faute de pénétration sexuelle.

Réaction/Actualité

Dans les faits, dans la majorité des cas, la fellation est un viol puisqu'en général la fellation est imposée à la victime (le plus souvent une femme) qui doit la pratiquer sur l'organe sexuel de l'agresseur (le plus souvent un homme). Si en revanche une fellation a lieu sur l'organe de la victime (ex : belle-mère pratiquant une fellation à un jeune enfant) il n'y a pas, faute de pénétration, viol, mais agression sexuelle (sur le sujet voir 22 octobre 1998 / 22 août 2001 / 22 février 1984).

23 FÉVRIER 2016

Source internet. Un écolier de 16 ans a droit en cadeau à une actrice porno russe « tout inclus » *Quid* en France ? Corruption ? Détournement de mineur ? ou « de la nécessité de privilégier le rapport sexuel »

En Russie, un écolier de 16 ans, en date du 23 février 2016, a reçu en cadeau, en tant que 100 000e visiteur d'un site internet et pour le jour du défenseur de la patrie, un mois entier « tout inclus » en compagnie d'une actrice porno dans un des hôtels de Moscou.

En France le fait que le « tout inclus » comprenne des rapports sexuels ne pose pas de problème puisque la majorité dite sexuelle est à 15 ans. En revanche la débauche sexuelle, voire l'initiation sexuelle, pourrait être considérée comme un acte de corruption de mineur puisque le délit de corruption vise les mineurs de plus de 15 ans.

Réaction/Actualité

En France les parents d'un mineur âgé de 16 ans, dans la mesure où ils ne sont pas consentants en ce qui concerne la cohabitation de leur enfant, pourraient (même en l'absence de rapports sexuels) poursuivre la jeune actrice majeure pour détournement de mineur puisqu'un tel délit vise aussi les mineurs de plus de quinze ans (art. 227-8 Code pénal). En revanche le simple rapport sexuel pendant un laps de temps assez court ne pourrait être poursuivi puisque la majorité sexuelle est à quinze ans.

24 FÉVRIER 2015

L'Obs. Vers une reconnaissance légale généralisée de la prise de Truvada à titre préventif (traitement préventif contre le VIH) en France ?

Mardi 24 février 2015 dans la salle du Washington State Convention Center de Seattle, les résultats de deux études françaises sur le traitement préventif du sida (Prep : prophylaxie pré-exposition) ont été exposés. Il a été démontré la possibilité de réduire de plus de 86 % le risque d'être contaminé par le VIH (Essai français « Ipergay » sur la prise en prévention de Truvada). En fait ce médicament, le Truvada, composé de deux antiviraux, était déjà pris préventivement (avant tout rapport puis 24 h après) endehors de tout cadre réglementaire (enquête de B. Rocfort-Giovanni publiée dans *L'Obs* en date du 24 févr. 2015).

Réaction/Actualité

Pourquoi les États-Unis étaient-ils les seuls encore à autoriser légalement en prévention la prise de Truvada, qui est usuellement utilisé pour soigner les séropositifs ?

Désormais en France la recommandation temporaire d'utilisation (RTU) du Truvada dans la prophylaxie Pré-Exposition (PrEP) au VIH est effective depuis le 4 janvier 2016.

25 FÉVRIER 1790

Loi : Suppression du droit d'aînesse

Le 25 février 1790 le droit d'aînesse est supprimé. On rappelle que sous l'Ancien Régime le droit d'aînesse s'appliquait aux garçons des familles nobles (mais des roturiers fortunés s'en prévalaient). Il a été aboli en 1792, lors de la Révolution, puis rétabli partiellement en 1826, avant d'être définitivement aboli en 1849. Les garçons héritaient légalement des biens de leurs parents. L'aîné était privilégié. Il avait droit à la proportion la plus importante de l'héritage paternel et maternel. Les filles étaient exclues du droit d'aînesse et de l'héritage paternel. Depuis cette abolition l'héritage doit être légalement partagé entre les enfants, peu importe le sexe, peu importe l'âge. En pratique toutefois les parents peuvent toujours privilégier des héritiers (sauf à porter atteinte à la réserve héréditaire).

Réaction/Actualité

Parmi les modalités légales qui permettent d'avantager un enfant le recours à l'assurance vie (sous réserve de sommes non exagérées ou/et éloignées par rapport à la date du décès), la donation en tant que présent d'usage ou même la prise en charge d'études très coûteuses d'un enfant (au détriment des autres qui sont par exemple salariés).

Les successions posent souvent de nos jours des problèmes financiers, juridiques et surtout psychologiques. Dès lors il vaut parfois mieux ne rien donner aux héritiers que mal préparer sa succession.

26 FÉVRIER 2016

Décret : La victime d'abus sexuels semblant être mineure doit être considérée comme mineure au regard des procédures

Selon le décret du 26 février 2016 qui complète diverses dispositions relatives aux victimes d'atteinte sexuelle les victimes d'abus sexuels semblant être mineures doivent par principe bénéficier des dispositions accordées aux mineurs si l'âge est inconnu. Ainsi en cas de violences sexuelles un enquêteur de même sexe peut assister le mineur et enregistrer sa requête. Si la victime ne parle pas la langue française un interprète peut lui être proposé.

Réaction/Actualité

L'abus sexuel est un phénomène répandu. Le nombre de cas de nos jours n'est sans doute pas plus élevé qu'avant. Mais les victimes sont plus enclines à le signaler qu'autrefois. Une véritable éducation à la sexualité manque en France alors que l'accès des mineurs aux images pornographiques est facilité par internet.

27 FÉVRIER 1970

Cour de cassation : L'arrêt Dangereux ou « l'action en réparation possible de la concubine en cas de décès par accident de son concubin »

La Cour de cassation en date du 27 février 1970 admet l'action en réparation de la concubine (Cass. Ch. mixte 27 février 1970 Veuve Gaudiras c/ Dangereux) à la suite du décès de son concubin dans un accident de voiture (dont l'auteur responsable était Monsieur Dangereux !).

À l'origine (arrêt Metenier 1937) la chambre civile de la Cour de cassation était hostile à cette solution. Elle considérait que le concubinage ne crée pas de droit entre les concubins et qu'un(e) concubin(e) ne pouvait engager la responsabilité du tiers ayant causé le décès de l'autre concubin(e) pour obtenir réparation du préjudice subi alors par ricochet (le préjudice direct étant celui subi par la femme mariée).

Depuis l'arrêt du 27 février 1970 la Cour de cassation ne se pose plus la question de la nature du lien de droit (préjudice direct ou indirect). Elle prend plus simplement en considération par application du droit de la responsabilité civile (article 1382 C. civ.) la relation entre la faute commise et le préjudice subi.

« Sur le moyen unique : Vu l'article 1382 du Code civil ; attendu que ce texte n'exige pas en cas de décès l'existence d'un lien de droit entre le défunt et le demandeur en indemnisation ».

Réaction/Actualité

Le même problème avait déjà été posé à propos de fiancés (qui n'ont pas de lien général de droit). La même solution avait déjà été admise (Cass. crim. 5 janvier 1956 (D.1956, 216 ; JCP 1956.II.9146). Par ailleurs de nos jours il nous semble que même en cas de concubinage d'une personne mariée la solution serait identique (par analogie avec l'arrêt Galopin Cass. 29 octobre 2004, voir 29 octobre 2004 *infra*).

28 FÉVRIER 1919

Tribunal administratif de Toulon : Un préfet ne peut refuser aux personnes prostituées leur « va-et-vient »

Le juge administratif dans le cadre d'une célèbre décision (arrêt dit Dames Dol et Laurent, rendu le 28 février 1919) a contesté la décision du préfet maritime, gouverneur de Toulon, interdisant aux « filles publiques » d'arpenter les trottoirs et de fréquenter les débits de boisson situés à proximité de la base maritime. Il se fondait sur la liberté d'aller et de venir et sur la liberté du commerce et de l'industrie pour les tenants de ces débits de boisson. Il convient à cet effet de rappeler que la prostitution n'est pas illégale.

Réaction/Actualité

De même que le délit de racolage (supprimé en 2016) ne visait en fait que la prostituée alors que le client racolait tout autant en hélant cette dernière (tu prends combien ?) de même on évoquait le va-et-vient de la prostituée (dont le commerce est licite) en oubliant celui des clients. De nos jours la suppression du délit de racolage n'empêche pas les arrêtés souvent arbitraires anti-prostitution obligeant les prostituées à exercer dans des conditions parfois périlleuses alors que la prostitution n'est pas illicite.

29 FÉVRIER 2012

Tribunal correctionnel de Paris : La limite à la liberté d'entreprendre la création d'un *love shop* fondée sur la protection de l'enfance plus que sur la pornographie

Le 29 février 2012, deux associations catholiques ont obtenu du tribunal correctionnel de Paris la condamnation du responsable d'un magasin spécialisé *Love shop* dans la vente de *sex toys* proche du Centre Pompidou. Le fondement reposait sur la loi relative à la protection de l'enfance qui interdit « l'installation, à moins de 200 mètres d'un établissement d'enseignement, d'un établissement dont l'activité est la vente (...) d'objets à caractère pornographique ».

L'atteinte au principe de la liberté d'entreprendre avait été soulevée par le gérant du *Love Shop* situé à 100 mètres d'une école du IVe arrondissement de Paris. La chambre criminelle de la Cour de cassation, par un arrêt en date du 22 janvier 2013, a estimé que l'atteinte à la liberté d'entreprendre n'était pas disproportionnée au regard des exigences constitutionnelles de protection de l'enfance et de sauvegarde de l'ordre public. Dès lors, selon la Cour (qui opère alors elle-même une sorte de contrôle de constitutionnalité) la question soulevée ne présentait pas un caractère sérieux permettant de porter l'affaire devant le Conseil Constitutionnel.

Réaction/Actualité

Un *sex toy* est-il un objet pornographique ? Poser une telle question au Conseil constitutionnel garant de la liberté d'entreprendre aurait été intéressant, car la notion de caractère pornographique n'est nullement définie par le texte précité sur la protection de l'enfance. La Cour de cassation n'a sans doute pas voulu s'avancer sur un terrain aussi subjectif.

Mars

- **1er mars 1994** – Loi : Le délit d'exhibition sexuelle remplace le délit fourre-tout d'outrage public à la pudeur
- **2 mars 2012** – Avant-projet de loi : Le gouvernement des Pays-Bas présente en date du 2 mars 2012 un avant-projet afin de faciliter le changement d'état civil d'un transsexuel (Suppression de la preuve de la stérilisation)
- **3 mars 2015** – Cour de cassation : Nécessité de distinguer le harcèlement de la discrimination et surtout les préjudices nés du harcèlement de ceux nés de la discrimination (en l'espèce pour état de grossesse)
- **4 mars 2002** – Loi : Nom de famille de l'enfant : Nom du père ou de la mère ou des deux dans l'ordre choisi
- **5 mars 2017** – Loi : Réforme de la loi sur les tutelles et protection de la vie privée et sexuelle des majeurs
- **6 mars 2014** – Loi *anti sodomy* abrogée en Virginie
- **7 mars 2012** – Cour de cassation : Arrêt subordonnant le changement de sexe à l'irréversibilité de la transformation de l'apparence sans nécessité d'ablation des organes génitaux (mais obligation de stérilisation hormonale)
- **8 mars 2007** – Tribunal de grande instance de Bobigny : La création d'un site internet par un informaticien pour une Escort girl est du proxénétisme
- **9 mars 2004** – Loi : La notion de zoophilie (l'exercice d'acte de nature sexuelle est sanctionné sur les animaux) est introduite

dans la loi sur la protection des animaux du 9 mars 2014 (l'animal n'est pas un objet sexuel !)

- **10 mars 2015** – CEDH Y. Y. c. Turquie : Condamnation de la Turquie. Le changement de sexe ne doit plus être subordonné à l'incapacité de procréer (fin de la stérilité irréversible) : « Vers une séparation de la sexualité et de la procréation ? »
- **11 mars 1998** – Cour d'appel de Versailles : Le consentement à la publication dans un périodique à une photo de nu est limité. Il ne vaut pas pour un autre périodique
- **12 mars 2016** – Lettre ouverte de l'association Droit au corps aux assises de sexologie 2016 à propos de la circoncision infantile. Atteinte à l'intégrité physique ?
- **12 mars 2015** – Première formation d'accompagnants sexuels pour les personnes en situation de handicap
- **13 mars 2000** – Loi : Preuve par moyen électronique ; admission de l'écrit sous forme électronique
- **13 mars 2007** – Cour de cassation : Annulation du premier mariage homosexuel à Bègles « Le mariage est l'union d'un homme et d'une femme »
- **14 mars 2016** – La loi du 14 mars 2016 relative à la protection de l'enfance réintroduit le terme d'inceste dans le Code pénal
- **15 mars 2012** – CEDH : Une femme homosexuelle peut-elle adopter (adoption simple) l'enfant de sa compagne ? Avis négatif à cette date de la CEDH
- **15 mars 2007** – Loi : l'Espagne a adopté une loi autorisant les transsexuels à changer de sexe sans opération chirurgicale (BOE, 16 mars 2007)
- **16 mars 2016** – Cour de cassation : Absence de poursuite pénale pour diffusion d'une photo intime sur internet bien que seul le consentement à une prise de vue sans évoquer de diffusion avait été donné (cas dit de *Revenge porn*)
- **17 mars 1999** – La loi danoise abroge les dispositions du Code pénal condamnant l'exercice individuel de la prostitution (dépénalisation de la prostitution)
- **18 mars 2003** – Loi dite pour la sécurité intérieure. Le racolage public passif est sanctionné, mais la prostitution demeure licite

- **19 mars 2014** – Cour de cassation, 1re chambre civile, 19 mars 2014 : Refus de transcription (fondé sur l'indisponibilité et la fraude à la loi) à l'état civil français d'un enfant né de GPA en Inde en dépit de la licéité de la GPA en Inde et du fait que le père français ayant recours à une mère porteuse soit le père biologique
- **20 mars 2015** – Décret n° 2015-323 fixant des dispositions dérogatoires à la proportion minimale de quarante pour cent de chaque sexe dans la constitution des jurys pour le recrutement ou la promotion dans certains cadres d'emplois de la fonction publique territoriale. (Proportion à titre provisoire et dérogatoire jusqu'en déc. 2019 selon ce décret fixé à 30 % et non 40 %)
- **21 mars 2011** – Cour d'appel de Lyon : la preuve par mail obtenu en fraude de l'épouse qui n'avait pas laissé accès à la messagerie et alors que son époux n'était pas autorisé à résider au domicile est irrecevable
- **21 mars 2016** – Cour d'appel d'Orléans : Refus d'apposer la mention sexe neutre à l'état civil (infirme TGI de Tours)
- **22 mars 1956** – Tribunal correctionnel de Lyon : La pornographie n'est pas interdite par le législateur
- **22 mars 1968** – Révolte étudiante à caractère libertaire et sexuel en France
- **23 mars 2016** – Décision du Défenseur des Droits à voir problème de discrimination sexuelle et rupture de contrat
- **23/24 mars 1965** – Révolte étudiante et sociale sans caractère libertaire et sexuel au Maroc
- **23 mars 2016** – Décision du Défenseur des Droits (MLD lutte contre les discriminations -2016-080) : Contestation de la rupture d'un contrat de collaboration pour discrimination sexuelle en raison du sexe de la demanderesse
- **24 mars 2016** – Tribunal de grande instance de Montpellier : La demande de changement de sexe à l'état civil a été refusée à un transsexuel faute de preuve suffisante du « caractère irréversible de sa transformation d'homme en femme ». *Quid* de nos jours ?
- **25 mars 1992** – CEDH : Condamnation de la France le 25 mars 1992 pour refus de rectification de l'état civil d'un transsexuel :

« L'absence de respect de la vie privée l'emporte sur le principe de l'indisponibilité du corps humain »

- **26 mars 1860** – Cour de cassation chambre civile : Annulation de la libéralité d'un homme marié destinée à maintenir le concubinage adultérin
- **27 mars 1996** – Cour de cassation chambre criminelle : Prostitution. Définition Jurisprudentielle « Se prêter moyennant rémunération à des contacts physiques de quelque nature qu'ils soient afin de satisfaire les besoins sexuels d'autrui »
- **27 mars 2001** – Cour européenne des Droits de l'homme (CEDH) : Liberté pour les enfants mineurs d'avoir entre eux des pratiques homosexuelles
- **28 mars 2016** – Blog www.brest.maville.com › Info › Info en continu Brest. Exhibition sexuelle à Brest ou satisfaction d'un besoin urgent d'uriner ?
- **29 mars 2006** – Cour de cassation : Condamnation d'un adulte pour sollicitation d'une prostituée de moins de 18 ans
- **29 mars 2001** – Cour de cassation : Des relations sexuelles entre très jeunes mineurs de 13 et 14 ans sont licites
- **30 mars 2012** – Enquête IFOP sur la pratique de la fellation en fonction des orientations politiques
- **31 mars 2014** – Journée internationale des transsexuels

1ER MARS 1994

Loi : Le délit d'exhibition sexuelle remplace le délit fourre-tout d'outrage public à la pudeur

Le délit d'exhibition sexuelle est plus restrictif que l'ancien délit d'outrage à la pudeur. En 1965 (voir 23 septembre 1964, Trib. Corr. Grasse) une jeune fille est reconnue coupable d'outrage public à la pudeur (délit fourre-tout et supprimé) pour avoir joué au ping-pong seins nus sur la Croisette à Cannes. Tel ne serait peut-être plus le cas de nos jours sur le fondement du délit d'exhibition. Dans le cadre de ce dernier délit il doit exister une certaine volonté de porter atteinte à la pudeur. La simple nudité négligente ne suffit pas. Par ailleurs l'acte doit être imposé à la vue d'autrui d'une part et commis dans un lieu accessible aux regards du public d'autre part. Faire l'amour dans son véhicule bien caché dans un parking ne justifie pas nécessairement des poursuites pour exhibition sexuelle.

L'exposition des parties génitales est nécessaire. Celui qui a mis la main au sexe sur son short, sans se dévêtir, en disant par exemple au gendarme « fume c'est du Belge » ne pourrait être condamné pour exhibition sexuelle (Cass. crim. 4 janvier 2006, Bull. crim. n° 3, page 8). Malgré tout nous déconseillons au lecteur l'exercice précédent.

Réaction/Actualité

Le principe qui est posé par la jurisprudence et notamment la chambre criminelle de la Cour de cassation en date du 1er mars 1995 en matière pénale et notamment sexuelle est que tout ce qui n'est pas interdit est autorisé (Cass. crim., 1er mars 1995, Bull. crim. n° 90 / Cass. crim. 18 févr. 2004, Bull. crim. n° 47). Mais même en cas d'interdiction il existe un certain arbitraire dans les faits. L'application du délit d'exhibition sexuelle est par exemple fonction du temps, des lieux, des circonstances, voire du genre (masculin ou féminin). Les condamnations de femmes sont de nos jours relativement rares. Toutefois mais de manière contestée des « Femen » ont été poursuivies pour être apparues les seins nus (Trib. Correctionnel 17/02/2014). Les tolérances sont parfois très grandes et jugées excessives. Les vacanciers sur certaines plages du cap d'Agde « la baie des cochons » ne diront pas le contraire. (voir aussi 7 décembre 2011)

2 MARS 2012

Avant-projet de loi : Le gouvernement des Pays-Bas présente en date du 2 mars 2012 un avant-projet afin de faciliter le changement d'état civil d'un transsexuel (Suppression de la preuve de stérilisation)

La loi suite à cet avant-projet de 2012 promulguée *in fine* par les Pays-Bas en juillet 2014 prévoit que les transsexuels ne seront plus contraints de passer obligatoirement par un traitement hormonal, par une chirurgie de réassignation sexuelle et de stérilisation pour obtenir des papiers conformes à leur genre. Par ailleurs aux Pays-Bas un traitement hormonal bloquant la puberté et évitant de subir les transformations non désirées est proposé assez classiquement s'il y a lieu aux enfants dès l'âge de 12 ans. Une attestation, délivrée par un spécialiste indiquant que le demandeur a la conviction permanente d'être transsexuel, serait donc suffisante pour fonder la demande.

Réaction/Actualité en France

En 2012 ou même 2014, il n'existait encore en France aucune loi concernant le changement d'état civil du transsexuel. La jurisprudence parfois arbitraire obligeait le plus souvent à faire la preuve du syndrome de transsexualité et demandait une preuve médicale du caractère irréversible du traitement et ce pratiquement jusqu'à la loi du 12 octobre 2016. Cette loi française du 12 oct. démédicalise enfin la demande de changement de sexe qui doit être toutefois demandée en justice devant le tribunal de grande instance.

Un bref résumé historique en France en matière de changement de sexe du transsexuel n'est pas inutile.

Condamnation de la France en 1992 par la Cour européenne des Droits de l'homme (affaire B. France, CEDH, 25 mars 1992) pour ne pas avoir rectifié l'état civil d'un transsexuel sur le fondement du droit au respect de la vie privée. À cette époque primait en France « le principe d'indisponibilité de l'état civil sur celui du droit au respect de la vie privée ».

Par deux arrêts du 11 décembre 1992 et suite à la condamnation de la CEDH l'Assemblée plénière de la Cour de cassation adoucit sa jurisprudence. Elle considère que « lorsqu'à la suite d'un traitement médicochirurgical subi dans un but thérapeutique une personne présentant le syndrome du transsexualisme ne possède plus tous les caractères de son sexe d'origine et a pris une apparence physique la rapprochant de l'autre sexe, auquel correspond son comportement social, le principe du respect dû à la vie privée justifie que son état civil indique désormais le sexe dont elle a l'apparence». Il est donc mis un terme à l'absolutisme du principe d'indisponibilité de l'état civil. La médicalisation pour changer de sexe est impérative et l'ablation des organes génitaux ou la stérilisation est fortement recommandée.

Une Circulaire (une circulaire n'a pas force de loi) du ministère de la Justice du 14 mai 2010 a indiqué aux magistrats du ministère public appelés au cours de la procédure à formuler un avis sur le respect des dispositions de l'article 99 du Code civil, qu'ils pourront toutefois se montrer favorables à de telles demandes dès lors que les traitements hormonaux ayant pour effet une transformation physique ou physiologique définitive, associés le cas échéant à des opérations de chirurgie plastique [...] ont entraîné «un changement de sexe irréversible, sans exiger pour autant l'ablation des organes génitaux». Elle les invite également à «ne solliciter d'expertise que si les éléments fournis révèlent un doute sérieux sur la réalité du transsexualisme du demandeur» et à fonder, dans tous les autres cas, leur avis sur «les diverses pièces notamment les attestations et comptes rendus médicaux fournis par le demandeur [...] qui engagent la responsabilité des praticiens les ayant établis». En dépit de ses assouplissements, la médicalisation du changement de sexe subsiste et la preuve du caractère irréversible du traitement et donc plus ou moins en fait la stérilisation demeure.

Le TGI de Montpelier en date du 24 mars 2016 (cité *infra*) rejette la demande d'un transsexuel en dépit de divers avis médicaux fournis quant à la féminisation esthétique de sa personne suite à diverses opérations. Le syndrome incontesté de transsexualisme avait pourtant été établi. Toutefois pour les magistrats le traitement hormonal était d'une durée insuffisante (près de 4 ans!) et ne permettait pas d'établir le caractère irrésistible du changement de sexe (on souhaitait vraisemblablement une preuve plus absolue de stérilisation).

Une loi du 12 octobre 2016 (voir *infra*) démédicalise la demande de changement de sexe qui doit toutefois être effectuée devant le TGI.

3 MARS 2015

Cour de cassation : Nécessité de distinguer le harcèlement de la discrimination et surtout les préjudices nés du harcèlement de ceux nés de la discrimination (en l'espèce pour état de grossesse)

Les faits de harcèlement et ceux de discrimination se confondent souvent au point qu'il peut arriver qu'une réparation globale soit proposée sans souligner ce qui résulte de la discrimination, et ce qui résulte du harcèlement. De même il peut arriver que la faute de harcèlement ne soit pas différenciée de celle de discrimination. La Cour de cassation en date du 3 mars 2015 s'oppose à cette absence de distinction.

En l'espèce, une salariée, pigiste, était enceinte. Elle avait subi une forte régression de ses piges en raison de faits reconnus comme étant du harcèlement et de la discrimination. La Cour d'appel saisie avait omis de distinguer la réparation des préjudices qui provenait du harcèlement de la réparation du préjudice qui provenait de la discrimination. L'arrêt fut cassé. Il ne permettait pas de réparer les conséquences du harcèlement : « l'atteinte à la dignité et à la santé de la salariée, ayant conduit à un état d'inaptitude médicalement constaté », n'avait pu être prise en compte.

Réaction/Actualité

On peut constater que le juge du fond n'opère pas toujours la distinction sur la nature des préjudices issus d'une part du harcèlement et d'autre part de la discrimination. La raison est qu'une confusion existe entre les deux fautes commises. Mais n'accablons pas nos magistrats. C'est surtout une justice plus rapide qui serait à privilégier.

4 MARS 2002

Loi : Nom de famille de l'enfant. Nom du père ou de la mère ou des deux dans l'ordre choisi

Dans le courant de la loi du 4 mars 2002 qui concerne l'autorité parentale (droits et devoirs égaux entre pères et mères, résidence alternée pour les enfants de parents divorcés, création d'un médiateur familial), une loi n° 2002-304 moins connue relative au nom de famille a été promulguée. Tout enfant doit pouvoir recevoir soit le nom de sa mère, soit le nom de son père, soit les deux noms accolés dans l'ordre choisi par les parents. En l'absence de déclaration conjointe ou en cas de désaccord entre les deux parents, l'enfant prendra le nom du père. Le nom de famille du premier enfant vaut pour les enfants à venir. La même règle s'applique aux enfants légitimés ou adoptés.

Réaction/Actualité

L'égalité n'est pas encore totale entre homme et femme mariée. On doit observer que le nom du père reste encore prédominant et le choix fait pour un premier enfant vaut pour les autres.

5 MARS 2007

Loi : Réforme de la loi sur les tutelles et protection de la vie privée et sexuelle des majeurs

La loi du 5 mars 2007 renforce la protection de l'enfance et réforme les régimes de protection juridique des majeurs. Elle consacre la protection de la personne et améliore la prise en considération de la volonté de cette dernière, notamment pour les actes strictement personnels. Elle précise que le majeur protégé a, comme tout individu, le droit d'entretenir des relations personnelles avec d'autres que les membres de la famille. Comme pour les mineurs, la loi évoque indirectement les relations sexuelles des personnes majeures protégées. Elle réglemente la stérilisation à fins contraceptives en précisant que pour les personnes majeures protégées, elle ne peut être pratiquée que lorsqu'il existe une contre-indication médicale absolue aux méthodes de contraception ou une impossibilité avérée de les mettre en œuvre efficacement (loi du 4 juillet 2001 relative à l'interruption volontaire de grossesse précitée). Par ailleurs les personnes sous curatelle ou tutelle peuvent se marier sous réserve d'autorisation. Cependant, seules les personnes sous curatelle peuvent conclure un PACS sans autorisation. La loi du 5 mars 2007 précitée prévoit la possibilité de conclure celui-ci pour les personnes sous tutelle, mais avec autorisation.

Réaction/Actualité

Rappelons de manière plus générale que le droit français consacre le droit au respect de la vie privée et à une certaine intimité pour toute personne (art. 9 du Code civil issu de la loi du 17 juillet 1970). Ce droit au respect de la vie privée s'applique à tous sans distinction notamment lorsque la personne est hébergée dans un établissement social ou médico-social. Certes aucune définition légale n'est donnée de la vie privée. Il s'agit là d'une notion relative et évolutive, appréciée au cas par cas par les tribunaux. Mais de manière incontestable la jurisprudence considère que la vie sexuelle fait partie de la vie privée de la personne. Ainsi plus précisément la chambre d'une personne accueillie dans un établissement médical ou médico-social peut être considérée comme un lieu privé, étant le substitut du domicile pour la personne accueillie. Les tribunaux civils sont même plus rigoureux, notamment lorsqu'ils protègent le droit à l'image de la personne, les textes ne se référant pas au caractère privé du lieu.

6 MARS 2014

Loi *anti-sodomy* abrogée en Virginie

Jeudi 6 mars 2014, l'État de Virginie a abrogé par 100 voix pour 0 contre une loi anticonstitutionnelle qui criminalisait depuis 1950 la *sodomy*. La *sodomy* aux USA vise tout ce qui est considéré comme « déviant » (contre nature) comme pratique sexuelle non procréative (sexe oral, *sex toy*, fellation, cuni, sodomie). En principe, les lois interdisant la *sodomy* sont illicites depuis la décision de la Cour suprême des États-Unis (Lawrence v. Texas 2003). Mais l'abrogation n'est pas obligatoire. Ces lois existent toujours dans un certain nombre d'États dans le but souvent de viser en fait les pédophiles et les homosexuels en dépit de la reconnaissance du mariage gay. En 2008, l'État de Caroline du Nord a utilisé ce statut de « crime contre l'ordre naturel » pour arrêter deux hommes ayant eu des rapports sexuels consentis. Les accusations ont ensuite été abandonnées.

Réaction/Actualité

Pour diverses raisons le crime de *sodomy* n'a pas été aboli dans certains états conservateurs. Pourtant la Cour suprême des États-Unis a déclaré la loi sur la *sodomy* inconstitutionnelle (décision Lawrence contre Texas). La disposition de la Cour suprême n'est donc pas respectée bien que toutes les décisions prises en matière de *sodomy* ne puissent être exécutoires. Une des raisons de cette absence d'abolition réside dans le fait que la population est majoritairement conservatrice et historiquement plus ou moins homophobe. Cette population veut donc croire que la Cour suprême reviendra un jour sur sa décision ce qui n'est peut-être pas inenvisageable à la suite de l'élection du nouveau président en 2016.

7 mars 2012

Cour de cassation : Arrêt subordonnant le changement de sexe à l'irréversibilité de la transformation de l'apparence sans nécessité d'ablation des organes génitaux (obligation de stérilisation hormonale)

Deux conditions sont posées à travers cet arrêt du 07/03/2012 pour changer de sexe : le diagnostic du transsexualisme et l'irréversibilité de la transformation, ce qui implique une obligation de stérilisation. L'avancée consiste dans le fait qu'une intervention chirurgicale consistant en l'ablation des organes génitaux n'est plus exigée. L'obligation de stérilisation via par exemple la prise de médicaments devrait suffire. De même il est mis fin du fait de la demande d'un traitement médical irréversible au motif juridique ancien de refus fondé sur l'indisponibilité de l'état de personnes. Mais cette notion d'irréversibilité est en revanche mal définie et difficile à prouver. De la sorte, en pratique de manière très fréquente, une demande « d'expertise médicale » sera souvent formulée.

Réaction/Actualité

Des arrêts de la Cour de cassation du 13 février 2013 confirment la condition de l'établissement du « caractère irréversible de la transformation » du requérant. L'histoire montre que cette appréciation par la jurisprudence sera aléatoire, fluctuante d'une juridiction à une autre, générant une insécurité juridique. Des avancées ont toutefois eu lieu et en bref depuis 2016 la procédure en France a été démédicalisée. Le sujet reste encore toutefois sensible (voir *infra* notamment 12 octobre 2016 / 19 juillet 2016 / 18 novembre 2016).

8 mars 2007

Tribunal de grande instance de Bobigny : la création d'un site internet par un informaticien pour une prostituée Escort girl est du proxénétisme

Le 8 mars 2007 le tribunal correctionnel de Bobigny (13e ch.) a considéré que la création d'un site internet par un informaticien au profit d'une Escort girl prostituée était considérée comme du proxénétisme. Plus précisément il a été reproché à un développeur de sites Internet pour prostituées « d'aider, d'assister ou de protéger la prostitution d'autrui » en connaissance de cause en créant, moyennant rémunération, des sites Web de prostituées (précisons que même si la création était gracieuse on aurait pu se demander si un échange par nature n'avait pas eu lieu). De ce fait le délit de proxénétisme a été appliqué. De même que la jurisprudence a pu considérer comme proxénète celui qui publie des annonces racoleuses dans des journaux, elle considère comme proxénète celui qui en connaissance de cause crée un site internet pour l'exercice de la prostitution.

Les éditeurs de sites Internet pourraient aussi être poursuivis sur le fondement d'un autre texte en tant « qu'intermédiaire ». En effet l'article 225-6 sanctionne pénalement le fait de « faire office d'intermédiaire entre deux personnes dont l'une se livre à la prostitution et l'autre exploite ou rémunère la prostitution d'autrui ». L'interposition entre une personne prostituée et le client est donc répréhensible.

Réaction/Actualité

Depuis la loi de 2016 qui pénalise le client de la prostituée (la prostitution est légale), internet devient un refuge pour la prostituée (dont par ailleurs il devient difficile de déterminer l'âge) le client et surtout le proxénète (la prostitution serait même en progression de ce fait). Le lieu où le site hébergeur est situé se trouve souvent à l'étranger, soit dans des pays qui ont légalisé la prostitution et le proxénétisme (la Belgique, la Suisse) soit dans des pays hors de l'espace européen où de toute manière le mandat d'arrêt européen est sans efficacité. Par ailleurs l'hébergeur ne sera responsable que s'il a délibérément mis en ligne ou laissé en ligne un contenu illicite. S'il existe de plus un modérateur on ne peut engager sa responsabilité que difficilement sauf s'il a agi en connaissance de cause. Il faut souligner enfin que les sites en cause où figurent des annonces sont parfois voire souvent des sites anodins classiques d'annonces générales non spécifiquement prostitutionnelles (Vivastreet, forum de discussion le bon coin) ce qui rend difficile les recherches et poursuites. Les annonces sont par ailleurs souvent équivoques (massages, rencontres, discussions). Elles ne permettent pas d'être clairement qualifiées de prostitutionnelles. Il n'est pas même certain qu'un site proposant à des majeurs des services sexuels puisse être poursuivi. En l'absence de demande de rémunération ou d'échange, point de prostitution. Les loueurs proxénètes utilisent aussi parfois des sites classiques de locations (air bnb) pour permettre l'exercice de la prostitution. Il est ainsi difficile de les repérer ou de les poursuivre sauf à établir le flagrant délit de prostitution. On notera enfin que le client aura plus de réticence qu'autrefois à dénoncer la prostitution ou le proxénétisme en raison du risque de sanction pénale qu'il encourt.

9 MARS 2004

Loi : La notion de zoophilie (l'exercice d'acte de nature sexuelle sur les animaux) est introduite dans la loi sur la protection des animaux du 9 mars 2014 (l'animal n'est pas un objet sexuel !)

Jusqu'en mars 2004, aucune loi ne punissait la bestialité sauf dans le cas où l'animal subissait des sévices graves. La loi n° 2004-204 du 9 mars 2004 portant adaptation de la justice aux évolutions de la criminalité maintient les sanctions en cas de sévices graves, mais ajoute « ou de nature sexuelle ». C'est ainsi qu'apparaît la notion de zoophilie (exercice d'acte de nature sexuelle apparenté à des sévices !). Le texte est le suivant : « Le fait, publiquement ou non, d'exercer des sévices graves, ou de nature sexuelle, ou de commettre un acte de cruauté envers un animal domestique, ou apprivoisé, ou tenu en captivité, est puni de deux ans d'emprisonnement et de 30 000 euros d'amende ».

La première application de cette loi date du 4 septembre 2007. La Cour de cassation dans une jurisprudence dite du Poney a rendu une décision confirmant les attendus qui suivent. «Attendu que le prévenu avait pratiqué des actes de sodomie sur le poney Junior dont il était propriétaire, et avait reconnu qu'il s'agissait d'un jeu ; que ces actes, subis par l'animal qui ne pouvait exercer quelque volonté que ce fût, ni se soustraire à ce qui lui était imposé et était ainsi transformé en objet sexuel, étaient constitutifs de sévices au sens de l'article 521-1 du Code pénal ; que, les faits étant constants, l'excuse du jeu n'était pas recevable » ;

Il ressort donc pour la Cour que « des actes de pénétration sexuelle commis par une personne sur un animal constituent des sévices graves au sens de l'article 521-1 du Code pénal, dans sa rédaction issue de la loi du 9 mars 2004. De simples rapports sexuels même sans brutalité dans la mesure où ils ne sont pas et ne peuvent être implicitement consentis sont sanctionnés ». Les animaux ne sont plus tout à fait des objets dont on est propriétaire du fait de cette jurisprudence. Encore faut-il qu'il s'agisse d'un animal domestique apprivoisé ou en captivité. Le rapport avec un animal sauvage dans la nature serait-il de nos jours passibles d'une telle sanction ? (voir *infra* 4 septembre 2007).

Réaction/Actualité

La loi du 16/02/2015 relative à la modernisation et à la simplification du droit et des procédures dans le domaine de la justice et des affaires intérieures paraît aller dans le sens de l'arrêt précédent. L'article 2 de cette loi dispose notamment que « les animaux sont des êtres vivants doués de sensibilité ». L'actuel article 528 du Code civil relatif aux biens meubles ne mentionne plus comme auparavant les animaux « sont meubles par leur nature les biens qui peuvent se transporter d'un lieu à un autre ». L'animal, tout animal (et peut-être sans doute même les animaux sauvages) n'est plus tout à fait un objet, ou un meuble. Mais *in fine* faute d'un statut au contenu précis il n'est pas pour autant une personne. En réalité le législateur a voulu satisfaire les défenseurs de la cause animale (dont la fondation B. Bardot) et l'opinion publique. Mais il n'a pas pour autant modifié dans le fond le droit applicable aux animaux qui reste sur de nombreux de points celui des choses, des biens.

Au Danemark, les actes sexuels entre hommes et animaux n'étaient pas illégaux jusqu'en 2014 dans la mesure où aucun mal n'était fait à l'animal. Les interdictions votées dans les pays voisins ont incité les Danois à revoir leur législation du fait d'une explosion du tourisme zoophile. Depuis 2015 désormais le délit de zoophilie a été voté.

10 MARS 2015

CEDH Y. Y. c. Turquie : Condamnation de la Turquie. Le changement de sexe ne doit plus être subordonné à l'incapacité de procréer (fin de la stérilité irréversible) : « Vers une séparation de la sexualité et de la procréation ? »

L'affaire concerne le refus opposé par les autorités turques d'accorder une autorisation de changement de sexe à une personne transsexuelle au motif que cette personne n'était pas dans l'incapacité définitive de procréer.

L'arrêt de la CEDH du 10 mars dernier 2015 (Cour européenne des Droits de l'homme (CEDH, 2e Sect. 10 mars 2015, Y. Y. c. Turquie, Ré. n° 14793/08) évoque, pour la première fois, en matière de changement de sexe le problème de la stérilisation ou ce que les magistrats appellent plus généralement en France « le caractère irréversible de la transformation de l'apparence » (dans les cas précédents la CEDH n'avait jamais débattu sur la circonstance même de la stérilité imposée). La CEDH considère que le fait d'imposer l'infertilité du demandeur (stérilité pouvant provenir de la chirurgie ou de médicaments) méconnaît le droit au respect de la vie privée à supposer même que le motif des autorités turques ait été pertinent. En ce sens l'arrêt est important. Il pourrait et a pu permettre de remettre en cause une des conditions essentielles en France du changement de sexe.

De même que la CEDH a fait avancer la Cour de cassation à partir de 1992 à propos de la modification de la mention de sexe à l'état civil alors que cette dernière jusqu'à cette époque s'y refusait, au motif souvent invoqué d'indisponibilité de l'état des personnes de même la CEDH a sans doute pu faire évoluer la France, simultanément avec la loi de 2013 sur le mariage pour tous, vers un abandon de la médicalisation de la procédure de changement de sexe (loi du 12 octobre 2016 citée *infra*).

Réaction/Actualité

La stérilité irréversible n'est plus indispensable de nos jours du fait de la démédicalisation du changement de sexe (loi du 12 octobre 2016 *infra*) même si une simple déclaration à l'état civil ne suffit pas (la procédure restant judiciaire). On peut toutefois se demander si une telle solution ne marque pas la fin d'une époque caractérisée par le fait d'une liaison entre sexe et procréation. On pourrait imaginer en effet de nos jours qu'un homme à l'état civil accouche d'un enfant dans la mesure où il s'agirait d'une femme ayant changé de sexe, mais qui peut encore procréer faute d'avoir subi une stérilisation définitive. *In fine* le sexe n'aurait plus l'importance qu'on y attache encore. Il ne serait que l'affirmation d'une volonté. Peut-être même faudrait-il alors le faire disparaître de l'état civil. Une telle conception n'est pas aussi subversive et révolutionnaire qu'il y paraît. Elle semble plus ou moins avoir été adoptée en Argentine. Dans ce pays les citoyens argentins peuvent changer d'état civil selon leur bon vouloir, sans l'accord d'un médecin ou d'un juge. L'identité de genre ne dépend plus que du « vécu intérieur et individuel du genre, tel que la personne le perçoit elle-même ».

11 MARS 1998

Cour d'appel de Versailles : Le consentement à la publication dans un périodique à une photo de nu est limité. Il ne vaut pas pour un autre périodique

Selon la cour d'appel de Versailles en date du 11 mars 1998 (14e ch.) le consentement à la photo de nu pour un périodique ne vaut pas pour un autre. En l'espèce une actrice avait accepté une photo de nu pour l'illustration publicitaire d'un produit cosmétique. Elle poursuivit à juste titre, pour atteinte à l'intimité de la vie privée, un journal spécialisé dans le nu qui avait reproduit sa photo à des fins étrangères à toute promotion publicitaire.

Réaction/Actualité

On ne peut s'empêcher par analogie de lier cette décision à la solution inverse à propos de la diffusion non sanctionnée pénalement d'une image d'une femme nue sur internet ayant initialement accepté la prise de vue (cité *infra* 16 mars 2016 *Revenge porn*).

12 mars 2016

Lettre ouverte de l'association. Droit au corps aux assises de sexologie 2016 à propos de la circoncision infantile. Atteinte à l'intégrité physique ?

À travers la lettre ouverte à destination des assises de sexologie et de santé sexuelle de 2016, l'association Droit au corps veut attirer l'attention sur le rituel de la circoncision infantile. La circoncision lui paraît comme l'excision porter atteinte à l'intégrité physique de la personne. « Ce n'est pas le degré de mutilation qui doit déterminer la condamnation de ces pratiques, mais le fait que l'on porte atteinte au sexe d'autrui. » Il est vrai que retirer le prépuce à un enfant qui ne peut se soustraire à l'acte, sans motif thérapeutique, alors même qu'on ne sait si plus tard il épousera la religion, interroge. La comparaison avec l'excision est toutefois jugée souvent scandaleuse ou excessive.

En théorie sur le plan juridique l'article 222-1 du Code pénal sanctionnant les violences ayant entraîné des mutilations pourrait être applicable. De même pourrait-on soulever l'article 16-1 du Code civil qui concerne l'indisponibilité du corps humain *a fortiori* lorsque la personne mineure ne peut donner son consentement. Enfin l'article 24 de la Convention sur les droits de l'enfant proscrit les interventions médicales qui n'auraient pas de visée thérapeutique.

En pratique en France la circoncision pour des motifs religieux ou culturels est admise. On considère qu'il s'agit d'une coutume : selon le rapport annuel du Conseil d'État 2004 consacré à la laïcité, la circoncision est une « pratique religieuse dépourvue de tout fondement légal, mais néanmoins "admise" ».

Réaction/Actualité

La question de la circoncision est un sujet tabou. On redoute en cas de contestation de cette ancienne coutume religieuse d'être taxé d'antisémite. C'est sans doute une des raisons qui fait qu'il n'y a guère eu de plaintes et encore moins de poursuites ou de condamnations sauf dans le cas de fautes dans la réalisation de cette opération ou de complications médicales ultérieures (nécroses du gland par exemple). On peut se demander toutefois si les droits fondamentaux ne sont pas violés par cette forme de violence à l'encontre de jeunes enfants alors que ces deniers ne demandaient rien, que la circoncision, du moins pour motif religieux, selon certains médecins est une atteinte à la santé sexuelle, que nous sommes dans un pays laïc. La question est d'actualité à une époque où le voile ou le burkini posent problème. Si par ailleurs le voile ou le burkini peuvent être enlevés et ne présentent pas un caractère irréversible, il n'en est pas de même de la circoncision. Mais à vouloir trop raisonner en termes généraux sans tenir compte du contexte et des circonstances on pourrait objecter que le baptême lui-même est irréversible dans la mesure où l'inscription est réalisée sur des registres.

12 MARS 2015

Première formation d'accompagnants sexuels pour les personnes en situation de handicap

Cette formation s'est déroulée du 12 au 15 mars 2015, en dépit de l'absence de légalisation de l'accompagnement sexuel des personnes handicapées. Cette formation s'adressait à toute personne qui souhaitait pratiquer cette activité ou tout simplement s'informer sur cette thématique. Cette formation a attisé les polémiques, certains la qualifiant d'incitation à la prostitution.

Réaction/Actualité

La problématique de l'assistance sexuelle des personnes en situation de handicap a déjà été abordée à l'occasion de l'étude de la loi du 11 février 2005. Depuis cette loi une véritable formation professionnalisante a vu le jour en février 2016, allant plus loin dans l'organisation d'une assistance sexuelle des handicapés, assistance à ce jour toujours ignorée par la loi française.

13 MARS 2000

Loi : Preuve par moyen électronique ; admission de l'écrit sous forme électronique

La loi du 13 mars 2000 concerne la preuve par moyen électronique. Elle prévoit : « L'écrit sous forme électronique est admis en preuve au même titre que l'écrit sur support papier, sous réserve que puisse être dûment identifiée la personne dont il émane et qu'il soit établi et conservé dans des conditions de nature à en garantir l'intégrité » (Article 1316-1 du Code civil). Un texte récent de 2016 (ordonnance du 10 février concernant l'article 1379 C. civ.) innove en matière de preuve en ce qu'il établit le principe selon lequel la copie « fiable » a la même force probante que l'original. Il en résulte qu'une partie ne pourra plus se voir contrainte de fournir une preuve papier lorsqu'elle aura numérisé au préalable le document en cause et qu'elle produit cette copie.

Réaction/Actualité

La question souvent posée est de savoir si un simple mail peut faire office de preuve pour établir la réalité d'un acte ou d'un fait. La réponse est négative. En effet il n'y a pas de certitude dans l'auteur du mail. Toute personne peut utiliser l'ordinateur d'autrui et mentionner ce qu'il désire. De ce fait un contenu ne correspondant pas nécessairement à la volonté de la partie en cause. Pour autant un simple mail n'est pas sans valeur. Il peut constituer un commencement de preuve par écrit de sorte que confirmé par d'autres moyens (témoignages, lettres) il peut forger l'opinion du juge.

13 MARS 2007

Cour de cassation : Annulation du premier mariage homosexuel à Bègles

La Cour de cassation en date du 13 mars 2007 a annulé le mariage homosexuel célébré par Noël Mamère à Bègles le 5 juin 2004. Elle a confirmé en ce sens l'arrêt de la cour d'appel de Bordeaux en date du 27 juillet 2004 qui avait invalidé ce mariage et rejeté le pourvoi des deux époux. L'attendu est le suivant « le mariage est l'union d'un homme et d'une femme ; ce principe n'est contredit par aucune des dispositions de la Convention européenne des Droits de l'homme et de la Charte des droits fondamentaux de l'Union européenne ». L'avocat général avait demandé le rejet du pourvoi, estimant qu'il revenait au législateur plutôt qu'au juge de se prononcer sur cette question de société.

Réaction/Actualité

La CEDH le 9 juin 2016 (*infra*) a confirmé par la suite que cette annulation pouvait être fondée dans la mesure où la Convention laissait aux États le choix d'imposer leur règle. Rappelons toutefois que le législateur est intervenu par la suite en 2013. Le mariage pour tous et donc le mariage gay a été autorisé en France par la loi n° 2013-404 du 17 mai 2013.

14 MARS 2016

La loi du 14 mars 2016 relative à la protection de l'enfance réintroduit le terme d'inceste dans le Code pénal

Le terme « inceste » est souvent évoqué dans le langage commun.

Il faut distinguer en droit l'inceste sur le plan pénal et l'inceste sur le plan civil.

Sur le plan civil le mariage entre proches majeurs ou non, par parenté ou filiation est en principe interdit, mais sur le plan pénal l'inceste n'est pas sanctionné pénalement dans de nombreux pays.

En France l'inceste, c'est-à-dire en substance le rapport sexuel entre deux personnes qui sont parents à un degré où le mariage est interdit, ne constitue pas une infraction pénale spécifique. Si la relation est librement consentie et concerne deux personnes qui ont dépassé l'âge de la majorité sexuelle, fixé à quinze ans dans notre pays, elle ne tombe pas sous le coup du Code pénal.

Le Code pénal en Espagne et au Portugal adopte la même solution : il ne condamne pas les relations sexuelles entre membres de la famille « relations dites incestueuses dans le langage commun » librement consenties entre personnes ayant atteint l'âge de la majorité sexuelle.

Il est à noter que le Code pénal italien considère comme infractions les relations sexuelles incestueuses librement consenties à condition qu'elles soient « notoires ». Il condamne, au titre de la morale familiale, les relations sexuelles entre parents en ligne directe, ainsi qu'entre frères et sœurs, mais seulement lorsque les faits provoquent un « scandale public », c'est-à-dire lorsque les intéressés se comportent de façon à rendre leurs relations notoires.

Il ne sera évoqué sous cet intitulé que « l'inceste » visé dans le Code pénal français dans le cadre plus général de l'atteinte sexuelle sur mineur.

Le terme inceste a été rarement utilisé en France dans le Code pénal. Il a fait sa réapparition dans le Code pénal très récemment à travers la loi du 14 mars 2016 à propos des atteintes ou agressions sexuelles sur mineur : article 44 (C. pén., art. 222-31-1, 222-31-2, 227-27-2-1, 227-27-3) qui concerne plus spécifiquement les mineurs.

Dans le cadre des atteintes et agressions sexuelles sur mineur le lien de famille (lien dit communément incestueux) représente par application de la loi nouvelle du 14 mars 2016 un des éléments constitutifs de l'infraction pénale dite d'agression sexuelle « incestueuse ». Mais encore une fois la sanction concernant l'atteinte sexuelle dite incestueuse n'est applicable que si elle est commise sur des mineurs. Retiré il y a deux siècles du Code pénal, ce terme d'inceste refait ainsi son apparition à la faveur d'un amendement au texte sur la protection de l'enfant en 2016. Il est à noter que ces dix dernières années, le législateur avait tenté à plusieurs reprises de réintroduire le terme « inceste » dans le Code pénal. Mais la dernière fois, en 2011, la disposition avait été censurée par le Conseil constitutionnel en raison de l'imprécision de la notion de « famille ».

L'article 222-31-1 du Code pénal (loi du 14 mars 2016) prévoit :

« Art. 222-31-1. – Les viols et les agressions sexuelles sont qualifiés "d'incestueux" lorsqu'ils sont commis sur la personne d'un mineur par :

1° Un ascendant ;

2° Un frère, une sœur, un oncle, une tante, un neveu ou une nièce ;

3° Le conjoint, le concubin d'une des personnes mentionnées aux 1° et 2° ou le partenaire lié par un pacte civil de solidarité avec l'une des personnes mentionnées aux mêmes 1° et 2°, s'il a sur le mineur une autorité de droit ou de fait. » ;

Par ailleurs, après l'article 227-27-2 du Code pénal, il est inséré un article 227-27-2-1 ainsi rédigé :

« Art. 227-27-2-1. – Les infractions définies aux articles 227-25 à 227-27 sont qualifiées d'incestueuses lorsqu'elles sont commises sur la personne d'un mineur par :

1° Un ascendant ;

2° Un frère, une sœur, un oncle, une tante, un neveu ou une nièce ;

3° Le conjoint, le concubin d'une des personnes mentionnées aux 1° et 2° ou le partenaire lié par un pacte civil de solidarité avec l'une des personnes mentionnées aux mêmes 1° et 2°, s'il a sur le mineur une autorité de droit ou de fait. »

Réaction/Actualité

Les parlementaires français n'ont pas voulu faire de l'inceste un crime, mais simplement introduire ce terme dans le Code pénal lorsqu'il y a eu des atteintes sexuelles sur mineur ou des relations avec un mineur. Il s'agit d'une avancée avant tout symbolique. L'Angleterre ou le Canada considèrent en revanche plus généralement comme un crime l'inceste en tant que tel.

15 MARS 2012

CEDH : Une femme homosexuelle peut-elle adopter l'enfant de sa compagne ? Avis négatif à cette date de la CEDH

Le 15 mars 2012, la Cour européenne des Droits de l'homme (CEDH) a rendu un arrêt aux termes duquel le refus d'accorder à une femme le droit d'adopter l'enfant de sa compagne n'est pas discriminatoire ni attentatoire au respect de la vie privée et familiale. La Cour conclut donc à la non-violation des articles 14 (interdiction de la discrimination) et 8 (droit au respect de la vie privée et familiale) de la Convention européenne des Droits de l'homme.

L'affaire concernait deux femmes vivant en concubinage en France et portait sur le rejet de la demande, formée par la première, d'adoption simple de l'enfant mineure de la seconde, devant les tribunaux.

La Cour n'a notamment pas relevé de différence de traitement basée sur l'orientation sexuelle des requérantes puisque les couples hétérosexuels pacsés se voient également refuser les adoptions simples des enfants biologiques du partenaire.

Cet arrêt de la CEDH qui dénote une certaine retenue a été critiqué. La CEDH a par la suite évolué. La loi de 2013 sur le mariage pour tous a joué en ce sens un rôle important.

Réaction/Actualité

Selon divers commentateurs les juges européens n'ont pas voulu en l'espèce s'exposer à une critique d'excès de pouvoir et en ce sens seulement ils n'ont pas voulu condamner la France. Ils ont donc refusé quasi à regret ce droit d'adoption simple après PMA. Il est vrai qu'à cette époque la loi sur le mariage pour tous (2013) n'existait pas. Par la suite la Cour européenne des Droits de l'homme (CEDH) a condamné la France le 26 juin 2014 (arrêt Mennesson/Labasse) pour n'avoir pas su reconnaître des enfants nés par GPA à l'étranger.

En dépit de la décision de la CEDH du 26 juin 2004 et d'avis positifs à l'adoption de la Cour de cassation en France en date du 22 septembre 2014 (voir *infra*), des réticences ont eu lieu sur le point savoir si une femme pouvait procéder à une adoption plénière de l'enfant de sa compagne homosexuelle suite à PMA. Ainsi le tribunal de Cahors le 12 juin 2015 a refusé l'adoption plénière au motif d'une fraude à la loi suite à PMA en Espagne. Mais la cour d'appel d'Agen a infirmé la décision le 18 janvier 2016. Par ailleurs la cour d'appel de Versailles a validé le 16 avril 2015, 4 adoptions issues de PMA par des couples de femmes (voir *infra*).

15 MARS 2007

Loi : L'Espagne a adopté une loi autorisant les transsexuels à changer de sexe sans opération chirurgicale (BOE, 16 mars 2007)

Pour pouvoir effectuer la modification sur les registres, le transsexuel espagnol depuis la loi en date du 15 mars 2007 doit être suivi par un médecin et avoir vécu pendant deux ans en accord avec son nouveau sexe (après traitement hormonal). Une première en Europe, où seul le Royaume-Uni reconnaît les changements de sexe sans opération chirurgicale. Cette législation ne s'applique pas toutefois aux mineurs. Nous sommes loin de l'époque de Franco qui en 1954 assimilait les transsexuels à des délinquants.

Réaction/Actualité

En mars 2016 dernier, la Cour suprême espagnole a jugé inconstitutionnel le fait qu'il faille attendre la majorité pour pouvoir demander à changer de nom. Deux juges de Valence ont autorisé, pour la première fois, le changement de prénom de deux mineurs sans qu'ils aient eu à fournir l'attestation médicale exigée par la loi espagnole.

En France ce n'est que plusieurs années après 2007 que la suppression d'opération chirurgicale a été acceptée. On s'oriente depuis la loi du 18 novembre 2016 vers une démédicalisation de la procédure (cité *infra* 18 novembre 2016 « loi de modernisation de la Justice du XXIe siècle publiée au *Journal officiel* du 19 novembre 2016 » -concerne notamment la procédure de changement de sexe.) Toutefois les décrets d'application ne sont pas encore parus. La question se pose de savoir si un mineur (même représenté) peut ou pourra de la même manière qu'un majeur ou un mineur émancipé changer de sexe.

« De la modification de la mention du sexe à l'état civil :

«Art. 61-5 – Toute personne majeure ou mineure émancipée qui démontre par une réunion suffisante de faits que la mention relative à son sexe dans les actes d'état civil ne correspond pas à celui dans lequel elle se présente et dans lequel elle est connue peut en obtenir la modification.

« Les principaux de ces faits, dont la preuve peut être rapportée par tous moyens, peuvent être :

« 1° Qu'elle se présente publiquement comme appartenant au sexe revendiqué ;

« 2° Qu'elle est connue sous le sexe revendiqué de son entourage familial, amical, ou professionnel ;

« 3° Qu'elle a obtenu le changement de son prénom afin qu'il corresponde au sexe revendiqué ;

«Art. 61-6 – La demande est portée devant le tribunal de grande instance.

« Le demandeur fait état de son consentement libre et éclairé à la modification de la mention relative à son sexe à l'état civil et produit tous éléments de preuve au soutien de sa demande.

« Le fait de ne pas avoir subi des traitements médicaux, une opération chirurgicale ou une stérilisation ne peut motiver le refus de faire droit à la demande ».

16 mars 2016

Cour de cassation : Absence de poursuite pénale pour diffusion d'une photo intime sur internet bien que seul le consentement à une prise de vue sans évoquer de diffusion avait été donné (cas dit de Revenge *porn*)

Un homme coupable d'avoir diffusé sur internet une photo intime de son ex-compagne (*Revenge porn*) a vu sa condamnation annulée par la Cour de cassation. Celle-ci estime qu'accepter d'être pris en photo ne permet pas de condamnation en cas de transmission. L'accord pour captation de l'image vaudrait donc accord pour transmission « N'est pas pénalement réprimé le fait de diffuser, sans son accord, l'image d'une personne réalisée dans un lieu privé avec son consentement ».

Les magistrats de la cour d'appel avaient initialement considéré « qu'avoir accepté d'être photographiée ne signifie pas, compte tenu du caractère intime de la photographie, qu'elle avait donné son accord pour que celle-ci soit diffusée ». Mais la Cour de cassation a infirmé cette décision. Elle précise « qu'en se déterminant ainsi, alors que n'est pas pénalement réprimé le fait de diffuser, sans son accord, l'image d'une personne réalisée dans un lieu privé avec son consentement, la cour d'appel a méconnu les textes».

Réaction/Actualité

La chambre criminelle de la Cour de cassation a fait une interprétation stricte de la loi pénale (pas de peine sans loi), à notre sens trop stricte. Une réforme est effectivement prévue, mais il faudra attendre la fin de l'année 2016 pour son adoption. La France comme il a été déjà souligné n'a pas été la seule à prendre une telle orientation (cité *supra* 20 février 2016. Le *Revenge porn* – revanche en mode porno – est encore impuni pénalement au Canada). Il a fallu attendre la loi du 7 octobre 2016 pour mettre fin à cette carence pénale.

Jusqu'au début d'octobre 2016, les victimes de «vengeance pornographique» qui ont accepté la captation de leur image ne peuvent agir que par une action civile en dommages et intérêts et non par une action pénale (ce dans l'attente d'une loi plus claire ou d'un amendement prévu à ce texte).

17 MARS 1999

La loi danoise abroge les dispositions du Code pénal condamnant l'exercice individuel de la prostitution (dépénalisation de la prostitution)

La loi danoise du 17 mars 1999 relative à la dépénalisation de la prostitution a supprimé un article du Code pénal, tombé il est vrai en désuétude depuis plusieurs années, sanctionnant l'exercice individuel de la prostitution. Le Danemark est l'un des derniers parmi les pays cités, à savoir l'Allemagne, l'Angleterre et le Pays de Galles, la Belgique, le Danemark, l'Espagne, l'Italie, les Pays-Bas et la Suède, à avoir supprimé cette sanction. La loi danoise sur la dépénalisation de l'exercice de la prostitution dispose cependant que l'achat de services sexuels auprès d'une personne mineure (et uniquement dans ce cas) constitue une infraction passible d'une peine de prison d'au plus deux ans.

Réaction/Actualité

Les Danois en septembre 2011 suite à l'élection d'un parti centre gauche avaient envisagé d'interdire la prostitution. Il serait alors devenu un pays prohibitionniste. Mais la crainte de stigmatiser davantage encore les personnes prostituées les a contraints à ne pas adopter une telle législation.

18 MARS 2003

Loi dite pour la sécurité intérieure. Le racolage public passif est sanctionné, mais la prostitution est licite

La loi du 18 mars 2003 (Code pénal article 225-10-1) pour la sécurité intérieure punit le délit de racolage public de deux mois d'emprisonnement et de 3 750 euros d'amende. Le racolage passif est « l'attitude susceptible de provoquer la débauche ». Cette loi a fait couler beaucoup d'encre. Il existe une certaine incohérence entre la licéité de la prostitution et la sanction arbitraire pour racolage passif par ailleurs essentiellement appliquée aux personnes prostituées. Mais *quid* des clients ? Ne racolent-ils pas ?

Réaction/Actualité

Ce texte sur le racolage a été vivement critiqué. Il n'a été récemment abrogé que suite à la loi actuelle du 13 avril 2016 pénalisant le client de la personne prostituée (cité *infra* 13 avril 2016 : Prostitution Loi visant à renforcer la lutte contre le système prostitutionnel et à accompagner les personnes prostituées). On peut se demander s'il n'eût pas été préférable d'appliquer le délit cité ci-dessus (de racolage) aux clients.

19 MARS 2014

Cour de cassation, 1re chambre civile, 19 mars 2014 : Refus de transcription (fondé sur l'indisponibilité et la fraude à la loi) à l'état civil français d'un enfant né de GPA en Inde en dépit de la licéité de la GPA en Inde et du fait que le père français ayant recours à une mère porteuse soit le père biologique

Un père français a eu recours à une mère porteuse en Inde. Cette pratique (GPA) était autorisée dans ce pays, mais interdite en France.

La Cour de cassation conformément à sa jurisprudence précédente a refusé la transcription de l'acte de naissance de l'enfant fait en pays étranger en raison de la « fraude à la loi française ». En dépit de la réalité biologique le père biologique ne pourra, en France, obtenir cette transcription dès lors qu'il est démontré que c'est par le biais d'une convention de gestation pour autrui que l'enfant a été conçu. Ce refus est fondé sur la fraude à la loi et l'indisponibilité du corps humain. Il s'agit d'une conception stricte de l'ordre public au détriment de l'enfant. Le droit français ne reconnaît de ce fait aucun lien de filiation de l'enfant avec ses parents. Pourtant le père est bien le père biologique. L'enfant ne peut de plus acquérir la nationalité française sur le fondement de la filiation. Cet arrêt est peu conforme à l'intérêt supérieur de l'enfant prévu à l'article 3-1 de la Convention internationale des droits de l'enfant ratifiée par la France.

Réaction/Actualité

Ce refus est conforme à la jurisprudence antérieure de la Cour de cassation (arrêts du 6 avril 2011 et du 13 septembre 2013) en matière de GPA et de mère porteuse.

Un revirement de la Cour de cassation, sous la pression notamment de la CEDH a eu lieu en date du 3 juillet 2015 prenant en considération «l'intérêt supérieur de l'enfant» (cité *infra* 3 juillet 2015 Cassation Assemblée plénière (arrêt n° 619 du 3 juillet 2015, 14-21.323), arrêt n° 620 du 3 juillet 2015, 15-50.002).

20 MARS 2015

20 mars 2015 : Décret n° 2015-323 fixant des dispositions dérogatoires à la proportion minimale de quarante pour cent de chaque sexe dans la constitution des jurys pour le recrutement ou la promotion dans certains cadres d'emplois de la fonction publique territoriale. (Proportion à titre provisoire et dérogatoire jusqu'en déc. 2019 selon ce décret fixé à 30 % et non 40 %)

Ce sujet, même s'il s'agit d'une dérogation, concerne l'égalité professionnelle femme/homme dans les jurys et illustre la politique volontariste de représentation des femmes dans les instances consultatives, jurys et comités de sélection. Le décret n° 2015-323 du 20 mars 2015 fixe des dispositions dérogatoires à la proportion minimale de quarante pour cent de chaque sexe dans la constitution des jurys pour le recrutement ou la promotion dans certains cadres d'emplois de la fonction publique territoriale.

La proportion minimale de personnes de chaque sexe dans les jurys de concours et les comités de sélection est modifiée de façon dérogatoire jusqu'au 31 décembre 2019 pour être fixée à 30.

Réaction/Actualité

Il existe aussi l'instauration d'un quota homme femme dans les conseils d'administration et de surveillance des établissements publics de l'État. Cela étant si la fonction publique est largement féminisée à presque 60 % dans son ensemble les femmes dans les postes de direction ne représentent qu'un pourcentage faible inférieur à 25 %.

21 MARS 2011

Cour d'appel de Lyon : La preuve par mail obtenu en fraude de l'épouse qui n'avait pas laissé accès à la messagerie et alors que son époux n'était pas autorisé à résider au domicile est irrecevable

Le 21 mars 2011 la 2ᵉ chambre de la cour d'appel de Lyon a considéré « que l'obtention des pièces est considérée comme manifestement frauduleuse, lorsque l'époux s'est rendu sur la boîte mail de sa femme pour transférer des messages, alors que l'épouse ne lui avait pas volontairement laissé accès à sa boîte de messagerie, que l'époux n'était plus autorisé à résider au domicile conjugal et qu'il l'avait de toute façon quitté à la date à laquelle il s'est introduit dans la messagerie de son épouse » (cour d'appel de Lyon, 2ᵉ chambre, 21 mars 2011, N° de RG : 10/01789).

Réaction/Actualité

En matière civile, la preuve obtenue illicitement au moyen d'une violation du secret des correspondances est jugée irrecevable par les juges et peut être sanctionnée pénalement le cas échéant. En matière pénale en revanche il a été jugé à diverses reprises que « aucune disposition légale ne permet aux juges répressifs d'écarter les moyens de preuve produits par les parties au seul motif qu'ils auraient été obtenus de façon illicite ou déloyale, il leur appartient seulement d'en apprécier la valeur probante après les avoir soumis à la discussion contradictoire » (Cass. crim. 13 oct. 2004).

21 MARS 2016

Cour d'appel d'Orléans: Refus d'apposer la mention sexe neutre à l'état civil (infirme TGI de Tours)

Une personne intersexuée à la différence d'une personne transsexuelle ne correspond pas aux définitions médicales strictes d'une personne de sexe masculin ou féminin. D'où des équivoques au moment de l'inscription de son sexe lors de l'acte de naissance qui l'obligera par la suite parfois à une procédure de changement de sexe. Mais pourquoi ne pas reconnaître un sexe neutre au nouveau-né et préférer privilégier un sexe masculin ou féminin sur lequel aucune certitude n'existe pour l'avenir ? Ce d'autant que la notion de sexe n'est pas légalement définie.

Dans un arrêt du 21 mars 2016 (en l'espèce il ne s'agissait nullement d'un nouveau-né), la cour d'appel d'Orléans a infirmé le jugement du tribunal de Tours du 20 août 2015 (*infra*) et a rejeté l'inscription de la mention « sexe neutre » dans l'acte de naissance. La cour estime notamment qu'elle n'a pas le pouvoir de créer une autre catégorie sexuelle tel que le sexe neutre. Il appartient au législateur seul de le faire. Elle indique aussi que l'apparence physique est un critère si ce n'est déterminant du moins important. Elle constate qu'en l'espèce le demandeur a une apparence physique masculine, qu'il est de plus marié, qu'un enfant a été adopté avec son épouse. Par ailleurs, elle a souligné les possibles risques de stigmatisation dont pourraient souffrir les personnes concernées, notamment pendant leur minorité, si elles étaient assignées dans cette nouvelle catégorie. Attendu qu'en l'espèce Monsieur Y. X. présente une apparence physique masculine, qu'il s'est marié en 1993 et que son épouse et lui ont adopté un enfant,

Attendu qu'il demande la substitution de la mention « sexe neutre » ou « inter sexe » à la mention « sexe masculin »,

Attendu que cette demande, en contradiction avec son apparence physique et son comportement social, ne peut être accueillie,

Attendu qu'au surplus, en l'état des dispositions législatives et réglementaires en vigueur, il n'est pas envisagé la possibilité de faire figurer, à titre définitif, sur les actes d'état civil une autre mention que sexe masculin ou sexe féminin, même en cas d'ambiguïté sexuelle,

Qu'admettre la requête de Monsieur Y. X. reviendrait à reconnaître, sous couvert d'une simple rectification d'état civil, l'existence d'une autre catégorie sexuelle, allant au-delà du pouvoir d'interprétation de la norme du juge judiciaire et dont la création relève de la seule appréciation du législateur.

Réaction/Actualité

Le débat sur le sexe neutre a été relancé par la loi sur le mariage pour tous qui permet que la filiation puisse être attachée à une mère ou un père d'intention (il ne s'agit donc plus nécessairement d'une filiation biologique).

La mention d'un sexe neutre ne se poserait pas en ces termes si le sexe masculin ou féminin ne devait pas être mentionné sur les actes de l'état civil. Le sujet a été traité dans cet almanach (1er décembre 2013 : Vers une suppression de la mention du sexe dans les actes d'état civil en France ? In 3e Forum international Inter sexe du 1er décembre 2013). À ce jour en France aucun projet, aucune proposition de loi n'existe concernant une conception autre que binaire (masculin/féminin) du sexe (28 octobre 2011 la mention sexe « neutre » ou indéterminé d'un nouveau-né rejeté par la circulaire de 2011).

Une question sur la reconnaissance d'un sexe neutre (au moins de manière provisoire) a été posée au Sénat sans réponse ministérielle à ce jour (Question écrite n° 18533 publiée dans le JO Sénat du 29/10/2015, p. 2536).

Le Conseil de l'Europe préconise d'abandonner la combinaison binaire masculin/féminin. Des certificats de naissance mentionnant « sexe neutre » sont délivrés de nos jours dans un certain nombre de pays européens comme le Royaume-Uni, l'Allemagne, le Portugal, les Pays-Bas. Sur le sexe neutre voir aussi 9 juin 2017 / 21 mars 2016 / 7 mai 2013 / 9 juin 2017 / 6 août 2017 / 29 septembre 2015 / 28 octobre 2011 / 4 mai 2017.

22 MARS 1956

Tribunal correctionnel de Lyon : La pornographie n'est pas interdite par le législateur

Selon la jurisprudence et notamment la décision du tribunal correctionnel de Lyon en date du 22 mars 1956 la pornographie n'est pas interdite par le législateur qui ne songe qu'à protéger les mineurs (voir aussi en ce sens [T. Corr., Lyon 22 mars 1956, JCP 1956.II.9656]. Cass. crim. 95, Gaz. Pal. 95, 2, Chron. 457).

Réaction/Actualité

La difficulté même dans le cadre de la protection des mineurs réside dans la définition controversée de la pornographie et le risque d'arbitraire et de censure. Le Parlement européen ému par l'importance des scènes pornographique sur le net s'est interrogé déjà sur une éventuelle interdiction.

22 MARS 1968

Révolte étudiante à caractère libertaire en France

La révolte étudiante de mars 1968, qu'on appellera par la suite le mouvement de mai 68, débute à Paris le 22 mars à l'Université de Nanterre. Des revendications de libération sexuelle (mixité dans les hébergements de jeunes étudiants) et à caractère antiautoritaire se manifestent. L'agitation gagne par la suite la Sorbonne. La répression policière suscite un vif mouvement de solidarité.

Réaction/Actualité

La liberté qui est prônée est une liberté d'échanges, de partage, y compris des corps et des couples. Cette liberté est une liberté idéaliste, de communion. Quelle horreur que la jalousie ! Cette liberté qui est aussi de nature sexuelle est éloignée de la liberté sexuelle à connotation plus ou moins commerciale dont on parle tant de nos jours à travers l'échangisme ou les films pornographiques.

23 MARS 2016

Décision du Défenseur des Droits (MLD lutte contre les discriminations -2016-080) Contestation de la rupture d'un contrat de collaboration pour discrimination sexuelle en raison du sexe de la demanderesse

Un cabinet d'avocats met fin au contrat de collaboration sans motif le 25 septembre 2013 d'une collaboratrice avocate. Il apparaît également que le jour où son contrat était brutalement rompu, il était également mis fin au contrat de deux autres collaboratrices. Pour l'une d'entre elles, le Défenseur des Droits a considéré après enquête que la rupture, qui intervenait le jour de la fin de la protection dont elle bénéficiait au retour de son congé maternité, était discriminatoire en raison de son sexe et de sa maternité. Il apparaît enfin que les associés du cabinet sont toujours des hommes et que les candidats de sexe masculin ont plus de chance que les candidates de se voir proposer un entretien dans ce cabinet. Au vu de ce qui précède, le Défenseur des Droits constate que la réclamante a subi une rupture de son contrat de collaboration discriminatoire en raison de son sexe, dans un contexte de discrimination systémique à l'encontre des femmes au sein du cabinet.

Réaction/Actualité

De nombreux contrats sont désormais à durée déterminée. Ils ne sont pas renouvelés. On peut se demander au regard de la décision des Défenseurs du Droit si un recours auprès de cette institution (encore trop méconnue) ne serait pas possible notamment lorsque le refus de renouvellement du contrat a lieu alors que l'employeur savait que la salariée était enceinte (raisonnement par analogie).

24 MARS 2016

Tribunal de grande instance de Montpellier : La demande de changement de sexe à l'état civil a été refusée à un transsexuel faute de preuve suffisante du « caractère irréversible de sa transformation d'homme en femme ». *Quid* de nos jours ?

Le tribunal de grande instance de Montpellier en date du 24 mars 2016 a débouté une personne de 28 ans qui, bien que la réalité du syndrome transsexuel soit démontrée, et en dépit de diverses diligences pour changer de sexe (opération de la poitrine, traitement féminisant depuis plusieurs années (depuis 2012), réduction de la pomme d'Adam, opération de féminisation du visage, cours d'orthophonie, traitement hormonal) ne pouvait prouver de manière absolue le caractère irréversible de sa transformation d'homme en femme, le traitement hormonal n'ayant été donné que sur une durée trop courte (4 ans).

Réaction/Actualité

Aucun texte législatif n'exige un caractère irréversible de la transformation physique. Il ne s'agit que d'une construction jurisprudentielle. La légalité même des conditions médicales demandées (qui se rapproche d'une stérilisation) est contestée par la CEDH.

La décision du tribunal de Montpellier, à cette date du 24 mars 2016, paraît bien sévère. Ainsi le mardi 12 juillet 2016 (voir *infra*) l'Assemblée nationale a en seconde lecture adopté la «démédicalisation» du changement de sexe à l'état civil devenue loi du 18 novembre 2016.

Les demandes seront effectuées auprès des tribunaux et non des procureurs, ou sur simple déclaration à l'état civil contrairement au désir des associations.

25 MARS 1992

CEDH: Condamnation de la France le 25 mars 1992 pour refus de rectification de l'état civil d'un transsexuel: «L'absence de respect de la vie privée l'emporte sur le principe de l'indisponibilité du corps humain»

La Cour européenne des Droits de l'homme (CEDH) dans un arrêt Bottela c/ France (CEDH, 25 mars 1992, Série A n° 213 c) a condamné la France en date du 25 mars 1992 pour ne pas avoir rectifié l'état civil d'un transsexuel sur le fondement «du droit au respect de la vie privée». Ce transsexuel était obligé de faire apparaître son ambiguïté sexuelle chaque fois qu'un document officiel lui était demandé. Cet arrêt de condamnation de la France par la CEDH est important. Il a modifié la jurisprudence française.

Jusqu'à la date de cet arrêt du 25 mars 1992 la Cour de cassation se fondait sur le principe de l'indisponibilité de l'état des personnes pour refuser le changement de sexe.

À la suite de l'arrêt de la CEDH du 25 mars 1992 la Cour de cassation en date du 11 décembre 1992 a opéré un revirement de jurisprudence. Le principe d'un changement juridique de sexe a été rendu possible. La «protection de la vie privée du transsexuel», garantie de son intégration sociale, prenait ainsi le pas sur le principe d'indisponibilité. Mais des conditions très strictes étaient nécessaires. Une expertise médicale et judiciaire, des certificats de psychiatres, des preuves d'opérations de changement de sexe, des preuves de stérilisation étaient demandés aux transsexuels.

La procédure de changement de sexe a été peu à peu facilitée. Une circulaire ministérielle du 14 mai 2010 (la circulaire n'a pas valeur de loi) n'exige plus d'expertise judiciaire ou de stérilisation (pourtant souvent encore demandée jusqu'en 2016).

Réaction/Actualité

Il existe enfin de nos jours la loi du 18 novembre 2016 qui consacre la démédicalisation de la procédure de la demande de changement de sexe à l'état civil. La preuve de « l'irréversibilité de la transformation de l'apparence de la personne » autre que strictement médicale paraît même remplacer l'exigence du traitement chirurgical ou hormono-chirurgical. Pour autant une simple demande de changement à l'état civil ne suffit pas. L'affaire doit être portée devant le tribunal qui apprécie et doit statuer.

26 mars 1860

Cour de cassation chambre civile : Annulation de la libéralité d'un homme marié destinée à maintenir le concubinage adultérin

L'arrêt de la chambre civile de la Cour de cassation du 26 mars 1860 prononce l'annulation de la libéralité qui a été inspirée par la volonté d'établir, de maintenir ou de reprendre un concubinage adultérin. Cette décision pourrait donner *a priori* à penser que le mariage bourgeois (dont la rupture par divorce était à cette époque très difficile) tient seul en échec le legs d'un homme marié à sa maîtresse. La situation est en réalité plus complexe ; en substance les tribunaux semblaient vouloir distinguer le concubinage et le commerce des charmes. Ils estimaient devoir invalider les donations lorsque le mobile se trouvait dans l'espérance ou la poursuite de relations sexuelles. Les sexologues apprécieront ! En revanche les libéralités dont la cause était fondée sur la reconnaissance de vie commune passée ou l'espérance de vie future étaient validées. Les juges s'érigeaient ainsi en maîtres bien subjectifs des circonstances, des esprits et de la morale. En réalité comment savoir ?

Un retournement de situation eut lieu dès le début des années 1999/2000. La distinction entre liaison ancienne et stable et liaison nouvelle, entre libéralités pour « maintenir » des relations et libéralités pour « établir » des relations fut contestée et abolie. Par un arrêt du 25 janvier 2000, la première chambre civile de la Cour de cassation a posé le principe de l'indifférence à l'égard de ces circonstances.

Réaction/Actualité

De nos jours l'arrêt Galopin en date du 29 octobre 2004 qui valide un legs d'un homme marié âgé, très âgé, à sa très jeune maîtresse conforte l'orientation jurisprudentielle intervenue suite au revirement de jurisprudence de 1999/2000. L'attendu est explicite: « N'est pas contraire aux bonnes mœurs la libéralité consentie à l'occasion d'une relation adultère », la donation est licite.

En définitive la notion de bonnes ou mauvaises mœurs a tant évolué que les juges aujourd'hui n'osent plus vraiment se prononcer sur la question des bonnes mœurs.

27 MARS 1996

Cour de cassation chambre criminelle: Prostitution. Définition Jurisprudentielle « Se prêter moyennant rémunération à des contacts physiques de quelque nature qu'ils soient afin de satisfaire les besoins sexuels d'autrui »

La chambre criminelle de la Cour de cassation en date du 27 mars 1996 considère que la prostitution consiste à se prêter moyennant rémunération à des contacts physiques (coït, fellation, masturbation, sodomie, etc.) de quelque nature qu'ils soient afin de satisfaire les besoins sexuels d'autrui. La définition de la prostitution est essentiellement jurisprudentielle. Il s'agit en substance d'une prestation sexuelle (une seule peut suffire) en contrepartie d'une rémunération. Par rémunération on peut entendre toutes formes de cadeaux, voyages compris. Les danseuses dans un peep-show n'exercent donc pas la prostitution faute de contacts physiques. L'actrice pornographique n'est pas considérée en droit comme une prostituée faute de contact direct ou de satisfaction directe de besoin sexuel du client. À notre sens peut-être aussi parce que l'industrie pornographique serait alors considérée comme une entreprise de proxénétisme.

Réaction/Actualité

L'absence légale et précise de définition de la prostitution ne doit pas trop étonner puisque la prostitution est licite. Néanmoins le proxénétisme, dont il n'existe pas de définition légale, est souvent appréhendé par rapport à la prostitution (aide ou contrainte de la prostituée). On ne peut donc s'étonner de difficultés de qualification.

27 MARS 2001

CEDH (Cour européenne des Droits de l'homme) : Liberté pour les enfants mineurs d'avoir entre eux des pratiques homosexuelles

La Cour européenne des Droits de L'homme (CEDH) en date du 27 mars 2001 (Sutherland c. Royaume-Uni), a jugé en substance dans une sorte de raisonnement fondé sur le principe que ce qui n'est pas interdit est autorisé que de jeunes garçons mineurs pouvaient avoir la possibilité d'avoir des pratiques homosexuelles et que l'intervention du droit pénal d'un pays qui y faisait obstacle sans justification portait atteinte à leur liberté et plus précisément violait l'article 8 de la convention CEDH.

Réaction/Actualité

Ainsi qu'il sera indiqué ultérieurement des mineurs de moins de quinze ans peuvent avoir entre eux des relations sexuelles (*infra* 29 mars 2008), peu importe qu'elles soient homosexuelles ou hétérosexuelles.

28 MARS 2016

Blog www.brest.maville.com › Info › Info en continu Brest. Exhibition sexuelle à Brest ou satisfaction d'un besoin urgent d'uriner ?

Une jeune femme aurait aperçu lundi 28 mars 2016 vers 8 h 45 le sexe d'un homme à l'arrêt du tram place de Strasbourg à Brest. Elle aurait alors appelé la police. Les forces de l'ordre ont interpellé l'individu puis l'ont placé en garde à vue au commissariat de la rue Colbert. S'agissait-il d'un exhibitionniste ?

Réaction/Actualité

La volonté délibérée de provoquer la pudeur publique existait-elle ? La question se pose. Assouvir un besoin d'uriner sur la voie publique n'est pas constitutif du délit d'exhibition sexuelle. Il ne s'agit au pire que d'une contravention. L'avocat défenseur ne manquera pas de faire valoir ce fait et plus encore peut-être que les toilettes publiques ont été supprimées. Mais pourrait-il convaincre une magistrate puisque les toilettes publiques n'ont concerné que les hommes ?

29 MARS 2006

Cour de cassation : Condamnation d'un adulte pour sollicitation d'une prostituée de moins de 18 ans condamnation

La Cour de cassation en date du 29 mars 2006 a sanctionné un personnage important proche du gouvernement qui était en discussion avec une jeune fille prostituée âgée de dix-sept ans alors qu'elle prétendait en avoir plus de 18. Il est rappelé que la relation avec une prostituée de moins de 18 ans est pénalement prohibée et que de nos jours depuis une loi en date du 13 avril 2016 le client d'une prostituée peut être pénalement poursuivi même si la prostituée est majeure.

Réaction/Actualité

La sollicitation de relations sexuelles par le client demandeur faite sans ambiguïté suffit pour que le client soit réprimé tant lorsqu'il s'agissait du client d'une prostituée mineure ou vulnérable que de toute prostituée de nos jours « C'est combien ? »

L'acception de la proposition de la prostituée en connaissance de cause sur le prix ou le service suffit sans qu'il y ait lieu à consommation pour réprimer le client sur le prix ou le service depuis la loi du 13 avril 2016 *infra*.

29 MARS 2008

Cour de cassation chambre criminelle : Relations sexuelles licites entre jeunes mineurs

Les magistrats ont déjà estimé en date du 29 mars 2006 qu'un mineur âgé de treize ans ayant une relation avec un autre mineur plus âgé de quatorze ans pouvait émettre en tant que victime un consentement parfaitement libre (Cass. crim. 29 mars 2006). Dans le même sens, la Cour de cassation est conduite à annuler l'arrêt de la chambre d'accusation renvoyant le frère aîné de 13 ans ayant eu des rapports sexuels consentis avec la victime âgée de 8 ans (Cass. crim. 17 sept. 1997, n° 97-83617, Bull. crim. n° 302).

On notera toutefois qu'il existe des cas quasi identiques où l'un des mineurs a été poursuivi (voir *La Dépêche du Midi*, 27 août 2011).

Réaction/Actualité

Entre 15 et 18 ans, les jeunes mineurs entre eux peuvent avoir incontestablement des relations sexuelles consenties (la majorité sexuelle est à quinze ans).

En dessous de 15 ans, la loi est muette. La sexualité entre mineurs de moins de 15 ans n'est donc pas interdite Cass. crim. 17 sept. 1997, n° 97-83617, Bull. crim. n° 302.

Une relation consentie entre un mineur de 17 ans et un mineur de 14 ans, voire de 13 ans paraît être autorisée en fonction toutefois des situations et de la compréhension de la victime. (Sur les relations entre jeunes mineurs entre eux de moins de 15 ans voir 29 mars 2001 / 3 mai 2016 / 17 septembre 1997).

30 MARS 2012

Enquête IFOP sur la fellation et les partis politiques

Une enquête IFOP en date du 30 mars 2012 relative aux mœurs des Français et leurs orientations politiques a recueilli les réponses qui suivent dont un extrait ci-dessous concernant la fellation :

« La fellation est une pratique plus répandue chez les femmes de gauche (81 % déclarent l'avoir déjà pratiquée) que chez des sympathisantes de droite parlementaire (69 %) qui appartiennent plus souvent, il faut le rappeler, à des générations où ce geste était proscrit ou associé aux services offerts par les prostituées. Mais cette sexualité orale est aussi plus répandue chez les femmes se situant à la gauche de la gauche (92 % chez les sympathisants d'extrême gauche, 83 % chez les sympathisantes du Front de gauche) ou à la droite de la droite (74 % chez les sympathisantes lepénistes) ».

Réaction/Actualité

En 2014 une enquête IFOP pour le journal *Marianne* confirme cette orientation. Il est constaté en substance que les personnes qui sont attirées par les extrêmes (personnes ayant l'intention de voter pour le Front de gauche ou le FN aux Européennes) déclarent plus de rapports bucco-génitaux que les autres. Ces pratiques sont en revanche moins fréquentes au centre et à droite. On ne peut expliquer cette tendance uniquement du fait de l'âge, car à âge égal on retrouve ce même phénomène.

31 mars 2014 : Journée internationale des transsexuels

Le 31 mars est l'occasion pour les associations qui militent pour les droits des personnes transsexuelles de modifier l'image souvent caricaturale et déshumanisée qui est présentée. Cette journée permet aussi faire entendre leurs revendications (assouplissement du changement d'état civil, fin de l'obligation de se stériliser – c'est le cas en France depuis la dernière loi de 2016 qui démédicalise la procédure –)

Trouver un travail est plus difficile pour les Trans qui sont plus ou moins exclus de la société que pour les autres (Marie-Pierre Prévôt connue sous le nom de Bambi est toutefois devenue professeure de lettres). Cette exclusion peut expliquer que des personnes trans vivant le plus souvent dans la précarité se tournent vers la prostitution non par choix, mais par obligation.

La journée du 31 mars peut être aussi l'occasion de comprendre que le genre n'est pas forcément une alternative entre deux propositions, homme et femme. Sur Facebook par exemple, aux États-Unis notamment, de nombreuses autres options existent. Enfin des personnes se considèrent parfois « de genre neutre ». Elles peuvent se reconnaître ainsi alors qu'elles ont été prises pour une fille à la naissance, qu'à l'adolescence elles ont été dotées de seins, mais que par la suite de la barbe a poussé et qu'il existe une absence de règles faute d'utérus.

Actualité/Réaction

Le genre neutre en dépit de demandes à la justice n'est pas (encore ?) reconnu à l'état civil en France. La procédure de changement de sexe a été en revanche nettement simplifiée. Elle est actuellement démédicalisée (mais la demande est toujours formulée en justice). La stérilisation chirurgicale ou même hormonale ne semble incontestablement plus indispensable notamment depuis 2016 (voir sur ce sujet *supra* et *infra*).

Rappelons enfin qu'il existait en droit jusqu'à ces dernières années une sorte de discrimination entre les personnes hommes et les personnes femmes voulant changer de sexe à l'état civil. Pour les hommes on demandait aux transsexuels de subir une stérilisation et une expertise médico-juridique, qui incluait une évaluation de la cavité vaginale. En revanche, pour les femmes voulant devenir homme on ne demandait pas (du fait de la difficulté de réalisation) la preuve de l'existence d'un pénis.

Avril

- **1er avril 2008** – Le Tribunal de grande instance de Lille prononce la nullité du mariage à la demande de l'époux à la suite d'un « mensonge » sur l'absence de virginité de l'épouse (erreur sur les qualités essentielles de l'épouse ? Non)
- **2 avril 2014** – Haute Cour de justice d'Australie : Reconnaissance d'un sexe neutre par la juridiction
- **3 avril 1990** – Loi sur l'IVG (interruption volontaire de grossesse) en Belgique. Absence de nécessité d'autorisation parentale en cas de demande d'avortement de la mineure enceinte
- **4 avril 2006** – Tribunal de grande instance de Dinan : Annulation du mariage pour VIH non révélé
- **4 avril 2006** – Loi portant l'âge légal du mariage pour les filles à 18 ans
- **5 avril 2016** – Arrêté. Levée (sous conditions) de la discrimination des donneurs de sang homosexuels ou bisexuels
- **6 avril 2016** – Vote définitif de l'Assemblée nationale sanctionnant les clients des personnes prostituées (loi promulguée en date du 13 avril 2016)
- **7 avril 2016** – Cour d'appel de Dijon : Autorisation de changement de sexe à l'état civil au motif que : Même en l'absence de réassignation sexuelle (chirurgie de reconstruction génitale, (– génitoplastie masculinisante et génitoplastie féminisante –) une durée du traitement hormonal de 4 ans et demi est une des

conditions suffisantes pour considérer que le transsexuel, en l'espèce un homme a accompli sa transition vers le sexe féminin

- **8 avril 2017** – Le STRASS (Syndicat des travailleurs du sexe) appelle à manifester contre la loi du 13 avril 2016
- **9 avril 2015** – Cour de cassation 1re chambre civile : La Révélation de l'homosexualité d'un personnage dans un ouvrage d'information d'intérêt général n'est pas une atteinte à la vie privée.
- **10 avril 2015** – Cour d'appel de Nancy : Absence de nécessité d'une transformation chirurgicale pour modifier le sexe (changement de masculin à féminin) sur l'acte de naissance à l'état civil. La seule apparence aux yeux des tiers n'est toutefois pas suffisante
- **11 avril 2017** – Journal *Sud-ouest Bordeaux* (www sud-ouest bordeaux) : « Stopper la chirurgie sur les enfants nés de sexe indéterminé »
- **12 avril 2016** – Cour de cassation chambre criminelle 12 avril 2016 n° de pourvoi : 15-86298 : Un enquêteur désigné pour faire un rapport sur la personnalité d'un mis en examen (pour agression sexuelle aggravée, viol) ne peut recueillir aucune déclaration sur les faits reprochés
- **13 avril 2016** – Prostitution. Promulgation de la Loi (*JORF* 14 avril) visant à renforcer la lutte contre le système prostitutionnel et à accompagner les personnes prostituées
- **14 avril 2016** – Cour de cassation chambre sociale : l'employeur doit prendre toutes les dispositions pour reclasser l'employée harcelée de manière à assurer sa sécurité (obligation de résultat). L'obligation de reclassement est condamnable
- **15 avril 2017** – Selon l'article de Marc Fortier dans le journal *Le devoir de libre penser* (média indépendant du Québec) l'éducation sexuelle rend tout le monde mal à l'aise
- **16 avril 2015** – Cour d'appel de Versailles : Validation de la demande d'adoption plénière par la conjointe de la mère biologique (conjointe dite d'intention) d'un enfant issu d'une PMA à l'étranger

- **17 avril 2017** – Selon Wikipédia en date du 17 avril 2017, 22 pays autorisent le mariage aux couples de même sexe (environ 13 % de la population mondiale)
- **18 avril 1969** – Selon le blog d'Agnès Girard anthropologue « les 400 culs » (http //sexes.blogs.liberation.fr) John Giorno poète et artiste américain a fait distribuer ses poèmes érotiques dans les rues de New York par des patineuses
- **19 avril 2016** – Le Tribunal de grande instance de Montpellier considère qu'un transsexuel désireux de faire mention de son changement de sexe sur l'état civil doit se faire opérer chirurgicalement ou au moins avoir subi un traitement hormonal (opération de réassignation sexuelle). Le simple changement d'apparence ne suffit pas
- **20 avril 2016** – Salon « enVIE d'amour » à Namur Belgique : Conférence « Vie affective et sexuelle des personnes en situation de handicap : mythe ou réalité ? », par Marcel Nuss, écrivain et conférencier
- **21 avril 2016** – Enquête IFOP sur l'infidélité pour le site Gleeden (site de rencontres extra conjugales)
- **22 avril 2013** – Selon l'article de Boris Manenti paru dans *Nouvelobs* publié le 22 avril 2013 plus de 15 % de jeunes Français de moins de 25 ans qui se sentent protégés derrière leur écran auraient pratiqué des expériences sexuelles virtuelles via webcams ou mobiles
- **23 avril 2005** – Cour d'appel d'Orléans : Difficulté d'établir la preuve de la discrimination d'une salariée au travail en raison de la nécessité d'obtenir des éléments de comparaison
- **24 avril 2015** – Question prioritaire constitutionnelle (QPC) et Décision du conseil : La loi exigeant la parité homme femme uniquement dans les instances de recrutement des Maîtres de conférences (MDC) n'est-elle pas contraire avec le principe d'égalité entre les élus qui doivent siéger au comité ? Décision négative le principe de parité ne s'appliquant qu'aux MDC et le principe d'égalité n'étant qu'un objectif et non un droit ou une loi

- **25 avril 2001** – Cour de cassation chambre criminelle : La surprise, élément constitutif du délit d'agression sexuelle au sens de l'article 222-22 du Code pénal, est celle qui surprend le consentement de la victime (consentement surpris et donc extorqué du fait de l'attitude, des diligences ou des manœuvres de l'agresseur). La surprise relative au consentement (consentement surpris) se distingue de la surprise au sens « d'étonnement » exprimée par la victime du fait de la différence d'âge de l'auteur de l'agression
- **26 avril 2016** – CREAI (Centre régional d'étude et information en faveur des personnes en situation de vulnérabilité) : Débat sur « Sexualité et Handicap, Accompagnants et Accompagnés : Quelles pratiques ? »
- **27 avril 1981** – Cour de cassation chambre commerciale : Utilisation de la notion de convention contraire aux bonnes mœurs pour annuler le contrat de fournitures de services au profit d'une maison de tolérance
- **28 avril 2016** – Cour constitutionnelle de Colombie : Le mariage homosexuel n'est pas contraire à la constitution
- **29 avril 2015** – Cour de justice de l'Union européenne (CJUE) 4e chambre, **29 avril 2015** – Léger, Aff. C-528/13) : L'interdiction du don du sang par des homosexuels – suite à l'arrêté du 12 janvier 2009 – n'est pas jugé discriminatoire
- **30 avril 2009** – Cour d'appel de Paris pole 1 chambre 3 : À propos de l'exposition pédagogique par plastination de cadavres sexués du docteur Von Hagens (exposition Our body / À corps ouvert) Nécessité d'une origine licite des corps et du consentement du vivant

1er avril 2008

Le Tribunal de grande instance de Lille prononce la nullité du mariage à la demande de l'époux à la suite d'un « mensonge » sur l'absence de virginité de l'épouse (erreur sur les qualités essentielles de l'épouse ? non)

Le tribunal de grande instance de Lille a annulé un mariage entre deux conjoints de religion musulmane pour cause d'erreur sur les qualités essentielles de la personne suite à la découverte par le mari que l'épouse avait menti sur sa virginité. Ce jugement a provoqué une vive réaction notamment dans l'opinion publique. Il a pu donner *a priori* à penser du fait de la médiatisation que l'absence de virginité était la cause première de l'annulation. En bref que la virginité pouvait être une des conditions du mariage. Cette analyse est trop succincte et réductrice. Ce n'est pas l'absence de virginité qui a conduit à l'annulation, mais le mensonge (de même que ce n'est pas l'impuissance de monsieur, mais le fait que la dame ignorait avant mariage cette impuissance et ne puisse donner un consentement éclairé qui a conduit dans une affaire antérieure – cour d'appel de Paris 26 mars 1982 – à l'annulation du mariage). La motivation du tribunal de Lille était fondée sur la croyance erronée de l'époux du fait de la tromperie. Mais cette indication n'est pas en elle-même suffisante. Certes le mensonge de l'épouse a été souligné et admis par cette dernière. Mais la seule tromperie, le dol, en matière de mariage n'est pas retenue selon notre droit. En l'espèce tout le monde se présente sous le meilleur jour et selon la célèbre formule de Loisel « en mariage trompe qui peut ». Dès lors l'erreur ne peut résulter du seul mensonge du conjoint. Il doit être démontré au juge que cette erreur doit être déterminante pour l'autre, peu conforme à ce qu'il attendait (à défaut il n'aurait pas épousé son ou sa partenaire). C'est ce qu'on appelle l'appréciation *in concerto* (qui peut engendrer une certaine subjectivité en fonction des cas). De plus cette erreur même retenue doit dans une sorte de combinaison convaincre aussi le juge qui dit le droit. En ce sens elle doit donc être appréciée au regard de l'idée plus objective ou du moins plus générale (appréciation *in abstracto*) que la justice peut se faire du mariage et plus précisément de son essence, de son fondement, des usages, de l'opinion commune, des principes généraux admis, de l'état des mœurs.

On comprend que la décision d'annulation du mariage rendue par le tribunal de Lille ait pu heurter l'ordre public laïc français dans une époque troublée en matière de religion. Elle paraissait de la sorte générer aussi une forme de discrimination dans la mesure où l'absence de virginité du mari ne pouvait être invoquée ou prouvée. Mais elle donnait surtout à penser que le mariage n'était qu'un contrat à la convenance des conjoints ou de leurs convictions religieuses alors qu'il s'agit aussi d'une institution conférant des droits et obligations spécifiques.

Réaction/Actualité

Il serait hypocrite d'affirmer que tout laissait augurer que le jugement du TGI de Lille serait annulé par la cour d'appel de Douai (le lundi 17 septembre 2008). En effet un certain nombre de décisions prononçant l'annulation du fait de tromperies sur les qualités essentielles avaient précédemment été rendues dans le même sens que celui du TGI de Lille. Ainsi la Cour de cassation en date du 2 déc. 1997 (Cass. 1re civ.) avait indiqué que le fait pour un homme d'avoir caché à son épouse un premier mariage religieux et qu'il était divorcé pouvait être une cause de nullité du mariage, étant précisé que l'épouse désirait avant tout un mariage religieux (ce qui sous-entend qu'elle ne voulait donc pas un divorcé comme mari). De même l'annulation d'un mariage a été prononcée par le tribunal de grande instance de Rennes dans la mesure où l'époux avait ignoré une liaison antérieure du conjoint alors que les parties étaient animées d'un sentiment religieux profond (TGI Rennes 11 déc. 2000).

La cour d'appel de Douai du 17 septembre 2008 qui a infirmé par la suite la décision du TGI de Lille considère qu'il ne s'agit pas d'une cause de nullité du mariage. La vie sentimentale passée de la future épouse et sa virginité n'est pas une qualité essentielle dans la mesure où son absence n'a pas d'incidence sur la vie matrimoniale. En bref l'union durable ne serait pas mise à mal. On peut toutefois en discuter, car la séropositivité masquée d'une épouse : TGI Dinan, 4 avril 2006 (*infra*) ; et surtout l'activité d'Escort Girl de l'épouse qui est cachée au mari rencontré sur Internet : CA Nîmes, 8 février 2012, N° 10/05679 ont été retenues comme cause d'annulation.

2 AVRIL 2014

Haute Cour de justice d'Australie : Reconnaissance d'un sexe neutre par cette juridiction

Le 2 avril 2014 la Haute Cour de justice d'Australie (High Court of Australie, 2 April 2014, Case S273/2013, NSW Registrar of Births, Deaths and Marriages v. Norrie (« Australie : citoyen du troisième sexe », *Le Monde*, 18 avril 2014) a reconnu le droit à une personne d'être de sexe neutre. Dans les faits cette dernière avait été déclarée garçon à l'état civil en 1961. Puis insatisfaite de son état elle subit un traitement hormonal pendant 4 ans. Elle est opérée en Australie. Mais elle ne se sent pas en accord avec son identité féminine. Elle demande alors des papiers ne mentionnant aucun des deux sexes. Cette demande est refusée *in fine* par l'état civil. Il a fallu la saisie de la Haute Cour de justice d'Australie pour obtenir la mention de sexe neutre à l'état civil.

Réaction/Actualité

Le genre neutre est admis dans plusieurs pays tels par exemple l'Argentine, l'Australie, l'Inde, le Népal, la Polynésie). En Europe l'Allemagne, dès 2013, fut le premier pays à reconnaître le sexe neutre (dans ce dernier cas, la personne peut décider de devenir ultérieurement homme ou femme).

3 AVRIL 1990

Loi sur l'IVG (interruption volontaire de grossesse) en Belgique : Absence de nécessité d'autorisation parentale en cas de demande d'avortement de la mineure enceinte

La loi du 3 avril 1990 (loi Lallemand-Michielsens) dépénalise l'avortement et est relative à l'interruption volontaire de grossesse (IVG). Elle n'évoque pas l'âge de la femme. En principe, l'accord des parents, titulaires de l'autorité parentale, devrait être requis lorsque la personne est mineure. Pourtant en pratique l'interruption volontaire de grossesse (IVG) qui est accessible aux mineures enceintes, dans le cadre prévu pour toutes les IVG, ne nécessite pas une autorisation parentale. Le secret professionnel conduit les intervenants à « taire » leur intervention si la mineure ne veut pas que ses parents soient informés. La capacité de discernement de la mineure doit être prise en compte. L'accompagnement par un adulte, qui n'est pas obligatoire, est recommandé même si toute mineure peut exercer seule.

Réaction/Actualité

En France la loi relative à l'interruption volontaire de grossesse, dite loi Veil, date du 17 janvier 1975. Elle dépénalise l'avortement en France. Le consentement du père ou de la mère (ou du représentant légal) à la pratique de l'IVG est en principe la règle. Mais la mineure peut demander cette intervention elle-même, en dehors de la présence de toute personne. Elle peut donc se dispenser du consentement du père ou de la mère (ou du représentant légal) y compris en cas de refus de ces derniers.

4 AVRIL 2006

Tribunal de grande instance de Dinan : Annulation du mariage pour VIH non révélé

Peu de temps après la célébration du mariage l'époux apprend que son épouse était atteinte d'une infection du VIH qui ne lui avait pas été révélée. Selon l'attendu du tribunal « La connaissance de cette affection du fait de l'impact qu'elle imprime sur la vie du couple et sur le choix d'avoir des enfants aurait conduit le demandeur à ne pas épouser la défenderesse, les attestions de l'entourage de l'époux rappelant sa volonté de fonder une famille et d'avoir des enfants ». L'annulation du mariage a été demandée par l'époux. L'erreur sur les qualités essentielles de la personne a été retenue.

Réaction/Actualité

La solution rendue ne concerne pas le divorce qui aurait été sans doute été obtenu plus aisément, mais l'annulation du mariage. Cette solution d'annulation du mariage en raison de la tromperie sur l'état de santé est dans le sens analogue à celle récemment rendue en date du 1er avril 2008 par le TGI de Lille (*supra*). Mais la décision d'annulation du TGI de Lille suite à tromperie sur la virginité a été infirmée par la cour d'appel de Douai. En serait-il de même de la décision rendue par le TGI de Dinan ? Il nous semble que même si les progrès médicaux relatifs à la lutte contre le VIH devraient permettre une procréation sans trop de risques la transmission du VIH en toute connaissance de cause est pénalement répréhensible et plus grave que l'absence de virginité. Dès lors on peut douter de l'importance des chances d'infirmation du jugement du TGI de Dinan si une cour d'appel devait être saisie.

4 AVRIL 2006

Loi portant l'âge légal du mariage pour les filles à 18 ans

Le Code Napoléon de 1804 avait fixé l'âge légal du mariage à 15 ans pour les filles et 18 ans pour les garçons (il pouvait exister des dérogations). Une loi du 4 avril 2006 a reculé l'âge du mariage pour les filles. Désormais depuis cette date l'âge du mariage des filles comme celui des garçons est porté à 18 ans. La raison repose sur la volonté de lutter contre les mariages forcés. Des jeunes filles trop jeunes acceptaient en effet ce type de mariage de crainte de déplaire à leur famille.

Réaction/Actualité

Dans divers pays d'Europe, mais aussi en Tunisie comme au Sénégal l'âge de la majorité pour se marier était et est aussi pour les garçons et les filles fixé à 18 ans. En France on peut constater que de nos jours l'âge de la majorité légale civile (ou même pénale) et du mariage coïncide.

5 AVRIL 2016

Arrêté : Levée (sous conditions) de la discrimination des donneurs de sang homosexuels ou bisexuels

L'arrêté du 5 avril 2016 lève le principe de l'exclusion des homosexuels du don de sang (sous certaines conditions). Il est mis ainsi fin à une interdiction et à une forme de discrimination qui date de plusieurs dizaines d'années (depuis 1983). 500 000 hommes homosexuels ou bisexuels sont concernés. Il est à préciser que les lesbiennes et les femmes bisexuelles n'ont jamais été concernées par cette discrimination (en raison de la faible circulation du virus du sida (VIH) dans cette population). Les règles concernant la population hétérosexuelle leur sont applicables.

Une condition qui peut apparaître encore comme discriminante par rapport aux hétérosexuels existe. Les homosexuels ne devront pas avoir eu de relations homosexuelles depuis douze mois. Pourquoi douze mois d'abstinence ? « Parce qu'après douze mois sans relation homosexuelle avec un autre homme, il n'y a pas plus de risque d'être contaminé que pour un hétérosexuel », avait précisé la ministre le 4 novembre dernier, (ajoutant son intention de réduire ce délai à quatre mois si une étude « en vie réelle » démontrait qu'il n'y avait pas de risque).

L'abstinence de relations homosexuelles pendant un an avant le don fait débat. La Fédération LGBT ou SOS homophobie réclamaient un délai « de quatre mois à partir du moment où il y a eu relation multi partenariale, pour les hétéros, comme pour les homos »

Pour le don de plasma, les homosexuels ou bisexuels seront au même régime que les hétérosexuels. Ceux ayant eu plus d'un partenaire sexuel au cours des quatre derniers mois auront une contre-indication au don du plasma (partie liquide du sang qui sert notamment en chirurgie).

Réaction/Actualité

Il existe encore une polémique sur le don du sang et une forme de discrimination subsiste. On semble vouloir prendre en considération à travers l'obligation d'un délai d'abstinence d'un an la seule population des hommes homosexuels. Or ce n'est pas tant selon diverses associations (ex : Act up) cette population qu'il faut prendre en considération que les pratiques à risques non protégées. Ce n'est pas « l'homosexualité » qui présente un risque de contamination au VIH particulièrement élevé, mais plutôt les relations anales sans préservatif. Cette précision devrait être prise en compte dans les futurs questionnaires de donneur, et non pas simplement l'orientation sexuelle de la personne.

En définitive les conditions de don du sang ne sont pas encore tout à fait les mêmes pour tous.

6 AVRIL 2016

Vote définitif de l'Assemblée nationale sanctionnant les clients des personnes prostituées (Loi promulguée en date du 13 avril 2016)

Après de vifs débats entre l'Assemblée (à gauche) et le Sénat (à droite) et à l'intérieur même de l'Assemblée où les opinions individuelles étaient divergentes (mais les députés ont fini par suivre la discipline du parti), l'Assemblée nationale a adopté en dernière lecture le texte définitif en date du 6 avril 2016. Il en est résulté la loi promulguée le 13 avril 2016 (voir *infra*).

Réaction/Actualité

Le livre *Cent questions sur la prostitution* (ESKA éditions 2016, J. Delga) traite plus particulièrement de la prostitution avant la loi du

13 avril 2016 voulant pénaliser le client ainsi que de la proposition de loi et du rapport de Mme Maud Olivier.

L'ouvrage qui a suivi, *Plus de cent questions sur la prostitution* (MA éditions, 2017), aborde les sujets relatifs à l'application contrastée de la loi de 2016 et le bilan mitigé quelques mois après la promulgation (sur cette question voir aussi *infra* 13 avril 2016 et 6 octobre 2016 plus de 6 mois après la promulgation de la loi).

7 AVRIL 2016

Cour d'appel de Dijon : Autorisation de changement de sexe à l'état civil au motif que : Même en l'absence de réassignation sexuelle (chirurgie de reconstruction génitale, – génitoplastie masculinisante et génitoplastie féminisante –) une durée du traitement hormonal de 4 ans est demi est une des conditions suffisantes pour considérer que le transsexuel en l'espèce un homme a accompli sa transition vers le sexe féminin Le requérant, né de sexe masculin, avait demandé le changement de ses prénoms et de son sexe masculin à l'état civil avec l'effet rétroactif à l'âge de 26 ans, dates de ses premières démarches médicales pour changer de sexe.

La cour d'appel infirmant le jugement précédent considère que le principe de l'indisponibilité de l'état des personnes ne fait pas obstacle à la modification de la mention du sexe figurant dans son acte de naissance. Elle estime que même si l'hormonothérapie est un traitement qui doit être poursuivi durant toute l'existence (l'intéressé ne s'est pas prêté à une opération de réassignation sexuelle), la durée de quatre ans et demi durant laquelle le requérant a suivi sa démarche de transformation sexuelle, et les résultats que l'on constate aujourd'hui sont suffisants pour considérer qu'il a d'ores et déjà accompli sa transition vers le sexe féminin. La cour autorise le changement de la mention de sexe et de prénom du requérant. Toutefois ces changements ne seront pas rétroactifs puisque la date proposée par l'intéressé ne correspond qu'au début de sa démarche de transformation.

Réaction/Actualité

Cette décision est conforme à celle rendue le 10 avril 2015 par la cour d'appel de Nancy. Il existe enfin de nos jours un projet de loi du 19 juillet 2016 adopté par l'Assemblée nationale (voir *infra* proposition) et promulgué en date du 18 novembre 2016 qui consacre la démédicalisation de la procédure de la demande de changement de sexe à l'état civil. Le traitement hormonal et *a fortiori* la chirurgie n'est plus une condition obligée.

8 AVRIL 2017

Le STRASS (Syndicat des travailleurs du sexe) appelle à manifester contre la loi du 13 avril 2016

LE STRASS, Syndicat du Travail Sexuel c/o Act Up-Paris, 8 rue des Dunes, 75019 Paris estime que «la loi du 13 avril 2016 pénalisant nos clients a considérablement aggravé nos conditions de travail et de vie. Nous ne nous laisserons pas abolir par une idéologie criminelle». Il appelle à une manifestation le samedi 8 avril 2017 pour exiger l'abrogation de la pénalisation des clients et de toute mesure prohibitionniste.

Réaction/Actualité

On ne peut s'étonner d'une telle manifestation dans la mesure où cette loi a paupérisé la prostitution pourtant licite en pénalisant le client (sur le sujet *Plus de cent questions sur la prostitution* MA éditions 2017).

9 AVRIL 2017

Cour de cassation : 1re chambre civile : La révélation de l'homosexualité d'un personnage dans un ouvrage d'information d'intérêt général n'est pas une atteinte à la vie privée

Un livre sur le Front national et l'évolution de ses valeurs avait révélé la relation homosexuelle existant entre le secrétaire général du Front national et un conseiller régional afin d'illustrer la plus grande ouverture d'esprit du parti concernant l'homosexualité. Le couple avait assigné la maison d'édition afin de demander l'interdiction de la diffusion à venir et la saisie du livre pour violation de leur droit au respect de la vie privée. La Cour de cassation rejette cette demande après avoir procédé à un rapport de proportionnalité entre le but poursuivi par la maison d'édition, sa liberté d'expression et son droit de faire état de l'information critiquée face au respect de la vie privée des intéressés. La Cour retient l'existence d'un rapport raisonnable de proportionnalité et rappelle que l'ouvrage porte sur un sujet d'intérêt général et qu'il existe un droit du public à être informé.

Réaction/Actualité

La Cour juge, en l'espèce, la révélation légitime par la contribution qu'elle apporte à « un sujet d'intérêt général », le mariage homosexuel, en ce qu'elle permet d'expliquer les « signes d'ouverture » à son endroit exprimés par le parti.

La décision de la Cour de cassation paraît admettre en substance qu'une atteinte à la vie privée dans une publication peut être possible sous réserve d'une contribution à une information d'intérêt général. La Cour européenne des Droits de l'homme (CEDH 24 juin 2004, Van Hannover c/ Allemagne), et la Cour de cassation elle-même (Civ. 1re, 24 oct. 2006), avaient déjà jugé en ce sens. Une telle ouverture comporte naturellement des risques d'arbitraire et peut être parfois proche du procédé d'outing si elle n'est pas correctement contrôlée.

10 AVRIL 2015

Cour d'appel de Nancy: Absence de nécessité d'une transformation chirurgicale pour modifier le sexe sur l'acte de naissance à l'état civil (changement de masculin à féminin). La seule apparence aux yeux des tiers n'est toutefoispas suffisante

La cour énonce que le principe de l'indisponibilité de l'état de personnes ne fait pas obstacle à la modification de la mention du sexe figurant dans son acte de naissance lorsque la personne établit la réalité et la persistance d'un syndrome transsexuel et le caractère irréversible de la transformation de son apparence physique le rapprochant de l'autre sexe auquel correspond son comportement social. Elle considère que le caractère irréversible de la transformation de son apparence physique le rapprochant de l'autre sexe auquel correspond son comportement social ne nécessite pas une opération chirurgicale, mais il ne peut résulter du seul fait que l'intéressé appartienne aux yeux des tiers au sexe féminin et se fasse appeler par un prénom féminin depuis longtemps. Il ne s'agit là que d'un élément. En l'espèce il a notamment été aussi retenu que l'intéressé est suivi par un psychiatre qui note l'existence d'un transsexualisme réel confirmé par des endocrinologues qui confirment la démarche d'inversion de genre entreprise notamment par la mise en place d'un traitement hormonal et la détermination persistante de l'intéressé à ce changement.

Réaction/Actualité

On notera qu'il n'est pas demandé d'opération ou même de certitude absolue quant aux effets (stérilité) du traitement hormonal. On s'oriente ainsi plus ou moins vers une sorte de démédicalisation. Toutefois la simple apparence ne peut suffire. La loi du 18 novembre applicable le 19 novembre 2016 consacre la demédicalisation de la procédure de changement de sexe.

11 AVRIL 2017

Journal *Sud-ouest Bordeaux* (www sud-ouest bordeaux). « Stopper la chirurgie sur les enfants nés de sexe indéterminé »

L'histoire ci-dessous relatée par le journal *Sud-Ouest* permet de mieux appréhender le calvaire de ceux qui sont nés avec un sexe indéterminé. L'idée d'un sexe neutre à l'état civil peut de ce fait sans doute être mieux comprise.

« Ni fille, ni garçon. Ou un peu des deux... » Domicilié en Gironde, Camille, 38 ans, est né en situation d'intersexuation. « Mes organes génitaux étaient difficiles ou impossibles à définir à la naissance selon le système binaire actuel ». À l'époque, les professionnels de la naissance font part aux parents d'une « malformation bien connue, d'un problème de tuyauterie ». Le pédiatre de la famille propose alors plusieurs rencontres avec des spécialistes : chirurgien, urologue, endocrinologue. « J'ai ensuite commencé à passer des examens médicaux dès l'âge de neuf mois. À trois ans, j'ai subi ma première chirurgie. Au total, j'ai eu sept interventions jusqu'à mes huit ans sans que cela n'entraîne un doute quant au sexe juridique que l'on m'avait assigné à l'état civil : le sexe masculin ».

Réaction/Actualité

En France, 1 Français sur 5 000 environ naît intersexué. La médecine dans ces cas impose souvent des actes soit chirurgicaux, soit hormonaux, soit les deux afin que la personne rentre dans l'une des deux catégories, masculin ou féminin. On peut se demander si ces procédés sont justifiés ou si la loi ne devrait pas être changée. Un débat paraît nécessaire.

En Allemagne, en Suisse et en Inde l'indétermination sexuelle est reconnue et de ce fait mieux acceptée.

12 AVRIL 2016

Cour de cassation chambre criminelle 12 avril 2016 n° de pourvoi : 15-86298 : Un enquêteur désigné pour faire un rapport sur la personnalité d'un mis en examen (pour agression sexuelle aggravée, viol) ne peut recueillir aucune déclaration sur les faits reprochés

Un enquêteur a été désigné par le juge d'instruction pour faire rapport sur la personnalité et la situation matérielle, familiale ou sociale de la personne mise en examen. Il peut, à cette fin, s'entretenir avec celle-ci, hors la présence de son avocat et sans que ce dernier ait été appelé. En revanche, il ne peut lors de cet entretien recueillir aucune déclaration de l'intéressé sur les faits qui lui sont reprochés. Dès lors la requête doit être rejetée et la décision de la chambre d'accusation doit être cassée.

L'attendu de l'arrêt de la Cour de cassation en date du 12 avril 2010 est en ce sens le suivant :

« Vu les articles 6 de la Convention européenne des Droits de l'homme, 81, alinéa 6, D. 16 du Code de procédure pénale, ensemble l'article 114 de ce Code ;

Attendu qu'il résulte de l'arrêt attaqué et des pièces de la procédure que M. X… a été mis en examen des chefs de complicité de viol aggravé et d'agression sexuelle aggravée ; que le juge d'instruction a ordonné une enquête de personnalité ; que le mis en examen a présenté une requête aux fins d'annulation de cette enquête ;

Attendu que, pour rejeter ladite requête, l'arrêt relève que l'enquêteur a consacré un paragraphe et une partie de la conclusion du rapport d'enquête à la position de la personne mise en examen sur les faits ; que les juges ajoutent, d'une part, qu'il n'a pas été porté atteinte aux intérêts de M. X., lequel n'a fait que réitérer ses précédentes dénégations et, d'autre part, que celui-ci pourra former un recours contre la décision rendue au fond, au cas où les juges fonderaient une éventuelle déclaration de culpabilité sur les mentions litigieuses du rapport ;

Mais attendu qu'en statuant ainsi, la chambre de l'instruction a méconnu les textes susvisés et le principe ci-dessus énoncé ; d'où il suit que la cassation est encourue ».

Réaction/Actualité

Les règles de procédure dites règles de forme sont importantes et garantissent les libertés. Un enquêteur sur la personnalité ne saurait retranscrire des déclarations sur les faits et relever que la personne entendue n'a fait que réitérer ses précédentes dénégations et qu'elle pourra former un recours contre la décision rendue au fond, au cas où les juges fonderaient une éventuelle déclaration de culpabilité sur ces mentions litigieuses du rapport.

13 AVRIL 2016

Prostitution. Promulgation de la Loi (*JORF* 14 avril) visant à renforcer la lutte contre le système prostitutionnel et à accompagner les personnes prostituées

La Loi n° 2016-444 du 13 avril 2016 vise à renforcer la lutte contre le système prostitutionnel et à accompagner les personnes prostituées (*JORF* du 14 avril). Elle réprime pénalement le client de la prostituée. Pourtant la prostitution est légale, licite. On sanctionne donc l'acceptation d'une offre licite (comme la demande). Discuter avec une personne prostituée devient suspect et même dangereux. Au regard des textes législatifs le client est pénalisé à défaut même de toute violence : « le fait d'obtenir des relations de nature sexuelle en échange d'une rémunération est punissable d'une amende ». Juridiquement il n'est donc nul besoin d'un consentement forcé. Certes les partisans de cette loi considèrent que le consentement n'est pas libre. Payer un rapport sexuel serait l'imposer. Mais il s'agit là plus d'un prétexte d'ordre moral et personnel que juridique. La loi relative à la prostitution n'a jamais fait référence à un rapport prostitutionnel non consenti. Dans l'hypothèse d'un rapport non consenti, imposé, le crime de viol est déjà pénalement prévu.

Réaction/Actualité

La pénalisation du client est contraire à l'orientation d'ensemble relative à la notion de bonnes ou mauvaises mœurs de contrariété ou non avec la morale. Certes depuis que cette loi existe les clients sont coupables. On comprend la volonté de marquer les esprits, mais on ne peut s'empêcher de penser à une certaine incohérence des textes et du droit. On aurait préféré l'idée d'une prohibition de la prostitution qui aurait semblé plus logique. La prostituée indépendante n'en sortira pas gagnante.

14 AVRIL 2016

Cour de cassation chambre sociale : En cas de harcèlement subi par l'employée l'employeur doit prendre toutes dispositions pour reclasser l'employée harcelée de manière à assurer sa sécurité (obligation de résultat). Le constat initial de l'inaptitude au poste formulé par le médecin du travail ne saurait suffire. Un manquement à l'obligation de reclassement est condamnable

Dans les faits la situation de harcèlement aboutit le plus souvent pour la victime à la rupture du contrat de travail (aux torts de l'employeur). Pourtant en droit les dispositions prévoient le maintien de l'emploi par application de l'article L. 1152-2 du Code du travail et L. 1152-3 du même Code qui annule toute rupture du contrat de travail en cas de harcèlement moral subi (la même règle s'applique en matière de harcèlement sexuel). Il appartient à l'employeur de reclasser le salarié selon les dispositions de l'article L. 1152-4 du Code du travail, « L'employeur prend toutes dispositions nécessaires en vue de prévenir les agissements de harcèlement ». Dès lors la Cour de cassation a considéré alors même qu'aucune demande de rupture de contrat n'avait été formulée et que l'inaptitude au poste avait été formulée par le médecin du travail que l'employeur était fautif de ne pas avoir reclassé le salarié.

Réaction/Actualité

En matière de harcèlement sexuel ou moral les attestations sont difficiles à obtenir en raison de la subordination et parfois d'une certaine lâcheté humaine. Le maintien dans l'emploi ou le reclassement du salarié harcelé n'est pas toujours accepté par celui qui est souvent à bout de souffle. Il est toutefois heureux que le droit oblige l'employeur à ce reclassement.

15 AVRIL 2017

Selon l'article de Marc Fortier dans le Journal *Le devoir de libre penser* (média indépendant du Québec) l'éducation sexuelle rend tout le monde mal à l'aise

L'article souligne notamment que « Les enseignants se sentent mal formés pour parler de ces choses intimes à leurs élèves. Des parents refusent que leurs enfants soient exposés à ces contenus "osés". Le ministère de l'Éducation marche sur des œufs : il hésite à rendre obligatoire cette matière pourtant plus nécessaire que jamais. Tout le monde pourtant est d'accord : c'est une matière incontournable. Il faut l'enseigner. Les syndicats d'enseignants et les directions d'école estiment toutefois que les conditions ne sont pas réunies pour rendre le cours obligatoire dès la rentrée de septembre prochain ». Le programme du ministère de l'Éducation tient pour acquis que les élèves auront des relations amoureuses et sexuelles, et qu'ils seront exposés à la pornographie. Plutôt que de faire comme si les élèves vivaient dans une bulle, le programme entre dans le vif du sujet.

Réaction/Actualité

Parler de sexualité est encore tabou y compris en France où les cours sont aussi très rares. Le sujet est délicat d'autant que l'éducation à la sexualité peut entrer en conflit avec la religion. Des parents peuvent croire que parler de sexualité équivaut à donner une permission. En réalité, il conviendrait de montrer que les films pornographiques accessibles à tous ne correspondent pas à la réalité, qu'il convient de respecter l'autre. Il paraît tout autant nécessaire de souligner l'importance de mettre un préservatif et de ne pas ignorer le risque de grossesse ou de maladie, etc. Il existe des personnes volontaires qui pourraient intervenir et notamment des juristes sur les infractions sexuelles. Les sexologues, dont le métier consiste à parler de sexualité, ne demanderaient sans doute pas mieux que d'intervenir aussi dans les classes.

16 AVRIL 2015

Cour d'appel de Versailles: Validation de la demande d'adoption plénière par la conjointe de la mère biologique (conjointe dite d'intention) d'un enfant issu d'une PMA à l'étranger

La cour d'appel de Versailles en date du 16 avril 2015 valide l'adoption d'un enfant issu d'une PMA à l'étranger par la conjointe de la mère biologique.

Historique

- Rejet par le TGI de Versailles en 2014 de la demande d'adoption par la mère d'intention d'un enfant né de PMA à l'étranger par la mère d'intention.
  Le 29 avril 2014, le tribunal de grande instance de Versailles avait refusé la demande d'adoption d'un enfant par la conjointe de sa mère biologique. Le tribunal avait justifié sa décision en estimant qu'il y avait eu une fraude à la loi, dès lors que le couple de femmes avait bénéficié d'une PMA à l'étranger, cette dernière étant illégale en France. Pour la justice, l'enfant était « illégalement conçu ». Il y avait détournement de la loi.
- Revirement: la cour d'appel de Versailles en 2015 valide l'adoption plénière par la mère d'intention.

Le 16 avril dernier 2015, la cour d'appel de Versailles a validé quatre adoptions issues de PMA par des couples de femmes homosexuelles qui s'étaient vues déboutées de leurs demandes un an plus tôt.

La décision est conforme à celle précédente de la cour d'appel d'Aix-en-Provence du 14 avril 2015 infirmant le jugement du tribunal de grande instance d'Aix-en-Provence qui avait refusé l'adoption, en juin 2014, estimant que la procréation avait eu lieu par détournement de la loi.

Réaction/Actualité

Ces divers revirements proches de jurisprudence nous paraissent être dus:

1. aux deux avis de la Cour de cassation en date du 23 septembre 2014. La Cour de cassation avait alors considéré que le recours à une PMA à l'étranger « ne fait pas obstacle à ce que l'épouse de la

mère puisse adopter l'enfant ainsi conçu dès lors que les conditions légales de l'adoption sont réunies et qu'elle est conforme à l'intérêt de l'enfant». L'adoption d'enfant né de PMA au sein d'un couple de même sexe est désormais légale à une seule condition : la PMA doit s'effectuer à l'étranger, dans un pays où le procédé n'est pas réservé aux situations d'infertilité pathologique, comme c'est le cas en France ;

2. à la prise en considération de l'intérêt de l'enfant prédominant enfin sur la fraude à la loi ;
3. à la prise en considération selon la cour d'appel d'une directive européenne de 2011 « qui pose le principe de la libre circulation pour les soins de santé que les ressortissants européens peuvent aller recevoir à l'étranger » ;
4. à la loi Taubira du 17 mai 2013 sur le mariage pour tous « et toutes » bien qu'elle ne permette à l'origine une solution contredisant explicitement la loi d'interdiction bioéthique.

En résumé, le mode de conception de l'enfant (du moins par PMA) ne fait plus et ne doit plus faire obstacle à l'adoption par les couples de femmes lesbiennes. La légalisation de la PMA aux couples de femmes en France semble se dessiner. Mais rien n'est encore certain. Un changement politique à brève échéance peut modifier cette orientation.

17 AVRIL 2017

Selon Wikipédia en date du 17 avril 2017, 22 pays autorisent le mariage pour les couples de même sexe (environ 13 % de la population mondiale)

Les pays qui autorisent le mariage homosexuel représentant un ensemble de plus de 990 millions d'habitants (soit plus de 13,5 % de la population mondiale). Les Pays-Bas (depuis avril 2001) ont été le premier pays à avoir légalisé le mariage homosexuel en 2001.

Parmi les pays (source Wikipédia) :

Afrique du Sud (depuis novembre 2006), Argentine (depuis juillet 2010), Belgique (depuis juin 2003), Brésil (certains États à partir de janvier 2012, puis au niveau fédéral depuis mai 2013), Canada (certaines provinces à partir de 2003, puis au niveau fédéral depuis juillet 2005), Colombie (depuis avril 2016), Danemark (depuis juin 2012), Espagne (depuis juillet 2005), États-Unis (certains États à partir de 2004, puis au niveau fédéral depuis juin 2015), Finlande (depuis mars 2017), France (depuis mai 2013), Irlande (depuis novembre 2015), Islande (depuis juin 2010),

Luxembourg (depuis juin 2014), Mexique (dans 10 États et la capitale fédérale), Norvège (depuis janvier 2009), Nouvelle-Zélande (depuis août 2013), Pays-Bas (depuis avril 2001), premier pays à avoir légalisé le mariage homosexuel, Portugal (depuis mai 2010), Angleterre(2014), Pays de Galles (2014), Suède (depuis avril 2009), Uruguay (depuis août 2013). Tous ces pays ont également légalisé l'adoption par les couples homosexuels.

Réaction/Actualité

De nombreux pays, plus de 70, ont des lois « anti homosexualité ». À titre d'exemple, liste non exhaustive en Afrique : Algérie, Tunisie, Maroc, Angola, Cameroun, Égypte, Éthiopie, Kenya, Mauritanie, Sénégal, Soudan, Tanzanie, Tunisie, Maurice, etc. En Asie et Moyen-Orient : Maldives, Singapour, Sri Lanka, Syrie, Palestine. Aux Amériques : Jamaïque, Belize, Barbade, etc.

18 avril 1969

Selon le blog d'Agnès Girard anthropologue « les 400 culs » (http:/sexes.blogs.liberation.fr) John Giorno poète et artiste américain a fait distribuer ses poèmes érotiques dans les rues de New York par des patineuses

Le blog d'Agnès Girard anthropologue « les 400 culs » (http://sexes.blogs.liberation.fr/) évoque en date du 22 décembre 2015 l'artiste et poète américain John Giorno, né le 4 décembre 1936 à New York. Il est fait observer que le 18 avril 1969, à New-York, de nombreux exemplaires des poèmes de John Giorno ont été distribués dans cette ville de manière originale par de jeunes femmes sur rollers. De nombreux poèmes de John Giorno présentent un caractère pornographique : « Officiers / de l'armée cubaine / en exil / étaient chez moi [...] J'ai oublié le compte / du nombre de fois / qu'ils m'ont / baisé / dans toutes les positions / concevables. / À un certain / moment / ils ont fait / un cercle / autour de moi / et j'ai dû / ramper / d'un entrejambe / à l'autre / en suçant / chaque queue [...] / Quand je me les suis / toutes faites / je tremblais [...] /, mais [...] en même temps / j'étais / au paradis ». On ne peut s'étonner. John Giorno, ancien amant d'Andy Warhol, est une icône de la contre-culture et un grand défenseur de la liberté sexuelle. La musique de ses textes, le rythme qui existe prédomine sur les mots. On écoute avec plus de plaisir cet auteur qu'on ne le lit. Selon F. Ostende, commissaire d'exposition (Giorno au Palais de Tokyo) et historienne, ses poèmes dressent un portrait viscéral d'une Amérique tourmentée par l'excès et le vide. Qu'importe le contenu. C'est le rythme sur lequel il est possible de réciter ses textes qu'il faut observer. Il peut nous conduire en transe.

Réaction/Actualité

Peu de personnes connaissent John Giorno. C'est à travers cet écrit anecdotique un moyen de le faire connaître. John Giorno concevait ses poèmes comme une image qu'il devait transmettre au plus grand nombre. On s'accorde pour considérer qu'il existe une sorte de litanie et de musicalité dans ses poèmes qui génèrent un envoûtement. Certaines phrases résonnent comme les allitérations de Racine « Pour qui sont ces serpents qui sifflent sur vos têtes ? » – Racine (*Andromaque*, acte V, scène 5).

19 AVRIL 2016

Tribunal de grande instance de Montpellier : Ce TGI de Montpellier considère qu'un transsexuel désireux de faire mention de son changement de sexe sur l'état civil doit se faire opérer chirurgicalement ou au moins avoir subi un traitement hormonal (opération de réassignation sexuelle). Le simple changement d'apparence ne suffit pas

Le tribunal avait pris acte de la « la réalité du syndrome transsexuel » du plaignant et de son engagement dans le « processus de changement de sexe » (opérations du visage, de la poitrine, de la pomme d'Adam, féminisation de sa voix). Toutefois il avait considéré que le demandeur « ne souhaite pas s'engager dans une chirurgie de réattribution sexuelle » (stérilisation, ablation de ses organes génitaux). Faute de cette condition, le plaignant né homme et voulant devenir femme a été débouté ; des décisions contradictoires avaient été préalablement rendues.

La volonté des magistrats de Montpellier, faute de règles législatives précises et de décisions jurisprudentielles contradictoires, peut sans doute reposer sur la volonté de considérer que l'identité sexuelle d'un individu doit être définie par ses organes génitaux, et non par son apparence extérieure. On ne peut considérer toutefois comme il est parfois soutenu dans la presse qu'ils ont aussi voulu interdire qu'une femme – présentant l'apparence d'un homme – puisse garder son utérus et donc être enceinte, bref empêcher les femmes ayant changé de sexe d'enfanter. En effet en l'espèce c'est un homme qui a souhaité devenir femme.

Réaction/Actualité

Il convient de nos jours de souligner que la loi votée à l'Assemblée du 19 juillet 2016 promulguée *in fine* le 18 novembre 2016 a démédicalisé la procédure de changement de sexe. Les conditions de stérilisation ou d'ablation d'organes génitaux ne sont plus obligatoires.

20 AVRIL 2016

Salon « enVIE d'amour » à Namur Belgique : Conférence « Vie affective et sexuelle des personnes en situation de handicap : mythe ou réalité », par Marcel Nuss, écrivain et conférencier

Cette conférence s'est déroulée en Belgique au salon « enVIE d'amour » à Namur. Elle s'est adressée à toutes les personnes en situation de handicap, mais aussi à leurs proches, aux services spécialisés ou généralistes, aux associations ainsi qu'à tous les professionnels.

Réaction/Actualité

Il a été souligné dans cet *Almanach* le retard de la France en ce qui concerne la prise en compte de la vie sexuelle des personnes victimes de handicap. On ne peut qu'espérer que de telles conférences génèrent une impulsion.

21 AVRIL 2016

Enquête IFOP sur l'infidélité pour le site Gleeden (site de rencontres extra conjugales)

Selon l'enquête IFOP sur l'infidélité réalisée pour Gleeden (site de rencontres extra conjugales) en date du 21 avril 2016 il apparaît que :

De manière générale 41 % des personnes interrogées disent avoir eu des rapports sexuels avec un autre partenaire alors qu'elles étaient en couple dont 49 % des hommes et 33 % des couples (par ailleurs 18 % des personnes interrogées vivant avec le partenaire « actuel » ont eu un rapport sexuel avec un autre partenaire dont 25 % des hommes et 10 % des femmes).

La proportion d'infidèles ayant eu un rapport extra conjugal avec une inconnue est de 50 % dont 60 % des hommes et 36 % des femmes.

La proportion d'infidèles ayant déjà eu un rapport extra conjugal chez l'amant ou la maîtresse est de 51 % dont 53 % des hommes et 48 % des femmes.

La proportion d'infidèles ayant trouvé un partenaire sur le lieu de travail est de 43 % dont 42 % chez les hommes et 44 % chez les femmes.

La proportion des infidèles ayant trouvé un partenaire extra-conjugal sur un site de rencontres est de 21 %. Il est à préciser que chez les moins de 25 ans la proportion d'infidèles ayant trouvé un partenaire via un site de rencontre est 39 %.

Enfin, 60 % des personnes interrogées disent avoir déjà rêvé de faire l'amour avec une autre personne que le partenaire dont 69 % des hommes et 51 % des femmes.

On note un accroissement chez les plus jeunes infidèles des rencontres via les sites de rencontres internet. Par ailleurs les inconnu(e)s et les collègues sur le lieu de travail sont souvent les cibles des infidèles. Il reste que les rêves amoureux avec un autre que le partenaire constitue la forme d'infidélité plus ou moins virtuelle la plus fréquente.

Réaction/Actualité

Une action en justice pour immoralité des contrats et de la publicité a été intentée par la Confédération nationale des associations familiales catholiques (Cnal) à l'encontre du site de rencontres Gleeden qui mettait en relations des femmes mariées à la recherche d'une aventure (ou plus) favorisant ainsi l'adultère. Cette Confédération considérait que les contrats étaient illicites, car contraire à l'article 215 du Code civil qui prévoit que les époux se doivent mutuellement fidélité. Cette plainte a été déclarée irrecevable en date du 8 février 2017 par la 5e chambre civile du tribunal de grande instance de Paris au motif que l'obligation de fidélité (qui n'est plus un délit depuis 1975) n'est pas absolue. « La violation de cette obligation ne peut être retenue comme une faute, cause de divorce, soit parce que les époux se sont déliés d'un commun accord de cette obligation (référence implicite à des couples libertins) soit parce que l'infidélité d'un époux peut être excusée par le comportement de l'autre ».

22 AVRIL 2013

Selon l'article de Boris Manenti, journaliste, paru dans *Le Nouvel obs* et publié le 22 avr. 2013 plus de 15 % de jeunes Français de moins de 25 ans qui se sentent protégés derrière leur écran auraient pratiqué des expériences sexuelles virtuelles via webcams ou mobiles

Environ un jeune sur dix (11 %) a déjà réalisé une *sextape* en filmant ses ébats. Beaucoup auraient commencé avant 18 ans. Cette banalisation n'est pas sans risque (envoi de photos ou de vidéos d'eux nus ou dénudés ou de la petite amie).

Réaction/Actualité

Ce sexe virtuel ne semble pas modifier trop fortement les rapports réels entre personnes. Les jeunes discutent plus facilement certes de sujets comme la fellation ou la sodomie, mais leur évolution sexuelle reste à peu près la même. L'âge du premier rapport sexuel a peu évolué (environ 17 ans ½).

23 AVRIL 2015

Cour d'appel d'Orléans: Difficulté d'établir la preuve de la discrimination d'une salariée au travail en raison de la nécessité d'obtenir des éléments de comparaison

La cour d'appel d'Orléans, chambre sociale, 23 avril 2015 n° 14/00500 illustre la difficulté de la preuve des discriminations subies par des personnes salariées en l'occurrence des femmes. En l'espèce, une salariée faisait observer que la totalité des postes de direction de l'entreprise était occupée par des hommes. La salariée fut toutefois déboutée. La cour estime que « le fait que les postes à responsabilité de l'entreprise soient occupés par des hommes est insuffisant à laisser supposer l'existence d'une discrimination sexuelle ». Cette constatation ne fut donc pas jugée suffisante. Il appartenait à la salariée d'être plus précise, plus comparative par rapport à sa situation, à son ancienneté, à ses responsabilités dans l'entreprise. Le problème est que le plus souvent les salariées ne disposent pas de tels éléments comparatifs.

Réaction/Actualité

De manière plus générale, il est toujours difficile pour un salarié qui n'a pas une vision globale et approfondie de prouver les pratiques inégalitaires dans l'entreprise du fait de l'insuffisance des éléments de comparaison.

24 AVRIL 2015

Question prioritaire constitutionnelle (QPC) et Décision du Conseil : La loi exigeant la parité homme femme uniquement dans les instances de recrutement des maîtres de conférences (MDC) n'est-elle pas contraire avec le principe d'égalité entre les élus qui doivent siéger au comité ? Décision négative, le principe de parité ne s'appliquant qu'aux MDC et le principe d'égalité n'étant qu'un objectif et non un droit ou une loi

Les instances universitaires de recrutement doivent-elles être composées à parité d'hommes et de femmes ? Cette parité imposée n'est-elle pas en opposition avec le principe d'égalité entre les élus qui doivent siéger dans le comité ?

Une question prioritaire de constitutionnalité a été soulevée par la Conférence des présidents d'université (CPU) à propos du recrutement des maîtres de conférences. La CPU mettait en cause la disposition de la loi du 22 juillet 2013 relative à la composition de la formation restreinte du conseil académique (la loi Fioraso sur l'enseignement supérieur et la recherche cherchant à favoriser l'égalité des sexes à l'université) qui prévoit que lorsqu'elle délibère sur les carrières des enseignants-chercheurs qui ne sont pas professeurs, c'est-à-dire en substance les maîtres de conférence, cette formation restreinte doit être composée selon une double parité, entre les professeurs et les maîtres de conférence d'une part, entre les hommes et les femmes(article L. 712-6-1 du Code de l'éducation).

La CPU soulignait une atteinte au principe d'égalité. Les titulaires d'un mandat électif au sein d'un organe représentatif risquaient de se trouver évincés de leurs fonctions pour des considérations tenant à leur sexe (et notamment à leur sexe masculin puisque *de facto* ils étaient le plus souvent majoritaires).

En réponse le Conseil constitutionnel a admis la conformité de la loi à la Constitution en ce qu'elle réserve l'exigence de parité « uniquement » dans ce cas spécifique relatif à la composition de la formation consacrée aux maîtres de conférences. Il estime par ailleurs que l'alinéa 2 de l'article premier de la Constitution relatif au principe d'égalité ne constitue qu'un « objectif » et n'est donc pas un droit ou une liberté invocable dans le cadre d'une QPC (question prioritaire de constitutionnalité).

Réaction/Actualité

Le principe de parité semble s'opposer plus ou moins à celui d'égalité. On doit noter surtout que si la loi Fioraso impose une parité dans les conseils académiques restreints des maîtres de conférences, on peut se demander pourquoi elle ne l'impose pas au corps des professeurs d'université. Que d'anecdotes, que de déceptions souvent liées à ces conseils de recrutement dans un monde universitaire loin d'être plus clair que le monde des affaires.

25 AVRIL 2001

Cour de cassation chambre criminelle : La surprise, élément constitutif du délit d'agression sexuelle au sens de l'article 222-22 du Code pénal, est celle qui surprend le consentement de la victime (consentement extorqué du fait de l'attitude, des diligences ou des manœuvres de l'agresseur). La surprise relative au consentement (consentement surpris) se distingue de la surprise au sens d'étonnement exprimée par la victime suite à la différence d'âge de l'auteur de l'agression

Constitue une agression sexuelle le fait de contraindre une personne par la violence, la menace ou la surprise à subir une atteinte sexuelle de la part d'un tiers. Selon la Cour de cassation en date du 25 avril 2015 cette surprise ne s'entend pas de la simple manifestion exprimée par la victime « qui était tombée des nues » ou du simple étonnement de cette dernière du fait d'une différence d'âge de trente ans. La surprise au sens de l'article 222-22 du Code pénal est celle du consentement. Il y a surprise du consentement du fait que le consentement de la victime n'a pas été donné librement ou a été extorqué plus ou moins avec malice ou par manœuvres. Le seul étonnement de la victime, fût-il très grand au regard du déroulement des faits, ne saurait autoriser l'application de l'article 222-2 du Code pénal. En l'espèce la cour d'appel d'Angers, chambre correctionnelle, en date du 2 mars 2000, avait condamné une personne X à 6 mois d'emprisonnement avec sursis pour agression sexuelle. La victime Y. avait déclaré qu'après les avances poussées de X d'un âge beaucoup plus avancé. « Elle était tombée des nues ». Selon la cour d'appel cette expression familière et imagée correspondait très exactement à la surprise qui l'avait empêchée d'anticiper les actes de son chef d'agence ;

À la suite du pourvoi formé devant la Cour de cassation cette dernière infirme l'arrêt aux motifs :

Que l'agression sexuelle suppose l'absence de consentement de la victime ; qu'en l'espèce, la Cour d'appel n'a pas caractérisé cette absence de consentement qui ne pouvait automatiquement résulter d'une différence d'âge de trente ans, circonstance qui n'est pas en elle-même de nature à forcer le consentement d'une jeune femme ; qu'en conséquence, l'arrêt rendu est dépourvu de base légale.

Et qu'en l'espèce, la cour d'appel s'est bornée à constater, pour caractériser la surprise, que la plaignante « était tombée des nues », sans caractériser une quelconque attitude du mis en examen suggérant l'usage de violence, contrainte, menace ou surprise.

Réaction/Actualité

La manifestation de la surprise de la victime du fait de la différence d'âge exprimée par « je suis tombée des nues » ne signifie pas l'absence de consentement à l'acte sexuel ou surtout que le consentement a été extorqué par la surprise. Les magistrats de la cour d'appel auraient dû établir la preuve de l'absence de consentement ou le fait que ce consentement n'avait pas été donné librement du fait de la conduite de l'agresseur. Telle est l'interprétation qu'il convient de donner au terme surprise (surprise du consentement et non simple étonnement de l'agressé) dans le cadre de l'article 222-22.

26 AVRIL 2016

CREAI (Centre régional d'étude et information en faveur des personnes en situation de vulnérabilité) : Débat sur « Sexualité et Handicap, Accompagnants et Accompagnés : Quelles pratiques ? »

Le 26 avril 2016, le CREAI Centre régional d'étude et information en faveur des personnes en situation de vulnérabilité, accueillait plus de 180 personnes, venues de toute la région PACA et de Corse, dans les locaux de la Maison du Bâtiment de Marseille pour une journée de conférences, de témoignages et de discussions sur le thème : « Sexualité et handicap, Accompagnants et Accompagnés : Quelles pratiques ? ».

Divers professionnels de tous secteurs étaient présents. Les dimensions juridiques, psychosociologiques et neurophysiologiques de la question étaient évoquées.

Réaction/Actualité

On retrouve souvent dans ces colloques des participants et/ou des présidents tels Marcel NUSS, président fondateur de l'APPAS, qui se sont beaucoup investis. On regrette que ce sujet des accompagnants sensuels et sexuels ne soit pratiquement jamais abordé par les pouvoirs publics. On a peu entendu les candidats à la présidence de la République sur les questions de vulnérabilité de la personne.

27 AVRIL 1981

Cour de cassation commerciale: Utilisation de la notion de convention contraire aux bonnes mœurs pour annuler le contrat de fournitures de services au profit d'une maison de tolérance

Un contrat de fourniture de services pour une maison de tolérance a été considéré comme nul pour cause illicite contraire aux bonnes mœurs par application de l'article 1128-3 du Code civil ou ancien article 1133.

Réaction/Actualité

Les décisions sont parfois contradictoires en matière de bonnes mœurs. Ainsi une libéralité accordée par un homme marié à sa maîtresse de 64 ans sa cadette a été considérée à diverses reprises comme n'étant pas contraire aux bonnes mœurs (AP 29 octobre 2004 [Assemblée plénière, 29 octobre 2004, Bull. n° 12 ; BICC n° 612, p. 7, rapport de M. Bizot et avis de M. Allix] et Civ. 1re, 3 févr. 1999).

28 AVRIL 2016

Cour constitutionnelle de Colombie: Le mariage homosexuel n'est pas contraire à la Constitution

Jeudi 28 avril 2016, la Cour constitutionnelle de Colombie reconnaît que le mariage entre personnes du même sexe n'est pas contraire à la constitution à la suite d'un long débat avec un magistrat s'y opposant.

Réaction/Actualité

La Colombie est devenue le quatrième pays d'Amérique du Sud à autoriser le mariage gay après l'Argentine, le Brésil et l'Uruguay. Par ailleurs au Mexique un jugement déclarant inconstitutionnelle toute décision visant à interdire le mariage homosexuel ouvre une brèche importante dans un pays pourtant très catholique.

29 AVRIL 2015

Cour de justice de l'Union européenne (CJUE), 4e chambre, Léger, Aff. C-528/13) : L'interdiction du don du sang par la personne homosexuelle (suite à l'arrêté du 12 janvier 2009) n'est pas jugée discriminatoire

La CJUE se prononce sur l'interdiction pour les personnes homosexuelles de sexe masculin de donner leur sang. L'arrêté du 12 janvier 2009 fixant les critères de sélection des donneurs n'est pas discriminatoire en raison de la nécessité de répondre à un objectif d'intérêt général et en l'absence de disproportion.

L'arrêté du 12 janvier 2009 fixant les critères de sélection des donneurs de sang établissait une contre-indication permanente au don de sang pour les homosexuels. Dans un arrêt du 29 avril 2015, la Cour de justice de l'Union européenne a considéré que des motifs de santé publique et de lutte contre la transmission du virus du SIDA pouvaient justifier le traitement discriminatoire des homosexuels masculins dans le don du sang. L'impératif de sécurité sanitaire en est le justificatif, mais il doit être établi que cette mesure est nécessaire et proportionnée. Le juge de l'Union laissait au juge interne français le soin d'examiner si ces conditions étaient réunies.

Réaction/Actualité

Peu après la décision de la CJUE du 29 avril 2015 la loi française a été remodelée et le don du sang par les homosexuels est devenu possible sous conditions d'absence de rapports pendant un an (sur le sujet voir *supra* 5 avril 2016).

30 AVRIL 2009

Cour d'appel de Paris pole 1 chambre 3 : À propos de l'exposition pédagogique par plastination de cadavres sexués du docteur Von Hagens (exposition Our body / À corps ouvert) ; nécessité d'une origine licite des corps et du consentement du vivant

Un cadavre n'est pas considéré à titre de principe comme une personne, mais comme une chose. Pourtant le respect à devoir aux corps humains présentés par ailleurs sous forme d'une exhibition pédagogique et de manière sexuée par procédé de plastination ne s'interrompt pas à la mort. Ces cadavres ont aussi droit au respect, à la dignité et à la décence. Mais cette protection et ce caractère n'excluent pas leur utilisation à des fins scientifiques ou pédagogiques.

Réaction/Actualité

Dans cette affaire la cour s'attacha surtout à rechercher si les corps exposés avaient une origine licite et si un consentement avait été donné par les personnes de leur vivant. Faute de certitude de consentement l'exposition en cours fut annulée en France. Une origine frauduleuse d'achat de cadavre au marché noir ou d'acquisition de corps de prisonniers exécutés en Chine était suspectée.

Mai

- **1er mai 2014** – Loi allemande sur l'abandon anonyme d'un enfant par sa mère (accouchement sous X)
- **2 mai 2014** – Cour d'appel de Versailles 9e chambre : relaxe du chirurgien à propos d'une phalloplastie ou pénoplastie « De l'agrandissement du sexe au changement de sexe »
- **3 mai 2011** – Cour d'appel d'Aix-en-Provence 3 **mai 2011**, 2011/292, RG n° 09/05752 : « l'abstinence sexuelle du conjoint n'est pas sans danger » en raison du risque de divorce pour faute et de dommages et intérêts
- **4 mai 2017** – Rejet de la Cour de cassation en date du 4 mai 2017 sur la question de l'admission de la mention d'un sexe neutre à l'état civil pour une personne intersexe (ni homme ni femme) : arrêt de Rejet
- **5 mai 2009** – Cour d'appel de Nîmes, 5 mai 2009 Numéro JurisData : 2009-378662 : L'audition par l'employeur de salariés ou de témoins est un préalable obligatoire en matière de licenciement pour harcèlement sexuel
- **6 mai 2009** – M6 télé a proposé mercredi 6 mai 2009 un reportage sur le boom du « tourisme de l'amour » au Sénégal « chez les femmes » (document de Sophie Le Gall)
- **7 mai 2013** – Loi allemande Reconnaissance d'un genre neutre en Allemagne
- Le **8 mai 2010** – Sur le site www.agoravox le média citoyen Maitresse Gilda représentante du STRASS précise que

ce « syndicat » (Syndicat du Travail Sexuel) n'a jamais milité pour la réglementation de la prostitution

- **9 mai 2012** – Loi argentine sur le changement de sexe. Vote de la loi en Argentine autorisant le changement de sexe sur simple demande
- **10 mai 2012** – Cour de cassation chambre sociale : La consultation sans précaution au vu de tous de manière « ouverte » de sites pornographiques sur l'ordinateur professionnel d'un directeur salarié est une faute grave qui justifie le licenciement
- **11 mai 2012** – Selon le journal *Le Monde* en date du 11 mai 2012 les Argentins ont adopté un projet de loi qui devrait pouvoir permettre librement de changer de sexe
- **Le 12 mai 2015** – L'inscription de l'inceste (ou plus précisément la réinscription du terme inceste) commis sur les mineurs dans le Code pénal a été adoptée par l'Assemblée nationale (loi du 14 mars 2016)
- **13 mai 1954** – Cour de cassation chambre criminelle : L'habitude n'est pas une caractéristique indispensable pour qualifier une personne prostituée
- **13 mai 2016** – Exemple de lettre mise en œuvre par le procureur de la République de la nouvelle loi pénalisant le client. La loi 2016-444 du 13 avril 2016 est parue au *Journal officiel* du 14 avril 2016 et a créé la contravention de cinquième classe de recours à la prostitution (1 500 euros encourus)
- **14 mai 2010** – Circulaire du ministère de la Justice du 14 mai 2010 (circ. DACS, n° CIV/07/10) favorable aux demandes de changement à l'état civil de transsexuels sans exigence d'ablation des organes génitaux, pourvu que fussent démontrées la réalité du transsexualisme et l'irréversibilité des effets des traitements hormonaux pratiqués
- **15 mai 2016** – Selon le site tetu.com/2016/05/17/liban-manifestation-droits-lgbt/ : Manifestation au Liban exigeant l'abolition des lois pénalisant les relations homosexuelles dites « contre nature »

- **16 mai 2012** – Conseil constitutionnel : L'accouchement sous X n'est pas contraire à la Constitution. Droit à l'anonymat de la mère biologique en cas de refus de révélation de son identité
- **17 mai 2013** – Loi consacrant le droit au mariage des personnes de même sexe
- **18 mai 2005** – Cour de cassation, 1re chambre civile : des échanges de mails peuvent suffire pour constater les violences graves et renouvelées des obligations du mariage et permettre les divorces pour faute
- **19 mai 2004** – Cour de cassation : Condamnation pour abus de confiance en raison d'un surf « abusif » sur internet (durant le temps de travail à partir de l'ordinateur mis à disposition du salarié dans l'entreprise) et de l'enregistrement et la création d'un site pornographique
- **20 mai 2016** – Communiqué du STRASS (Syndicat du travail sexuel) dénonçant le harcèlement policier accru depuis le vote de la loi de lutte en date du 13 avril 2016 pénalisant le client et les aspects négatifs de ce dernier texte
- **21 mai 1990** – 1re chambre civile, **21 mai 1990** : Rejet de la demande de mention de changement de sexe à l'état civil d'un transsexuel (changement de fille en garçon) en dépit de traitements hormonaux et d'opérations chirurgicales
- **22 mai 2014** – Avis de la Commission nationale consultative des Droits de l'homme (CNCDH) sur la proposition de loi renforçant la lutte contre le système prostitutionnel : « la mesure d'interdiction d'achat d'un acte sexuel et la pénalisation des clients de la prostitution est une mesure inappropriée »
- **23 mai 2012** – La Cour de cassation chambre sociale (23 mai 2012, n° 10-18.341) saisit la Cour de justice de l'Union européenne sur la question préjudicielle qui suit : « Des salariés homosexuels pacsés peuvent-ils en l'absence de texte législatif bénéficier de la convention collective d'une entreprise qui ne vise à la lettre que les hétérosexuels mariés ? » La question posée avant la loi de 2013 est en fait celle d'une éventuelle discrimination fondée sur l'orientation sexuelle

- **24 mai 2016** – Décision MLD-2016-117 du Défenseur des Droits visant à lutter dans la fonction publique hospitalière contre la pratique de notation visant à geler la note chiffrée des agents absents en lien avec la maternité (Discrimination liée à l'état de grossesses)
- **25 mai 2011** – Cour de cassation chambre criminelle: Condamnation pour corruption de mineur d'un beau-père pour exhibition devant un jeune adolescent mineur de quinze ans
- **26 mai 2016** – Position d'Amnesty internationale relative à l'obligation des états de respecter et protéger et mettre en œuvre les droits humains des travailleurs et travailleuses du sexe (Critique de la pénalisation de l'achat ou de la vente d'acte sexuel – Prostitution)
- **27 mai 2016** – Selon l'Observatoire des inégalités les hommes gagnent 23% de plus que les femmes (www.inegalites.fr/spip.php?page=rubrique&id_groupe=15&id_rubrique=114)
- **28 mai 2001** – Tribunal de grande instance de Caen, **28 mai** 2001 : Juris-Data n° 2001-162327 ; D. 2002 Prononcé du divorce de celui qui avait changé de sexe (non du fait du transsexualisme ou du changement de sexe légalement admis en France, mais pour faute en raison de son comportement ultérieur)
- **29 mai 2013** – Circulaire (contestée) du 29 mai 2013 relative au mariage pour tous excluant (à l'époque) onze pays d'un tel mariage homosexuel en France si la loi nationale du conjoint l'interdit
- **30 mai 1991** – Cour de cassation : L'opération chirurgicale d'un transsexuel par un urologue est considérée à cette époque comme réalisée dans un but « de curiosité scientifique » et ne répond pas à l'exigence d'un but thérapeutique, qui seul peut justifier la mise en œuvre d'un traitement médico-chirurgical
- **31 mai 2016** – Conseil d'État : Insémination post-mortem admise (par exception) par le Conseil d'État au profit d'une veuve espagnole en Espagne par exportation de gamètes

1er MAI 2014

Loi allemande sur l'abandon anonyme d'un enfant par sa mère (accouchement sous X)

L'Allemagne a institué en 2000 les « boîtes à bébés ». Ce dispositif permet à la mère de déposer le bébé qu'elle veut abandonner de manière discrète et sécurisée dans un endroit où ce dernier peut être médicalement pris en charge. Il évite ainsi l'abandon d'enfant sur des parkings. À cette époque il n'existait pas en Allemagne de possibilité d'accoucher sous X ce qui donne une meilleure garantie quant aux conditions sanitaires de naissance du bébé. Désormais suite à la loi du 1er mai 2014 l'accouchement sous X est possible en Allemagne.

Réaction/Actualité

En France il n'existe pas de boîtes à bébés. Mais l'accouchement sous X a été légalisé bien avant l'Allemagne. L'abandon de l'enfant demeure provisoire pendant 2 mois après l'accouchement, délai accordé à la mère pour revenir sur sa décision et reconnaître l'enfant. Le père peut reconnaître son enfant né sous X dans les 2 mois qui suivent la naissance. S'il ignore la date et le lieu de naissance de l'enfant, il peut saisir le procureur de la République qui recherchera la date et le lieu d'établissement de l'acte de naissance.

Le problème de l'accouchement sous X est celui de la connaissance des origines. La législation sous X a de ce fait évolué (loi du 16 janvier 2009). L'enfant qui découvre l'identité de sa mère peut désormais engager une action aux fins d'établissement de la filiation maternelle en dépit de l'accouchement sous X.

2 MAI 2014

Cour d'appel de Versailles 9e chambre : Relaxe du chirurgien à propos d'une phalloplastie ou pénoplastie « De l'agrandissement du sexe au changement de sexe »

Le docteur F. Z. expose qu'il avait consulté le 16 janvier 2003 le docteur Michel X. en vue d'une phalloplastie. L'opération essentiellement esthétique était destinée à augmenter la taille de son pénis sans nécessité thérapeutique. À la suite de l'opération Fabien Z... constatait une rétraction de la verge avec perte d'élasticité naturelle de cet organe ainsi que des troubles persistants de l'érection accompagnés d'atteinte sensitive. Il dépose plainte pour blessures involontaires ayant entraîné une infirmité permanente par la violation manifestement délibérée d'une obligation de sécurité ou de prudence imposée par la loi ou le règlement, faux et usage de faux, tentative d'escroquerie.

Le chirurgien est condamné en première instance, mais la cour d'appel infirme le jugement entrepris et relaxe le prévenu pour les faits qualifiés de blessures involontaires ayant entraîné une incapacité totale de travail supérieure à trois mois.

Selon la cour d'appel la phalloplastie pratiquée par le chirurgien a été effectuée sans que, selon la prévention, aucune faute d'imprudence, négligence, inattention, maladresse ou manquement à une obligation de sécurité ou de prudence imposée par la loi ou le règlement n'ait été commise par lui et que les soins prodigués ont été diligents et conformes aux données de la science. De même, l'information donnée au patient, avant l'intervention, sur le déroulement de celle-ci, la technique, les risques encourus et les suites opératoires, a été claire, loyale et adaptée à la situation et la personnalité du patient.

Réaction/Actualité

Cet arrêt est volontairement cité dans la mesure où il permet d'évoquer et d'illustrer d'une part le problème de changement de sexe des transsexuels (sujet particulièrement étudié), mais aussi l'agrandissement du pénis vanté aujourd'hui sur internet dû à la mode du fait des films pornographiques. Le changement de sexe des transsexuels était réalisé il y a encore peu de temps par phalloplastie. La phalloplastie est l'opération de CRS (chirurgie de réassignation sexuelle) la plus connue et la plus ancienne. Un néo-pénis est formé par prélèvement d'un lambeau de peau et rendu sensible par le prélèvement de nerf dans l'aine. Le vagin est retiré et fermé à ce moment-là seulement, et le scrotum formé à partir des grandes lèvres (utilisation d'implants en silicones). En France, la phalloplastie n'est pratiquée que dans certaines équipes pluridisciplinaires en CHU, avec des résultats très mitigés. La Belgique est plus spécialisée. Le coût est d'environ 40 000 €. Une prise en charge de la part de la Sécurité sociale est possible, mais difficile à obtenir. Le coût de l'intervention est aux alentours de 5 000 €.

De nos jours la phalloplastie, opération lourde et risquée, n'est plus obligatoire pour obtenir le changement d'état civil en France. La pénoplastie, comme tel semble être le cas dans l'arrêt cité, consiste en une opération du pénis pour élargissement du pénis et en une augmentation pénienne. La pénoplastie d'allongement peut être réalisée par la section du ligament suspenseur du pénis. En érection, la taille moyenne du pénis est de 15 cm et le pic de fréquence est entre 13 et 18 cm. Au repos, la taille est très variable. Le diamètre et la taille du pénis peuvent beaucoup changer entre l'état flaccide (au repos) et l'érection, mais on ne peut pas réduire la qualité d'un rapport sexuel à un diamètre du pénis. Mais le fait d'être complexé par la taille du pénis peut être un facteur de blocage psychologique inhibant l'érection. Le prix très approximatif serait d'environ 5 000 euros.

3 MAI 2011

Cour d'appel d'Aix-en-Provence 3 mai 2011, 2011/292, RG n° 09/05752 : « l'abstinence sexuelle du conjoint n'est pas sans danger » en raison du risque de divorce pour faute et de dommages et intérêts

La cour d'appel d'Aix-en-Provence a considéré que l'épouse délaissée souffrant d'abstinence sexuelle du fait du mari a droit au divorce aux torts exclusifs de ce dernier, mais aussi à des dommages et intérêts : « l'abstinence sexuelle n'est pas sans danger ».

La sexualité, plus précisément le manque de rapport sexuel, est souvent invoquée dans les affaires de divorce, mais plus par l'homme que par la femme. En règle générale l'abstention sexuelle n'est retenue statistiquement comme une faute que de manière minoritaire, ce d'autant que la preuve de la faute en cas d'abstention est difficile à démontrer. Des excuses justificatives peuvent toujours être trouvées. Par ailleurs même reconnue comme fautive cette abstention peut certes conduire à un divorce pour faute, mais plus rarement à des dommages et intérêts dont le montant n'est pas évident établir. Tel n'a pas été le cas.

Réaction/Actualité

En l'espèce un arrêt doublement favorable à l'épouse a été rendu. Non seulement le divorce est prononcé aux torts du mari, mais encore et surtout des dommages et intérêts sont dus en raison du préjudice lié à l'absence de relations sexuelles. Ce dernier point peut intriguer. Quel est le fondement véritable (contractuel ou délictuel) ? Il s'agirait selon l'arrêt d'une mise en œuvre de la responsabilité délictuelle et non contractuelle par application de l'article 1382 du Code civil. Mais comment établir la valeur de ce préjudice ? Par ailleurs en dépit des apparences au regard de ce cas une brèche plus générale n'est-elle pas ouverte au bénéfice des conjoints masculins plus souvent enclins à faire valoir un tel préjudice ?

En définitive l'obligation conjugale est bien un devoir pour l'homme marié. Mais il ne peut abuser de telles relations faute de quoi il risquerait d'être poursuivi pour viol entre époux. Compte tenu de la définition du viol il n'en serait pas de même de sa conjointe. Le crime de viol n'est en effet caractérisé que si l'auteur réalise l'acte de pénétration sexuelle sur la personne de la victime (Cass. crim., 21 oct. 1998 Bull. crim. N° 274). Selon ce dernier arrêt (Cass. crim. 21 oct.1998 – *infra*) ce n'était pas le cas puisqu'il s'agissait d'une fellation pratiquée par la belle-mère sur le beau-fils mineur.

4 MAI 2017

Rejet de la Cour de cassation en date du 4 mai 2017 sur la question de l'admission de la mention d'un sexe neutre à l'état civil pour une personne intersexe (ni homme ni femme) : arrêt de Rejet

Mardi 21 mars 2017, la Cour de cassation a été appelée à examiner la possibilité de reconnaître l'existence d'un troisième sexe ou plus précisément du sexe neutre. Un important débat a eu lieu. La décision devrait être rendue le 4 mai 2017.

G. psychothérapeute vivant dans l'est de la France est né il y a 66 ans avec des organes sexuels indéterminés (ce qui est le cas d'environ 200 bébés chaque année). Ses parents voulaient un garçon, il a donc été déclaré sous un prénom masculin et élevé de la sorte. Mais ses organes génitaux ont conservé des aspects à la fois masculins (micro pénis) et féminin (vagin rudimentaire). Cet homme est dépourvu de « gonades » (organes reproducteurs), « testicules ou ovaires ». « Quand je me regarde nu dans un miroir, le matin ou le soir, je vois bien que je n'appartiens pas au monde des hommes ni à celui des femmes », poursuivait ce psychothérapeute vivant dans l'est de la France.

Après de longues années de dissimulation, ce psychothérapeute se marie à 42 ans puis adopte avec sa femme un enfant. Revendiquant actuellement une identité intersexuée, ce dernier souhaite la voir reconnue à l'état civil.

Le 20 août 2015, le tribunal de grande instance de Tours, sa ville de naissance, accepte que la mention « sexe neutre » figure sur ses papiers et à l'état civil.

La décision est invalidée par la cour d'appel d'Orléans en mars 2016. La cour d'appel d'Orléans ne veut pas « reconnaître, sous couvert d'une simple rectification d'état civil, l'existence d'une autre catégorie sexuelle, le sexe neutre ».

L'affaire est portée devant la Cour de cassation le 27 mars 2017.

Le premier avocat général de la Cour de cassation, Philippe Ingall-Montagnier, demande le rejet du pourvoi. Il fonde sa requête sur les motivations qui suivent : « L'indisponibilité et l'immutabilité de l'état civil existent pour des raisons de sécurité, afin de permettre l'identification fiable des personnes », « La demande vise un objet qui n'existe pas. Il s'agit de créer une nouvelle catégorie de personnes. C'est du domaine de la loi, non du législateur ». « Certes le changement de sexe à l'état civil est permis pour les personnes transsexuelles ou transgenres, selon des critères redéfinis par la loi de modernisation de la justice du XXIe siècle de novembre 2016, sous le contrôle du juge. Mais il s'agit toujours de passer d'un sexe à l'autre. La loi ne définit pas de troisième sexe ».

« Une réponse positive serait source de risque et susciterait une multiplication inconsidérée de demandes, qui recevraient des réponses différentes selon le tribunal saisi ».

Les arguments avancés en réponse outre la référence à l'existence de la reconnaissance de sexe neutre dans certains pays à l'étranger (*infra*) sont notamment les suivants : « La nature n'est pas binaire. Je ne vois pas pourquoi, là où la nature n'est pas binaire, le droit le serait », a affirmé l'avocat. Dans le texte régissant l'état civil, rien ne dit ainsi d'apposer « homme ou femme » après la mention *sexe*. Sexe « neutre » pourrait donc bien être mentionné.

Par ailleurs il est mis en avant l'article 8 de la Convention européenne des Droits de l'homme, qui garantit à chacun le droit au respect de sa vie privée. Or l'identité sexuée est un élément fondamental de ce droit.

La Cour de cassation devait rendre sa décision le 4 mai 2017. Elle a été négative. Le sexe neutre n'est pas reconnu. Les motivations sont les suivantes : « La dualité des énonciations relatives au sexe dans les actes de l'état civil poursuit un but légitime en ce qu'elle est nécessaire à l'organisation sociale et juridique ». La loi française ne permet pas de reconnaître le sexe neutre. Cette reconnaissance aurait en outre « des répercussions profondes sur les règles du droit français », construit à partir de la binarité des sexes, et impliquerait « de nombreuses modifications législatives ».

Réaction/Actualité

Le sujet est d'actualité et des avancées notables sont possibles. L'élection du nouveau président de la République et la composition des assemblées seront déterminantes.

Il convient déjà de signaler que dans un discours semblant concerner tant le changement de sexe que le sexe neutre le chef de l'État, en date du 17 mars 2005, a indiqué qu'il souhaitait « l'interdiction des opérations chirurgicales subies par des enfants intersexes, de plus en plus largement considérées comme des mutilations ». Par ailleurs la délégation aux droits des femmes du Sénat le mardi 7 mars, dit avoir « pris conscience des problèmes éthiques soulevés par les opérations systématiques » sans se prononcer toutefois explicitement sur le sexe neutre. La France, il convient de le souligner, a été condamnée à trois reprises en 2016 par l'ONU, notamment par son Comité contre la torture, pour des opérations faites sur des enfants afin de leur attribuer un sexe masculin ou féminin.

À l'étranger un certain nombre d'États ont adopté la notion de sexe neutre. Il en est ainsi de l'Allemagne (7 mai 2013), la première en Europe, de l'Australie (2 avril 2014), du Népal, de l'Inde (15 avril 2014), de l'Argentine, de Malte et même de la Polynésie (rae rae). Ces admissions à l'étranger peuvent donner des idées pour une extension en France. Le législateur, en dépit de quelques difficultés, devrait se prononcer sans trop tarder. En date du 4 mai 2017, la Cour de cassation a certes rejeté la mention de sexe neutre, mais la question se posera à nouveau au Parlement en raison de la naissance d'enfants dont le sexe est indifférencié. (Sur le sexe neutre voir aussi 9 juin 2017 / 21 mars 2016 / 7 mai 2013 / 9 juin 2017 / 6 août 2017 / 29 septembre 2015 / 28 octobre 2011 / 4 mai2017)

5 MAI 2009

Cour d'appel de Nîmes, 5 mai 2009 Numéro JurisData: 2009-378662: L'audition par l'employeur de salariés ou de témoins est un préalable obligatoire en matière de licenciement pour harcèlement sexuel

L'arrêt de la cour d'appel de Nîmes en date du 5 mai 2009 indique qu'en cas de harcèlement non seulement l'audition de salariés et de témoins est licite, mais de surcroît qu'il s'agit d'un préalable obligatoire pour l'employeur qui envisage des poursuites disciplinaires et le licenciement contre l'auteur présumé des faits de harcèlement sexuel. Le fait de ne prendre en considération que la déclaration de la salariée se prétendant abusée est insuffisant. En l'espèce le licenciement de l'aide-soignant à l'encontre duquel n'est nullement prouvé un délit de harcèlement a été considéré comme dépourvu de cause réelle et sérieuse.

La cour d'appel de Nîmes souligne notamment en la matière qu'il « appartient à l'employeur de s'affranchir de toute émotivité afin de conserver son discernement. »

« Entre le moment où l'employeur a entendu les protagonistes et la date du licenciement de l'aide-soignant pour abus d'autorité et harcèlement, il n'a procédé à aucune audition personnelle omettant ainsi d'entendre les témoins les plus directs de la scène. Sa décision de licencier a été prise, non pas après avoir entrepris quelques vérifications permettant de diligenter une mesure disciplinaire conservatoire, mais seulement en considération de la déclaration de la salariée se prétendant abusée. En raison de la gravité des accusations portées contre un salarié bénéficiant de neuf années d'ancienneté, n'ayant jamais été sanctionné disciplinairement, et alors même que la procédure pénale, conclue par un non-lieu, n'avait été engagée que depuis deux semaines. Étant établi que l'aide-soignant ne s'est jamais rendu coupable de harcèlement ni de viol et que l'employeur ne justifie d'aucun élément attestant de l'existence de l'abus d'autorité et de pouvoir qu'il évoque, il y a lieu de déclarer le licenciement dépourvu de cause réelle et sérieuse ».

Réaction/Actualité

Que les faits paraissent ou non justifiés à l'employeur il est important pour ce dernier de procéder à une enquête afin de déterminer les circonstances de la plainte pour harcèlement. Il est possible que dans la charte entreprise aucun texte n'impose la création d'une commission d'enquête. Ce dernier point est pourtant fortement recommandé.

Le choix de cette commission incombe à l'employeur. Cette commission qui doit respecter la confidentialité ne doit pas mener une enquête à charge. Elle devrait, pour garantir une certaine impartialité, être paritaire, c'est-à-dire comporter un nombre égal de représentants de l'employeur et de salariés. La présence du médecin du travail ou de l'inspecteur du travail n'est nullement impérative.

6 MAI 2009

M6 télé a proposé mercredi 6 mai 2009 un reportage sur le boom du « tourisme de l'amour » au Sénégal « chez les femmes » (document de Sophie Le Gall)

Dans les stations balnéaires du Sénégal proches de Dakar, des Européennes notamment se laissent aborder par des jeunes. La différence d'âge est parfois de plus de trente ans. Elles veulent croire à l'amour ou du moins c'est ainsi qu'on les présente. Il n'en est pas de même des plus jeunes garçons. Ils pensent le plus souvent au portefeuille ou aux papiers qui les autoriseraient à venir en France. Il existe ainsi au Sénégal de jeunes mariés dont le conjoint n'a que vingt-cinq ans et la conjointe largement plus du double.

Il n'y a pas que les hommes qui sont clients des personnes prostituées, les femmes aussi. Ce n'est pourtant pas en pensant à cette affirmation que certains groupements féministes plus ou moins hostiles à la gent masculine ont vanté la nouvelle loi française du 13 avril 2016 ayant pour but de pénaliser le client de toute prostituée qualifiant ce dernier un « prostitueur ».

Réaction/Actualité

Il est vraisemblable que la plupart des Beach boys qui se prostituent du fait de la pauvreté ne se déclarent pas comme prostitués auprès des autorités. Pourtant le Sénégal a légalisé la prostitution en 1969. Peut devenir prostituée toute personne ayant 21 ans. Elle doit être enregistrée en tant que telle et posséder une carte sanitaire valide montrant des tests négatifs concernant les maladies sexuellement transmissibles. Un grand nombre de prostitués(e)s de Dakar ou des environs ne sont donc pas enregistré(e)s.

La prostitution n'est pas légale dans la plupart des états de l'Afrique de l'Ouest. Ainsi au Ghana, Burkina-Faso, Togo, Guinée-Conakry, Nigéria, la prostitution n'est pas reconnue comme une activité licite.

7 MAI 2013

Loi allemande Reconnaissance d'un genre neutre en Allemagne

L'Allemagne, depuis une loi du 7 mai 2013, reconnaît le sexe neutre ou indéterminé. Il en est de même en Europe du Royaume-Uni, de la Lettonie, des Pays-Bas et du Portugal.

Réaction/Actualité

En France une loi du 18 novembre 2016 (*infra*) vise à faciliter le changement de sexe des personnes transsexuelles. Mais la question relative à la détermination d'un sexe neutre des intersexués n'est pas abordée. À la suite de la décision du tribunal de Tours puis de l'arrêt infirmant la décision de la cour d'appel d'Orléans en mars 2016 la Cour de cassation a rendu un arrêt particulièrement attendu le 4 mai 2017. Il a été négatif (voir *supra* 4 mai 2017).

8 MAI 2010

Sur le site www.agor vox le média citoyen maitresse Gilda représentante du STRASS précise que ce « syndicat » (Syndicat du Travail Sexuel) n'a jamais milité pour la réglementation de la prostitution

Pour Maitresse Gilda le STRASS (Syndicat du Travail Sexuel) n'a jamais milité pour la « réglementation » de la prostitution. La réglementation comme tel est le cas dans certains pays supposerait la réouverture des maisons closes ce qui n'est pas souhaité. En revanche il est demandé par le STRASS l'application du droit commun. En d'autres termes et pour être plus concret le contrat de prostitution doit être reconnu et les contrats conclus avec une personne prostituée ne doivent pas être considérés comme nuls.

Réaction/Actualité

La prostitution n'est pas interdite. Mais l'activité prostitutionnelle n'est pas reconnue par le droit. Il existe une forme d'illogisme. Les revendications de la représentante du Strass paraissent de ce fait cohérentes et légitimes. À défaut de droits reconnus, on soumet la personne prostituée à l'esclavage. La situation n'a fait qu'empirer depuis 2010. En 2016 la prostitution n'est toujours pas interdite, mais le client de la personne prostituée est passible d'une sanction pénale.

9 MAI 2012

Loi argentine sur le changement de sexe. Vote de la loi en Argentine autorisant le changement de sexe sur simple demande

L'Argentine, le 9 mai 2012, a voté une loi donnant aux personnes transgenres la possibilité de changer leur état civil sur simple demande. Le texte indique : « Toute personne a le droit à la reconnaissance de leur identité de genre ; à la liberté du développement de leur personnalité en accord avec leur identité de genre ; à être reconnue selon leur identité de genre et, particulièrement, d'être identifiée de cette manière dans tous leurs documents d'identité que ce soit au niveau du prénom, des photos d'identité et de la mention du sexe ».

On rappelle que bien avant la France l'Argentine avait légalisé le 2 juillet 2010 le mariage pour les couples de même sexe.

Réaction/Actualité

En France, il a fallu attendre la loi du 18 novembre 2016 (voir *infra*) pour que le changement de sexe soit facilité et qu'il n'existe plus de condition de stérilité, qu'elle soit chirurgicale ou hormonale. Mais si ce changement de sexe est démédicalisé, il n'est pas encore dans notre pays réalisé sur simple déclaration administrative. Le tribunal doit se prononcer.

10 MAI 2012

Cour de cassation chambre sociale : La consultation sans précaution au vu de tous de manière « ouverte » de sites pornographiques sur l'ordinateur professionnel d'un directeur salarié est une faute grave qui justifie le licenciement

Le directeur d'un établissement secondaire de l'association Perce-neige ne fermait jamais sa porte. Les salariés pouvaient donc voir les images que le directeur consultait sur son ordinateur et y sauvegardait et qui plus est entendre les cris de jouissance et les répliques à caractère sexuel des acteurs spécialisés. Le directeur fut *in fine* licencié pour faute. Il contesta sans succès ce licenciement devant la Cour de cassation le 10 mai 2012.

Réaction/Actualité

La faute grave dans le monde du droit du travail est un comportement personnel entraînant un trouble caractérisé au sein de l'entreprise. Dans le cas présenté, ce n'est pas tant le fait que le directeur consultait des sites pornographiques qui a justifié son licenciement, mais surtout le fait qu'il le faisait au vu de tous. L'organisation de la société était donc atteinte. Des salariés étaient gênés, perturbés. L'autorité, la crédibilité de la direction était atteinte. Le directeur ne pouvait plus jouer véritablement son rôle. (Voir aussi en ce sens C. Cassation 8 décembre 2009 / 23 novembre 2011).

11 MAI 2012

Selon le journal *Le Monde* en date du 11 mai 2012 les Argentins ont adopté un projet de loi qui devrait pouvoir permettre librement de changer de sexe

Le Sénat argentin selon *Le Monde* du 11 mai 2012 a approuvé un projet de loi sur l'identité sexuelle. Il permet aux transsexuels de déclarer le changement de sexe à l'administration sans avoir à justifier d'une stérilisation médicale. La disposition est la suivante : « Toute personne peut demander un changement de sexe, de prénom et d'image, à partir du moment où ils ne correspondent pas au genre de cette personne tel qu'elle le perçoit ».

Réaction/Actualité

La loi argentine libéralisant la procédure de changement de sexe a été promulguée le 9 mai 2012. L'Argentine est en la matière un pays avant-gardiste : en 2010 déjà et plus précisément le 2 juillet, l'Argentine légalisait le mariage homosexuel bien avant la France. En France le mariage homosexuel n'a été reconnu qu'en 2013 et le changement de sexe n'a été démédicalisé que le 18 novembre 2016.

12 MAI 2015

L'inscription de l'inceste (ou plus précisément la réinscription du terme inceste) commis sur les mineurs dans le Code pénal a été adoptée (loi du 14 mars 2016)

La loi en matière pénale votée à l'Assemblée le 12 mai 2015 et promulguée le 14 mars 2016 plus spécifiquement relative à la « protection de l'enfance » réintroduit le terme « inceste » dans le Code pénal.

À l'origine seul le Code civil faisait état du terme « inceste » dans le cadre de la prohibition du mariage et du pacte civil de solidarité incestueux. Le choix du législateur a été de coordonner la notion d'inceste inscrite dans le Code civil, avec celle du Code pénal (alors que ce dernier ne faisait jusqu'alors jamais référence à ce terme, mais en substance punissait des situations tout à fait analogues).

La qualification pénale dite « d'inceste » ou de relations incestueuses ne modifie pas les peines déjà existantes. Elle se superpose aux incriminations pénales déjà existantes d'agression sexuelle, de viol et d'atteinte sexuelle, ainsi qu'à la circonstance aggravante déjà prévue « par ascendants ou toute autre personne ayant autorité de droit ou de fait ». En d'autres termes l'inceste envers les mineurs n'est pas une infraction pénale spécifique. Le cas était déjà prévu et sanctionné même si le terme inceste ne figurait pas.

Avec cette loi, le législateur a voulu reconnaître symboliquement « l'inceste », car des infractions identiques qui correspondaient à l'inceste (ex : relations sexuelles entre enfants et ascendants) étaient déjà sanctionnées même si le terme inceste n'était pas utilisé.

En droit donc le nouveau texte est une avancée timide, il apporte peu de changement, mis à part l'aspect symbolique en ce qu'il introduit la notion d'inceste dans le Code pénal en nommant comme « incestueuses » des incriminations déjà existantes : il ne crée même pas de circonstance aggravante spécifique, il ne s'agit que d'une surqualification. En d'autres termes le législateur ne crée pas un crime spécifique d'inceste qui existait déjà sous un autre nom (agression sexuelle ou viol par exemple).

Le texte est de nos jours le suivant :

« Les viols et les agressions sexuelles sont qualifiés "d'incestueux" lorsqu'ils sont commis sur la personne d'un mineur par :

1° Un ascendant ;

2° Un frère, une sœur, un oncle, une tante, un neveu ou une nièce ;

3° Le conjoint, le concubin d'une des personnes mentionnées aux 1° et 2° ou le partenaire lié par un pacte civil de solidarité avec l'une des personnes mentionnées aux mêmes 1° et 2°, s'il a sur le mineur une autorité de droit ou de fait». (Art. 222-31-1)

«Lorsque le viol incestueux ou l'agression sexuelle incestueuse est commis contre un mineur par une personne titulaire sur celui-ci de l'autorité parentale, la juridiction de jugement doit se prononcer sur le retrait total ou partiel de cette autorité en application des articles 378 et 379-1du Code civil. Elle peut alors statuer sur le retrait de cette autorité en ce qu'elle concerne les frères et sœurs mineurs de la victime (...)». (Art. 222-31-2).

Réaction/Actualité

Le législateur a désigné les personnes dont les liens avec leur victime sont visés par l'empêchement au mariage et au pacte civil de solidarité, à savoir les liens entre tous les ascendants et descendants et alliés dans la même ligne, et en ligne collatérale entre le frère et la sœur et, enfin, entre l'oncle et la nièce ou la tante et le neveu. Ainsi le Code pénal contient maintenant (pour remédier aux critiques d'inconstitutionnalité du 16 sept. 2011) une liste limitative de personnes dont la proximité avec la victime d'une agression sexuelle entraîne le qualificatif d'agression incestueuse.

Les personnes mentionnées aux 1° et 2° du nouvel article 222-31-1 correspondent à celles entre qui le mariage est interdit.

Le 3° rend incestueuse l'agression sexuelle commise par le compagnon ou la compagne de l'une de ces personnes à condition que soit exercée par l'agresseur une autorité de droit ou de fait sur la victime.

On peut noter que les cousins ne sont pas mentionnés aux paragraphes 1 et 2 dans la mesure du moins où il n'existe pas d'interdiction au mariage. Par ailleurs en dehors des ascendants, une autorité de droit ou de fait pour les autres est nécessaire.

Contrairement aux apparences l'inceste ne vise pas que la personne mineure. Simplement la loi pénale en question ne concerne que la protection de l'enfance. Mais le caractère incestueux d'une agression sexuelle ne disparaît pas à la majorité de la victime. En clair, si un père viole sa fille majeure ce viol est et reste incestueux. Il en va de même si un frère majeur viole sa sœur majeure. Mais il ne s'agit au regard de la sanction pénale que d'un viol, la qualification d'incestueux ne modifie pas la sanction. Si par ailleurs la relation est librement consentie et concerne deux personnes qui ont dépassé l'âge de la majorité sexuelle, elle ne tombe pas sous le coup du Code pénal (absence de sanction spécifique de l'inceste).

En 2010 une nouvelle loi pénale avait été proposée avec pour la première fois l'utilisation du mot inceste. Elle concernait l'inceste commis au sein de la famille. Elle a été abrogée par le Conseil constitutionnel le 16 septembre 2011, les liens dits familiaux qualifiés d'incestueux n'étant pas suffisamment précisés (la notion de famille étant donc imprécise).

13 MAI 1954

Cour de cassation chambre criminelle : L'habitude n'est pas une caractéristique indispensable pour qualifier une personne prostituée

Il n'existe pas de définition légale de la prostitution. L'habitude n'est pas une caractéristique requise selon l'arrêt du 13 mai 1954. Un acte unique peut donc constituer l'infraction de prostitution. Celle qui n'a qu'un seul client est juridiquement une prostituée. Une occasionnelle peut donc être considérée comme une prostituée.

L'arrêt de la Cour de cassation a considéré en date du 27 mars 1996 que la prostitution consiste « à se prêter, moyennant rémunération, à des contacts physiques de quelque nature qu'ils soient, afin de satisfaire les besoins sexuels d'autrui ».

La vénalité distingue ainsi la prostitution de la débauche.

Réaction/Actualité

Rappelons une nouvelle fois que la prostitution n'est pas une infraction. Chaque individu majeur de 18 ans est libre de se prostituer.

La prostitution permet de définir le proxénétisme. Sans prostitution il n'y a pas de proxénétisme. Ainsi pourra être considéré comme un proxénète la personne qui aide ou qui *a fortiori* contraint une occasionnelle qui n'aurait eu qu'un seul client dans l'exercice de son activité de prostitution. De nos jours un informaticien qui en connaissance de cause crée un site internet au bénéfice d'une prostituée pourrait être qualifié de proxénète.

13 MAI 2016

Exemple de lettre mise en œuvre par le procureur de la République de la nouvelle loi pénalisant le client (la loi 2016-444 du 13 avril 2016 est parue au *Journal officiel* du 14 avril 2016 et a créé la contravention de cinquième classe de recours à la prostitution : 1 500 euros encourus)

Fontainebleau, le 13 mai 2016
LE PROCUREUR DE LA RÉPUBLIQUE
À
Madame la Directrice départementale de la sécurité publique de Seine et Marne
Madame la colonelle commandant le groupement de gendarmerie de Seine et
Marne (pour info)
Objet : lutte contre l'achat d'actes sexuels

Art. 611-1 du Code pénal : « Le fait de solliciter, d'accepter ou d'obtenir des relations de nature sexuelle d'une personne qui se livre à la prostitution, y compris de façon occasionnelle, en échange d'une rémunération, d'une promesse de rémunération, de la fourniture d'un avantage en nature ou de la promesse d'un tel avantage est puni de l'amende prévue pour les contraventions de la cinquième classe ».

« Les personnes physiques coupables de la contravention prévue au présent article encourent également une ou plusieurs des peines complémentaires mentionnées à l'article 131-16 et au second alinéa de l'article 131-17 ».

Cette loi a également introduit à l'article 131-16 du Code pénal une nouvelle peine complémentaire : l'obligation d'accomplir, le cas échéant à ses frais, un stage de sensibilisation à la lutte contre l'achat d'actes sexuels.

Par ailleurs, le délit de racolage prévu par l'article 225-10-1 du Code pénal a été abrogé, et l'ancienne contravention de racolage dit « actif » de l'article R625-8 du Code pénal n'a pas été réintroduite.

Si le nombre de femmes et d'hommes se livrant à la prostitution exerçant en forêt de Fontainebleau semble stable en 2015 par rapport à 2014 (environ 80 personnes), le trouble à l'ordre public engendré par cette situation est régulièrement dénoncé au procureur de la République de Fontainebleau.

Je vous invite en conséquence à procéder à des contrôles fréquents permettant d'identifier les personnes recourant à la prostitution sur le ressort.

Si la nature contraventionnelle de l'infraction ne permet pas leur interpellation ni leur placement en garde à vue, il faudra en premier lieu s'assurer de leur identité exacte, si besoin en procédant à une vérification d'identité conformément à l'article 78-3 du Code de procédure pénale. En second lieu, leur audition libre immédiate sera privilégiée. Il conviendra de mettre en évidence la fréquence du recours à la prostitution, les modalités de mise en relation avec la personne prostituée, les prix pratiqués et tout autre élément permettant d'établir l'existence d'intermédiaires ou de réseaux.

Dans l'attente du décret permettant la mise en œuvre du stage de sensibilisation à la lutte contre l'achat d'actes sexuels, elles seront invitées, lors de l'audition, à donner leur accord à la participation à un stage de citoyenneté – d'un coût de 180 euros sur deux jours organisé sur MELUN par l'association de contrôle judiciaire – et préciser leurs ressources et charges. J'ai en effet décidé de poursuivre ces faits par le biais de l'ordonnance pénale contraventionnelle en requérant systématiquement ce stage sous peine d'amende en cas d'inexécution. Vous pourrez contacter le magistrat de permanence par téléphone à l'issue de l'audition si la personne est encore dans vos locaux pour avoir une décision.

En cas de refus de la personne de vous suivre lors du contrôle, si ses garanties de représentation ne semblent pas suffisantes, le magistrat de permanence pourra être sollicité par les enquêteurs depuis le lieu des faits pour l'application de l'article 78 du Code de procédure. À défaut, une convocation lui sera remise et il sera rendu compte de l'enquête par message électronique.

L'audition de la personne prostituée de son côté devra tenter l'identification des proxénètes (assistance par hébergement, partage des profits, assistance matérielle en déposant et en récupérant en forêt...).

La loi a prévu la possibilité d'hébergement de ces personnes en CHRS, la création d'une instance départementale chargée d'organiser et de coordonner l'action en faveur des victimes de la prostitution, et d'un « parcours de sortie de la prostitution » assuré par des associations agréées. Il conviendra d'en informer ces personnes lorsque la préfecture de Seine et Marne aura mis en place ces dispositifs.

Je vous remercie de transmettre ces directives d'application immédiate à chaque Officier de police judiciaire placé sous votre autorité et vous invite à me rendre compte de toute difficulté dans leur mise en œuvre.

Le procureur de la République

Réaction/Actualité

Le racolage est supprimé, mais pour autant les poursuites à l'encontre des prostituées ne cessent pas ! On semble vouloir poursuivre une prostitution misérable sans doute sur la grande route proche de la forêt en la rendant encore plus misérable. En pénalisant le client on pénalise aussi la pauvre prostituée dont l'activité est pourtant licite. Si l'on veut supprimer la prostitution pourquoi ne pas la prohiber ? Si l'on veut arrêter l'esclavage de la prostituée pourquoi ne pas lui reconnaître des droits dans l'exercice de son commerce ? Si l'on veut lutter contre le proxénétisme pourquoi ne pas consacrer du temps à le faire plus directement par l'amélioration de la lutte contre le proxénétisme et l'immigration ou par un meilleur accueil des immigrés ?

Plus de 8 mois après la loi de lutte contre le système prostitutionnel aucune prostituée n'aurait demandé le bénéfice de sortie de la prostitution et les décrets d'application concernant le volet social et financier n'étaient pas même sortis à la date du 13 mai 2016.

14 MAI 2010

Circulaire du ministère de la Justice du 14 mai 2010 (circ. DACS, n° CIV/07/10) favorable aux demandes de changement à l'état civil de transsexuels sans exigence d'ablation des organes génitaux, pourvu que soient démontrées la réalité du transsexualisme et l'irréversibilité des effets des traitements hormonaux pratiqués

La Circulaire

Conformément à une volonté d'assouplissement des conditions du changement, à la suite notamment d'un rapport de M. Thomas Hammarberg ; commissaire aux Droits de l'homme près le Conseil de l'Europe une « circulaire » du ministère de la Justice du 14 mai 2010 (circ. DACS, n° CIV/07/10) appela le ministère public à donner un avis favorable aux demandes de changement d'état civil présentées par les transsexuels. Elle demanda à ne plus exiger d'expertise judiciaire et d'ablation des organes génitaux, pourvu que fussent démontrées la réalité du transsexualisme et l'irréversibilité des effets des traitements hormonaux pratiqués (ce qui semble vouloir dire la stérilité).

Rappel historique sur le changement de sexe juridique

En vertu du principe d'indisponibilité de l'état des personnes, la Cour de cassation s'est longtemps opposée aux demandes de modification de la mention relative au sexe sur l'état civil des transsexuels (v. arrêts du 16 déc. 1975 et 21 mai 1990). Toutefois la France fut condamnée en 1992 par la Cour européenne des Droits de l'homme (arrêt du 25 mars 1992) en refus de l'adoption du principe d'indisponibilité contraire au respect de la vie privée. La Cour de cassation, réunie en assemblée plénière, a opéré, le 11 décembre 1992, un revirement de jurisprudence : la protection de la vie privée du transsexuel, garantie de son intégration sociale, prenait ainsi le pas sur le principe d'indisponibilité. Mais la modification juridique du sexe supposait toutefois la réunion de cinq conditions cumulatives : le syndrome du transsexualisme, un traitement médico-chirurgical suivi dans un but thérapeutique, une perte du sexe anatomique d'origine, une apparence physique proche de l'autre sexe, enfin un comportement social correspondant à cette nouvelle apparence. De surcroît, la réalité du syndrome du transsexualisme devait être établie par une expertise judiciaire. La circulaire dite TAUBIRA a souhaité faciliter la procédure de changement de sexe.

Réaction/Actualité

La circulaire dite circulaire Taubira (une circulaire ne s'impose pas aux tribunaux) a engendré une évolution. L'exigence d'un traitement hormono-chirurgical a été remplacée peu à peu par l'irréversibilité de la transformation de l'apparence de la personne demanderesse. Mais certains tribunaux ont été plus sévères que d'autres. Le caractère irréversible de la transformation n'a pas été parfois reconnu à la suite d'une prise d'hormones d'une durée pourtant de quatre ans ou plus. Derrière ce refus existait sans doute la crainte d'une absence de stérilité.

En fin 2016 la procédure a été démédicalisée par la loi, mais le changement de sexe ne se fait pas encore sur simple demande à l'administration. La demande est faite au tribunal (voir 18 novembre 2016 : la loi de modernisation de la Justice du XXIe siècle du 18 novembre 2016 a été publiée au *Journal officiel* du 19 novembre 2016. Elle concerne notamment la procédure démédicalisée de changement de sexe).

15 MAI 2016

Selon le site « tetu.com/2016/05/17/liban-manifestation-droits-lgbt/ » : Manifestation au Liban exigeant l'abolition des lois pénalisant les relations homosexuelles dites « contre nature »

Selon ce site tetu.com/2016/05/17/Liban-manifestation-droits- « des militants de Helem, l'une des plus importantes associations LGBT, se sont rassemblés devant la gendarmerie de Hbeich à Beyrouth, à l'intérieur de laquelle la police des mœurs enferme souvent les personnes LGBT ». Cette manifestation avait aussi pour but plus généralement de supprimer l'article 534 du Code pénal libanais. Ce texte, l'article 534 du Code pénal, prévoit que « les relations sexuelles contre nature sont punies d'emprisonnement pour une durée d'un mois à un an, et d'une amende entre 200 000 et un million de livres libanaises ». Cette disposition vise notamment les homosexuels.

Cette manifestation était la première depuis 2012.

Réaction/Actualité

Une évolution semble se produire. Un juge en 2017, le juge unique du Metn – Rabih Maalouf – a considéré que « l'homosexualité est un choix personnel, pas un délit », c'est la quatrième fois qu'un juge libanais refuse de criminaliser l'homosexualité. S'oriente-t-on vers une dépénalisation ?

La grande importance de la religion (les relations sexuelles avant mariage sont mal vues au Liban) est un frein au libéralisme en matière de sexe (la prostitution est illégale bien qu'il existe un véritable commerce quasi officiel) et le pays semble encore éloigné d'une reconnaissance du mariage pour tous ou de l'adoption par de couples homosexuels. Mais la dépénalisation de l'homosexualité n'est pas à exclure. Ce serait un grand pas.

16 MAI 2012

Conseil constitutionnel : L'accouchement sous X n'est pas contraire à la constitution. Droit à l'anonymat de la mère biologique en cas de refus de révélation de son identité

Le Conseil constitutionnel suite à une question prioritaire de constitutionnalité (QPC) admet la conformité à la Constitution des articles L. 147-6 et L. 222-6 du Code de l'action sociale prévoyant le dispositif de l'accouchement sous X. Le droit à l'anonymat de la mère biologique était ici contesté sur le fondement du droit de l'enfant à connaître ses origines. Le Conseil considère que cet anonymat n'est pas contraire à la Constitution, dans la mesure où les intérêts de l'enfant sont ménagés. Sur ce point, la loi du 22 janvier 2002 a institué le Conseil national pour l'accès aux origines personnelles (CNAOP) qui peut être saisi de demandes de levée de l'anonymat. La requête de levée de l'anonymat peut aboutir si la mère ne manifeste pas son refus de voir son identité dévoilée, si elle y donne son consentement ou en cas de décès de la mère si celle-ci ne s'est pas opposée à la révélation de son identité de son vivant.

Réaction/Actualité

En matière d'accouchement sous X la France a une législation très spécifique, trop protectrices selon certains, du secret de la naissance. Un rapport de l'ONU de 2016 demande aux autorités françaises de prendre « les mesures appropriées pour faire respecter le droit de l'enfant de connaître ses parents biologiques et ses frères et sœurs » lorsque l'enfant est né sous X. Il est recommandé « d'éliminer l'exigence de consentement de la mère biologique à révéler son identité ». En pratique le Conseil national pour l'accès aux origines personnelles (CNAOP) peut donner des informations. Mais elles ne permettant pas d'identifier la mère en cas de refus. Le choix de ces informations est à la discrétion du CNAOP et de ses fonctionnaires.

17 MAI 2013

Loi consacrant le droit au mariage des personnes de même sexe

Le mariage était jusqu'à la loi du 17 mai 2013 une institution par laquelle un homme et une femme s'unissaient. Désormais des personnes homosexuelles peuvent se marier.

Cette loi n'est pas sans diverses incidences. Ainsi puisque la loi du n° 2013-404 du 17 mai 2013 ouvre le mariage et l'adoption aux personnes de même sexe (art. 6-1 du C. civ.) on peut se demander si la législation française sur la bioéthique, qui refuse la PMA aux femmes homosexuelles mariées, n'est pas en opposition avec le principe d'égalité des droits, posé par l'article 6 de la Déclaration des Droits de l'homme et du citoyen (DDH) et par l'article 14 de la Convention européenne des Droits de l'homme (Conv. EDH), en instaurant une discrimination fondée sur l'orientation sexuelle.

Le 22 septembre dernier 2014, la Cour de cassation a bel et bien reconnu que des enfants nés à l'étranger d'une PMA pouvaient être adoptés. Cette décision permet ainsi aux couples de lesbiennes de contourner l'interdiction française en réalisant une PMA à l'étranger. Mais ce processus reste évidemment long et coûteux.

Réaction

En bonne logique suite à la loi dite « au mariage pour tous » l'accès à la PMA pour les couples lesbiens ne devrait-il pas être autorisé dans les mêmes conditions que pour les couples hétérosexuels, comme le réclament diverses associations (deux ans de vie commune en concubinage ou dans le cadre d'un pacs ou d'un mariage) ? Mais il est vrai que le droit n'est pas toujours logique ou cohérent (ex : prostitution).

18 MAI 2005

Cour de cassation, 1re chambre civile : des échanges de mails peuvent suffire pour constater les violences graves et renouvelées des obligations du mariage et permettre les divorces pour faute

Une cour d'appel qui retient, en appréciant souverainement les éléments de preuve fournis, que des relations injurieuses pour le mari entretenu par l'épouse avec un tiers sont établies par des courriels et par un rapport d'enquête privé en déduit justement, en l'absence de preuve de violence ou de fraude, que des violations graves et renouvelées des obligations du mariage sont démontrées.

De simples relations considérées comme injurieuses avec un tiers peuvent résulter à titre de preuve de courriels et constituer une faute justifiant le divorce. De tels courriels obtenus sans fraude sont donc recevables et constituent des violations graves des obligations du mariage.

«Attendu que l'arrêt retient, par motifs propres et adoptés, après avoir souverainement apprécié les éléments de preuve fournis, que les relations injurieuses pour le mari entretenues par la femme avec un tiers sont établies par des courriels et par un rapport d'enquête privée ;

Que la cour d'appel, qui n'avait pas à suivre les parties dans le détail de leur argumentation, en a justement déduit, en l'absence de preuve de violence ou de fraude, que des violations graves et renouvelées des obligations du mariage étaient démontrées ; que le moyen ne peut être accueilli ».

Réaction/Actualité

La jurisprudence avait déjà jugé en ce sens (Chambre civile 2, 1998-12-02, Bulletin 1998, II, n° 287, p. 173 (cassation partielle). Cette jurisprudence est assez sévère. Mais dans un sens analogue rappelons que l'homosexualité ou la transsexualité du conjoint établie du fait de relations hors mariage (respectivement CA Nîmes 27 mars 1996 et TGI Caen 28 mai 2001) ou de relations trop affectives avec un tiers (Bordeaux 6e ch. 10 avril 1996) ont pu être considérées comme des violations graves des obligations du mariage. Il en est de même de l'utilisation excessive des réseaux sociaux ou des sorties trop fréquentes en boîtes de nuit.

19 MAI 2004

Cour de cassation : Condamnation pour abus de confiance en raison d'un surf « abusif » sur internet (durant le temps de travail à partir de l'ordinateur mis à disposition du salarié dans l'entreprise) et de l'enregistrement et la création d'un site pornographique

La Chambre criminelle de la Cour de cassation a condamné pour abus de confiance le 19 mai 2004 dans une affaire J-F X c/ société Nortel Networks) un salarié qui durant le temps de travail enregistrait sur le disque dur des sites pornographiques et avait notamment créé un site à caractère pornographique sur son lieu de travail, avec le matériel informatique mis à sa disposition pour son activité professionnelle. Il a été condamné à payer à son employeur une somme de 20 000 euros à titre de dommages-intérêts pour abus de confiance (Cour de cassation, chambre criminelle, 19 mai 2004, Jean-François L. c/ société Nortel Networks).

La défense avait fait valoir que tout salarié a droit, même pendant le temps et sur le lieu de travail, à l'utilisation de l'ordinateur à titre privé. La Cour de cassation a néanmoins répondu que le prévenu a détourné son ordinateur et la connexion internet de l'usage pour lequel ils avaient été mis à sa disposition. Elle a indiqué notamment « qu'il alimentait et consultait, depuis son ordinateur professionnel et aux heures de travail, le site personnel à caractère pornographique qu'il avait créé ». Le caractère abusif de l'utilisation d'internet est en l'espèce souligné.

Réaction/Actualité

L'originalité de cet arrêt résulte du fait que pour la première fois il a été estimé que l'usage personnel abusif et excessif durant le temps de travail d'un matériel mis à la disposition du salarié par son entreprise peut constituer un « abus de confiance ». Cette première décision en matière d'abus de confiance justifiée par l'utilisation « abusive » d'internet au bureau méritait d'être citée. En règle générale l'emploi « abusif » de la connexion internet à des fins personnelles n'engendre qu'une sanction disciplinaire pouvant aller jusqu'au licenciement (faute grave rendant impossible le maintien du salarié dans l'entreprise). La sanction pénale d'abus de confiance en l'espèce 6 mois d'emprisonnement avec sursis (et somme de 20 000 euros à titre de dommages-intérêts) est à notre sens d'une certaine sévérité au regard d'autres détournements tels des abus de biens qui peuvent exister dans une entreprise.

20 MAI 2016

Communiqué du STRASS (Syndicat du travail sexuel) dénonçant le harcèlement policier accru depuis le vote de la loi de lutte en date du 13 avril 2016 pénalisant le client et les aspects négatifs de ce dernier texte

Le racolage a été supprimé depuis la loi du 13 avril 2016. Mais les personnes prostituées dont l'activité n'est pourtant pas interdite par cette dernière loi font toujours l'objet d'une vague de contrôles pour d'autres motifs que le STRASS dénonce. Selon le STRASS depuis le vote de la loi de 2016, « le harcèlement a changé de motif, mais pas de cibles. La prostitution diminue, puisque les prostituées disparaissent, expulsées en silence et ni les abolitionnistes tant attachées à protéger les putes ni les médias ne s'en émeuvent ».

Réaction/Actualité

Il eut été préférable qu'une telle plainte émane des proxénètes et que les contrôles visent avant tout ces derniers. Mais ils sont réfugiés dans des paradis et il est plus aisé de frapper les plus faibles, les personnes prostituées dont l'activité pourtant n'est pas illégale. La plainte du STRASS tant en ce qui concerne les contrôles que la paupérisation de la profession n'est pas étonnante. Dans divers ouvrages sur la prostitution dont le plus récent *Plus de cent questions sur la prostitution* (éditions Eska Ma Édition 2017), l'aspect négatif de la loi du 13 avril 2016 visant à pénaliser le client avait été souligné (incohérence, insécurité, insalubrité, dangerosité, déplacement à l'étranger, accroissement de la prostitution et du proxénétisme sur internet, difficulté accrue de poursuite des proxénètes, etc.).

21 MAI 1990

Cour de cassaction, 1re chambre civile, 21 mai 1990 : Rejet de la demande de mention changement de sexe à l'état civil d'un transsexuel (changement de fille en garçon) en dépit de traitements hormonaux et d'opérations chirurgicales

Un enfant est né d'apparence féminine. Il est déclaré en tant que fille. Par la suite il se comporte comme un garçon. Afin d'avoir l'apparence physique d'un homme, il se soumet à des traitements hormonaux et subit des opérations chirurgicales. Le tribunal de grande instance de Bordeaux est saisi afin que son état civil soit modifié et que la mention « sexe masculin » soit inscrite. Les experts estiment que cette personne est un vrai transsexuel. La cour d'appel de Bordeaux, dans un arrêt du 5 mars 1987, rejette sa demande en posant que le sexe psychologique ou psychosocial ne peut à lui seul primer sur le sexe biologique, anatomique ou génétique. Les juges du fond estiment que « le sexe est un élément objectivement déterminé et intangible dont le meilleur critère est celui tiré de la formule chromosomique ». Le principe de l'indisponibilité de l'état des personnes est en réalité *in fine* appliqué. Le pourvoi reproche essentiellement à l'arrêt de la cour d'appel d'avoir méconnu l'article 8 al. 1 de la Convention des Droits de l'homme relatif à la nécessité d'assurer le respect de la vie privée et dans le cadre de cette protection figure la vie sexuelle. Le principe de l'indisponibilité de l'état des personnes est combattu.

La première chambre civile de la Cour de cassation rejette pourtant le pourvoi, mais ne se fonde pas clairement sur le respect de l'indisponibilité de l'état des personnes. L'arrêt préfère affirmer que le transsexualisme n'équivaut pas à un véritable changement de sexe, mais à une perte de certains caractères du sexe d'origine sans pour autant acquérir les caractères du sexe opposé dès lors il n'y a pas véritablement de changement de sexe. Il en résulte que le droit à la vie privée et familiale, protégée par l'article 8 de la CEDH, n'est pas applicable faute de changement de sexe avéré.

Réaction/Actualité

Le principe de l'indisponibilité de l'état des personnes n'est pas explicitement retenu par la Cour de cassation. (Il n'y a pas d'opposition affirmée de principe à un changement d'état civil en cas de transsexualisme avéré.) Mais on pressent que la Cour de cassation n'est pas très éloignée de cette argumentation. Pour la Cour le droit à la vie privée et familiale, protégée par l'article 8 de la CEDH « ne s'impose pas en la matière puisque le transsexualisme n'équivaut pas à un véritable changement de sexe, mais seulement à une perte de certains caractères du sexe d'origine sans pour autant acquérir les caractères du sexe opposé ». L'aspect psychologique semble être toutefois totalement méconnu. De nos jours une telle demande serait acceptée et toute référence à l'indisponibilité du corps rejetée.

22 mai 2014

Avis de la Commission nationale consultative des Droits de l'homme (CNCDH) sur la proposition de loi renforçant la lutte contre le système prostitutionnel : « la mesure d'interdiction d'achat d'un acte sexuel et la pénalisation des clients de la prostitution est une mesure inappropriée »

Dans sa recommandation n° 8 en date du 22 mai 2014 : la CNCDH estime que l'interdiction d'achat d'un acte sexuel ou la pénalisation des clients de la prostitution n'est pas une mesure appropriée pour lutter contre la traite et l'exploitation de la prostitution. Elle développe divers arguments et notamment :

« La pénalisation du client aura nécessairement des répercussions sur la personne prostituée, puisque l'acte interdit requiert un partenaire exerçant la prostitution. Ainsi, même si c'est le client qui est pénalisé et non la personne qui se prostitue, ces dispositions tendent indirectement à considérer la prostitution comme une activité illicite. La pénalisation des clients reléguerait en fait les personnes prostituées vers des lieux plus reculés et donc plus dangereux. Le pouvoir de "négociation" avec les clients et de choix du client serait diminué ; les acteurs médico-sociaux auraient plus de difficultés à accéder aux personnes. On risque également d'observer une plus grande défiance vis-à-vis des forces de l'ordre et donc un moindre réflexe d'y recourir en cas de violence subie, ce qui constituerait de fait un recul du droit.

La pénalisation des clients risque de n'avoir d'impact que sur la prostitution visible, la prostitution de rue, et non sur les autres formes d'exploitation de la prostitution. Elle va sans doute contribuer à accentuer le développement d'autres formes de prostitution, dites prostitution *indoor*. Or cette prostitution "invisible" est plus mouvante, voire insaisissable. Dès lors, les victimes de ces formes d'exploitation étant moins accessibles aux associations et aux pouvoirs publics, se pose le problème de leur prise en charge et de leur accompagnement. De plus, dans une Europe aux législations hétérogènes, la pénalisation des clients risque de les repousser aux frontières (cf. ce qui se passe à la frontière franco-espagnole, à la Junquera, ou ce qui se passe dans les eaux territoriales danoises, entre la Suède et le Danemark) ».

Réaction/Actualité

Tout est dit ou presque dans l'avis de la commission. La critique est malheureusement fondée. Margé ces observations le législateur est passé outre. La disposition de loi qui pénalise le client a été adoptée en date du 13 avril 2016. Les méfaits concrets ont été déjà décrits (voir notamment *Plus de cent questions d'actualité sur la prostitution : Internet Proxénète*, Ma éditions 2017). On peut se demander si la loi du 13 avril 2016 visant à lutter contre le système prostitutionnel n'est pas une loi qui en fait lutte contre la personne prostituée dont l'activité est pourtant licite !

À l'instar de la commission il semble si l'on doit focaliser sur le client (ce qui est discutable) qu'il serait souhaitable de s'attaquer aux clients de prostitué(e)s mineur(e)s. Les mineur(e)s doivent avant tout être protégé(e)s. Selon la commission « les associations constatent que, dans la plupart des cas, lorsque les adolescents en situation de prostitution sont appréhendés par la police ou pris en charge par les services sociaux (ASE), ils sont souvent traités comme des délinquants par certains enquêteurs. Sans reconnaissance de leur situation de victime de la prostitution, ces mineurs risquent de faire de la prostitution leur métier. La CNCDH estime que la politique pénale doit mettre au cœur de ses priorités la poursuite des clients des mineurs». Les textes existent déjà, mais les condamnations sont rares.

23 mai 2012

La Cour de cassation chambre sociale (23 mai 2012, n° 10-18.341) saisit la Cour de justice de l'Union européenne, sur la question préjudicielle qui suit: «Des salariés homosexuels pacsés peuvent-ils en l'absence de texte législatif bénéficier de la convention collective d'une entreprise qui ne vise à la lettre que les hétérosexuels mariés»? La question posée avant la loi de 2013 est en fait celle d'une éventuelle discrimination fondée sur l'orientation sexuelle

Les faits ont eu lieu avant la loi de 2013 sur le mariage pour tous. L'employé d'une banque demande à son employeur l'attribution de jours de congés et une prime accordée au personnel, en cas de mariage, conformément à la convention collective nationale, alors qu'il vient de conclure un pacte civil de solidarité (PACS) avec un partenaire de même sexe.

Le conseil de prud'hommes et la cour d'appel déboutent le salarié. Ces juridictions estiment que le PACS se différencie du mariage.

La Cour de cassation (Soc., 23 mai 2012, n° 10-18.341), est saisie et saisit elle-même d'une question constitutionnelle (QPC) la Cour de justice de l'Union européenne.

La question est la suivante: au regard de la convention collective nationale les salariés qui concluent un pacte civil de solidarité avec un partenaire de même sexe se trouvent-ils, avant l'entrée en vigueur de la loi n° 2013-404 du 17 mai 2013 ouvrant le mariage aux couples de personnes de même sexe, dans une situation identique à celle des salariés mariés contractant un mariage ? Doit-il y avoir ou on discrimination entre couple marié et couple pacsé?

La réponse de la Cour de justice est négative. Les salariés qui concluent un pacte civil de solidarité avec un partenaire de même sexe se trouvaient, avant l'entrée en vigueur de la loi n° 2013-404 du 17 mai 2013 ouvrant le mariage aux couples de personnes de même sexe, dans une situation identique, au regard des avantages en cause, à celle des salariés contractant un mariage. Les dispositions de la convention collective nationale litigieuses ne peuvent instaurer une discrimination directement fondée sur l'orientation sexuelle.

Réaction/Actualité

On pouvait s'interroger au regard des droits à la convention collective en l'absence de précision sur le sujet sur le point de savoir si le PACS est véritablement équivalent au mariage et comme dans le cas en l'espèce si les couples homosexuels pacsés avaient les mêmes droits que les couples hétérosexuels mariés. En revanche depuis la loi sur le mariage pour tous en date du 17 mai 2013 l'employeur ne peut plus distinguer entre couples mariés homosexuels et couples mariés hétérosexuels puisque le mariage donne les mêmes droits. De la même manière du fait d'un risque de discrimination la distinction entre couples mariés et couples pacsés n'a pas lieu d'être au regard du droit à la convention collective.

24 MAI 2016

Décision MLD-2016-117 du Défenseur des Droits visant à lutter dans la fonction publique hospitalière contre la pratique de notation visant à geler la note chiffrée des agents absents en lien avec la maternité (Discrimination liée à l'état de grossesse)

Selon le site www.defenseurdesdroits.fr/.droit/decision-mld-2016-117-du-24-mai-2016-relative- et en substance : « Le Défenseur des Droits est régulièrement saisi par des agents de la fonction publique hospitalière qui se plaignent de la reconduction de la note chiffrée du fait de leurs absences en lien avec leur maternité. De manière plus générale, l'absentéisme au titre du congé maternité serait pris en compte pour établir la notation. Or les intéressées soutiennent qu'elles sont pénalisées dans l'avancement et allèguent une discrimination fondée sur leur grossesse.

Le Défenseur des Droits considère qu'un tel gel de la notation constitue une discrimination fondée sur le sexe et la grossesse. Il décide de rappeler le cadre juridique en matière de notation ainsi que l'interdiction de toute pratique discriminatoire liée au sexe, à la maternité et à la grossesse. Cette décision pourra être produite à l'appui de recommandations que le Défenseur des Droits pourrait faire pour régler des situations individuelles.

De même, elle pourra être présentée au titre d'observations devant les juridictions administratives ou motiver la saisine d'autorités compétentes pour sanctionner ces comportements discriminatoires. Enfin, le Défenseur des Droits entend faire des recommandations générales auprès de la ministre des Affaires sociales et de la Santé visant à faire cesser ces pratiques discriminatoires qui pénalisent les femmes dans leur avancement ».

Réaction/Actualité

Il est incontestable que la prise en considération de l'absence résultant d'un congé maternité lors de la notation est une pratique assez fréquente. La persistance de cette pratique de notation est discriminatoire à l'égard des femmes en état de grossesse. Quantitativement cette discrimination est importante, car les femmes représentent les trois quarts du personnel des hôpitaux publics.

Ces modalités de notation sous forme de gel, rappelle le Défenseur des Droits, sont contraires à de nombreux principes et notamment au fait qu'une règle générale fixant une durée minimale de présence de service pour la notation méconnaît le droit de tout fonctionnaire à être noté sur la base de ses mérites. Par ailleurs le Conseil d'État juge illégale toute instruction ou règle de portée générale édictant une période minimale de présence pour bénéficier de la notation. Enfin la directive 2006/54/CE considère que constitue une discrimination directe fondée sur le sexe « tout traitement moins favorable d'une femme lié à la grossesse ou au congé de maternité ».

25 mai 2011

Cour de cassation chambre criminelle : Condamnation pour corruption de mineur d'un beau-père pour exhibition devant un jeune adolescent mineur de quinze ans

Un beau-père a été condamné pour corruption du fait d'exhibition devant un mineur de 15 ans. En la matière peu importe que le mineur ait atteint l'âge de la majorité sexuelle à 15 ans, car le délit de corruption de mineure par ailleurs mal défini s'applique sans considération de la majorité sexuelle de la victime.

Réaction/Actualité

Le délit de corruption est mal défini. Il s'agit d'une sorte de fourre-tout un peu arbitraire où il est question de pervertir la sexualité du mineur de moins de dix-huit ans (en l'absence d'agression sexuelle). Divers arrêts considèrent qu'il y a corruption en cas d'incitation à la masturbation ou d'exhibition ou de prise de clichés érotiques d'un mineur de 18 ans. Certains (cf. Maitre Pierrat p. 20 in *Droit aux sexes,* Collection l'Unite du droit Volume 19, éditions L'épitoge, Extenso 2016) considèrent qu'il faudrait par souci de cohérence revoir l'âge de 18 ans dans la mesure où la majorité sexuelle est fixée à 15 ans.

26 MAI 2016

Position d'Amnesty internationale relative à l'obligation des États de respecter et protéger et mettre en œuvre les droits humains des travailleurs et travailleurs du sexe (Critique de la pénalisation de l'achat ou de la vente d'acte sexuel – Prostitution)

Il paraît intéressant alors que la loi du 13 avril 2016 sur la pénalisation du client vient d'être promulguée, loi soi-disant visant à protéger la victime prostituée, de présenter quelques extraits du rapport d'Amnesty sur le sujet.

«Amnesty International demande la dépénalisation de tous les aspects du commerce du sexe entre adultes consentants en raison des obstacles évidents que la criminalisation entraîne pour la mise en œuvre des droits fondamentaux des travailleuses et travailleurs du sexe. Comme nous l'expliquons plus loin, l'organisation considère que, pour protéger les droits des travailleuses et travailleurs du sexe, il est indispensable d'abroger les lois qui érigent en infraction non seulement la vente de services sexuels, mais aussi leur achat auprès d'un adulte consentant ou l'organisation du travail du sexe (par exemple les lois qui interdisent de louer des locaux à cet usage). En effet, ces lois obligent les travailleuses et travailleurs du sexe à travailler en catimini, ce qui compromet leur sécurité, les empêche de prendre des mesures pour se protéger, et les prive du soutien ou de la protection des pouvoirs publics. Elles portent donc atteinte à certains droits fondamentaux des travailleuses et travailleurs du sexe, tels que leurs droits à la sécurité de leur personne, au logement et à la santé. Cette position ne prétend pas qu'il existe un droit fondamental d'acheter des services sexuels ou de bénéficier financièrement de la vente de services sexuels par autrui. Elle demande simplement que les travailleuses et travailleurs du sexe soient protégés des personnes qui cherchent à les exploiter et à leur faire du mal, et elle constate que la criminalisation du commerce du sexe entre adultes consentants fait obstacle à la réalisation des droits humains des travailleuses et travailleurs du sexe. Amnesty

International ne se prononce pas sur la forme précise que doit prendre la réglementation du travail du sexe ni sur la nécessité éventuelle pour les États d'élaborer des règles spécifiques au travail du sexe, distinctes des lois générales régissant les autres activités commerciales ou pratiques en matière d'emploi sur un territoire donné ».

Réaction/Actualité

Ce rapport ajouté à bien d'autres confirme le sentiment que la pénalisation du client voulue et obtenue à travers la loi du 13 avril 2016 par quelques groupements féministes en France n'est pas une bonne solution. Cette pénalisation conduit à la paupérisation et à l'insécurité. Pour autant la prostitution ne disparaît pas, mais se déroule selon des modalités diverses notamment à l'étranger et sur internet (sur le sujet *Plus de cent questions d'actualité sur la prostitution,* Ma édit. 2017).

27 MAI 2016

Selon l'Observatoire des inégalités les hommes gagnent 23 % de plus que les femmes
(www.inegalites.fr/spip.php?page=rubrique&id_groupe=15&id_rubrique=114)

Le salaire mensuel net moyen des hommes, pour un poste à temps plein, est de 2 410 euros en 2014, celui des femmes de 1 962 euros (tous temps de travail confondus) soit un écart de 448 euros, presque un demi-SMIC. Les hommes perçoivent donc, en moyenne et en équivalent temps plein, un salaire supérieur de 22,8 % à celui des femmes. Près de 11 % des écarts de salaires entre les deux sexes seraient inexpliqués et relèveraient d'une discrimination « pure ».

Plus on progresse dans l'échelle des salaires, plus l'écart entre les femmes et les hommes est important. L'inégalité des salaires entre les sexes est la plus forte chez les cadres, donc parmi les salaires les plus élevés : les femmes cadres gagnent 20 % de moins que les hommes. À l'inverse, l'écart le plus faible se trouve parmi les employés (– 8,9 %), une catégorie majoritairement féminine.

Le premier facteur explicatif des inégalités de salaires provient des différences de temps de travail. Les femmes sont quatre fois plus souvent en temps partiel que les hommes : de plus, le temps de travail des hommes est aussi accru par les heures supplémentaires qu'ils effectuent plus souvent que les femmes.

Réaction/Actualité

Les absences dues à la maternité, à l'état de grossesse, à la garde des enfants génèrent un gel contestable et contesté de la notation en cas d'absences répétées. C'est aussi un facteur explicatif des inégalités de salaire. Il semblerait que les écarts se réduisent au fil des temps. Mais nous sommes encore loin d'une égalité.

Enfin concernant la retraite les femmes perçoivent une retraite de base inférieure de 21 % à celle des hommes. Tous régimes confondus, cet écart serait de 42 %.

28 MAI 2001

Tribunal de grande instance de Caen, 28 mai 2001 : Juris-Data n° 2001-162327 ; D. 2002 : Prononcé du divorce de celui qui avait changé de sexe (non du fait du transsexualisme ou du changement de sexe légalement admis en France, mais pour faute en raison de son comportement ultérieur)

Le tribunal de grande instance de Caen a dans l'espèce rapporté, prononcé le divorce du couple aux torts exclusifs du mari devenu femme. Il a considéré que le « comportement égocentrique du transsexuel et le fait qu'il ne se préoccupait plus de son conjoint dans sa nouvelle existence comme son éloignement volontaire pendant plusieurs années constituaient une violation grave et renouvelée des obligations du mariage ». En substance « les difficultés incontestablement liées au transsexualisme ne sauraient autoriser celui ou celle qui les subit à avoir un "comportement égocentrique" et à ne plus se préoccuper de la place de son conjoint dans sa nouvelle existence ».

Réaction/Actualité

Le tribunal n'a pas considéré que le transsexualisme comme le changement d'état civil étaient contraires au droit français ou constitutifs d'une faute. Seul le comportement ultérieur qualifié pour le moins « d'égoïste » de celui qui avait changé de sexe a justifié le prononcé du divorce à ses torts.

29 MAI 2013

Circulaire (contestée) du 29 mai 2013 relative au mariage pour tous excluant (à l'époque) onze pays d'un tel mariage homosexuel en France si la loi nationale du conjoint l'interdit

Une circulaire du 29 mai 2013 destinée à compléter et préciser la loi sur le mariage pour tous indiquait aux procureurs que le mariage entre personnes de même sexe ne pouvait avoir lieu en France compte tenu de conventions diplomatiques bilatérales dans onze pays si la loi nationale du conjoint l'interdisait. Parmi ces onze pays notamment le Maroc, l'Algérie, la Tunisie, la Pologne, la Slovénie, du Monténégro, de la Macédoine, de la Serbie et du Kosovo.

Diverses associations avaient été saisies et avaient alerté les pouvoirs publics. Pour ces associations la nouvelle loi avait fait du mariage homosexuel une composante de l'ordre public international français et devait donc s'appliquer sans exception. Le Défenseur des Droits dans son rapport « les droits fondamentaux des étrangers en France », publié le 9 mai 2016, avait interpellé le gouvernement à plusieurs reprises sur cette question en 2015 et 2016, sans succès.

Réaction/Actualité

Les exceptions figurant dans la circulaire ne sont plus applicables depuis 2015. La première chambre civile de la Cour de cassation en 2015, Cass. 1re civ., 28 janv. 2015 n° 13-50059, PB a adopté, à propos du mariage de personnes de même sexe franco-marocaines, une solution positive. Elle considère, en effet, que la loi étrangère prohibant ce genre de mariage est contraire à l'ordre public international. Cette loi étrangère doit, en conséquence, être évincée et substituée par la loi française. Cette éviction vaut également en présence d'une loi étrangère qui est compétente en vertu d'une convention internationale.

30 MAI 1991

Cour de cassation : L'opération chirurgicale d'un transsexuel par un urologue est considérée à cette époque comme réalisée dans un but « de curiosité scientifique » et ne répond pas à l'exigence d'un but thérapeutique, qui seul peut justifier la mise en œuvre d'un traitement médico-chirurgical

Le 26 janvier 1980, des médecins et notamment un médecin urologue ont procédé à l'ablation de l'appareil génital externe de Monsieur. X. Ce transsexuel voulait être considéré comme de sexe féminin. Monsieur X n n'a pas été satisfait. Il a subi d'autres interventions avant de se suicider en 1988.

Rappelons qu'à cette époque pour changer de sexe à l'état civil les transsexuels devaient subir une opération chirurgicale.

Un arrêt du 30 mai 1991 de la chambre criminelle de la Cour de cassation confirme la décision de la cour d'appel de condamner pour coups ou violences volontaires le chirurgien ayant procédé à l'ablation de l'appareil génital externe d'un patient. La motivation est fondée sur le fait que l'opération a été faite, non pas dans l'intérêt thérapeutique de celui-ci, mais seulement par curiosité scientifique.

« Sur la culpabilité du docteur X. du chef de coups ou blessures volontaires avec préméditation, la cour d'appel énonce que cette opération n'a pas été faite dans l'intérêt thérapeutique du patient, mais pour satisfaire la curiosité scientifique du chirurgien ; qu'elle en déduit que celui-ci n'était pas couvert par le fait justificatif que constitue l'autorisation de la loi, Bull. n° 232 ; Droit pénal 1991, ».

Réaction/Actualité

La décision n'est pas véritablement surprenante. Antérieurement encore aux années 1991, diverses interventions chirurgicales sur les transsexuels ont été condamnées. Plus ou moins d'office, dès l'origine, ces interventions étaient considérées comme constitutives de coups et blessures volontaires, car motivées par la « curiosité scientifique ». De nos jours et notamment depuis l'arrêt de la Cour de cassation du 11 déc. 1992 le « traitement médico-chirurgical subi (dans un but thérapeutique) par une personne présentant le syndrome du transsexualisme » est accepté.

Le défaut de but thérapeutique n'est plus par principe mis en avant comme tel pouvait être le cas auparavant.

Le changement de sexe doit être à nécessité thérapeutique. Il ne peut être fondé sur une curiosité scientifique ou pédagogique. À défaut il y a atteinte illicite à l'intégrité du corps humain. Cette intervention est (était) généralement suivie d'une demande tendant à la modification de la mention du sexe sur les actes de l'état civil de la personne (art. 99 du Code civil) et au changement de prénom (art. 60 du Code civil).

31 MAI 2016

31 mai 2016 Conseil d'État: Insémination post-mortem admise (par exception) par le Conseil d'État au profit d'une veuve espagnole en Espagne par exportation de gamètes

En France selon la loi les enfants ne sont pas supposés être conçus après la mort de l'un de leurs parents. Une veuve espagnole a pourtant obtenu gain de cause, à l'occasion de l'arrêt du 31 mai 2016 du Conseil d'État.

Une femme de nationalité espagnole et un homme de nationalité italienne vivaient à Paris. Ils avaient procédé à la collecte de leurs gamètes à l'annonce du cancer de l'époux, une pratique courante en raison des risques de stérilité engendrés par les traitements médicaux contre cette maladie. Le mari décède. Sa veuve décide de retourner vivre en Espagne et demande l'exportation des gamètes dans son pays, où l'insémination *post-mortem* est autorisée. Après avoir insisté sur le caractère exceptionnel de l'affaire, le Conseil d'État fait injonction à l'Assistance publique des Hôpitaux et à l'Agence de biomédecine d'exporter les gamètes vers une clinique espagnole.

Réaction / Actualité

L'insémination *post-mortem* est interdite en France. Les circonstances exceptionnelles retenues dans l'arrêt du 31 mai 2016 pour autoriser le transfert de gamètes relevaient essentiellement d'une part de la nationalité du couple, aucun des deux époux n'étant de nationalité française et la législation de la veuve autorisait l'insémination *post-mortem* et d'autre part du fait que la volonté de procréer du couple, de leur vivant à tous deux, était incontestable.

La décision du 31 mai 2016 du Conseil d'État a pu donner à penser à certains à un assouplissement des règles en matière d'insémination *post-mortem* au nom de circonstances particulières et du droit au respect de la vie privée et familiale garanti par l'article 8 de la Convention européenne des Droits de l'homme. Tel n'a pas été le cas toutefois dans une affaire similaire en fin 2016 où la nationalité de la femme était française habitant à Toulouse. L'interdit de principe pénalement sanctionné comme en matière de PMA a été maintenu.

Juin

- **1er juin 2016** – Cour de cassation 1re chambre : L'obligation de sécurité et de résultat de l'employeur est étendue à la situation de harcèlement (harcèlement moral ou sexuel). Par ailleurs il ne s'agit pas seulement de faire cesser le harcèlement moral pour que l'employeur se dégage de toute responsabilité. Il doit être établi que toutes mesures spécifiques ont été prises par application des articles L. 4121-1 et L. 4121-2 du Code du travail et notamment la mise en œuvre d'actions d'information et de formation propres à prévenir la survenance de faits de harcèlement moral est nécessaire
- **2 juin 2017** – L'ECPAT (*End Child Prostitution and Trafficking*), ONG en lutte contre le tourisme sexuel rappelle que le 2 juin est la Journée mondiale pour un Tourisme responsable contre la prostitution enfantine et la traite sexuelle
- **3 juin 2016** – Colloque « Droit(s) aux Sexe(s) » en Sarthe au Mans le 0**3 juin 2016** – sous la responsabilité du Collectif L'Unité du Droit, avec le soutien de la Ville du Mans, des Universités du Maine, de Toulouse 1, Capitole (Institut Maurice Hauriou). Marraine de l'édition 2016 Mme Brigitte Lahaie
- **3 juin 2017 (bis)** – Légalisation du mariage à trois en Colombie ? Reconnaissance officielle du poly amour ? (propos de l'auteur)
- **4 juin 2013** – Colloque « Handicaps : si on parlait vie sexuelle ? » Organisé à L'Alcazar par la Ville de Marseille « Propos de l'auteur sur l'assistance sexuelle des handicapés »

- **5 juin 2002** – Tribunal de grande instance de Lille : Les PACSES ont une obligation de fidélité fondée sur l'obligation de vie commune « selon du moins ce tribunal »
- **6 juin 2000** – La loi du 6 juin 2000 impose aux partis et groupements politiques de présenter 50 % des candidats de chacun des deux sexes à 2 % près
- **7 juin 2012** – Cour de cassation chambre civile (2 arrêts n° 10-26.947 et n° 11-22.490) : Refus de modifier la mention du sexe sur l'acte de naissance de transsexuel en raison de l'insuffisance de preuves sur « le caractère irréversible de la transformation de son apparence » ou du fait d'une opposition de principe à l'expertise ordonnée par les juges
- **8 juin 2012** – Université de Laval : Les personnes intersexuées revendiquent le droit à la différence dans une société où, hors des deux sexes consacrés, il n'existe point de salut (par Renée Larochelle)
- **9 juin 2017** – Propos de l'auteur sur le sexe neutre suite à la décision de la Cour de cassation du 4 mai 2017 de refuser la mention sexe neutre à l'État civil
- **10 juin 2015** – Cour de cassation, n° 13-25.554 et n° 14-13.318 : La dénonciation d'un harcèlement moral ou sexuel par un salarié n'est fautive que s'il est démontré la connaissance de la fausseté des faits dénoncés par le dénonciateur au moment où il les a formulés
- **11 juin 2002** – Cour de cassation chambre criminelle : La chambre criminelle de la Cour de cassation estime que la preuve de la discrimination par testing ne peut être écartée *a priori* au seul motif qu'elle n'est pas transparente ou qu'elle est obtenue de manière illicite ou déloyale. Elle considère qu'il appartient au juge répressif qui ne peut refuser l'examen des éléments de preuve d'en apprécier la valeur probante
- **12 juin 1981** – Ministère de la Santé : L'homosexualité n'est plus en France inscrite dans la liste des maladies mentales de l'OMS (Organisation mondiale de la Santé)
- **13 juin 2007** – Cour de cassation chambre civile : La Cour de cassation ne reconnaît pas (à tort ?) l'existence d'un véritable contrat de prostitution entre la prostituée et son client

- **14 juin 2002 (237910)** – Le Conseil d'État à propos du visa d'exploitation du film *Baise-moi* (film non pornographique) précise les conditions (scènes de sexe non simulées, intention du réalisateur, caractère esthétique ou non de son travail) pour qu'un film soit classé pornographique (ce qui ne définit pas pour autant la pornographie)
- **15 juin 2016** – Communiqué de presse du 15 juin 2016 du Haut Conseil à l'Égalité qui appelle les pouvoirs publics à mettre en œuvre une éducation à la sexualité à la hauteur des besoins des jeunes
- **16 juin 2016** – Cameroun : le projet de loi portant modification du Code pénal du Cameroun maintient la sanction pénale contre l'homosexualité
- **17 juin 2010** – Cour de cassation 2e chambre civile : Définition du préjudice sexuel et distinction implicite avec le préjudice d'agrément. Confirmation de l'autonomie du préjudice sexuel par rapport au préjudice d'agrément
- **18 juin 2014** – Le Luxembourg autorise le mariage et l'adoption pour les couples homosexuels
- **19 juin 2001** – Cour de cassation 1re chambre civile, 19 juin 2001 : L'assurance vie d'une prostituée annulée pour fausse déclaration
- **20 juin 1983** – Circulaire du secrétaire d'État à la santé du 20 juin 1983 relative à la sélection des donneurs de sang discriminant les homosexuels dans le cadre de la prévention contre le VIH
- **21 juin 2016** – Décision MLD-2016-171 du Défenseur des Droits du 21 juin 2016 relative à un harcèlement discriminatoire pour homosexualité
- **21 juin 2006** – La Norvège sanctionne le client de la prostituée
- **22 juin 2007** – Le Conseil d'État refuse de consacrer une forme de discrimination positive en faveur des femmes en matière de composition des jurys de recrutement des fonctionnaires de l'État dans la mesure où la loi ne fixe qu'un « objectif » d'égalité et non une obligation
- **23 juin 1988** – Cour de Cassation chambre commerciale : Soufflette dans le rectum : l'employeur commettant n'a pas été

jugé responsable de la faute de son préposé qui avait apposé sans autorisation et à des fins étrangères à ses attributions une soufflette sur le rectum de son collègue sur le lieu et pendant les heures de travail

- **24 juin 2011** – in *Le Figaro Madame* « Premier de cordée », Le Shibari Un nouveau must du libertinage et plus précisément du ligotage
- **25 juin 1970** – Tribunal de grande instance de Dieppe (GP 1970,2, 243) : Condamnation du mari pour avoir imposé des relations excessives à caractère sexuel à sa femme
- **26 juin 2014** – CEDH : Arrêts Menesson et Labassé condamnant la France pour refus de transcrire à l'état civil les actes de naissance des enfants nés de GPA à l'étranger « au nom de l'intérêt supérieur de l'enfant » (sans remettre en cause de l'interdiction de la GPA par la France)
- **27 juin 2013** – L'Assemblée parlementaire du Conseil de l'Europe a tancé la France au sujet d'un risque de recours excessif à la force contre les manifestants opposés au mariage gay et d'un risque d'atteinte à la liberté de manifester
- **28/29 juin 1969** – Émeutes de Stonewall à New York source de l'émancipation de la communauté homosexuelle et de la gay pride
- **30 juin 2016** – CEDH : Taddeucci et McCall c. Italie req. n° 51362/09 Constatation de la discrimination dans le refus d'attribution d'un permis de séjour en Italie à un concubin homosexuel dans la mesure où ce refus est justifié en fait par l'absence de mariage alors qu'il n'existe pas (à l'époque) de droit au mariage ou d'union civile pour les homosexuels en Italie

1ER JUIN 2016

Cour de cassation : L'obligation de sécurité et de résultat de l'employeur est étendue à la situation de harcèlement (harcèlement moral sexuel). Par ailleurs, il ne s'agit pas seulement de faire cesser le harcèlement moral pour que l'employeur se dégage de toute responsabilité. Il doit être établi que toutes mesures spécifiques ont été prises par application des articles L. 4121-1 et L. 4121-2 du Code du travail et notamment la mise en œuvre d'actions d'information et de formation propres à prévenir la survenance de faits de harcèlement moral est nécessaire

Dans le cas d'espèce :

M. X..., engagé le 27 janvier 1997 par la société Finimétal en qualité d'agent de fabrication de radiateurs tubulaires, exerçant en dernier lieu les fonctions d'agent de qualité, a saisi la juridiction prud'homale le 22 mars 2011 en résiliation judiciaire aux torts de l'employeur de son contrat de travail et en paiement de dommages-intérêts pour harcèlement moral et indemnités de rupture.

L'affaire a été portée par la suite devant la cour d'appel.

La cour d'appel « en résumé » a rejeté la demande du salarié au motif que l'employeur avait introduit dans son règlement intérieur une procédure d'alerte en matière de harcèlement moral qu'il avait mis en œuvre pour mettre fin au harcèlement (ce qui n'est pas contesté).

Cette décision de la cour d'appel a été censurée par la Cour de cassation. « Qu'en statuant ainsi, sans qu'il résulte de ses constatations que l'employeur avait pris toutes les mesures de prévention visées aux articles L. 4121-1 et L. 4121-2 du Code du travail et, notamment, avait mis en œuvre des actions d'information et de formation propres à prévenir la survenance de faits de harcèlement moral, la cour d'appel a violé les textes susvisés ».

La question qui importait et à laquelle la cour d'appel n'a pas répondu était de savoir si la société Finimétal avait bien pris toutes les mesures nécessaires qui lui incombaient prévues par l'article L. 4121-1 et L. 4121-2 en vue de prévenir et de remédier aux faits de harcèlement dont il s'agit.

La Cour de cassation a considéré que « Viole les articles L. 1152-1, L. 4121-1 et L. 4121-2 du Code du travail, la cour d'appel qui rejette la demande d'un salarié en harcèlement moral sans qu'il résulte de ses constatations que l'employeur avait pris toutes les mesures de prévention visées aux deux derniers articles précités, notamment par la mise en œuvre d'actions d'information et de prévention propres à en prévenir la survenance ».

Pour mémoire les obligations de l'employeur prévues par les articles L. 4121-1 et L. 4121-2 sont les suivantes :

Article L. 4121-1 L'employeur prend les mesures nécessaires pour assurer la sécurité et protéger la santé physique et mentale des travailleurs.

Ces mesures comprennent :

1° Des actions de prévention des risques professionnels ;

2° Des actions d'information et de formation ;

3° La mise en place d'une organisation et de moyens adaptés.

L'employeur veille à l'adaptation de ces mesures pour tenir compte du changement des circonstances et tendre à l'amélioration des situations existantes.

Article L. 4121-2

L'employeur met en œuvre les mesures prévues à l'article L. 4121-1 sur le fondement des principes généraux de prévention suivants :

1° Éviter les risques ;

2° Évaluer les risques qui ne peuvent pas être évités ;

3° Combattre les risques à la source ;

4° Adapter le travail à l'homme, en particulier en ce qui concerne la conception des postes de travail ainsi que le choix des équipements de travail et des méthodes de travail et de production, en vue notamment de limiter le travail monotone et le travail cadencé et de réduire les effets de ceux-ci sur la santé ;

5° Tenir compte de l'état d'évolution de la technique ;

6° Remplacer ce qui est dangereux par ce qui n'est pas dangereux ou par ce qui est moins dangereux ;

7° Planifier la prévention en y intégrant, dans un ensemble cohérent, la technique, l'organisation du travail, les conditions de travail, les relations sociales et l'influence des facteurs ambiants, notamment les risques liés au harcèlement moral, tel qu'il est défini à l'article L. 1152-1 ;

8° Prendre des mesures de protection collective en leur donnant la priorité sur les mesures de protection individuelle ;

9° Donner les instructions appropriées aux travailleurs.

Réaction/Actualité

Il s'agit d'une évolution de la jurisprudence dans les devoirs de l'employeur en matière de sécurité étendue au harcèlement moral. Cette évolution est conforme à un arrêt antérieur du 25 novembre 2015. Ce qui s'applique au harcèlement moral nous paraît devoir s'appliquer aussi au harcèlement sexuel.

Rappelons qu'en matière de harcèlement moral, il appartient au salarié d'établir des faits permettant de « présumer » l'existence d'un harcèlement, à charge pour l'employeur, lorsque ces faits sont établis, de prouver que les agissements reprochés ne sont pas constitutifs du harcèlement et qu'ils s'expliquent par des éléments objectifs, l'employeur, tenu d'une obligation de sécurité de résultat en matière de protection de la santé et de la sécurité des travailleurs, manque à cette obligation, lorsqu'un salarié est victime dans l'exécution de son contrat de travail d'atteintes à sa santé, quand bien même il aurait pris des mesures en vue de faire cesser ces atteintes.

Encore une fois il ne s'agit pas seulement en la matière de faire cesser le harcèlement moral ou d'adopter certaines mesures. Il est nécessaire que l'employeur ait pris toutes les mesures de prévention visées aux articles L. 4121-1 et L. 4121-2 du Code du travail et mis en œuvre des actions d'information et de formation propres à prévenir la survenance de faits de harcèlement moral.

Il existe des précédents jurisprudentiels sur cette obligation de sécurité de résultat à la charge de l'employeur concernant la protection de la santé et la sécurité des travailleurs notamment : Soc., 3 février 2010, pourvoi n° 08-40.144, Bull. 2010, V, n° 30 (cassation partielle) ; Soc., 11 mars 2015, pourvoi n° 13-18.603, Bull. 2015,

2 JUIN 2017

L'ECPAT (*End Child Prostitution and Trafficking*), ONG en lutte contre le tourisme sexuel rappelle que le 2 juin est la Journée mondiale pour un Tourisme responsable contre la prostitution enfantine et la traite sexuelle

Le 2 juin (journée de sainte Blandine) est une « Journée mondiale pour un Tourisme responsable ». Cette date marque l'accord de professionnels du tourisme (tour-opérateurs, compagnies aériennes, hôtels) afin de soutenir les efforts des ONG contre le trafic des êtres humains. L'ECPAT (End Child Prostitution and Trafficking) est une de ces ONG. Elle est constituée en un réseau mondial qui regroupe des associations dans 74 pays. Le but essentiel d'ECPAT France est de lutter contre la prostitution enfantine la traite à des fins sexuelles et la pornographie mettant en scène des enfants.

Réaction/Actualité

De nombreux pays sont particulièrement touchés par le tourisme sexuel et la prostitution enfantine. On peut citer sans que la liste soit exhaustive les Philippines (prostitution interdite), la Thaïlande (prostitution interdite), la République dominicaine (activité légale), le Maroc (prostitution interdite), la Tunisie (prostitution légale sous réserve d'être encadrée par l'État). Il apparaît que des pays où la prostitution est illégale sont paradoxalement réputés en fait pour le tourisme sexuel.

3 JUIN 2016

Colloque « Droit(s) aux Sexe(s) » en Sarthe au Mans le 3 juin 2016, sous la responsabilité du Collectif L'Unité du Droit, avec le soutien de la Ville du Mans, des Universités du maine, de Toulouse 1, Capitole (Institut Maurice Hauriou). Marraine de l'édition 2016 Mme Brigitte Lahaie

Il convient de reprendre en résumé les écrits présentant ce colloque : « La question du sexe confronté au(x) Droit(s) n'est pas nouvelle du point de vue académique. Plusieurs ouvrages (notamment ceux – célèbres – des Pr. Branlard, Caballero, Py ou ceux de Mes Pierrat, Delga ou encore les travaux du groupe Régine) et plusieurs colloques (Angers 2016 ; Bordeaux 2015 ; Bruxelles 2010 ; Clermont-Ferrand 2013 ; Toulouse 1986 ; Tours 2016, etc.) ont été publiés et ont considérablement fait progresser les recherches. L'angle que nous avons décidé d'aborder au Mans en 2016 se devait donc de compléter les études précédentes et non se contenter de les reformuler. Le colloque, sous la responsabilité du Collectif L'Unité du Droit, reçoit le soutien de la Ville du Mans ainsi que des Universités du Maine (Thémis-Um ea 4333) ainsi que de Toulouse 1, Capitole (Institut Maurice Hauriou, ea 4657). Il est placé sous la direction scientifique collégiale non seulement des présidents du COLLECTIF L'UNITÉ DU DROIT (MM. Morgan SWEENEY & Mathieu TOUZEIL-DIVINA, respectivement maître de conférences de droit privé à Paris Dauphine & professeur de droit public à l'Université Toulouse 1, Capitole), mais aussi de tous les modérateurs de chacun des ateliers de la manifestation ». La table des matières du colloque est la suivante : I Sexes et Normes De Quel(s)Droit(s) ? II Des Droits Aux Activités Sexuelles III Droit(s) au(x) sexe(s) dans la Cite IV Des droits au sadomasochisme ? Entre ordres moral et juridique V Des Droits et Moralités Au(x) Plaisir(s) de la Sexualité (*voir Droits aux Sexes* édit L'épitoge Extenso actes du colloque du Mans 3 juin 2016).

Réaction/Actualité

Ce n'est pas le premier colloque sur le sexe et le droit. Le sujet n'est pas sans intérêt. Il est même d'actualité. Mais évoquer le mot sexe est encore tabou. On doit concernant cette observation relever les écrits des universitaires organisateurs mentionnés dans le livre « Droit(s) au(x) sexe(s) Actes de colloque du Mans, 3 juin 2016, Éditions L'ÉPITOGE L'EXTENSO, page 12 : Refus de subventions pour des raisons obscures sinon fallacieuses, salles introuvables, rumeurs déplacées, questionnement outrageant, etc. ».

3 JUIN 2017

Légalisation du mariage à trois en Colombie ? Reconnaissance officielle du poly amour ? (propos de l'auteur)

« Légalisation du mariage à 3 en Colombie », « Mariage à 3 officiellement reconnu en Colombie » le 3 juin 2017 ; tels sont les titres de divers médias, journaux, hebdomadaires radios). Parmi ces derniers *L'Express, Le Point, La Dépêche, La Croix, Le Parisien, France inter*, etc.

On sait que le mariage homosexuel est autorisé dans ce pays sud-américain à forte tendance catholique depuis 2016. Mais la reconnaissance officielle d'un mariage à trois étonne. Les religieux sont plus particulièrement choqués. Qu'en est-il vraiment ? Quels sont les faits ?

Trois personnes de même sexe masculin vivant ensemble ont voulu formaliser, le 3 juin à Medellín, leur relation. Elles ont signé entre elles devant notaire un accord qui est un régime patrimonial connu légalement en Colombie pour les couples (pareja) sous forme de trieja ou « trouple » en français. Trouple signifie ménage à trois. Cette expression fait référence à un arrangement domestique dans lequel trois personnes ayant des relations sexuelles entre elles (ou non) habitent le même logement. Ce document un peu analogue à un contrat de mariage devant notaire en France est destiné à protéger leurs droits patrimoniaux. L'union libre poly amoureuse à trois distincte du mariage, car le mariage n'est qu'une des formes de l'union des personnes (il existe ainsi en France en sus du mariage le pacs ou le concubinage qui donne des droits) est ainsi consacrée d'une certaine façon de manière quasi officielle par un notaire officier d'état civil. Elle n'est pas à notre sens encore légalisée en tant que mariage à trois et la transcription d'un tel mariage à l'état civil n'a pas eu lieu à l'état civil. Évoquer de ce fait la légalisation du mariage à trois en Colombie à l'instar de la presse est sans doute de nos jours encore un peu rapides. Le Conseil constitutionnel pourrait avoir à se prononcer. Mais force est de constater que cette union entre trois personnes de même sexe qui veulent protéger leurs arrières (*quid* par exemple en cas de séparation, décès ou héritage ?) a été officialisée devant un notaire comme peut l'être le contrat de mariage d'un couple qui ne se confond toutefois pas avec l'acte de mariage en mairie.

Cela dit pourquoi limiterait-on alors le nombre de personnes à trois ? Ne serait-ce pas plus généralement la porte ouverte au poly amour ? L'idée est-elle si loufoque ? Les initiatives individuelles en matière d'union ne devraient-elles pas prédominer sur l'institution de police que constitue aussi le mariage ? Qu'en est-il dans d'autres pays ? Qu'en est-il en France ?

Réaction/Actualité

L'union de trois personnes ou plus est-elle légale ? Est-elle envisageable plus particulièrement en France ?

On rappellera que certains pays pratiquent encore de nos jours la polygamie. De plus dans des pays chrétiens et même à forte tendance catholique l'union à trois un peu différente du mariage a déjà été reconnue dans différents pays comme celui de trois femmes au Brésil en 2015, ou encore celui de trois autres femmes aux États-Unis en 2014, dont l'une attendait un enfant conçu par FIV.

En France le droit français n'a jamais autorisé le mariage d'un homme avec plusieurs femmes, ou plus généralement le poly amour. Toutefois un arrêt du Conseil d'État permettait avant 1993 le regroupement familial pour les ménages polygames. Les lois Pasqua de 1993 ont mis fin à cette jurisprudence. Pour être en règle, les épouses secondaires doivent donc divorcer et quitter le foyer.

En l'état actuel des textes, une convention entre plusieurs personnes (plus de deux) permettant de régler entre elles leur situation patrimoniale peut toujours à notre sens être signée y compris devant notaire. Mais le notaire ne peut considérer qu'il s'agit d'un contrat de mariage ou d'une convention officialisant l'union de ces personnes. Par ailleurs il n'est pas envisageable de célébrer un mariage entre trois personnes. Les mariés ou même les maires célébrant en connaissance de cause le mariage pourraient être taxés de polygamie. Selon l'article 433-20 du Code pénal, une personne mariée à plusieurs individus en même temps encourt 45 000 € d'amende et jusqu'à un an de prison ferme. Les maires tentés d'unir plus de deux personnes, malgré les textes en vigueur, s'exposent eux aussi à des sanctions. Le même article précise en effet « qu'est puni des mêmes peines l'officier public ayant célébré ce mariage en connaissant l'existence du précédent ». Il n'empêche que notre expérience d'avocat nous incite à penser que l'état civil français comporte des lacunes générant des situations de polygamie faute sans doute de diligences suffisantes.

La mondialisation du groupement LGBT, la prise en compte de plusieurs de ses demandes surprend parfois une opinion publique qui n'est pas nécessairement la plus conservatrice. Mais ces revendications destinées le plus souvent à lutter contre des discriminations permettent de soulever dans le monde de nombreuses questions taboues et suscitent de nombreuses idées au-delà des habitudes traditionnelles issues des religions des états de l'éducation. Il n'est donc pas étonnant que certaines qui ne sont pas nécessairement des personnes homosexuelles émettent l'idée qu'un contrat pourrait rendre possibles et légales des unions pluriamoureuses dans lesquelles chacun des contractants serait à égalité avec chacun des autres. Notre monde est en évolution si ce n'est en révolution.

4 JUIN 2013

Colloque « Handicaps : si on parlait vie sexuelle ? ». Organisé à L'Alcazar par la Ville de Marseille « Propos de l'auteur sur l'assistance sexuelle des handicapés »

Évoquer la sexualité autre que sous l'angle protection ou contraception est difficile, presque un tabou. On ne parle que rarement du plaisir ou du désir. Parler de la sexualité des personnes handicapées, sujet du colloque, est tout aussi difficile et quasi un tabou notamment dans les pays catholiques où la sexualité n'a été à la rigueur envisagée que comme un acte de reproduction et non comme un moyen d'épanouissement. À juste titre ce thème de sexualité des handicapés est abordé le 4 juin 2013 à Marseille. Il est d'actualité à une époque où la question des assistants sexuels qui existent dans d'autres pays se pose.

Le Comité consultatif national d'Éthique (CCNE) a émis un avis défavorable à tout accompagnement, à toute assistance à la sexualité des personnes handicapées estimant que l'aide sexuelle aux personnes handicapées ne relève pas de la responsabilité de l'État. Il lie par ailleurs la question de l'accompagnement sexuel en France à la question de la prostitution et du proxénétisme. Mais le CCNE reconnaît tout de même que si l'infraction pénale est avérée elle peut bénéficier d'absences de poursuites pénales. Ainsi le CCNE suscite certaines initiatives et sans doute pour débuter la formation d'assistants sexuels en France.

Réaction/Actualité

Le phénomène de surprotection du handicapé contre le proxénétisme risque d'aboutir à son esclavage comme il en fut de même de la femme mariée par rapport à son conjoint ou plus récemment comme il en est des personnes prostituées avec la loi de pénalisation du client. En considérant la femme, le handicapé ou la personne prostituée comme des victimes, on les prive de droits essentiels au motif de vouloir les protéger. La sexualité est en effet un droit essentiel de la personne (les prisonniers ne peuvent en être privés lorsqu'il existe du moins des parloirs amoureux) dérivant du droit au respect de la vie privée. La personne handicapée devrait être avant tout experte de sa propre vie. Prendre en considération la législation très contestable sur la prostitution et le proxénétisme pour refuser l'assistance sexuelle aux handicapés est d'une grande hypocrisie dans les faits. L'impression est qu'il pourrait exister une idéologie masquée. La réalité est qu'un cheminement vers l'assistance sexuelle se fait et se fera de plus en plus de manière plus ou moins occulte. Le 28 mai 2013 a été créée l'association pour la promotion de l'accompagnement sexuel présidée par Marcel NUSS (handicapé particulièrement actif). Ce groupement envisage de mettre en place un site de rencontres dédiées aux personnes handicapées et aux assistants sexuels. On voudrait espérer au minimum l'absence de poursuite et in fine la reconnaissance par la loi d'une telle possibilité. Par ailleurs une formation en France à l'assistance sexuelle a été mise en place.

5 JUIN 2002

Tribunal de grande instance de Lille : Les PACSES ont une obligation de fidélité fondée sur l'obligation de vie commune « selon du moins ce tribunal »

La loi sur le PACS est silencieuse sur l'obligation de fidélité, mais du fait de l'obligation de « vie commune » le Président du TGI de Lille a considéré en date du 5 juin 2002 que cette obligation de vie commune ne permettait pas de relations extra-conjugales.

Réaction/Actualité

La décision du tribunal de Lille manifeste une certaine orientation conservatrice en l'absence de texte. Elle est en contradiction avec le principe de liberté sexuelle. La cour d'appel de Montpellier en date du 4 janvier 2011 a statué sur la question de manière moins absolue. Elle considère que l'obligation de fidélité n'existe que si une telle promesse de fidélité a été passée. Peu importe la forme ; la preuve peut être établie par tout moyen (mail, courrier, etc.).

6 JUIN 2000

La loi du 6 juin 2000 impose aux partis et groupements politiques de présenter 50 % des candidats de chacun des deux sexes à 2 % près

La loi prévoit une sanction financière à l'encontre des formations politiques ne respectant pas ce principe de parité dans la présentation des candidatures aux élections législatives.

Réaction/Actualité

Lors des élections législatives de juin 2002, où la loi du 6 juin 2000 s'est appliquée pour la première fois, les partis politiques ont préféré recevoir moins d'argent de l'État plutôt que d'investir suffisamment de femmes candidates ; elles représentaient seulement 38,8 % des candidats. En juillet 2016, selon le sondage effectué par le CSA en vue des élections législatives de 2017 il semblerait que la parité puisse être presque atteinte.

7 JUIN 2012

Cour de cassation chambre civile (2 arrêts n° 10-26.947 et n° 11-22.490) : Refus de modifier la mention du sexe sur l'acte de naissance de transsexuel en raison de l'insuffisance de preuves sur « le caractère irréversible de la transformation de son apparence » ou du fait d'une opposition de principe à l'expertise ordonnée par les juges

La Cour de cassation rejette les deux pourvois et rappelle que « pour modifier la mention de sexe de l'acte de naissance il faut établir dans le premier cas le caractère irréversible de la transformation de son apparence ». (c.-à-d. la transformation physique ou physiologique définitive) et dans le second accepter de répondre à la demande d'expertise judiciaire.

Les règles relatives à la procédure de modification de la mention du sexe à l'état civil résultant essentiellement de principes dégagés par la jurisprudence de la Cour de cassation sont reprises et affinées.

Dans le premier cas la Cour de cassation décide après avoir examiné le certificat faisant état d'une opération chirurgicale qu'une description lapidaire d'opération chirurgicale faite en Thaïlande « ne suffit pas à établir la preuve de l'effectivité de l'intervention et du caractère irréversible de la transformation de l'apparence (c.à.d. transformation physique ou physiologique définitive) ». De nos jours depuis la loi du 18 novembre 2016 la demande de changement de sexe peut être effectuée sans obligation de certificat médical).

Dans le deuxième cas, le requérant avait de très nombreuses preuves, MAIS M. X... opposait un refus de principe à l'expertise ordonnée par les premiers juges et il semblerait que les juges aient fait du refus de l'expertise le fondement de leur réponse négative. De nos jours depuis la loi du 18 novembre 2016 la Cour de cassation doit veiller à ce que le refus d'une expertise ne fasse pas échec aux autres éléments probatoires.

Réaction/Actualité

La circulaire ministérielle du 14 mai 2010 (citée *infra* 14 mai 2010, Circulaire du ministère de la Justice) favorable à la modification de changement de sexe à l'état civil de transsexuels sous réserve du caractère irréversible de l'apparence (c.à.d d'une transformation physique ou physiologique définitive mais «sans exigence d'ablation des organes génitaux») a bien été édictée. Mais une circulaire n'a pas valeur de loi et jusqu'en 2016 la procédure était aléatoire. La stérilisation si ce n'est chirurgicale du moins hormonale était parfois requise afin de témoigner du changement irréversible de sexe. On redoutait en fait la procréation.

Il existe enfin de nos jours un projet de loi du 19 juillet 2016 adopté par l'Assemblée nationale (voir *infra* proposition) et voté en date du 18 novembre 2016 qui consacre la démédicalisation de la procédure de la demande de changement de sexe à l'état civil.

Pour autant une simple demande de changement à l'état civil ne suffit pas. L'affaire doit être portée devant le tribunal. Une expertise ordonnée par les juges (judiciaire) est donc possible. De nos jours la Cour de cassation devrait veiller à ce que le refus d'une expertise ne fasse pas échec aux autres éléments probatoires).

8 JUIN 2012

Université de Laval : Les personnes intersexuées revendiquent le droit à la différence dans une société où, hors des deux sexes consacrés, il n'existe point de salut (par Renée Larochelle)

Les propos résumés et/ou complétés de l'auteur sont les suivants :

Le problème du troisième sexe, des intersexués plus précisément, se pose au Canada comme partout dans le monde. Les intersexués représenteraient 1,7 % de la population mondiale. Comme les gays, les lesbiennes et d'autres groupes marginaux l'ont fait, les intersexués revendiquent leur droit à la différence et veulent exister à part entière, même si leur corps n'est pas sexuellement conforme aux normes (binaires) de notre société. Leurs organes génitaux sont difficiles ou même impossibles à définir comme mâles ou femelles, selon les critères habituels. Pour la majorité des médecins, l'intersexualité est une anomalie du développement sexuel à corriger. Le principal problème des intersexués n'est pas d'avoir un corps différent. « C'est d'abord le regard qu'on pose sur elles qui fait mal ». Le sexe neutre ou X n'existe pas dans un certain nombre de pays.

Il ne faut pas confondre les intersexués avec les transsexuels – qui ont le sentiment de ne pas appartenir à leur sexe biologique ou encore qui ont changé de sexe.

Réaction/Actualité

Dans les pays où le sexe neutre n'existe pas, on a tendance à vouloir ranger les intersexués dès la naissance dans une case Masculin ou Féminin. De ce fait des enfants (au micro pénis et au micro vagin par exemple) ont été opérés à la naissance. Depuis de nombreuses années, des militants demandent qu'on cesse d'opérer les enfants à la naissance, qu'on laisse la personne choisir son identité sexuelle, qu'on reconnaisse le sexe neutre.

9 JUIN 2017

Propos de l'auteur sur le sexe neutre suite à la décision de la Cour de cassation du 4 mai 2017 de refuser la mention sexe neutre à l'État civil

Il convient en matière de reconnaissance (ou non) de sexe neutre que les passions soient apaisées. Un certain recul importe. À défaut des positions extrêmes viennent annihiler des solutions novatrices. Un peu plus d'un mois après la décision de la Cour de cassation du 4 mai 2017 il apparaît que la justice ne refuse pas tant véritablement l'inscription d'un sexe neutre comme la plupart des journaux ont pu le mentionner, mais estime ne pas pouvoir ou devoir se prononcer.

Le refus de l'inscription par la Cour de cassation en date du 4 mai 2017 est essentiellement justifié par le fait que :

a) le sexe neutre n'est pas reconnu en droit français ;

b) s'il était reconnu de nombreuses modifications législatives seraient nécessaires, car notre système est bâti à partir de la binarité des sexes. La Cour de cassation semble donc ne pas vouloir véritablement se prononcer sur le sexe neutre estimant que ce n'est pas son rôle faute de texte sur le sujet. Le problème est celui de la relation équivoque entre la jurisprudence et le législatif.

Le rôle de la jurisprudence est de préciser le droit écrit, de l'adapter aux circonstances de fait, mais il arrive qu'elle remplace des règles de droit inexistantes. Un des tout premiers articles du Code civil, datant de 1803, incrimine le déni de justice. L'article 4 de ce Code dispose que « Le juge qui refusera de juger, sous prétexte du silence, de l'obscurité ou de l'insuffisance de la loi, pourra être poursuivi comme coupable de déni de justice ». Des règles de droit qui sont de véritables créations jurisprudentielles, autonomes et non transcrites dans le droit écrit (législation) existent. Il en est de la sorte du droit de la concurrence déloyale, construction jurisprudentielle développée à partir du très large article 1382 du Code civil. L'interprétation extensive de la notion d'abus de biens a fait aussi couler beaucoup d'encre.

Pour Philippe Malaurie, professeur éminent, grand juriste « la jurisprudence est une source de droit, tout en ne l'étant pas, bien qu'elle le soit ». Bref rien n'est vraiment très clair en ce qui concerne les relations entre la jurisprudence qui ne peut empiéter (en théorie enseigne-t-on encore) sur la loi, mais qui en pratique n'agit pas toujours ainsi.

En l'espèce en droit, de manière un peu hypocrite, tout dépend de la manière dont est posé le problème. S'agit-il d'une rectification de l'état civil qui permet de ne pas choisir entre le sexe féminin ou masculin, car cette possibilité avait été recommandée par le Commissaire aux Droits de l'Homme du Conseil de l'Europe (Droits de l'homme et personnes intersexes, 23 juin 2015) ? S'agit-il de la reconnaissance d'une troisième catégorie de sexe ?

I. Sur la possibilité de la jurisprudence de la Cour de cassation de se prononcer sur le sexe neutre. Évocation d'arguments favorables à la reconnaissance d'un sexe neutre (arguments)

Le tribunal de grande instance de Tours (TGI) en 2015 s'est déjà prononcé pour l'inscription d'un sexe neutre dans cette affaire et a émis un jugement favorable (annulé par la suite par la cour d'appel). Le TGI de Tours relève qu'il n'y a pas de contrariété à l'ordre public puisque le requérant demande la rectification de son acte de naissance, pour prendre en compte sa situation véritable, et non la création d'une troisième catégorie de sexe. Cela permet également au tribunal de considérer qu'il ne viole pas l'article 5 du Code civil qui lui interdit de se prononcer de façon générale sur les causes qu'on lui soumet.

L'article 8 de la CEDH prévoit le respect des droits fondamentaux. Parmi ces droits dont le respect peut être qualifié d'impératif « d'ordre public » (auquel on ne peut déroger) figure le droit au sexe incorporant l'identité sexuée et donc le droit d'afficher un sexe (neutre ou X) qui correspond à la réalité de la situation (et non la mention Masculin ou Féminin).

Aucun écrit officiel, aucune règle constitutionnelle n'impose la seule existence de deux sexes masculin ou féminin. Aucune loi française n'interdit l'inscription d'un sexe neutre à l'état civil ou a fortiori la rectification de l'état civil.

Il existe certes un silence de la loi sur le sexe neutre, mais ce silence ne vaut pas interdiction.

La Cour de cassation aurait pu statuer, rendre un arrêt d'espèce au regard de la situation sans qu'il s'agisse d'un arrêt de principe applicable à tous ou d'un arrêt dit de règlement.

Le président de la République a en 2016/2017 évoqué favorablement la question du sexe neutre et a combattu toute opération chirurgicale des enfants dans le seul but de les catégoriser en sexe masculin ou féminin.

La France a été condamnée en 2016 à trois reprises par l'ONU en raison des opérations pratiquées sur des enfants intersexes afin de leur attribuer un sexe masculin ou féminin. La reconnaissance d'un sexe neutre éviterait ainsi les mutilations pour faire rentrer dans le cadre M ou F.

La loi sur le mariage pour tous, la récente possibilité de changement de sexe démédicalisé, ouvrent la porte à une marche plus générale en avant, à un plus grand libéralisme et à la reconnaissance du sexe neutre.

Divers pays reconnaissent explicitement le sexe neutre (Allemagne, Malte, Inde) ou l'évoquent implicitement (Écosse, Pays-Bas, Jersey – à propos de reconnaissance de discrimination à des personnes inter sexe –)

II. Sur l'impossibilité de la jurisprudence (Cour de cassation) de se prononcer sur le sexe neutre. Évocation d'arguments défavorables à la reconnaissance d'un sexe neutre

La Loi relative au sexe neutre ou *a fortiori* autorisant explicitement la reconnaissance d'un sexe neutre n'existe pas. Il n'appartient pas aux juges de se substituer à la loi, de la modifier, d'en créer une autre (en ce sens Cour de cassation). Ils ne peuvent donc se prononcer faute de loi sur le sexe neutre.

L'organisation générale en France est fondée sur la binarité des sexes masculin et féminin.

La cour d'appel dans cette même affaire a pu juger, en se fondant sur l'article 57 du Code civil et son interprétation, que « tout individu, même s'il présente des anomalies organiques, doit être obligatoirement rattaché à l'un des deux sexes... » (Paris, 18 janv. 1974. V. également : Versailles, 22 juin 2000, n° 1999-7799). Cette solution (de jurisprudence et non législative) impose aux parents de choisir de façon binaire en fonction des avis médicaux de l'époque et de leur préférence.

Cette binarité, cette dualité sexuelle paraît être implicitement d'ordre public. Un trop grand remodelage des textes législatifs devrait voir le jour si le sexe neutre était adopté.

Si le changement de sexe de masculin et féminin ou vice versa est permis par la loi de nos jours en revanche la loi n'évoque pas le troisième sexe dit sexe neutre ou X.

La reconnaissance d'un changement de sexe ne concernerait qu'une minorité en France (environ 200 personnes chaque année).

Réaction/Actualité

La Cour de cassation aurait peut-être pu se prononcer non sans une certaine hardiesse sur la question du sexe neutre. Elle a sans doute estimé qu'il était encore un peu tôt, qu'elle devait attendre pour se prononcer. La pression des associations conduira sans doute un jour à la reconnaissance d'un sexe neutre. C'est une question de temps et de plus grande évolution des mentalités. En matière de sexe les évolutions législatives récentes, il faut le reconnaître, ont été déjà importantes dans notre pays (mariage pour tous, changement de sexe démédicalisé, droit au plaisir sexuel, etc.) fortement éduqué sur le fondement de concepts catholiques. Ces évolutions ont généré diverses manifestations. Le pouvoir ne s'attendait sans doute pas à de telles réactions, à une telle virulence. Soyons clairs, le choix de la Cour de cassation est à notre sens plus ou moins politique au sens noble du terme. La nouvelle présidence de la République (Macron) orientée vers l'Europe et des pays qui ne sont pas aussi prisonniers du catholicisme peut certes conduire en France à une impulsion. La composition du Parlement en cas de projet législatif sera essentielle. (Sur le sexe neutre voir aussi 9 juin 2017 / 21 mars 2016 / 7 mai 2013 / 9 juin 2017 / 6 août 2017 / 29 septembre 2015 / 28 octobre 2011 / 4 mai 2017)

10 JUIN 2015

Cour de cassation, n° 13-25.554 et n° 14-13.318 : La dénonciation d'un harcèlement moral ou sexuel par un salarié n'est fautive que s'il est démontré la connaissance de la fausseté des faits dénoncés par le dénonciateur au moment où il les a formulés

Dans deux arrêts en date du 10 juin 2015, la Cour de cassation a eu à caractériser la mauvaise foi du dénonciateur de harcèlement moral. Seule la mauvaise foi du dénonciateur peut rendre fautive la dénonciation d'un harcèlement moral ou sexuel et constituer une cause légitime de licenciement. Il convient alors plus précisément de démontrer que le salarié dénonciateur avait pleinement connaissance du caractère mensonger de ses accusations au moment même où il les a formulées. La mauvaise foi du dénonciateur (à prouver par l'employeur) ne peut résulter du seul fait d'une accusation de harcèlement moral fondée sur des faits anodins ou dans le but de s'opposer à ses prescriptions (arrêts 10 juin 2015 Cassation, n° 13-25.554 et n° 14-13.318).

Réaction/Actualité

La seule preuve par l'employeur que les accusations du salarié dénonciateur sont infondées ne suffit pas à rendre fautive la dénonciation. Il existe ainsi en droit une sorte d'immunité pour le dénonciateur qui a pris le risque de dénoncer. Dans les faits la dénonciation n'est pas sans risque même quand elle est justifiée.

11 JUIN 2002

Cour de cassation chambre criminelle : La chambre criminelle de la Cour de cassation estime que la preuve de la discrimination par testing ne peut être écartée *a priori* au seul motif qu'elle n'est pas transparente ou qu'elle est obtenue de manière illicite ou déloyale. Elle considère qu'il appartient au juge répressif qui ne peut refuser l'examen des éléments de preuve d'en apprécier la valeur probante

Selon la Cour de cassation, plusieurs membres ou sympathisants de l'association SOS Racisme ont organisé une opération, dite *testing*, destinée à établir d'éventuelles pratiques discriminatoires à l'entrée de discothèques. Les seules personnes d'origine maghrébine s'étant vu refuser l'entrée, une enquête a été effectuée par les gendarmes appelés sur place. À la suite de cette enquête, le procureur de la République a fait citer devant le tribunal correctionnel Jean-Daniel Z., exploitant des établissements concernés, ainsi que leurs portiers, Jean-Louis X. et Laurent Y., pour discrimination dans la fourniture d'un service à raison de l'origine raciale ou ethnique, sur le fondement des articles 225-1 et 225-2 du Code pénal. Plusieurs personnes, dont l'association SOS Racisme, se sont constituées partie civile.

Le tribunal correctionnel a relaxé les prévenus et débouté les parties civiles de leurs demandes. Pour confirmer ce jugement, la cour d'appel de Montpellier le 5 juin 2001 retient, substituant ses motifs à ceux des premiers juges, que le procédé dit *testing* est illicite. Elle énonce qu'il n'offre « aucune transparence », (aucune intervention d'un huissier par exemple) ne respecte pas « la loyauté nécessaire dans la recherche des preuves et porte atteinte aux droits de la défense (absence de contradictoire) ainsi qu'au droit à un procès équitable ».

La Cour de cassation estime qu'aucune disposition légale ne permet aux juges répressifs de refuser d'écarter *a priori* les moyens de preuve produits par les parties au seul motif qu'ils auraient été obtenus de façon illicite ou déloyale. Il leur appartient en revanche d'en apprécier la valeur probante après les avoir soumis à la discussion contradictoire ;

D'où il suit que la cassation est encourue de ce chef. Par ces motifs la Cour casse et annule l'arrêt susvisé de la cour d'appel de Montpellier, en date du 5 juin 2001, mais uniquement en ce qu'il a débouté l'association SOS Racisme de ses demandes. La Cour de cassation a cependant confirmé la relaxe des cinq responsables mis en cause.

Réaction/Actualité

La solution de la chambre criminelle de la Cour de cassation n'est pas inhabituelle. La chambre criminelle est dans bien des cas (la Cour de cassation a refusé l'apport de preuves par des moyens illicites du Conseil de la Concurrence, jugeant qu'elles étaient déloyales) plus libérale que la chambre civile en ce qui concerne la production de preuves déloyales (écoutes illicites, enregistrements illicites, vidéos illicites, etc.). Les preuves illicites ou déloyales peuvent, en droit pénal, être versées aux débats sous respect du contradictoire (communication à l'adversaire en défense ou en demande avant les débats). Il appartient aux juges d'apprécier alors la valeur probante des preuves fournies. La Cour de cassation emploie l'expression « d'appréciation souveraine par les juges du fond des éléments de preuve contradictoirement débattus devant eux » (Chambre criminelle du 28 janv. 2004 : Bull. crim. 2004, n° 22). La Cour de cassation a accepté dans l'affaire Bettencourt comme moyen de preuve les écoutes qui avaient été opérées de manière clandestine par le majordome. Plusieurs autres exemples peuvent être cités en ce sens (caméra illicite de surveillance disposée dans des parties communes d'un immeuble permettant de prouver l'auteur de dégradations, caméra disposée en secret dans une pharmacie pour établir la preuve des vols commis par des employés, écoute clandestine par magnéto). L'admission de telles preuves en droit pénal n'exclut pas des poursuites en droit civil.

En matière civile la solution est distincte. Les preuves obtenues de manière illicite sont irrecevables en raison notamment de la règle de protection de la vie privée posée par l'article 9 du Code civil. Dans l'affaire Bettencourt le majordome qui a permis la condamnation pénale de tiers grâce à un enregistrement magnéto illicite a été poursuivi en violation de la vie privée pour captation de la parole sans l'autorisation des parties.

12 JUIN 1981

Ministère de la Santé : L'homosexualité n'est plus en France inscrite dans la liste des maladies mentales de l'OMS (Organisation mondiale de la Santé)

Le 12 juin 1981, l'homosexualité ne figure plus en France dans la liste des maladies mentales.

L'OMS (Organisme mondial de la Santé) exclura l'homosexualité de la liste des maladies mentales le 17 mai 1993, date qui sera retenue pour la commémoration de la journée internationale contre l'homophobie.

Réaction/Actualité

Quelques grandes dispositions visant les homosexuels :

Le 6 août 1942, Loi n° 744, Pétain signe un texte de loi portant la majorité sexuelle pour les actes hétérosexuels à 15 ans et à 21 ans pour les actes homosexuels, discriminant ainsi les homosexuels.

En 1968, la France adopte la classification de l'OMS classant l'homosexualité dans les maladies mentales.

Le 11 juin 1981, le ministre de l'Intérieur, Gaston Defferre, supprime le groupe de contrôle des homosexuels à la préfecture de police et les fichiers les concernant. Le 12 juin 1981, le ministère de la Santé n'accepte plus de prendre en compte l'homosexualité dans la liste des maladies mentales de l'OMS (Organisation mondiale de la Santé).

Le 17 mai 1993, L'OMS (Organisme mondial de la Santé) supprime l'homosexualité de la liste des maladies mentales.

La loi du 17 mai 2013 ouvre le droit au mariage pour tous et donc aux homosexuels.

13 JUIN 2007

Cour de cassation chambre civile : La Cour de cassation ne reconnaît pas (à tort ?) l'existence d'un « véritable » contrat de prostitution entre la prostituée et son client

Le contrat de prostitution est pour de nombreux juristes inexistant ou nul (bien que ces deux qualificatifs n'aient pas la même incidence). Il est le plus souvent ignoré dans le cadre des études universitaires du droit des contrats.

La jurisprudence semble réticente à reconnaître un lien contractuel et donc la qualification de contrat entre la personne prostituée et son client. La Cour de cassation considère en date du 13 juin 2007 « qu'il ne s'agit que d'une sorte de contrat non juridiquement reconnu et protégé ».

Réaction/Actualité

Il semble contestable de nier l'existence d'un contrat de prestation sexuelle. L'échange de consentement existe, la convention a bien eu lieu. La validité du contrat peut en revanche être discutée. Pour certains le consentement serait vicié pour violence économique. Encore faudrait-il que le prix soit trop bas par rapport au marché ! Pour d'autres le contrat serait immoral et donc nul ou inexistant ce qui est discutable et contestable.

En réalité le meilleur argument paraît résulter de la loi nouvelle en date de 2016 qui pénalise l'achat ou l'acceptation d'acte sexuel (art. 611-1). Dès lors le contenu du contrat serait illicite et donc nul. On ne peut que plaindre la prostituée dont l'activité est licite, mais qui ne bénéficie d'aucun droit et donc est réduite à l'esclavage du fait de la loi elle-même !

14 JUIN 2002

14 juin 2002 (237910) : Le Conseil d'État à propos du visa d'exploitation du film *Baise-moi* (film non pornographique) précise les conditions (scènes de sexe non simulées, intention du réalisateur, caractère esthétique ou non de son travail) pour qu'un film soit classé pornographique (ce qui ne définit pas pour autant la pornographie)

Le ministre de la Culture et de la Communication n'a pas méconnu le principe de dignité de la personne humaine en accordant un visa d'exploitation à un film qui, s'il comporte des scènes de grande violence et des scènes de sexe non simulées qui justifient son interdiction aux mineurs de dix-huit ans, ne revêt pas, compte tenu de son thème et des conditions de sa mise en scène, le caractère d'un film pornographique ou d'incitation à la violence qui aurait imposé son inscription sur la liste des films soumis aux dispositions des articles 11 et 12 de la loi du 30 décembre 1975 portant loi de finances pour 1976.

Réaction/Actualité

Il ressort des indications fournies que des images pornographiques, en raison de scènes de sexe non simulées, peuvent exister dans un film sans que ce dernier soit nécessairement classé X. Tel a été le cas en l'espèce pour le film *Baise-moi* en raison de l'intention esthétique du réalisateur. Notons qu'à cette époque le choix était plus restreint qu'aujourd'hui ; soit le film était interdit aux moins de 16 ans (ce qui fut le cas) soit il était classé X. De nos jours, depuis le décret du 12 juillet 2001 un film peut être interdit au moins de 18 ans ce qui laisse ainsi une troisième voie sans être classé X.

15 JUIN 2016

Communiqué de presse du 15 juin 2016 du Haut Conseil à l'Égalité qui appelle les pouvoirs publics à mettre en œuvre une éducation à la sexualité à la hauteur des besoins des jeunes

Le 15 juin 2016, le Haut Conseil à l'Égalité a remis à la ministre de l'Éducation nationale, de l'Enseignement supérieur et de la Recherche son rapport. Selon ce dernier en substance « Si des progrès ont été faits en matière d'accès à la contraception et d'usage du préservatif lors des premiers rapports (premier baiser à 14 ans, premiers rapports environ17 ans), les choses évoluent peu en matière de stéréotypes sexistes, notamment sur les questions liées à la sexualité). Les idées reçues ont des conséquences dramatiques en matière de violences sexistes : 7,5 % des filles déclarent avoir été victimes, à l'école, de voyeurisme, de caresses ou de baisers forcés et une jeune femme sur dix de moins de 20 ans déclare avoir été agressée sexuellement au cours de sa vie. Ces violences sexistes trouvent un écho démultiplié par la virilité des réseaux sociaux, devenus une cour de récréation virtuelle : 1 collégienne sur 5 a été victime de cyber violence ».

Le Haut Conseil à l'Égalité observe des manques dans l'éducation à la sexualité des jeunes.

Réaction/Actualité

L'information sur la sexualité devait être présente dans toutes les écoles. L'information variable selon les institutions pédagogiques laisse parfois à désirer. Elle semble encore trop souvent cantonnée à des questions d'ordre anatomique et biologique.

16 JUIN 2016

Cameroun : Le projet de loi portant modification du Code pénal du Cameroun maintient la sanction pénale contre l'homosexualité

Au Cameroun, le nouveau texte n'apporte aucune innovation au sujet de l'homosexualité, qui reste toujours punie. Malgré des pressions internationales, le gouvernement camerounais maintient la sanction pénale contre l'homosexualité. L'article 347-1 du Code pénal en vigueur prévoit que l'homosexualité est punie d'un emprisonnement de six mois à cinq ans et d'une amende 20 000 à 200 000 FCFA. La sanction vise « toute personne qui a des rapports sexuels avec une personne de son sexe ».

Réaction/Actualité

Plus de 70 pays répriment encore pénalement l'homosexualité dont notamment l'Afghanistan, l'Algérie, l'Arabie saoudite, le Barhein, le Bangladesh, Chypre, les Émirats arabes unis, l'Inde, l'Iran, l'Irak, le Kenya, la Malaisie, le Maroc, etc.

17 JUIN 2010

Cour de cassation 2e chambre civile : Définition du préjudice sexuel et distinction implicite avec le préjudice d'agrément. Confirmation de l'autonomie du préjudice sexuel par rapport au préjudice d'agrément

En matière de responsabilité civile, d'accident d'automobile par exemple, divers préjudices peuvent être indemnisés. Le préjudice patrimonial résultant des frais de santé (les frais d'hospitalisation, le prix des éventuels médicaments devant être prescrits...), le préjudice de la douleur physique endurée à cause de la fracture, le déficit fonctionnel temporaire qui va dépendre du type de fracture et de la durée de l'immobilisation qu'elle entraîne, le préjudice d'agrément (impossibilité de pratiquer des activités sportives comme usuellement), mais aussi le préjudice sexuel (ex : difficulté des rapports en raison de l'immobilisation). Il est important de souligner la distinction entre ces différents chefs de préjudice d'autant que des hésitations existaient sur la nécessite de distinguer préjudice d'agrément et préjudice.

Dans cet arrêt du 17 juin 2010 la victime avait été blessée lors d'un accident de la circulation. Le conducteur était inconnu et le Fonds de garantie des assurances obligatoires devait donc indemniser le requérant en raison des dommages subis. L'intérêt particulier de cet arrêt est qu'il souligne la nécessité de distinguer le préjudice d'agrément du préjudice sexuel en traitant distinctement leur indemnisation. Pour être plus précis, « le préjudice sexuel comprend tous les préjudices touchant à la sphère sexuelle à savoir : le préjudice morphologique lié à l'atteinte aux organes sexuels primaires et secondaires résultant du dommage subi, le préjudice lié à l'acte sexuel lui-même qui repose sur la perte du plaisir lié à l'accomplissement de l'acte sexuel, qu'il s'agisse de la perte de l'envie ou de la libido, de la perte de la capacité physique de réaliser l'acte, ou de la perte de la capacité à accéder au plaisir, le préjudice lié à une impossibilité ou une difficulté à procréer ».

Réaction/Actualité

L'apport de l'arrêt du 17 juin 2010 qui met fin à des hésitations a été repris par la décision de la deuxième chambre civile du 28 juin 2012 et par l'arrêt de la cour d'appel de Nancy du 19 novembre 2015, détaillé plus loin. Il est confirmé que le préjudice sexuel subi par la victime d'un accident doit être indemnisé distinctement du préjudice d'agrément et du préjudice fonctionnel.

18 JUIN 2014

Le Luxembourg autorise le mariage et l'adoption pour les couples homosexuels

Le Parlement du Luxembourg le 18 juin 2014, par une importante majorité, a adopté le projet de loi qui autorise « deux personnes de sexes différents à se marier et à adopter ». La mise en œuvre de ce texte relatif au mariage homosexuel eut lieu en 2015. Le Luxembourg avait déjà légiféré en 2004 sur une forme de PACS d'union civile ouverte aux couples du même sexe.

Réaction/Actualité

Ce pays est ainsi le onzième pays européen à légiférer et admettre le mariage pour tous après les Pays-Bas (2001), la Belgique (2003), l'Espagne (2005), la Suède et la Norvège (2009), le Portugal et l'Islande (2010), le Danemark (2012) et la France (loi promulguée le 17/18 mai 2013) et la Grande-Bretagne (2013).

19 JUIN 2001

Cour de cassation, 1re chambre civile, 19 juin 2001 : L'assurance vie d'une prostituée annulée pour fausse déclaration

La première chambre civile de la Cour de cassation en date du 19 juin 2001 a considéré comme nul le contrat d'assurance vie conclu par une prostituée qui se déclarait infirmière (mais comment ne pas mentir ?). La Cour a considéré que les risques encourus étaient particulièrement anormaux.

Réaction/Actualité

La prostitution est licite. Il est possible de l'exercer. Mais elle n'est pas considérée comme un métier par les organismes administratifs. Dès lors de nombreuses prostituées sont obligées de déclarer leur activité sous une fausse appellation ou de ne pas le déclarer. On devine la difficulté de la prostituée pour obtenir un crédit faute de fiche de paie ou de reconnaissance professionnelle (alors qu'elle est assujettie aux impôts et à diverses taxes). L'association France prostitution propose la qualification de thérapeute sexuelle, ce qui n'est pas très éloigné de l'infirmière ou de la sexologue. La nouvelle loi de 2016 pénalisant le client accroît plus encore en les paupérisant les difficultés des personnes qui se prostituent.

20 JUIN 1983

Circulaire du secrétaire d'État à la santé du 20 juin 1983 relative à la sélection des donneurs de sang discriminant les homosexuels dans le cadre de la prévention contre le VIH

Le principe de la sélection des donneurs de sang a été édicté par la circulaire de la Direction générale de la Santé le 20 juin 1983. Elle a été prise en raison « du risque nouveau et grave pour la santé représentée par le syndrome d'immunodépression acquise (SIDA) dû à un agent infectieux dont la transmission par le sang et les produits dérivés sanguins a pu être suspectée, mais non établie ». Les groupes à risques sont considérés comme ceux où la prévalence du virus VIH (nombre de personnes contaminées sur la population totale du groupe concerné) est statistiquement la plus forte. Cette circulaire destinée à éviter ou limiter la contamination visait et discriminait notamment les homosexuels dans le cadre du don du sang.

Il convient de noter la tardiveté de cette circulaire quatre mois après les recommandations de la Food and Drug Administration (FDA), et alors que l'implication de la transfusion sanguine dans la transmission du virus du sida a été suspectée à la fin de l'année 1982 et au tout début de l'année 1983. Par ailleurs avant même 1983 il y aurait eu plus d'hétérosexuel(le)s que de gays porteurs du VIH qui s'ignorent ce compte tenu du fait que de nombreux homosexuels avaient déjà réalisé des tests.

Réaction/Actualité

La mesure apparaît de nos jours discriminatoires, car les arguments avancés à l'époque pour décider de sa mise en place sont obsolètes. La sélection, censée sécuriser les dons, ne tient pas compte des pratiques à risque. Les homosexuels étaient d'office écartés du don du sang même s'ils étaient séronégatifs et n'avaient pas eu de pratiques à risques alors qu'un hétérosexuel ayant eu des pratiques à risques devait seulement être exclu temporairement du don (six mois après un rapport non protégé).

La mesure prévue par la circulaire a été en grande partie abrogée en 2016. Les homosexuels peuvent à nouveau sous condition il est vrai donner du sang (voir 5 avril 2016 arrêté : Don du sang des homosexuels ou bisexuels « Levée (sous conditions) de la discrimination suite à arrêté du 5 avril 2016 »).

21 JUIN 2016

Décision MLD-2016-171 du Défenseur des Droits du 21 juin 2016 relative à un harcèlement discriminatoire pour homosexualité

Le Défenseur des Droits a été saisi d'une réclamation relative à des faits de harcèlement discriminatoires fondés sur l'orientation sexuelle du réclamant ingénieur d'affaires. Il ressort des éléments recueillis au cours de l'instruction que le harcèlement discriminatoire qu'il a subi en raison de son orientation sexuelle vicie le consentement qu'il a donné à cette fin pour rompre son contrat de travail et qu'il a été marginalisé financièrement dans sa carrière.

Le réclamant a été débouté de sa demande de voir reconnaître la discrimination dont il s'estime victime et de la nullité de la rupture de son contrat de travail par le conseil de prud'hommes.

Saisi en janvier 2014, le Défenseur des Droits a décidé de présenter ses observations devant la cour d'appel. Après avoir constaté que l'intéressé a été victime d'un harcèlement discriminatoire fondé sur son orientation sexuelle, que la discrimination se traduit également par une baisse arbitraire de sa rémunération, le Défenseur conclut que la rupture du contrat de travail de l'intéressé dans le cadre d'un plan de départs volontaires est nulle en raison du vice du consentement résultant de la situation de discrimination antérieure.

La cour d'appel a suivi les observations du Défenseur des Droits.

La cour reconnaît qu'en 2010, l'employeur a eu connaissance de l'homosexualité du salarié et que c'est pour cette raison qu'il a subi des moqueries de la part de ses collègues qui imposaient au surplus, par leur comportement machiste et sexiste, un environnement de travail particulièrement oppressant. La cour observe par ailleurs que la différence de traitement de la rémunération variable, qui constitue une part très importante de la rémunération de l'intéressé, est concomitante de la connaissance par l'employeur de l'homosexualité du salarié. En outre, la cour d'appel considère que peu importe que le salarié n'ait pas dénoncé la discrimination subie dans le cadre de la procédure de départ volontaire, son consentement au départ, même réitéré, procède, avec la convention de rupture qui en résulte, de la discrimination. En conséquence, cette convention de rupture est nulle.

Réaction/Actualité

La cour d'appel, dans son arrêt du 22 septembre 2016, a condamné la société mise en cause à verser au salarié plus de 608 000 euros de dommages et intérêts. Elle distingue les préjudices nés, d'une part, des humiliations qu'il a subies et, d'autre part, de la dégradation consécutive de son état de santé.

Le fait que le conseil des prud'hommes n'ait pas été favorable à l'employé mérite d'être souligné.

La difficulté de démontrer la discrimination salariale est délicate, car il faut établir la comparaison de sa situation avec des salariés occupant le même poste.

L'importance de l'appui apporté par le Défenseur des Droits mérite donc d'être soulignée. On peut se demander si sans cet apport le salarié aurait eu gain de cause.

22 JUIN 2007

Conseil d'État : Le Conseil d'État refuse de consacrer une forme de discrimination positive en faveur des femmes en matière de composition des jurys de recrutement des fonctionnaires de l'État dans la mesure où la loi ne fixe qu'un « objectif » d'égalité et non une obligation

Les législations en matière d'égalité entre hommes et femmes se sont d'abord développées dans la fonction publique. L'arrêt du Conseil d'État du 22 juin 2007 traite de la composition des jurys de recrutement des fonctionnaires de l'État dont la désignation doit selon une loi de 2001 respecter un « objectif » de représentation équilibrée entre hommes et femmes. Malgré tout, selon l'arrêt du Conseil d'État en date du 22 juin

2007, cet objectif ne peut aller jusqu'à imposer que ces jurys soient composés à part égale d'hommes et de femmes, le recrutement devant également se fonder sur les qualités et compétences des individus.

Réaction/Actualité

Le Conseil d'État refuse ici de consacrer une forme de discrimination positive en faveur des femmes. La discrimination positive consiste à traiter de manière différenciée et préférentielle une minorité, ce qui peut concerner les femmes, mais également les minorités raciales ou sexuelles.

En France, contrairement aux États-Unis, les discriminations positives sont sévèrement encadrées et ne peuvent être appliquées que si elles sont expressément prévues par la loi, comme c'est par exemple le cas avec la loi constitutionnelle 8 juillet 1999 concernant l'élection de femmes à des mandats et fonctions publiques.

Dans l'arrêt de 2007, il est indiqué que la loi n'avait prévu qu'un «objectif» d'égalité, et non une «obligation» rendant ce dispositif beaucoup moins efficace et n'en faisant qu'un critère parmi d'autres pour la sélection des candidats.

23 JUIN 1988

Chambre commerciale de la Cour de cassation : l'employeur commettant n'a pas été jugé responsable de la faute de son préposé qui avait apposé sans autorisation et à des fins étrangères à ses attributions une soufflette sur le rectum de son collègue sur le lieu et durant les heures de travail

Un salarié sur son lieu de travail durant son temps de travail avait utilisé une soufflette, son outil de travail, pour envoyer de l'air comprimé dans le rectum de son collègue. L'air comprimé propulsé dans le rectum provoqua des légions graves nécessitant une hospitalisation. La responsabilité de l'employeur en tant que commettant fut recherchée en raison du lien avec l'activité professionnelle (et de la solvabilité supposée de ce dernier). La Cour en l'espèce considéra que l'employeur ne peut pas être jugé responsable pour toutes les fautes de son employé même sur le lieu et durant les heures de travail. Le droit pose donc des limites. L'employeur n'est pas responsable si l'employé a agi hors de ses fonctions, sans autorisation et à des fins étrangères à ses attributions. Seul l'employé pouvait donc être poursuivi pour les dommages engendrés par cette mauvaise plaisanterie.

Réaction/Actualité

La jurisprudence engage parfois plus aisément la responsabilité de l'employeur. Tel fut le cas dans un arrêt de la deuxième chambre civile de la Cour de cassation du 17 mars 2011. Un professeur de musique employé par une association avait abusé sexuellement des élèves dans l'enceinte de l'établissement et pendant les cours qu'il devait y donner. La Cour de cassation a considéré que le professeur n'avait pas agi en dehors de ses fonctions et que son commettant était responsable.

24 JUIN 2011

In *Le Figaro Madame* « Premier de cordée ». Le Shibari Un nouveau must du libertinage et plus précisément du ligotage

Selon Stéphane Rose journaliste au *Figaro* « Le top, désormais, c'est de s'inscrire à un stage de shibari. Art militaire de tradition japonaise (à l'origine, il était utilisé pour ligoter des prisonniers), le shibari s'est ensuite transformé en art érotique. La consultation d'internet révèle qu'il existe des écoles et des stages de Shibari. On pourrait en plaisanter comme on plaisante parfois de manière indue de la sexualité et des sexologues. Mais outre que les *Shibari schools* pour utiliser un anglicisme mondain sont peut-être des écoles de plaisir (certains penseront de débauche) elles sont à ce jour licites à l'instar des clubs libertins. Dès lors, quitte à jouer à certains jeux qui ne sont pas nécessairement sexuels, autant jouer avec habileté, prudence, et connaissance des risques (*infra*) ».

Réaction/Actualité

La libéralisation des mœurs paraît en France incontestable notamment du fait d'une législation européenne qui peut heurter la morale traditionnelle judéo-chrétienne. La tendance au SM chic, et donc en l'espèce au Shibari, dans la mode et l'imagerie culturelle in est selon la journaliste croissante. Le succès de *50 Nuances de Grey* en atteste (*Fifty Shades of Grey* est un roman érotique dont l'auteure est la Britannique E.L. James). Toutefois certains vétérans du SM s'opposent à la démocratisation. Le Shibari mal pratiqué pourrait occasionner de sérieux dégâts (contusions, étouffements). Rappelons que comme en matière de sadomasochisme si des souffrances très légères et consenties (ex : griffures superficielles) sont admissibles par les tribunaux (le principe de l'indisponibilité du corps humain souffre ainsi de diverses dérogations) le défaut de respect d'autrui, du *safe word* ou des sévices aux conséquences non négligeables bien qu'acceptées par la victime sont passibles de sanctions pénales en France. Le consentement de la victime n'exclut donc pas nécessairement la responsabilité de l'auteur. À une époque où en France l'achat d'acte sexuel est pénalement réprimé par la loi de 2016 on peut se demander si cette loi sur la prostitution (en contradiction avec la liberté des mœurs) ne risque pas de trouver parfois application dans les milieux du bondage ou du Shibari dans la mesure ou la frontière est parfois floue.

25 JUIN 1970

Tribunal de grande instance de Dieppe (GP 1970,2, 243) : Condamnation du mari pour avoir imposé des relations excessives à caractère sexuel à sa femme

Des maris ont pu être condamnés pour avoir imposé à leurs épouses des relations sexuelles excessives. Le plaisir sexuel doit se consommer avec modération. Un mari de 70 ans ne peut passer près de son épouse sans tenter de la caresser, de l'embrasser, de lui relever sa jupe, de procéder à des attouchements. Il la poursuit plusieurs fois par jour de son assiduité en la couvrant de baisers sur tout le corps. Il a été condamné pour avoir imposé à son épouse des relations sexuelles excessives. Il a dû réparer le préjudice subi par son épouse qu'il poursuivait de ses assiduités à un point tel que le médecin avait dû prescrire une abstention de tout rapport sexuel pendant un mois.

Se fondant sur l'âge des impétrants le tribunal avait considéré qu'il y avait excès de nature à constituer un préjudice. Le plaisir sexuel doit-il aussi se consommer avec modération ? Dans une espèce comparable un homme qui obligeait son épouse à plusieurs actes sexuels quotidiens « au point de la rendre malade » avait fait l'objet d'une condamnation.

Notons qu'à l'inverse, à cette même époque le fait de se refuser à l'accomplissement du devoir conjugal pouvait constituer une faute, cause du divorce. Tel fut le cas d'une femme qui est entrée au couvent après son mariage et a incité son mari à en faire autant et à ne plus avoir de relations. (cour d'appel d'Amiens le 3 mars 1975, Dalloz 1975, p. 707 ; V. aussi Paris, 9 févr. 2005, RG n° 04/01023 – Civ. 2e, 17 déc. 1997, n° 96-15.704)

Réaction/Actualité

La décision du TGI de Dieppe paraît *a priori* sévère à l'encontre du mari, l'homme ayant atteint un âge respectable donnant à penser qu'il n'est peut-être plus une foudre sexuelle de guerre. Mais de nos jours si le plaisir n'est pas partagé ou *a fortiori* consenti par l'épouse il existe une sorte de viol conjugal (qui à l'époque du jugement rendu par le TGI de Dieppe n'était pas sanctionné par des textes). C'est la Cour de cassation chambre criminelle qui, le 5 septembre 1990, a reconnu pour la première fois le crime de viol entre époux durant le mariage depuis, la loi du 4 avril 2006 sur les violences au sein du couple, le viol entre époux a été explicitement sanctionné pénalement (art. 222-22).

26 JUIN 2014

CEDH : Arrêts Menesson et Labassé condamnant la France pour refus de transcrire à l'état civil les actes de naissance des enfants nés de GPA à l'étranger « au nom de l'intérêt supérieur de l'enfant » (sans remettre en cause de l'interdiction de la GPA par la France)

La GPA est interdite en France. Mais la Cour européenne des Droits de l'homme (CEDH) en date du 26 juin 2014 (Arrêts Menesson et Labassé) a condamné la France pour refus de transcrire à l'état civil les actes de naissance des enfants nés par GPA à l'étranger au nom de l'intérêt supérieur de l'enfant (sans remettre en cause de l'interdiction de la GPA par la France) -(CEDH, 5e sec., 26 juin 2014, Labassee c. France, req. n° 65941/11 et Menesson c. France, req. n° 65192/11). La CEDH à travers les deux décisions rappelle en l'espèce la primauté de l'intérêt supérieur de l'enfant sur l'intérêt général, l'ordre public : si la France, du fait de la marge de manœuvre laissée aux États, peut interdire la GPA sur son territoire, elle ne peut pas porter atteinte à « l'identité » des enfants nés de mères porteuses à l'étranger en refusant de les reconnaître.

Réaction/Actualité

La Cour de cassation statuant en assemblée plénière en date du 3 juillet 2015 (arrêt n° 619 du 3 juillet 2015, 14-21.323, arrêt n° 620 du 3 juillet 2015, 15-50. -Dalloz actualité 7 juillet 2015) sensible aux décisions de la CEDH, a procédé à la transcription sur le registre de l'acte de naissance français d'un enfant né de GPA au nom de l'intérêt supérieur de l'enfant. Elle a considéré que le refus de transcrire l'acte de naissance d'un enfant né en Russie de père biologique et de mère porteuse ne saurait résulter du fait qu'il y a eu recours à GPA (gestation pour le compte d'autrui). La transcription à l'état civil français de l'enfant né à l'étranger avec nom du père biologique et de la mère porteuse a pu être effectuée. Un risque de revirement de la Cour de cassation ne peut être encore exclu toutefois.

Mais en cas de GPA qu'en est-il du parent d'intention, plus précisément du conjoint du parent biologique ? Il semblerait que l'adoption après GPA par le conjoint d'intention (conjoint du père biologique) est encore incertaine – (rejet discutable CA Dijon 24 mars 2016). La cour d'appel de Dijon en date du 24 mars 2016 n'a pas fait droit à la demande. La demande en adoption simple a été rejetée dès lors que les requérants n'ont pas apporté la preuve qu'un refus constituerait une atteinte disproportionnée aux droits de l'enfant. En l'espèce on a estimé que du fait d'une filiation paternelle biologique reconnue l'absence d'adoption ne porte pas vraiment préjudice à l'intérêt de l'enfant.

27 JUIN 2013

L'Assemblée parlementaire du Conseil de l'Europe a tancé la France au sujet d'un risque de « recours excessif à la force » contre les manifestants opposés au mariage gay et d'un risque d'atteinte à la liberté de manifester

La loi sur le mariage pour tous a déclenché de nombreux débats. La « Manif pour tous » qui se définit comme le principal collectif d'associations à l'origine des plus importantes manifestations d'opposition à la loi ouvrant le mariage aux personnes de même sexe a redouté l'atteinte à la liberté de réunion suite un rapport parlementaire visant à l'interdiction de manifester et a critiqué les violences policières.

Le Conseil de l'Europe qui a été saisi par le Parti populaire européen (PPE) a rappelé que la liberté de réunion et d'association, dont est issue la liberté de manifestation, est un droit essentiel dans une démocratie, cette liberté ne peut être limitée que s'il existe un danger pour les autres ou pour les biens publics ou privés, ce qui n'était pas le cas selon le Conseil puisqu'il s'agissait de manifestations pacifiques. Les représentants des Parlements des 47 pays membres du Conseil de l'Europe ont demandé aux autorités de « veiller à ce que l'action de la police, si elle est nécessaire, reste proportionnée », dénonçant notamment le « recours aux gaz lacrymogènes à l'encontre de manifestants pacifiques ».

Réaction/Actualité

La France n'est pas la Turquie et les droits essentiels ont été respectés *in fine*. L'association « La Manif pour tous » quant à elle est toujours opposée au mariage homosexuel. Mais du fait même de la promulgation de la loi sur le mariage pour tous elle lutte surtout désormais contre la légalisation de certains modes de procréation tels que la gestation pour autrui (GPA), la procréation médicalement assistée (PMA) ou la reconnaissance de la mention sur l'acte de naissance d'un sexe neutre qui est discuté.

28/29 JUIN 1969

Émeutes de Stonewall à New-York source de l'émancipation de la communauté homosexuelle et de la gay pride

Le Stonewall Inn est un des bars, tenu par la mafia, où les homosexuels peuvent se retrouver. Il se situe à Greenwich village (New York). Dans la nuit du 28 au 29 juin 1969 des émeutes éclatèrent suite à une intervention de la police. Les gays et lesbiennes se révoltèrent. Des organisations militantes se constituèrent à une époque encore très homophobe. La Gay Pride du 28 juin 1970 et des années suivantes marque l'anniversaire de ces émeutes.

Réaction

Dans divers états américains l'homophobie existe encore fortement. Des lois *anti sodomy*, en réalité destinées à réprimer les homosexuels, subsistent ou sont même promulguées de nos jours en dépit de leur caractère inconstitutionnel.

30 JUIN 2016

CEDH Taddeucci et McCall c. Italie req. n° 51362/09: Constatation de la discrimination dans le refus d'attribution d'un permis de séjour en Italie à un concubin homosexuel dans la mesure où ce refus est justifié en fait par l'absence de mariage alors qu'il n'existe pas (à l'époque) de droit au mariage ou d'union civile pour les homosexuels en Italie

Deux partenaires vivaient en concubinage. L'un est de nationalité italienne et l'autre néo-zélandais. Le conjoint du ressortissant italien s'est vu refuser la délivrance d'un permis de séjour en Italie pour « raison familiale ». L'administration soutenait qu'être « membre de la famille » était une condition réservée aux couples mariés.

En première instance, le tribunal civil de Florence avait qualifié le concubin de « membre de la famille », au sens du décret en cause. Pourtant la cour d'appel, comme la Cour de cassation italienne, avait rejeté la qualification et considéré que la Convention européenne des Droits de l'homme n'obligeait pas les États à reconnaître les relations « entre personnes de même sexe ».

Cet argumentaire a été contesté devant la Cour européenne des Droits de l'homme (CEDH).

La solution de la CEDH est la suivante : refuser le mariage aux couples de même sexe n'est pas en soi attentatoire (arrêt Schalk, préc.), mais imposer ce statut pour obtenir un titre de séjour constitue bel et bien une discrimination au sens de l'article 8 dès lors que le mariage leur est fermé. Il existe donc pour la Cour une discrimination fondée sur l'orientation sexuelle, au sens de l'article 8, au regard de l'obtention du titre de séjour dans la mesure où contrairement aux couples hétérosexuels, le droit au mariage n'est pas ouvert aux couples de même sexe.

Réaction/Actualité

La Cour européenne ne veut pas imposer le mariage homosexuel aux États membres. Elle ménage les traditions et l'histoire. En revanche elle considère qu'il y a discrimination au regard de l'obtention du permis de séjour.

Précisons que le 11 mai 2016 l'union civile pour les couples de même sexe a été créée non sans difficulté alors que jusque-là les couples homosexuels n'avaient aucun statut. L'Italie est ainsi le dernier grand pays d'Europe occidentale à reconnaître les unions homosexuelles.

Juillet

1er juillet 2009 – Tribunal de grande instance de Paris 24e chambre : Relations sadomasochistes (SM) : relaxe de poursuites suite à violences légères du fait du consentement

2 juillet 1982 – Cour suprême des États-Unis, 2 juillet 1982 (New York v. Ferber, 458 U.S. 747) : La pédopornographie est interdite aux États-Unis même si elle n'est pas jugée obscène (par exemple : image de mineur nu)

3 juillet 2015 – Cour de cassation, assemblée plénière (arrêt n° 619 du 3 juillet 2015 – 14-21.323 et arrêt n° 620 du 3 juillet 2015, 15-50.002) : Transcription sur le registre de l'acte de naissance français d'un enfant né de GPA en Russie (en dépit d'une fraude à la loi) au nom de « l'intérêt supérieur de l'enfant »

4 juillet 2001 – Loi n° 2001-458. Légalisation de la stérilisation volontaire des personnes handicapées sous tutelle ou curatelle

5 juillet 2016 – Selon l'article du Journal *L'Équipe* en date du 5 juillet 2016, le sexe n'est pas incompatible avec la performance sportive (auteur Pierre Rondeau)

6 juillet 1972 – Tribunal de grande instance de Valence : Réparation du préjudice sexuel par ricochet. L'impuissance du mari suite à accident oblige à réparation à l'égard de l'épouse victime par ricochet

7 juillet 2011 – Loi bioéthique assouplissant les règles concernant l'assistance médicale à la procréation, notamment la PMA

8 juillet 2015 – Cour de cassation : Rejet de la Cour de cassation (arrêt de rejet) concernant la levée du fichage informatique des personnes frappées par l'interdiction de donner du sang, discriminant ainsi les personnes homosexuelles

9 juillet 1998 – Cour d'appel de Poitiers : En cas de pratique libertine, l'époux ne peut invoquer l'adultère fautif de l'autre résultant de ces pratiques lors du divorce

10 juillet 2013 – Cour de cassation chambre sociale : La relation amoureuse au travail d'une salariée dans le cadre professionnel avec son supérieur peut faire échec à une accusation postérieure de harcèlement sexuel de ce directeur par cette dernière

10 juillet 1969 (bis) – Condamnation de Gabrielle Russier professeur par le tribunal correctionnel de Marseille pour détournement de mineur (élève de plus de15 ans) – voir *infra* suicide 1er septembre 1969)

11 juillet 1989 – Cour de cassation chambre sociale : « La loi qui fait référence au concubinage ne peut concerner qu'un homme et une femme ». Rejet du concubinage homosexuel

12 juillet 2016 – L'Assemblée nationale en deuxième lecture adopte une procédure de démédicalisation du changement de sexe

Le **13 juillet 1979** – Le Conseil d'État infirme la décision de classer le film *Le Bordel ou la maison des confidences* dans la catégorie des films pornographiques prévus par la loi de 1976 en l'absence de scène à caractère pornographique

14 juillet 2017 – Propos de l'auteur sur le thème « Sexualité, orientation sexuelle (homosexualité) et terrorisme »

15 juillet 2016 – Cour administative d'appel de Paris 6e chambre, N° 16PA02496 : La Cour administrative d'appel de Paris considère que le film *Gang bang* ne présente pas un caractère pornographique en dépit de scènes de sexe

16 juillet 2016 – Propos de l'auteur sur le devoir conjugal, l'abstinence, les excès

17 juillet 1984 – Cour de cassation chambre criminelle, 17 juillet 1984, pourvoi N° 84-91.288. Prémices d'une reconnaissance du viol entre époux (reconnaissance du viol entre époux « séparés »)

18 juillet 2000 – Cour de cassation chambre sociale, 18 juillet 2000, n° 97-45.010 : À propos de l'émission de télé-réalité *L'île de la tentation*. L'activité de drague ou même l'activité sexuelle d'un célibataire avec d'autres célibataires de sexe opposé, dans le cadre du jeu de *L'île de la tentation*, ou même l'inactivité du participant (temps libre des participants) peuvent être considérées comme l'exécution d'un contrat de travail

19 juillet 2017 – Propos de l'auteur sur l'existence de mariage chrétien homosexuel au Moyen Âge ?

19 juillet 2017 – Liste de divers pays qui (en Europe notamment) ont légalisé le mariage gay

20 juillet 2011 – Cour de cassation chambre criminelle, 20 juill. 2011, n° 10-83.763, Juris. Data n° 2011-014732 ; Bull. crim. 2011, n° 160, p. 636) : La chambre criminelle de la Cour de cassation considère que l'officier d'état civil qui signe un acte constatant un mariage qu'il sait fictif commet un crime (faux en écriture publique) et non un délit (faux en matière de document administratif)

21 juillet 2016 – CEDH : Condamnation de la France par la CEDH en raison du refus de transcription à l'état civil d'acte de naissance d'enfants nés à l'étranger par GPA (affaires Foulon et Bouvet)

22 juillet 1959 – Cour de casation chambre criminelle D59/491 : La prostitution se distingue de la débauche en ce sens que la prestation de la personne prostituée est tarifée

23 juillet 2014 – Loi pour l'égalité réelle entre les hommes et les femmes. Suppression de la condition de « situation de détresse » en matière d'interruption volontaire de grossesse (IVG) et extension du délit d'entrave à l'IVG

24 juillet 2015 – Décision MLD-2015-144 du 24 juillet 2015 du Défenseur des Droits, relative à un licenciement pour faute grave dont la cause semble être en fait la dénonciation d'un harcèlement moral et d'une discrimination salariale du fait du sexe féminin.

25 juillet 1995 – Tribunal de grande instance de Belfort : Reconnaissance de droits aux homosexuels (en ce qui concerne l'indemnisation (préjudice par ricochet) du compagnon survivant suite à accident du partenaire), ce avant même la loi sur le mariage homosexuel

26 juillet 2016 – Le média d'information des avocats au Canada *Inc* en date du 26 juil. 2016 indique que la loi canadienne du 6 nov. 2014 pénalisant le client de la prostituée ne semble pas (après un recul de plus de deux ans) être une réussite

27 juillet 1982 – Adoption par l'Assemblée nationale de la proposition de loi abrogeant la discrimination légale pénale à l'encontre des homosexuels et fixant de ce fait la même majorité sexuelle pour les hétérosexuels et les homosexuels

28 juillet 2017 – Propos sur les personnes âgées oubliées de la sexualité

29 juillet 1994 – Premières lois en matière de bioéthique (concerne notamment PMA et GPA)

30 juillet 1987 – Loi n° 87-588 du 30 juillet 1987 portant diverses mesures d'ordre social et de protection des mineurs, concernant notamment l'installation de *sex shop ou love shop*

31 juillet 2013 – *Journal officiel de la République française* du 31 juillet 2013, n° 0176. Avis sur les droits à l'intimité des personnes âgées (CNCDH assemblée plénière du 27 juin 2013)

1ER JUILLET 2009

Tribunal de grande instance de Paris, 24e chambre : Relations sadomasochistes (SM). Relaxe de poursuites suite à violences légères du fait du consentement

Des relations sadomasochistes avaient eu lieu entre concubins. Ces derniers furent relaxés des poursuites pour violence. L'absence de gravité des blessures comme l'absence de litige sur le consentement sont des éléments souvent déterminants. Toutefois on ne peut généraliser.

Réaction/Actualité

Le consentement de la victime, son acceptation des risques, est un élément important. Il n'est pas toujours déterminant et ne saurait constituer une excuse absolutoire aux coups sévères infligés. Ainsi, à la même époque, des tribunaux ont procédé à des condamnations (Grenoble 11 mars 2009).

2 JUILLET 1982

Cour suprême des États-Unis, 2 juillet 1982 (New York v. Ferber, 458 US 747) : La pédopornographie est interdite aux États-Unis même si elle n'est pas jugée obscène ou érotique (par exemple : image de mineur nu)

Si la pornographie des majeurs, mal définie, est licite et laissée à la liberté des adultes, il n'en est pas de même en cas de présence d'un enfant mis en scène et donc de pédopornographie. Mais aux États-Unis, l'auteur d'une image peut être sanctionné pour pédopornographie même en l'absence de scène obscène. Ainsi à partir de 1982 (Cour suprême des États-Unis, 2 juillet 1982, Nexo York v. Ferbert, 458 US 747), les juges considèrent que les images « pédopornographiques » ne sont pas seulement des images qui montrent des actes sexuels avec des enfants, mais aussi des figurations sans véritable contenu érotique. Il en est ainsi de la simple nudité d'un mineur. Une telle nudité peut être qualifiée d'image « pédopornographique » !

Réaction/Actualité

La liberté est grande aux États-Unis, mais on plaisante moins avec le sexe qu'en France. Par ailleurs, la protection de l'enfance est essentielle. Il en est de même en France ou dans tous les États de l'Union européenne, bien qu'une image d'un enfant nu ne puisse dans l'hexagone être considérée *a priori* comme pédopornographique. Toutefois, les États-Unis (Cour suprême, 16 avril 2002, Ashcroft v. free coalition, 535 US 234, 2002), à la différence des États européens et donc de la France, autorisent les films pédopornographiques fictionnels. Dès lors que des acteurs mineurs ne sont pas des êtres vivants mais par exemple des dessins animés ou tout objet ou nourriture (tel un sandwich ou une saucisse), cette pédopornographie fictionnelle est autorisée aux USA, ce qui n'est pas le cas en France.

On se souvient qu'en France, des organisations (association *Promouvoir* et autres) avaient demandé la censure du film de fiction *Sauvage party*, censure refusée par le tribunal administratif en date du 14 déc. 2016 – voir *infra* –).

3 JUILLET 2015

Cour de cassation, assemblée plénière, arrêt n° 619 du 14-21.323 et arrêt n° 620 du 3 juillet 2015, 15-50.002) : Transcription sur le registre de l'acte de naissance français d'un enfant né de GPA en Russie (en dépit d'une fraude à la loi) au nom de « l'intérêt supérieur de l'enfant »

Le 3 juillet 2015, La Cour de cassation a été saisie de deux affaires. Dans chacune d'elles, un Français a reconnu la paternité d'un enfant à naître en Russie né d'une mère porteuse. L'homme a ensuite demandé la transcription de l'acte de naissance russe à l'état civil français. Le procureur de la République a refusé, invoquant les lois françaises interdisant la gestation pour autrui (GPA). Les magistrats de la Cour de cassation, sensibilisés, acceptaient cependant « pour la première fois » la transcription sur les registres de l'état civil français de l'acte de naissance étranger de l'enfant né d'une gestation pour autrui « au nom de l'intérêt supérieur de l'enfant », dès lors que « l'acte de naissance était régulier, non falsifié et que les faits déclarés correspondaient à la réalité ».

Réaction/Actualité

Cette solution de la Cour de cassation est conforme aux décisions de la CEDH (arrêts Menesson et Labassée, 26.06.14 -voir *Almanach-*) et en a peut-être été inspirée. La CEDH a considéré que bien que la GPA puisse être déclarée illicite dans certains pays, le refus de transcrire la filiation des enfants à l'égard du père biologique, telle qu'elle apparaît sur l'acte étranger, constitue une atteinte disproportionnée à la vie privée des enfants, vie privée protégée par l'art. 8 de la Convention. En effet, chacun doit pouvoir établir les détails de son identité d'être humain, ce qui comprend sa filiation. La CEDH a par ailleurs plus récemment et postérieurement à la décision de la Cour de cassation une nouvelle fois condamné la France en date du 21 juillet 2016 (Affaire D. Foulon et Ph. Bouvet c/ France) pour des raisons identiques. En l'espèce, les magistrats avaient refusé en 2013 de transcrire les actes de naissance d'enfants nés par GPA en Inde.

La décision de la Cour de cassation du 3 juillet 2015 innove, au regard de décisions rendues antérieurement tant par les juridictions, en cassant notamment l'arrêt de la cour d'appel de Rennes du 15 avril 2014 qui refusait de faire droit à la transcription sur un registre consulaire, que suite à des arrêts précédents de la Cour de cassation (en date du 06.04.2011, 13.09.2013 et 19.03.2014). Antérieurement à la décision du 3 juillet 2015, l'acte de naissance étranger d'un enfant né d'une GPA ne pouvait être transcrit à l'état civil français. La fraude à la loi et l'indisponibilité de l'état des personnes sur le registre d'état civil étaient invoquées.

Il doit être observé que le gouvernement, plus ou moins muet ou embarrassé sur le sujet, semble avoir été sensible au revirement de jurisprudence du 3 juillet 2015. Mais il estime que cette nouvelle solution jurisprudentielle ne peut s'appliquer aux demandes de transcription ayant déjà fait l'objet d'une décision juridictionnelle de refus ou d'annulation de transcription revêtues de l'autorité de la chose jugée.

Il convient de souligner enfin que dans la situation examinée par la Cour de cassation en 2015, la question de la transcription de la filiation établie à l'étranger à l'égard de « parents d'intention » ne se posait pas. L'acte de naissance établi en Russie mentionnait l'homme en tant que père, et la femme ayant accouché en tant que mère. La Cour ne s'est donc pas prononcée sur les parents d'intention. Qu'en sera-t-il alors ? Ce point relatif à la reconnaissance d'une filiation non biologique pose de nos jours essentiellement problème en matière de GPA.

4 JUILLET 2001

Loi n° 2001-458. Légalisation de la stérilisation volontaire des personnes handicapées sous tutelle ou curatelle

La loi du 4 juillet 2001 légalise la stérilisation volontaire des majeurs handicapés.

L'article L. 2123-2 du Code de la santé publique (créé par la Loi n° 2001-588 du 4 juillet 2001) prévoit : « La ligature des trompes ou des canaux déférents à visée contraceptive ne peut être pratiquée [...] sur une personne majeure dont l'altération des facultés mentales constitue un handicap et a justifié son placement sous tutelle ou sous curatelle que lorsqu'il existe une contre-indication médicale absolue aux méthodes de contraception ou une impossibilité avérée de les mettre en œuvre efficacement. L'intervention est subordonnée à une décision du juge des tutelles saisi par la personne concernée, les père et mère ou le représentant légal de la personne concernée. Le juge se prononce après avoir entendu la personne concernée. Si elle est apte à exprimer sa volonté, son consentement doit être systématiquement recherché et pris en compte après que lui a été donnée une information adaptée à son degré de compréhension. Il ne peut être passé outre à son refus ou à la révocation de son consentement. Le juge entend les père et mère de la personne concernée ou son représentant légal ainsi que toute personne dont l'audition lui paraît utile. Il recueille l'avis d'un comité d'experts composé de personnes qualifiées sur le plan médical et de représentants d'associations de personnes handicapées. Ce comité apprécie la justification médicale de l'intervention, ses risques ainsi que ses conséquences normalement prévisibles sur les plans physique et psychologique ».

En substance il convient d'insister sur le fait que la stérilisation ne peut être pratiquée que sur une personne majeure. Le consentement de cette dernière doit être recherché. Il ne peut être passé outre à son refus. L'intervention ne peut enfin être réalisée qu'après accord du juge des tutelles.

Réaction/Actualité

Concernant la stérilisation forcée (et non plus volontaire), le principe est celui de l'interdiction. Cependant l'article L. 2123-2 du Code de la Santé publique pose une exception à cette interdiction en cas de contre-indication médicale absolue aux méthodes contraceptives ou d'impossibilité avérée de mise en œuvre de telles méthodes.

5 JUILLET 2017

GPA. Arrêt de la Cour de cassation du 5 juillet 2017 et adoption après GPA par le conjoint d'intention (conjoint du père biologique)

En cas de gestation pour autrui à l'étranger (GPA), qu'en est-il du parent d'intention, plus précisément du conjoint du parent biologique ? Ne peut-on pas, comme l'indiquent deux avis de la Cour de cassation du 22 septembre 2014 relatifs à la procréation médicale assistée (PMA) considérer par analogie, que l'adoption d'un enfant né à l'étranger d'une GPA est possible par le conjoint du parent biologique ? Il faut toutefois reconnaître que sur le plan juridique, la fraude à la loi est beaucoup plus manifeste en matière de GPA, réprimée de manière explicite et sur le plan pénal, alors qu'aucune sanction ne figure dans la loi bioéthique en ce qui concerne la PMA.

En l'espèce, une mère porteuse donne naissance aux États-Unis, en Californie, à un enfant, à la demande d'un couple d'hommes pacsés en 2004. L'enfant est reconnu par le père biologique et la mère de substitution. Puis les deux hommes se marient en 2013 et le conjoint du père biologique introduit une demande d'adoption simple de l'enfant au tribunal de grande instance (TGI) de Dijon. On aurait pu imaginer dans une telle situation de GPA que l'adoption par le conjoint du père biologique (parent d'intention) soit accordée, puisqu'en matière de PMA tel doit être le cas, selon du moins les 2 avis de la Cour de cassation du 22 septembre 2014 (avis n° 15010 et 15011 (D. 2014.2031). Certes l'avis n'est que consultatif mais diverses juridictions ont adopté par la suite cette recommandation. Il s'agit de la cour d'appel d'Agen en date du 18 juin 2016, d'Aix-en-Provence en date du 14 avril 2015, de Toulouse en date du 10 févr. 2015.

La cour d'appel de Dijon n'a pourtant pas fait droit à la demande. La motivation discutable et discutée est fondée sur la proportionnalité entre l'atteinte à l'intérêt de l'enfant et à la violation du principe d'ordre public en matière de GPA (sanctionnée certes pénalement à la différence de la PMA). La demande en adoption simple est rejetée dès lors que les requérants n'ont pas apporté la preuve qu'un refus constituait une atteinte disproportionnée aux droits de l'enfant. En l'espèce la cour d'appel de Dijon a estimé que, du fait d'une filiation paternelle biologique reconnue, l'absence d'adoption par le parent d'intention ne porte pas préjudice à l'intérêt de l'enfant.

En dépit du rejet de la demande de la cour d'appel de Dijon du 24 mars 2016, des perspectives étaient ouvertes. Le principe de l'intérêt supérieur de l'enfant pouvait conduire la Cour de cassation à modifier sa jurisprudence. Tel fut le cas.

La Cour de cassation saisie par le couple d'homosexuels a considéré mercredi 5 juillet 2017 que cet enfant né d'une mère porteuse à l'étranger pouvait être adopté par le mari de son père biologique. De ce fait l'enfant a pu être reconnu légalement par ses deux parents en France. C'est la première fois en matière de GPA que le conjoint du père biologique, parent d'intention (ou père social), peut procéder à l'adoption. Cette adoption est toutefois une adoption simple et non une adoption plénière. La mère biologique n'est nullement effacée.

En définitive et sauf revirement, il n'existe plus, en matière d'adoption simple par le conjoint du parent biologique, de discrimination selon que l'enfant est né par PMA ou GPA. L'adoption est rendue possible dans le premier cas en matière de PMA, comme dans le second. L'arrêt récent du 5 juillet 2016 de la Cour de cassation, en reconnaissant la possibilité d'une adoption simple, ouvre grand une porte déjà entrebâillée par la cour d'appel de Dijon. Qu'en sera-t-il par la suite ?

En définitive, si de nos jours le nom du père biologique peut être transcrit sur l'acte de naissance d'un enfant né d'une GPA à l'étranger, il n'en est pas encore de même en ce qui concerne le nom la mère d'intention qui n'a pas accouché (ou l'autre parent non biologique). Dans cette dernière hypothèse, la procédure pour reconnaître des droits sur l'enfant ne peut être que l'adoption simple. Faut-il maintenir cette solution, l'abroger, ou comme en matière de PMA s'orienter sans doute vers une reconnaissance du parent d'intention (transcription directe sur l'acte de naissance) ? Il serait souhaitable que le législateur se prononce rapidement sur le sujet pour éviter tout arbitraire.

(Jacques Delga, Avocat honoraire, Professeur honoraire à l'ESSEC, et Adeline Planckaert, Juriste).

5 JUILLET 2016

Selon l'article du journal *L'Équipe* en date du 5 juillet 2016, le sexe n'est pas incompatible avec la performance sportive (auteur Pierre Rondeau)

L'adage selon lequel les relations sexuelles sont souvent liées à une baisse des performances sportives *a posteriori*, voire à une méforme physique, est-il exact ? C'est ce sujet qu'examine Pierre Rondeau dans le journal *L'Équipe*. Des déclarations tendaient à donner à penser que le sexe affaiblissait le sportif. Ainsi Mohamed Ali, champion du monde de boxe, en 1964, avait expliqué à la presse qu'il avait cessé toute activité sexuelle « six semaines avant le combat. [...] Même la masturbation ». Divers entraîneurs prônent l'abstinence. Toutefois deux chercheurs canadiens, Samantha Clone et Ian Shrier de l'Université Mac Gill, *Does sex the night before competition decrease performance*, ont souligné que la situation était plus complexe. Faire l'amour une nuit de manière pondérée avant une compétition n'altérerait en rien l'endurance et la force physique. En matière de consommation énergétique, la relation sexuelle avec son conjoint évolue entre 25 et 50 calories, soit l'équivalent de deux étages montés à l'escalier. C'est peu pour des sportifs.

Réaction/Actualité

On a fait observer que si le sportif a une relation avec un(e) inconnu(e), les rapports sexuels seront plus passionnés et dureront plus longtemps (volonté de briller ou contrainte sociale). La question de la fatigue se pose alors. Une nuit sans sommeil n'est sans doute pas recommandée. Mais les études n'ont été réalisées que sur les hommes. Le constat doit-il aussi s'appliquer aux femmes ?

6 JUILLET 1972

Tribunal de grande instance de Valence : Réparation du préjudice sexuel par ricochet. L'impuissance du mari suite à accident oblige à réparation à l'égard de l'épouse victime « par ricochet »

Le conjoint (ou la compagne) peut être victime par ricochet d'un préjudice sexuel né du propre handicap de la victime directe. Le 6 juillet 1972, le tribunal de Valence a accordé une somme de 20 000 francs à une femme de 28 ans dont le conjoint de 26 ans est devenu impuissant. « L'impuissance sexuelle de M. V., consécutive à l'accident, étant établie, il n'est pas douteux que son épouse subit de ce fait, vu son jeune âge, un préjudice certain constitué par la privation presque totale des satisfactions physiques qu'elle était fondée à attendre du mariage... ».

Réaction/Actualité

Le préjudice sexuel est non seulement reconnu mais il doit être de plus de nos jours distincts d'autres préjudices tel que le préjudice d'agrément. L'indemnisation de ce préjudice par ricochet peut être attribuée de nos jours aux concubins hétérosexuels ou homosexuels (sur l'indemnisation du préjudice par ricochet du compagnon homosexuel, voir aussi 25 juillet 1995 TGI Belfort).

7 JUILLET 2011

Loi bioéthique assouplissant les règles concernant l'assistance médicale à la procréation, notamment la PMA

Les lois bioéthiques sont le fondement de la législation française sur la procréation médicalement assistée. La première date de 1994, la dernière en date est celle du 7 juillet 2011, qui a modifié les conditions du recours à l'assistance médicale à la procréation. Cette loi supprime le caractère exceptionnel du don d'embryon, technique consistant à implanter chez la femme un embryon conçu avec les gamètes de deux tiers donneurs.

Par ailleurs, concernant de manière générale l'assistance médicale à la procréation, la loi supprime la condition de vie commune de deux ans pour les couples receveurs et l'exigence d'avoir déjà procréé pour les tiers donneurs.

Réaction/Actualité

Cette loi du 7 juillet 2011 illustre une tendance à l'assouplissement des conditions de la procréation médicalement assistée. On assiste à une sorte de « désacralisation » du recours à ces techniques avec la disparition de conditions excessivement rigides. Les récentes admissions de demandes d'exportation de gamètes à des fins d'insémination *post-mortem* évoquées dans le commentaire de l'arrêt du 31 mai 2016 du Conseil d'État sont une illustration de cette évolution. Pour autant, la loi fait preuve d'une grande rigidité concernant une technique particulière de procréation médicalement assistée : la gestation pour autrui, une position notamment évoquée à l'occasion de la circulaire du 25 janvier 2013, de l'arrêt d'assemblée plénière du 3 juillet 2015 et des arrêts Mennesson et Labassée du 26 juin 2014 (Sujets évoqués dans l'Almanach).

On notera que fin juin 2017, le Comité consultatif d'éthique s'est déclaré favorable à la PMA pour les couples de femmes homosexuelles.

Sur la GPA, voir notamment 21 juillet 2016 / 20 novembre 2016 / 3 juillet 2015 / 12 décembre 2014.

Sur la PMA, voir notamment 18 janvier 2016 / 22 septembre 2014.

8 JUILLET 2015

Cour de cassation crim. : Rejet de la Cour de cassation (arrêt de rejet) concernant la levée du fichage informatique des personnes frappées par l'interdiction de donner du sang, discriminant ainsi les personnes homosexuelles

L'affaire est complexe. Elle est résumée brièvement ci-dessous.

En principe, la conservation de données personnelles recueillies sur un fichier informatique telle que l'orientation sexuelle (homosexuelle) nécessite le consentement de la personne qui peut demander à être soustraite des listes. Un pourvoi pour discrimination est donc déposé par un donneur de sang homosexuel à qui on refuse le retrait des fichiers sur lequel il est classé, sous le code FR 08, ce qui l'exclut de manière permanente du don de sang en France.

La Cour de cassation, en date du 8 juillet 2015, rejette la demande de ce donneur de sang qui avait été classé en tant qu'homosexuel. Ce rejet du pourvoi est fondé sur le fait que l'interdiction pénale de la discrimination en raison de l'orientation sexuelle n'est pas applicable en l'espèce. La raison plus précise semble reposer sur le raisonnement qui suit. Le droit d'opposition ou de rectification au fichage ne joue que lorsqu'il est exigé à l'origine un consentement de la personne pour être fichée. Or tel n'est pas le cas en matière de don du sang. Dès lors, l'absence (certes exceptionnelle) de l'exigence du consentement initial annule purement et simplement le droit d'opposition. En d'autres termes, le fichage ne nécessitant pas en l'espèce un consentement de la personne donnant du sang, implique l'inexistence d'un droit d'opposition ou de rectification des données selon sa volonté.

D'une certaine manière, la Cour de cassation, en refusant que le donneur de sang homosexuel puisse retirer ses données personnelles inscrites sur le fichier, génère une stigmatisation à l'encontre des personnes homosexuelles et bisexuelles.

Réaction/Actualité

Dans cette affaire, le donneur avait saisi en vain le Conseil constitutionnel d'une question prioritaire de constitutionnalité (QPC). L'arrêt de la Cour de cassation a fondé son arrêt de rejet en s'inspirant de la décision du Conseil constitutionnel.

La critique de cet arrêt porte sur la discrimination à l'encontre des personnes homosexuelles et l'atteinte au droit à l'oubli. En principe en effet, les informations ne peuvent être conservées de façon indéfinie dans les fichiers informatiques. En l'espèce l'interdiction permanente de don de sang est en contradiction avec ce principe.

La ministre de la Santé, Marisol Touraine, a été sensibilisée à ce problème et a déclaré vouloir rendre une solution mieux proportionnée en supprimant l'exclusion définitive. In fine en date du 5 avril 2016, un arrêté a été édicté concernant le don du sang des homosexuels ou bisexuels. Une levée de la discrimination a été prise sous conditions (abstinence sexuelle depuis douze mois – voir *supra* –).

9 juillet 1998

Cour d'appel de Poitiers : En cas de pratique libertine, l'époux ne peut invoquer l'adultère fautif de l'autre résultant de ces pratiques lors du divorce

La décision rendue par la cour d'appel de Poitiers illustre que la pratique libertine et sadomasochiste d'un époux encouragé par l'autre n'est pas *ipso facto* une cause fautive de divorce. « Aucun époux ne peut invoquer l'adultère de l'autre comme faute en cas de divorce car si Monsieur reprochait à Madame des pratiques sadomasochistes avec de multiples partenaires il les encourageait parfois ».

L'engagement de fidélité dans le mariage, d'ordre plus ou moins public, comme la notion de morale judéo-chrétienne, recule implicitement.

Réaction/Actualité

La solution précédente est confirmée par la décision de la cour d'appel de Pau en date du 6 février 2016. En l'espèce, les époux avaient d'un commun accord une vie libertine. La cour a considéré que, hors des pratiques libertines admises par tous deux, on ne pouvait considérer qu'il y avait de liaisons adultères de l'un des époux, et donc un divorce pour faute ne pouvait été prononcé contre lui. D'une certaine manière et par interprétation audacieuse, il devrait être possible d'affirmer que la vie d'un couple libertin n'exclut pas la fidélité hors ce jeu commun mené.

10 JUILLET 2013

Cour de cassation, chambre sociale : La relation amoureuse au travail d'une salariée dans le cadre professionnel avec son supérieur peut faire échec à une accusation postérieure de harcèlement sexuel de ce directeur

L'arrêt de rejet de la Chambre sociale de la Cour de cassation rendu le 10 juillet 2013 souligne les faits suivants. Une salariée se dit victime d'actes de harcèlement sexuel de la part de son supérieur hiérarchique. En l'espèce, il est reproché à Monsieur X, poursuivi et condamné en première instance pour harcèlement sexuel, d'avoir fait des avances, manifesté de manière déplacée son affection, procédé à des allusions en invoquant « le joli couple qu'ils formeraient », proposé de partager sa chambre, etc. Le supérieur est licencié par la société Office Dépôt dont il est salarié. Il fait appel de son licenciement. La cour d'appel, comme par la suite la Cour de cassation, suite au pourvoi de l'entreprise Office Dépôt, infirme la décision de licenciement. Pour la Cour de cassation, l'absence d'analyse des circonstances dans lesquels les faits se sont déroulés rend le licenciement irrégulier sans cause réelle et sérieuse. Il apparaît en effet qu'une amourette avait eu lieu précédemment. Avec et du fait d'un flirt, des liens de familiarité avaient été établis. La Cour de cassation rapporte plus précisément que « les seuls actes établis à l'encontre du salarié s'inscrivaient dans le cadre de relations de familiarité réciproques avec la personne qui s'en plaignait », de sorte que le harcèlement sexuel dont se plaignait la victime – qui nécessite un certain détachement physique et sentimental des parties et l'absence de relations amicales – n'était pas rapporté.

Réaction/Actualité

L'employeur doit bien s'assurer, avant de prendre toute sanction disciplinaire, des circonstances dans lesquelles se sont déroulés les faits incriminés. Il doit écouter de manière contradictoire les parties en cause. En effet l'environnement professionnel est propice au flirt, à la rencontre amoureuse. Près d'un tiers des salariés reconnaîtraient avoir succombé aux charmes d'un ou d'une collègue. Pour les 18-24 ans, ce pourcentage passerait à 77 %. Il importe donc que l'employeur prenne conscience qu'il peut être manipulé du fait d'une relation amoureuse avortée.

10 JUILLET 1969

Condamnation de Gabrielle Russier, professeur, par le tribunal correctionnel de Marseille pour détournement de mineur (élève) de plus de 15 ans (voir *infra* suicide 1er sept. 1969)

Mme Gabrielle Russier, trente-deux ans, professeur de lettres, a été condamnée le 10 juillet 1969 à douze mois de prison avec sursis et à 500 Frs d'amende pour «détournement de mineur». Cette peine a été jugée insuffisante par l'Éducation nationale et le procureur a fait appel à minima. G. Russier en dépression a été trouvée morte, en septembre, dans son appartement marseillais de la résidence Nord: elle s'était suicidée en s'intoxiquant par le gaz. La presse s'est emparée de cette aventure sentimentale amoureuse et tragique vécue avec l'un de ses jeunes élèves de plus de quinze ans.

En droit le détournement de mineur concerne le fait de soustraire un mineur aux adultes ayant autorité sur lui, sans forcément que des relations sexuelles aient lieu entre le mineur et celui qui le soustrait aux adultes ayant l'autorité. L'article 227-8 du Code pénal prévoit que:

«Le fait de soustraire, sans fraude ni violence, un enfant mineur des mains de ceux qui exercent l'autorité parentale ou auxquels il a été confié ou chez qui il a sa résidence habituelle, est puni de cinq ans d'emprisonnement et de 75000 euros d'amende». Le détournement de mineur se réfère à la majorité civile (18 ans) et non sexuelle (15 ans).

Réaction/Actualité

De nombreux auteurs soulignent que depuis plusieurs dizaines d'années, la majorité sexuelle est fixée à quinze ans. Ils souhaitent une uniformité entre la majorité sexuelle à 15 ans et le détournement de mineur qui se réfère à la majorité de 18 ans (et non de 15). Mais au-delà de ces propos strictement juridiques, comment ne pas penser de nos jours à la relation d'origine entre Emmanuel Macron et son épouse professeure. Le procureur, le ministre de l'Éducation nationale réagiraient-ils aujourd'hui de la même manière à l'encontre d'une professeure agrégée de lettres particulièrement appréciée de ses élèves? (sur le sujet, voir donc *infra* sept. 1969). Notre président de la République accorderait-il un droit de grâce?

11 JUILLET 1989

Cour de cassation chambre sociale : « La loi qui fait référence au concubinage ne peut que concerner un homme et une femme ». Rejet du concubinage homosexuel

Selon la Cour de cassation, ch. soc., en date du 11 juillet 1969, « la loi qui fait référence au concubinage, à la situation de deux personnes ayant décidé de vivre une vie commune comme des époux sans pour autant s'unir par le mariage, ne peut évidemment que concerner un homme et une femme ».

Le refus jurisprudentiel de reconnaître le concubinage homosexuel (le mariage n'étant qu'hétérosexuel à l'époque) a été réaffirmé à diverses reprises. Comme le mariage était hétérosexuel, il était admis que le concubinage devait être hétérosexuel ! Cette solution a été quasi constante (et en ce sens, arrêt de la chambre civile du 17 décembre 1997). Il y avait donc une exclusion du concubinage homosexuel.

Réaction/Actualité

Avant même que la loi ne reconnaisse le concubinage homosexuel, certains avantages sociaux pour que les concubins homosexuels puissent bénéficier des mêmes droits que les concubins hétérosexuels ont été accordés. Il en est ainsi de la loi du 27 janvier 1993 en matière d'assurance maladie. Quelques décisions isolées des juridictions du fond ont admis aussi l'indemnisation de la concubine victime par ricochet bien qu'homosexuelle.

L'absence de reconnaissance de principe du concubinage homosexuel a conduit à la loi sur la PACS en date du 15 novembre 1999 (cité *infra*). Cette loi sur le PACS visant les homosexuels (mais aussi les hétérosexuels) est toutefois distincte des dispositions en matière de concubinage. Par la suite, une loi a reconnu « le mariage pour tous » en date du 17 mai 2013 (loi du 17 mai 2013 citée *supra* consacrant le droit au mariage des personnes de même sexe).

12 JUILLET 2016

L'Assemblée nationale en deuxième lecture adopte une procédure de démédicalisation du changement de sexe

L'Assemblée nationale a adopté, le 12 juillet, au cours de la discussion en deuxième lecture du projet de loi *Justice pour le* XXIe *siècle*, une procédure démédicalisée de changement de sexe à l'état civil pour les personnes transgenres.

Antérieurement, des certificats de psychiatres, des preuves d'opérations de changement de sexe, voire de stérilisation, étaient demandés aux personnes transgenres. Tel n'est plus le cas.

Le texte prévoit que « toute personne qui démontre par une réunion suffisante de faits que la mention relative à son sexe à l'état civil ne correspond pas à celui dans lequel elle se présente et dans lequel elle est connue peut en obtenir la modification ». Une liste indicative de ces faits est précisée (personne connue sous le sexe revendiqué par son entourage familial, amical ou professionnel). Le fait d'avoir engagé ou achevé plusieurs traitements médicaux a été retiré de la liste, ce qui constituait l'une des principales revendications des associations. Elles craignaient que ce critère continue d'être exigé par les tribunaux. La procédure est ouverte aux mineurs émancipés.

Réaction/Actualité

La procédure est démédicalisée mais les tribunaux, dans le cadre d'un débat contradictoire, peuvent avoir à apprécier en fonction des éléments présentés. Il ne s'agit pas d'une simple déclaration à l'officier d'état civil comme le souhaitaient les associations de défense.

La loi de modernisation de la justice du XXIe siècle en date du 18 novembre 2016 a été publiée au *Journal officiel* du 19 novembre 2016. Elle inclut notamment cette procédure démédicalisée de changement de sexe (voir aussi *infra* 19 nov. 2016).

13 JUILLET 1979

Le Conseil d'État infirme la décision de classer le film *Le Bordel ou la maison des confidences* dans la catégorie des films pornographiques prévue par la loi de 1976 en l'absence de scène à caractère pornographique

La loi de 1976 (loi de finances du 30 déc. 1975 pour 1976), première législation relative aux films pornographiques, a édicté un régime fiscal sévère à l'encontre des films pornographiques. Mais elle n'a pas défini ce qu'est un film pornographique. Le film *Le Bordel ou la maison des confidences* avait été classé initialement comme film pornographique. Le Conseil d'État a annulé cette décision le 13 juillet 1979 alors même qu'une définition n'existait toujours pas.

Réaction/Actualité

Ce n'est que dans les années 2000, à propos notamment du film *Baise-moi*, que le Conseil d'État, en date du 30 juin 2000, considère que deux critères cumulatifs doivent exister. Il s'agit d'une part de scènes de sexes non simulées et d'autre part de la prise en considération de l'intention du réalisateur ainsi que des conditions de mise en scène. Ainsi toute vision d'un accouplement n'implique pas nécessairement classification comme film pornographique.

14 JUILLET 2017

Libre propos de l'auteur sur le thème « Sexualité, orientation sexuelle (homosexualité) et terrorisme »

Le sujet « *Sexualité et terrorisme* » ou « *Orientation sexuelle et terrorisme* » paraît être à l'expérience un sujet sensible si ce n'est tabou. Lors de la mise en œuvre de l'ouvrage pluridisciplinaire intitulé *Penser et repenser le terrorisme* (MA éditions, nov. 2015, coordination Jacques Delga), le troisième et dernier titre intitulé *Terrorisme et Sexualité* (Titre III) a paru à certains incongru. Le chapitre sur le terrorisme intime ou *intimate terrorism* a été critiqué. Pourtant le terrorisme ne résulte pas uniquement du djihadisme (il existe par exemple ce que Marie Cardinal appelle un terrorisme amoureux du fait de manipulateurs comme l'exprime aussi Marie-France Hirigoyen)

Pour aller plus loin dans le cadre même du terrorisme djihadiste, l'orientation sexuelle de quelques terroristes mérite une attention particulière. Des auteurs ont souligné les tendances homosexuelles d'un certain nombre d'entre eux alors même que la mouvance djihadiste condamne la sodomie. Selon la presse, des terroristes tels Mohamed Lahouaiej Bouhlel qui a tué 84 personnes au volant d'un camion, à Nice le soir du 14 juillet 2016, Chérif Kouachi, un des tueurs de Charlie Hebdo, Salah Abdeslam, l'un des auteurs des attentats du 13 novembre à Paris, comme beaucoup d'autres ainsi que le souligne le spécialiste Serge Hefez (médecin psychiatre, auteur de divers essais) ont eu des penchants homosexuels. Cette homosexualité détonne au regard de la sévérité de la politique menée par l'État islamique à l'encontre des homosexuels. Certes l'homosexualité ne saurait à elle seule être la cause du passage à l'acte. Mais les diverses explications ci-dessous résumées émanant de personnalités diverses, psychiatres, psychologues, psychanalystes, méritent d'être citées. L'homosexualité dite refoulée, qui n'est pas réalisée mais perturbe l'individu, ou « l'homosexualité honteuse » – qui est réalisée mais pas assumée publiquement – engendre un malaise. Elle peut entraîner par projection la tendance à rejeter sur l'autre, notamment sur les états les plus démocratiques ayant légalisé l'homosexualité ou le mariage pour tous, ce qu'on ne peut héberger en soi. On exprime ainsi une intolérance (paradoxale) envers les homosexuels ou les états, les organisations qui les hébergent. Les homosexuels peuvent avoir par ailleurs la volonté de « se racheter » en prenant les armes. La fascination par rapport à la figure du soldat viril existe. Plus généralement, les djihadistes peuvent être des transgresseurs qui cherchent à effacer leurs péchés au regard de la religion islamique ou du moins de son interprétation selon le djihad, car l'islam est plus tolérant. En tuant, ils pensent se purifier de leur propre faute et devenir ainsi martyrs.

Réaction/Actualité

La récurrence de profils homosexuels en matière de djihadisme méritait une certaine attention. Mais il est dangereux de généraliser. Comme l'exprime Éric Meillan, inspecteur général des services de police et coauteur du livre cité *supra* sur le terrorisme, une des portes de sortie de la délinquance usuelle est aussi de nos jours le terrorisme (peu importe l'orientation sexuelle ou peut-être même l'orientation religieuse).

15 JUILLET 2016

Cour administrative d'appel de Paris, 6e chambre, N° 16PA02496 : La Cour administrative d'appel de Paris considère que le film *Gang bang* ne présente pas un caractère pornographique en dépit de scènes de sexe

L'association *Promouvoir* et l'association *Action pour la dignité humaine* ont demandé en vain au tribunal administratif de Paris puis à la Cour administrative de Paris d'annuler la décision du 21 août 2015 par laquelle la ministre de la Culture et de la Communication a accordé au film *Bang Gang* (une histoire d'amour moderne) un visa d'exploitation avec interdiction aux moins de douze ans, sans avertissement. Ces associations considéraient que le film était à caractère pornographique en raison de scènes de sexe.

La Cour d'appel administrative n'a pas fait droit à cette requête. Elle considère, certes, que ce film comporte de nombreuses scènes à caractère sexuel. Mais elle précise qu'elles sont filmées de manière lointaine ou voilées par une succession de plans brefs, et ne peuvent être qualifiées de scènes de sexe non simulées. Si donc ce film comporte de nombreuses scènes à caractère sexuel, elles ne peuvent être considérées comme présentant un caractère pornographique ou portant atteinte à la dignité humaine.

Réaction/Actualité

La pornographie résulte de nos jours de scènes de sexes non simulées, de représentations explicites d'actes sexuels pouvant être jugés obscènes, mais aussi de la prise en considération de l'intention du réalisateur ainsi que des conditions de mise en scène. Ainsi toute vision d'un accouplement, même explicite, n'implique pas nécessairement classification comme film pornographique. En dépit de scènes de sexe non simulées, il a été considéré que compte tenu du thème et des conditions de mise en scène, le film *Baise-moi* (voir 14 juin 2012) n'était pas soumis aux dispositions de la loi de finances relative aux films pornographiques. Le film *Le Bordel* n'a pas, de la même manière, été jugé comme pornographique (voir 13 juillet 1979).

16 JUILLET 2016

Libre propos de l'auteur sur le devoir conjugal, l'abstinence, les excès

Le « devoir conjugal » est un terme qui n'apparaît pas explicitement dans le Code civil, silencieux sur le sujet. Il n'est toutefois pas oublié des magistrats. Cette obligation d'avoir des relations sexuelles pendant le mariage ne peut être contrainte par le juge pénal mais des sanctions civiles (dommages et intérêts, divorce, annulation du mariage) sont possibles en cas d'inexécution injustifiée. Ce devoir conjugal est implicitement rattaché à la cohabitation, la communauté de vie, voire l'obligation de fidélité des gens mariés. La sexualité ou le plaisir sexuel étant par ailleurs de nos jours revendiqués, ce devoir conjugal apparaît quasi actuellement comme un droit.

Il convient d'éviter les excès résultant soit de trop de rapports ou de rapports forcés, soit d'une trop grande abstinence, d'un trop grand refus de rapports.

1. L'excès, l'abus dans les rapports sexuels, la contrainte.

Les juges ont pu décider que l'excès de rapports intimes peut conduire à une demande de divorce pour faute et/ou justifier l'octroi d'une réparation financière. Par ailleurs des rapports forcés ou contraints peuvent constituer une agression sexuelle ou un viol entre époux. On distinguera les rapports abusifs des rapports contraints (viol entre époux), bien que la frontière soit floue.

– Les rapports abusifs ou démesurés

Il a déjà été jugé qu'un mari ne peut laisser libre cours, sans le consentement de son épouse, à ses fantasmes, ses pulsions, son instinct sexuel. Il ne peut « exiger des rapports trop fréquents ou contre nature » qui risquent de porter atteinte à la santé du conjoint. Cette notion d'abus peut évoluer avec le temps. La fellation ou même la sodomie n'ont plus de nos jours le caractère aussi négatif ou exorbitant qu'antérieurement. Les magistrats tendent à rechercher un équilibre entre le devoir conjugal des époux et le droit du conjoint de disposer de son corps. L'octroi d'une réparation financière en cas d'abus peut être accordé.

– Les rapports contraints (l'agression sexuelle et le viol entre époux)

Une personne mariée ne peut imposer à son conjoint une relation sexuelle forcée. Une telle relation constituerait une agression sexuelle, (le viol est une forme d'agression sexuelle qui suppose la pénétration) voire un viol aggravé car commis par un proche. Le fait que l'acte de violence physique ait été commis par l'époux, l'ex-époux, le concubin ou le partenaire de pacs aggrave ainsi l'infraction et alourdit les peines. Le lien affectif est considéré comme une circonstance aggravante depuis la loi du 4 avril 2006. Le viol sur le conjoint, ou sur le concubin, ou sur le partenaire pacsé, peut être sévèrement puni de 20 ans de prison (article 222-24 du Code pénal). La reconnaissance du viol conjugal par le législateur résulte de la loi (lois n° 80-1041 du 23 décembre 1980 et n° 2006-399 du 4 avril 2006). La Cour de cassation s'est déjà prononcée sur le viol conjugal (Cass. crim. 16 mai 2007, n° 07-81.592).

Il convient de noter que jusqu'à 2010, l'époux qui se disait victime d'un viol par son conjoint, était « présumé » avoir consenti aux relations sexuelles. Cet époux devait donc prouver qu'il n'avait pas consenti, ce qui rend délicate la preuve du viol notamment en l'absence de coups et blessures. Cette présomption de consentement a été supprimée par une loi de 2010.

2. Le refus de rapport sexuel, l'abstinence

Le refus du devoir conjugal, l'abstention, peut conduire au divorce et notamment au divorce pour faute, voire ce qui est plus rare à l'annulation du mariage. Mais ce refus doit présenter un caractère injurieux pour l'autre conjoint. Il doit enfin et surtout être démontré. Faire chambre à part n'est pas en ce sens suffisant. La jurisprudence pose des conditions pour que le refus du devoir conjugal soit constitutif d'une faute. L'interruption sexuelle doit être volontaire, prolongée (Cass. civ. 28 janv. 2015, 13-27.466), à l'initiative d'un seul des époux, étrangère à des raisons médicales.

Réaction/Actualité

– Sur le refus de rapport et l'abstinence

L'absence de rapport peut donner lieu à des dommages et intérêts, et sur ce point, à titre anecdotique, l'arrêt de la cour d'appel de Nancy l'illustre (CA Nancy, 1er mars 1993, Juris-Data, n° 043046) : « Doit être condamné à verser des dommages-intérêts à sa femme le mari qui, considérant sa femme comme un objet sans intérêt et ayant refusé de consommer le mariage, commet une faute de nature à entraîner un préjudice pour sa femme qui, restée vierge, devra justifier de sa situation à l'égard d'un autre conjoint éventuel» ! Mais l'abstinence n'est pas nécessairement constitutive d'une faute et n'aboutit pas nécessairement à l'octroi de dommages-intérêts. L'âge, l'état de santé peuvent à titre d'exemple constituer une limite au refus du devoir conjugal. Les juges admettent donc certains motifs d'absence de relations intimes. Les époux peuvent d'un commun accord décider qu'ils n'entretiendront pas ou plus de rapports intimes. Un tel accord commun évite de subir la volte-face de l'un des époux et l'introduction d'une demande en divorce aux torts exclusifs de l'autre.

– Sur les rapports libertins

L'excès de rapports n'est pas nécessairement condamnable. Il en est ainsi des rapports libertins. À diverses reprises, les tribunaux ont considéré que la pratique du libertinage par les époux ne permettait pas par la suite une demande en divorce pour faute, à la requête de l'un des époux qui avait contribué à l'origine à la partition de son épouse. Il semblerait peut-être même à la lecture de certaines décisions que l'on puisse considérer qu'un tel libertinage n'est pas vraiment une infidélité (sur le sujet, voir notamment 9 juillet 1998 CA Poitiers : en cas de pratique libertine l'époux ne peut invoquer l'adultère fautif de l'autre résultant de ces pratiques lors du divorce).

Notons enfin que des rapports particuliers, libertins ou sadomasochistes, même réalisés avec violence, mais violence légère, sous forme par exemple d'égratignures, ne semblent plus être considérés comme illicites ou contraire aux bonnes mœurs (6 janvier 1998, Cour de cassation belge, à propos du sadomasochisme : « Des coups et blessures volontaires peuvent être excusables / 1er juillet 2009, TGI Paris, 24e ch. Relations sadomasochistes (SM) : Relaxe de poursuites suite à violences légères, du fait du consentement) ».

Cour de cassation chambre criminelle, 17 juillet 1984, pourvoi n° 84-91.288 : Prémices d'une reconnaissance du viol entre époux (reconnaissance du viol entre époux « séparés »)

L'arrêt du 17 juillet 1984 sanctionne un viol réalisé sur le conjoint. Mais en l'espèce, les époux étaient séparés. De ce fait, on ne peut pas tout à fait affirmer, selon cette jurisprudence, que le viol entre époux est pleinement reconnu à cette date. Il ne s'agit que de prémices.

Antérieurement, depuis 1810 le juge considérait que la contrainte sexuelle exercée par le mari ne pouvait jamais être constitutive d'un viol. Le raisonnement reposait en substance sur le fait que le mariage est *a priori* un consentement à avoir des rapports sexuels avec la personne que l'on épouse. L'obligation de cohabitation et le devoir conjugal (devoir de relations sexuelles dans le mariage) étaient liés en jurisprudence, même si le Code civil était peu explicite. Toutefois, on peut trouver quelques cas où l'épouse a pu, lorsque son mari lui a imposé des rapports sexuels, faire qualifier ces actes d'attentat à la pudeur. Mais il s'agissait alors de rapports contraints en présence obligée d'un tiers (Cass. crim., 21 nov. 1839, S. 1839, 1, p. 317, concl. Dupin. ou Cass. Crime., 19 mars 1910, préc.).

Réaction/Actualité

Il convient de faire référence à un bref historique concernant deux sujets un peu distincts. L'un plus général est relatif au viol, l'autre au viol entre époux.

Sur le viol : Avant la loi du 23 décembre 1980, le viol n'avait pas été défini dans le Code pénal. La jurisprudence considérait comme viol « un coït illicite avec une femme sans son consentement ». Il s'agissait exclusivement d'une relation vaginale. Le viol a été redéfini plus largement en 1980 par le Code pénal français (article 222-23) comme « tout acte de pénétration de quelque nature que ce soit commis sur la personne d'autrui par violence, contrainte, menace ou surprise (du consentement) ». On ne fait pas de différence entre le coït, la sodomie ou la fellation imposée à la victime (voir 22 février 1984, Cour de cassation : De la nécessité de distinguer en matière de fellation l'impératif « Suce-moi » – viol – de « Je te suce » – agression sexuelle –).

Sur le viol entre époux : Ce n'est pratiquement qu'après les années 1990 que le viol entre époux est reconnu et condamné. Jusqu'alors, le consentement des époux, du fait du mariage, était présumé de manière quasi absolue (sauf coups et blessures). En 1992, la Cour de cassation affirme que « la présomption de consentement des époux aux actes sexuels ne vaut que jusqu'à preuve du contraire ». En 1994, le Code pénal reconnaît comme circonstances aggravantes les viols commis par un conjoint ou un concubin. Enfin la loi du 9 juillet 2010 article 36 prévoit que la présomption de consentement des époux à l'acte sexuel est supprimée.

18 JUILLET 2000

Cour de cassation chambre sociale, n° 97-45.010 : À propos de l'émission de télé-réalité *L'île de la tentation.* L'activité de drague ou même l'activité sexuelle libre d'un célibataire avec d'autres célibataires de sexe opposé, dans le cadre du jeu de *L'île de la tentation,* ou même l'inactivité du participant (temps libre des participants) peuvent être considérées comme l'exécution d'un contrat de travail

Les participants du jeu télévisé *L'île de la tentation* ont demandé à ce que leur soit reconnu un statut de salarié y compris pendant la période d'inactivité dans l'île. La production a contesté au motif que selon le règlement, il est en substance prévu que « Les participants à l'émission *L'île de la tentation* doivent être motivés par des fins personnelles et non professionnelles. Ils ont l'obligation d'agir de manière spontanée et ne doivent en aucun cas jouer un rôle, mais au contraire rester eux-mêmes durant toute la durée de l'émission ». En bref les tentateurs peuvent jouir de tous les plaisirs, sans oublier les plaisirs sexuels.

La Cour de cassation considère qu'il s'agit d'un contrat de travail car il existait un lien de subordination (caractéristique du contrat de travail) entre l'équipe de production et les participants. Il était notamment prévu que « Le règlement de participation de *L'île de la tentation* dispose que les participants ont l'obligation d'être à la disposition de la production pour l'accomplissement de diverses activités, qui seront filmées, et dont l'exploitation et la diffusion sont à l'entière discrétion de la production ». On pourrait ajouter que le lien de subordination se manifestait également par le choix des vêtements, des horaires imposés, l'obligation de vivre sur le site.

La Cour de cassation indique par ailleurs que « l'inactivité » des participants n'exclut pas automatiquement la qualification de prestation de travail et ne suffit donc pas à réfuter la qualification de prestation de travail.

Il convient de rappeler que le contrat de travail se définit au travers de trois critères : la rémunération, la prestation et le lien de subordination. Ce dernier, prépondérant dans la qualification du contrat de travail, correspond d'après la Cour de cassation à la possibilité pour l'employeur de donner des ordres et des directives, d'en contrôler l'exécution et de sanctionner les manquements de son subordonné.

Réaction/Actualité

La doctrine a initialement parfois critiqué la solution précédente de la Cour de cassation. Mais des arrêts ultérieurs ont confirmé la solution qui de nos jours fait jurisprudence.

Trois précisions méritent d'être formulées :

– L'inactivité n'exclut pas le contrat de travail. Dans un arrêt de 2004, (Cass. soc., 18 juillet 2000, n° 97-45.010), il a été considéré que des époux qui sont rémunérés en nature par la mise à disposition d'un logement pour la surveillance d'un dépôt de carburant peuvent accomplir pendant le temps libre une prestation de travail. Ce temps libre d'astreinte peut être considéré juridiquement comme une activité salariée.

– L'existence d'un contrat de travail à propos de participants à *L'île de la tentation* a été confirmée par divers autres arrêts dont celui du 3 juin 2009. La chambre sociale de la Cour de cassation s'est prononcée à cette date du 3 juin 2009, sur la qualification de contrat de travail retenu par les juridictions de premier et de second degré. Elle a considéré que « les participants avaient l'obligation de prendre part aux différentes activités et réunions, qu'ils devaient suivre les règles du programme définies unilatéralement par le producteur, qu'ils étaient orientés dans l'analyse de leur conduite, que certaines scènes étaient répétées pour valoriser des moments essentiels, que les heures de réveil et de sommeil étaient fixées par la production, que le règlement leur imposait une disponibilité permanente, avec interdiction de sortir du site et de communiquer avec l'extérieur, et stipulait que toute infraction aux obligations contractuelles pourrait être sanctionnée par le renvoi ». En bref, il a été considéré que c'est à juste titre que la cour d'appel avait établi l'existence d'une prestation de travail exécutée par les participants sous la direction de la société Golem (à savoir TF1) à laquelle ces derniers étaient subordonnés.

– En revanche il a été jugé depuis que si les participants sont bien des salariés, ils ne sont pas des artistes interprètes (arrêt Cour de cassation, 1re chambre civile, 24 avril 2013, n° 11-19091). Pour les magistrats, les participants à l'émission n'avaient aucun rôle à jouer ni aucun texte à dire.

Leur prestation n'impliquait aucune interprétation. On ne leur demandait que d'être eux-mêmes et d'exprimer leurs réactions face à certaines situations. Le caractère artificiel de la situation ne suffisait pas à leur donner la qualité d'acteur. *L'île de la tentation* est donc certes animée par des salariés mais ils ne sont pas des artistes-interprètes !

En conclusion, on ne peut s'empêcher de rapprocher *de facto* la situation des tentateurs ou tentatrices de *L'île de la tentation* de celle des personnes prostituées (dont l'activité est tout autant licite). Mais les prostitué(e)s dont les clients peuvent être pénalement poursuivis sont de nos jours paupérisées et stigmatisées. Elles doivent envier la solution rendue au profit des participants à l'île de la tentation.

19 JUILLET 2017

Observations de l'auteur sur « l'existence d'un mariage gay chrétien au Moyen Âge ? »

Il est parfois affirmé notamment par les partisans du mariage pour tous que des mariages homosexuels chrétiens ont été pratiqués par certaines civilisations dès l'Antiquité à Rome, et surtout au Moyen Âge (« Quand les chrétiens mariaient les homos », *L'Obs*. du 9 août 2013 par A. Gonzague). C'est oublier que le mariage chrétien ne date pas de l'implantation du christianisme comme religion d'Empire dans le monde romain. Par ailleurs, nul n'a jamais souligné l'existence de mariage chrétien homosexuel au Moyen Âge. Toutefois, des unions de type similaire, car le mariage n'était pas le seul type d'union, ont existé, y compris de nature homosexuelle. Là est sans doute l'équivoque.

Ce n'est qu'à la suite du concile de Latran en 1215 que le mariage chrétien tel que nous l'entendons de nos jours, érigé en sacrement, a pu se développer en Occident. Antérieurement et durant le premier millénaire chrétien, les unions hétérosexuelles n'étaient que des accords amiables permettant aux familles la transmission des patrimoines.

Certes, selon Damien Boquet, Maître de Conférences en histoire du Moyen-Âge (Université d'Aix-Marseille), l'historien Boswell a évoqué dans le monde gréco-romain antique, mais aussi au Moyen-Âge, des formes d'associations ou d'unions masculines, sortes de fraternités reposant sur un engagement affectif et stable, un peu similaire au mariage. Certes, ces unions essentiellement entre compagnons pouvaient prendre une forme publique et solennelle. Elles pouvaient aussi reposer sur l'amour et la fidélité, et être consacrées par un prêtre. De nombreux romans courtois illustrent cette modalité. Mais ces unions de même sexe qu'évoque l'historien Boswell ne sont pas, à l'analyse de textes et selon l'avis de Damien Boquet, Maître de Conférences, exactement de même nature que le « mariage » au sens actuel du terme. Il n'empêche toutefois que si l'on ne peut parler de mariage chrétien au sens strict, il s'agissait d'unions souvent homosexuelles consacrées dans la forme par l'Église.

Réaction/Actualité

Les romans d'amour courtois sont le plus souvent des romans liés à l'adultère. Mais plus encore selon certains spécialistes, il faut lire dans l'amour courtois, attaché notamment au nom de Tristan et Yseult ou de Lancelot, un autre type d'amour plus transgressif, un amour homosexuel entre le seigneur et le jeune (en ce sens *Amour courtois, société masculine et figures du pouvoir* par C. Marcello Niiza in *Annales Économie Société Civilisations,* année 1981, Vol. 36, numéro 6, p. 969 à 982). *In fine,* « L'idéologie chrétienne du mariage hétérosexuel en tant que sacrement ne s'est imposée qu'à partir du XIIe siècle, détrônant diverses formes d'unions de type homosexuel qui existaient tant dans les milieux laïcs qu'ecclésiastiques » (en ce sens, voir *Le passé chrétien du « mariage homosexuel ». Fiction ou réalité ?* 11 août 2012, par Damien Boquet, *Le blog de Damien Boquet*).

19 JUILLET 2017

Liste, à la date du 19 juillet 2017, de divers pays qui (en Europe notamment) ont légalisé le mariage gay

La liste de divers pays ayant légalisé le mariage pour tous est présentée sous forme de regroupement des années 2001 à 2005, de 2006 à 2010, de 2010 à 2017.

De 2001 à 2005

– Pays-Bas en Europe (depuis avril 2001), premier pays à avoir légalisé le mariage homosexuel.
– Canada (certaines provinces à partir de 2003, puis au niveau fédéral depuis juillet 2005).
– Belgique en Europe (depuis juin 2003).
– États-Unis (certains États à partir de 2004, puis au niveau fédéral depuis juin 2015]).
– Espagne en Europe (depuis juillet 2005).

De 2006 à 2010

– Afrique du Sud (depuis novembre 2006).
– Norvège (depuis janvier 2009 Suède Europe (depuis avril 2009).
– Islande (depuis juin 2010).
– Argentine (depuis juillet 2010).
– Portugal en Europe (depuis mai 2010).

De 2011 à 2017

– Danemark en Europe (depuis juin 2011).
– Brésil (certains États à partir de janvier 2012, puis au niveau fédéral depuis mai 2013).
– France en Europe (depuis mai 2013).
– Nouvelle-Zélande (depuis août 2013).
– Uruguay (depuis août 2013).
– Luxembourg en Europe (depuis juin 2014).
– Royaume-Uni (2014) en Europe.
– Angleterre et Écosse en 2013/2014 en Europe.
– Irlande en Europe (depuis 2015).
– Colombie (depuis avril 2016).
– Finlande (Europe) mars 2017 (loi entrée en vigueur).
– Allemagne (fin juin2017).
– Mexique : légalisation du mariage gay rejetée en 2016.

Réaction/Actualité

Qu'en est-il de l'Italie ou de l'Allemagne, pays voisins ?

L'Allemagne vient juste de reconnaître, fin juin 2017, le mariage gay ; l'Italie reconnaît une forme d'union homosexuelle, mais ne consacre pas encore véritablement le mariage homosexuel à l'instar du mariage hétérosexuel.

On peut noter qu'en Europe, divers pays sont hostiles à toute forme d'union légale pour les couples homosexuels (pas seulement au mariage, mais aussi au pacs par exemple). Il en est ainsi des pays qui suivent : Bulgarie, Lettonie, Lituanie, Pologne, Roumanie, Slovaquie.

20 JUILLET 2011

Cour de cassation chambre criminelle (Bull. crim. 2011, n° 160, p. 636): La chambre criminelle de la Cour de cassation considère que l'officier d'état civil qui signe un acte constatant un mariage qu'il sait fictif commet un crime (faux en écriture publique) et non un délit (faux en matière de document administratif)

En l'espèce, le ministère public avait fait citer directement devant le tribunal correctionnel un officier de l'état civil. Il avait considéré que l'officier d'état civil qui avait signé l'acte de mariage fictif avait commis le délit de faux en matière de document administratif. Pour la Cour de cassation, la qualification criminelle de faux en écriture publique, et non celle du délit de falsification d'un document administratif, doit être retenue. Pour être plus précis, l'acte constatant un mariage fictif doit s'analyser comme une écriture publique ou authentique pouvant être établie par les officiers publics seuls habilités à recevoir certains actes (tels les actes de l'état civil), dont l'acte de mariage.

Dès lors en cas de faux de cette écriture publique, il s'agit d'un crime passible de la cour d'assises (et non d'un délit puni moins sévèrement).

Au-delà de cette question un peu technique, il convient de souligner que le mariage blanc (mariage contracté sans réelle intention matrimoniale, dans le seul but de faire bénéficier l'un des deux conjoints des avantages que confère la loi aux époux, en matière notamment d'acquisition de nationalité, peut être frappé de nullité et engendrer un certain nombre de sanctions, dont des sanctions pénales et des sanctions complémentaires administratives (interdiction d'activité de séjour, reconduite à la frontière). Les témoins eux-mêmes, qui agissent en connaissance de cause, peuvent être concernés. En qualité de témoin, si la connaissance du but du mariage et la participation à la fraude de manière délibérée sont retenues, des poursuites pénales sont applicables.

Réaction/Actualité

La Haute Juridiction avait déjà jugé que les actes d'état civil établis par l'officier d'état civil pouvaient constituer le support d'un faux en écritures publiques (Cass. crim., 7 nov. 1974: Bull. crim. 1974, n° 319). La sanction criminelle est distincte donc de celle qui vise le délit de faux en document administratif.

Cette affaire de mariage « blanc », qui se caractérise par la volonté de frauder au moins par l'une des parties, permet d'évoquer le mariage « gris » un peu distinct. Il s'agit du cas où le plus souvent, l'époux trompe l'autre sur ses sentiments dans le but d'obtenir un titre de séjour ou de profiter de la loi française. Cette modalité est aussi sanctionnée, mais la preuve de cette forme d'escroquerie est délicate à établir.

21 JUILLET 2016

CEDH : Condamnation de la France par la CEDH en raison du refus de transcription à l'état civil d'acte de naissance d'enfant né à l'étranger par GPA (affaires Foulon et Bouvet)

Alors que la France avait déjà été condamnée par la CEDH en date du 26 juin 2014, dans le dossier Mennesson et Labassée, La France a été condamnée, à nouveau, jeudi 21 juillet 2016, dans deux arrêts « Foulon et Bouvet » par la Cour européenne des Droits de l'homme (CEDH). Les raisons sont chaque fois de même nature. La Cour de cassation avait refusé de transcrire à l'état civil français les actes de naissance d'enfants nés à l'étranger par gestation pour autrui, au motif que la GPA est interdite dans notre pays.

La CEDH, tout en reconnaissant à la France le droit d'interdire la GPA sur le territoire national, affirme que le refus de transcription « porte atteinte à l'identité [des enfants] au sein de la société française ». Elle condamne l'État à des dommages et intérêts au profit de chaque enfant, au nom de l'intérêt supérieur des enfants. « Les enfants concernés vivent en France avec des papiers étrangers, ce qui pose des difficultés dans leur vie quotidienne ». Plus précisément, la CEDH estime que le refus de transcription constitue une violation du droit au respect de la vie privée des enfants, garanti par l'article 8 de la Convention européenne des Droits de l'homme.

Réaction/Actualité

À la suite des deux arrêts rendus par la CEDH en 2014 (26 juin 2014, Affaire Mennnesson c/ France et Affaire Labassée c/ France), la Cour de cassation (3 juillet 2015, Cassation, assemblée plénière, arrêt n° 619 du 3 juillet 2015, 14-21.323, arrêt n° 620 du 3 juillet 2015, 15-50.002) faisait droit à la transcription sur un registre consulaire de l'acte de naissance établi en Russie d'un enfant né dans ce pays d'une gestation pour autrui

(GPA) au nom de « l'intérêt supérieur de l'enfant » malgré la fraude à la loi. Cette décision de la Cour de cassation, en date de 2015, en matière de transcription de l'acte de naissance à l état civil français d'un enfant né en Russie par GPA, est postérieure à celle rendue par la Cour de cassation du 13 septembre 2013 à propos de l'affaire Foulon Bouvet de 2013.

L'évolution jurisprudentielle du fait de l'arrêt de la Cour de cassation du 3 juillet 2015 ne peut toutefois s'appliquer aux demandes de transcription ayant déjà fait l'objet d'une décision juridictionnelle de refus ou d'annulation de transcription revêtue de l'autorité de la chose jugée (comme c'est le cas en l'espèce dans l'affaire Foulon / Bouvet).

En matière de GPA, une avancée a eu lieu dans « l'intérêt de l'enfant » qui semble devoir être reconnu de nos jours à l'état civil français. Mais il y a en revanche le plus souvent encore blocage quand un parent non biologique veut être reconnu et mentionné en tant que tel à l'état civil français. Notons que dans les affaires Foulon et Bouvet, il n'était pas même question de la reconnaissance d'un père d'intention (parent social) qui, aujourd'hui, pose problème en jurisprudence.

22 JUILLET 1959

Cour de cassation chambre criminelle (D. 59/491) : La prostitution se distingue de la débauche en ce sens que la prestation de la personne prostituée est tarifée

Selon cette jurisprudence en date du 22 juillet 1959, la prostitution se distingue de la débauche dans la mesure où il s'agit d'une prestation sexuelle tarifiée. La prostitution nécessite une rémunération. Avoir plusieurs amants racolés dans la rue n'est pas, faute de rémunération (au sens large *infra*), de la prostitution.

Selon le décret du 5 novembre 1947, la prostitution pouvait être définie comme « l'activité d'une personne qui consent habituellement à des rapports sexuels avec un nombre indéterminé d'individus moyennant rémunération ». La répétition des actes était donc nécessaire selon ce décret.

Réaction/Actualité

Le terme de « rémunération » inclut l'argent, mais également les objets à valeur marchande ou même des services, cadeaux ou voyages, etc. Il n'est pas nécessaire que le paiement soit réalisé par le client. Il peut être effectué par un tiers. Par ailleurs de nos jours, la prostitution ne nécessite plus l'habitude (loi du 4 mars 2002 et 18 mars 2003). Le caractère occasionnel peut suffire (sur le sujet, voir question Q 26, page 47, *Plus de 100 questions sur la prostitution,* J. Delga, MA éditions, 2017). Il convient de noter *in fine* que si en 1959, les gérants de club échangiste (club où se pratique la débauche) étaient assimilés à des proxénètes, il n'en est plus de même depuis 1994. Il s'agit de dirigeants « comme les autres ». Quant aux participants de ces clubs, faute de rémunération, ils ne peuvent être qualifiés de prostitué(e)s.

23 JUILLET 2014

Loi pour l'égalité réelle entre les hommes et les femmes. Suppression de la condition de « situation de détresse » en matière d'interruption volontaire de grossesse (IVG) et extension du délit d'entrave à l'IVG

La loi du 23 juillet 2014 vise l'égalité entre homme et femme, la lutte contre les violences faites aux femmes, la promotion d'une juste image de la femme dans les médias, l'égalité professionnelle. Mais surtout, elle supprime la condition de « situation de détresse » de la femme enceinte, permettant initialement le recours à l'IVG. Le texte de 2014 n'évoque plus comme antérieurement l'état de détresse de la femme, mais fait référence désormais à la femme « qui ne veut pas poursuivre une grossesse ». Par ailleurs, cette loi du 24 juillet 2014 étend le champ d'application du délit d'entrave à l'IVG (délit qui consiste à empêcher physiquement l'avortement, exercer des pressions morales et psychologiques dissuasives ou perturber la délivrance d'informations relatives à l'IVG).

Réaction/Actualité

Malgré le texte précédent du 23 juillet 2014, il subsistait des modalités pour dissuader les femmes qui le désiraient de recourir à l'IVG, via des sites de désinformation sur internet. Ces sites visaient notamment à induire en erreur les femmes qui les consultaient par des renseignements inexacts ou déformés, ou en ayant recours à des propos de célébrités qui donnaient le sentiment d'associer l'IVG à un meurtre. Le 7 décembre 2016, le Sénat a donc adopté le délit d'entrave « numérique » à l'IVG pour lutter contre ces sites. Fin janvier 2017, le délit d'entrave à l'IVG a été adopté définitivement après un débat houleux au parlement.

24 JUILLET 2015

Décision MLD-2015-144 du 24 juillet 2015 du Défenseur des Droits, relative à un licenciement pour faute grave dont la cause semble être en fait la dénonciation d'un harcèlement moral et d'une discrimination salariale du fait du sexe féminin

Une salariée licenciée estimait que son licenciement pour faute grave reposait en fait sur un harcèlement moral qu'elle avait dénoncé. Elle se plaignait de plus d'avoir fait l'objet de discrimination salariale.

Un jugement du 23 septembre 2011 du conseil de prud'hommes de Marseille a débouté la réclamante de ses demandes au titre de la discrimination salariale et du harcèlement moral.

Elle a saisi le Défenseur des Droits, autorité indépendante, pour appuyer sa demande. Cet appui est justifié car le Défenseur des Droits peut être saisi lorsqu'une personne se plaint notamment de discrimination.

Le Défenseur des Droits, dans ses observations devant la cour d'appel, a considéré que la réclamante avait fait l'objet d'une discrimination salariale, d'un harcèlement moral discriminatoire et que son licenciement pour faute lourde s'analysait en une mesure de représailles faisant suite à la dénonciation des faits de harcèlement moral.

La cour d'appel a déclaré nul le licenciement mais a débouté la salariée de ses autres demandes indemnitaires.

La réclamante a formé un pourvoi en cassation, avec l'appui du Défenseur des Droits faisant grief à l'arrêt attaqué de l'avoir déboutée de ses demandes indemnitaires aux titres de la discrimination salariale et du harcèlement moral.

La Cour de cassation a censuré la décision attaquée de la cour d'appel. L'affaire a été renvoyée devant la même cour d'appel (cour d'appel de renvoi), composée de manière différente.

Le 24 juillet 2015, le Défenseur des Droits, dans sa décision présentée devant la cour d'appel de renvoi a :

– constaté que la réclamante a fait l'objet d'une inégalité de rémunération à raison de son sexe par rapport à ses collègues masculins, ce qui constitue une discrimination prohibée ;

– constaté qu'elle a fait l'objet d'un harcèlement à ses retours de congés maternité et maladie, susceptible d'être qualifié de harcèlement « discriminatoire » à raison du sexe et de l'état de santé ;

– constaté que l'employeur a manqué à son obligation de sécurité de résultat ; et décide de présenter ses observations devant la cour d'appel de renvoi.

Le 12 mai 2016, la cour d'appel de renvoi d'Aix-en-Provence a réformé le jugement du 23 septembre 2011 du conseil de prud'hommes de Marseille en ce qu'il a débouté la réclamante de ses demandes au titre de la discrimination salariale et du harcèlement moral et a considéré que la réclamante avait été victime d'une inégalité de traitement en raison de son sexe et de harcèlement moral.

Réaction/Actualité

La décision de la cour d'appel de renvoi, bénéfique à la salariée, a été obtenue grâce notamment à l'appui du Défenseur des Droits. Cet appui semble avoir été essentiel. Il était fait par ailleurs référence à une inégalité de traitement, ce qui est toujours délicat à démontrer pour la salariée, car il est difficile de prouver cette inégalité qui repose sur une comparaison des situations.

Il convient de noter que lorsqu'il est saisi d'un litige (saisie gratuite pouvant être effectuée par télé service), le Défenseur observe si les faits appellent une intervention de sa part. Il peut donc ne pas donner suite à une saisine. Il doit toutefois motiver sa décision.

25 JUILLET 1995

Tribunal de grande instance de Belfort : Reconnaissance (exceptionnelle) de droits aux homosexuels, en ce qui concerne l'indemnisation (préjudice par ricochet) du compagnon survivant suite à accident du partenaire, et ce avant même la loi sur le mariage homosexuel

Une femme, dont la compagne a été accidentée, a pu bénéficier d'une indemnité du fait d'un préjudice par ricochet, et le calcul cette indemnité a été égale à celle du conjoint survivant.

Cette décision est à l'époque, en 1995, exceptionnelle et quasi isolée. Le concubinage homosexuel n'était pas en principe admis. Ce qui était possible pour des concubins hétérosexuels, c'est-à-dire le bénéfice du préjudice par ricochet en cas d'accident ou de décès des concubins hétérosexuels (Chambre mixte du 27 février 1970, arrêt Dangereux) ne l'était pas pour des concubins homosexuels.

Dans deux décisions du 11 juillet 1989 rendues en matière sociale, la Cour de cassation avait en effet considéré que les couples homosexuels ne pouvaient bénéficier des avantages reconnus aux concubins, par des textes faisant référence « à la vie maritale ». Elle estimait que le législateur, par vie martiale, entendait viser la « situation de fait consistant dans la vie commune de deux personnes ayant décidé de vivre comme des époux sans pour autant s'unir par le mariage, ce qui ne peut concerner qu'un couple formé d'un homme et d'une femme ».

De la sorte et à l'époque même du sida, le transfert de bail entre concubins homosexuels n'a pas été autorisé au profit du survivant, alors que la loi le permettait si le couple était hétérosexuel.

Toutefois, dans quelques cas, les juridictions de fond rendaient des décisions dérogatoires (notre cas d'espèce) afin que des concubins homosexuels puissent bénéficier des mêmes droits que les concubins hétérosexuels. La loi du 27 janvier 1993 en matière d'assurance maladie elle-même a permis une reconnaissance de droits sociaux (affiliation à la sécurité sociale) en tant qu'ayant droit du concubin homosexuel.

Réaction/Actualité après 1995

L'avancée marquante reconnaissant des droits au concubin de l'homosexuel a débuté en 1999. La règle majeure pour les couples homosexuels a été la loi du 15 novembre 1999 relative au PACS. Elle a posé une définition du « concubinage » (différent du PACS !), en se référant au concubinage homosexuel autant qu'au concubinage hétérosexuel (article 515-8 du Code civil). La loi sur le mariage pour tous a mis quasiment fin en la matière à la discrimination des homosexuel(le)s.

26 JUILLET 2016

Le média d'information des avocats au Canada *Inc*, en date du 26 juillet 2016, indique que la loi canadienne du 6 nov. 2014 pénalisant le client de la prostituée ne semble pas (après un recul de plus de deux ans) être une réussite

La loi canadienne du 6 nov. 2014 pénalise le client de la personne prostituée. Les peines pour l'achat de services sexuels sont un emprisonnement de 18 mois à 5 ans, et des amendes minimales obligatoires progressives pour la première infraction et les suivantes. La prostitution demeure cependant libre. La personne prostituée n'est nullement sanctionnée. Est illégal en revanche l'achat d'acte sexuel, du sexe. La loi canadienne actuelle permet la sollicitation publique de la part des travailleuses du sexe mais non de la part des clients. Les maisons de débauche sont autorisées.

La question étudiée par le média est de savoir, après un recul de plus de deux ans, si cette loi est efficace et si le législateur a atteint son but.

Les travailleuses du sexe interrogées par le journal estiment que cette loi est un échec. Elle paupérise les prostituées. Elle les pousse à prendre beaucoup de risques. Les clients, quant à eux, semblent avoir réduit les contacts de rue ce qui paraît satisfaire les partisans du texte.

Réaction/Actualité

La loi canadienne antérieure à la loi française du 13 avril 2016 est sensiblement identique. Les mêmes causes semblent produire les mêmes effets. La prostitution, en France comme au Canada, est devenue plus masquée, plus clandestine, et utilise de plus en plus internet, rendant les poursuites difficiles. La grande oubliée est la prostituée que l'on devait soi-disant protéger en tant que victime. La France aurait peut-être pu ou dû attendre l'analyse des résultats de la loi canadienne pour élaborer de meilleures dispositions.

27 JUILLET 1982

Adoption par l'Assemblée nationale de la proposition de loi abrogeant la discrimination légale pénale à l'encontre des homosexuels et fixant de ce fait la même majorité sexuelle pour les hétérosexuels et les homosexuels

Un texte, l'article 331 alinéa 2 du Code pénal édicté par le Régime de Vichy sous l'Occupation, permettait de punir « d'un emprisonnement de six mois à trois ans et d'une amende de 60 francs à 20 000 francs toute personne qui aura commis un acte impudique ou contre nature avec un individu mineur du même sexe ». Cette notion d'acte contre nature ou d'atteinte publique à la pudeur était souvent utilisée pour réprimer la sodomie, ou plus particulièrement l'homosexualité. Tout homosexuel qui avait un rapport dit « contre nature » avec un mineur commettait un délit lorsque ce jeune homme était mineur et donc âgé de moins de 18 ans (âge de la majorité légale). Or la majorité sexuelle de l'époque entre personnes hétérosexuelles était fixée à 15 ans. Dès lors, il existait sur le plan pénal une discrimination en la matière à l'encontre des homosexuels. En supprimant ce texte particulier (article 331 al. 2 du Code pénal), on alignait en fait la majorité sexuelle pénale des homosexuels sur celles des hétérosexuels.

Le 27 juillet 1982, la proposition de loi, d'abrogation de l'article 331 al. 2 du Code pénal fut adoptée par l'Assemblée nationale. Elle devint quelques mois plus tard (après échec de la commission mixte paritaire), la loi n° 82-683 du 4 août 1982. Ce texte d'abrogation fut soutenu notamment par la gauche. La proposition de loi abrogeant l'article 331, alinéa 2, fut déposée par le socialiste Raymond Forni ; Gisèle Halimi, rapporteur de la commission des lois et Robert Badinter, Garde des Sceaux, furent particulièrement incisifs. La droite fut opposée à ce texte. Parmi les députés particulièrement hostiles figuraient François Fillon, Tiberi, Gaudin.

Réaction/Actualité

L'origine de la répression de l'homosexualité semble dater du christianisme. Il convient de noter que dans notre Code de 1810 dit Code Napoléon, l'un des rédacteurs, probablement homosexuel, Cambacérès, n'avait pas (courageusement) réprimé l'homosexualité. C'est une loi datant du régime de Vichy en 1942 qui fut à l'origine de cette discrimination entre hétérosexuels et homosexuels, estimant qu'il s'agissait de relation contre nature.

L'abrogation de 1982 de la disposition discriminatoire ne constitue donc qu'un retour à la situation d'indifférence légale à l'égard de la sexualité, qui avait prévalu de 1791 à 1942. L'OMS (Organisme mondial de la Santé) ne supprimera cependant l'homosexualité de la liste des maladies mentales que le 17 mai 1993, date qui sera retenue pour la commémoration de la journée internationale contre l'homophobie.

Désormais la majorité sexuelle est la même pour tous ou toutes à 15 ans pour les homosexuels et les hétérosexuels. Mais il convient de préciser la portée du terme. Si un jeune peut librement, dès 15 ans, avoir toute liberté sexuelle homosexuelle ou hétérosexuelle, sans que ses parents puissent s'y opposer (à l'exception de la prostitution), toute personne adulte en revanche ne peut avoir de relations sexuelles avec ce jeune de 15 ans. Il est des cas où des sanctions pénales pourront être appliquées, faute de majorité à 18 ans. Il en est ainsi en matière de prostitution, en cas de relations de subordination entre l'adulte et le mineur (relation de professeur à élève ; moniteur et stagiaire), de parenté, de corruption ou de détournement de mineur.

28 JUILLET 2017

Propos sur les personnes âgées oubliées de la sexualité

Dans les discours concernant les institutions gériatriques, il est prôné que les « vieillards ont le droit d'avoir une sexualité ». Dans les faits, il y a encore beaucoup à faire. Les pulsions sexuelles des personnes âgées, notamment celles atteintes d'Alzheimer, sont dérangeantes. Pourtant, certaines personnes âgées ont besoin de toucher ou d'être touchées de manière sensuelle. Que faire lorsqu'une personne de 95 ans manifeste son intérêt pour le physique d'une infirmière ? Porter plainte pour harcèlement ? Faire semblant de ne rien voir, de ne rien sentir ? Accepter certains attouchements ? Risquer la condamnation de l'entourage ? Les soignants sont parfois désemparés face à des attitudes équivoques. On peut regretter qu'en pratique, les autorités aient tendance à ne pas travailler sur ce problème ou à le mésestimer. Ces phénomènes pulsionnels ne devraient pas être passés sous silence, ou pire vilipendés par les autorités médicales au motif qu'ils n'ont rien à voir avec les soins.

Réaction/Actualité

Peut-être serait-il judicieux d'entendre les réactions des infirmières et soignants. Partir du terrain, d'une base concrète, permettrait de mieux progresser. De nombreux auteurs dont Pascale Molinie professeure de psychologie à l'Université de Paris 13 (dans un article « Le sexuel dans le soin gériatrique », publié dans le numéro de la revue *Genre, sexualité & société* 2011), considère qu'il convient de lever le voile et dénoncer les hypocrisies. Dans cet article, l'auteure s'appuie sur son expérience du travail en institution gériatrique. Elle montre que le sexuel, au sens freudien du terme, occupe une place centrale trop souvent oubliée ou négligée dans le soin gériatrique.

29 JUILLET 1994

Premières lois en matière de bioéthique (concerne notamment PMA et GPA)

La bioéthique traite des questions et des problèmes moraux nés à l'occasion de pratiques médicales nouvelles impliquant la manipulation d'êtres vivants ou de recherches en biologie. Elle s'intéresse à des sujets tels que : la procréation médicalement assistée, le clonage d'embryons humains, le prélèvement d'organes en vue de transplantation, l'euthanasie, la gestation pour autrui, le génie génétique, etc.

La bioéthique peut être considérée comme l'une des branches de l'éthique. Mais cette notion d'éthique n'est pas définie par la loi. Certains estiment qu'il s'agit plus « de bio politique que de bioéthique ».

Les premières lois bioéthiques datent de 1994 (Lois n° 94-653 et 654 du 29 juillet 1994), et consacrent l'indisponibilité du corps humain, en tant que chose hors commerce, comme corollaire de la primauté de la personne et protection contre soi-même. Ces premières lois bioéthiques furent notamment modifiées en 2004 et en juillet 2011. À titre d'exemple, elles prévoient que dans le cadre de l'assistance médicale à la procréation, l'infertilité doit être médicalement diagnostiquée (art. 33) et que ces techniques restent réservées aux couples hétérosexuels (ce qui n'a pas manqué de poser un problème de discrimination depuis la loi sur le mariage pour tous). Elles indiquent de même que la gestation pour autrui est interdite (ce qui pose de nos jours un problème, notamment pour la reconnaissance en France des enfants). Certains sujets furent éludés, comme le droit à mourir dans la dignité (considéré comme un homicide prémédité). D'autres sujets ont été modifiés par la jurisprudence ou des lois postérieures, comme la possibilité de modifier l'état civil des transsexuels sans traitements stérilisants, la procréation médicalement assistée ou la gestation pour autrui de couples homosexuels (sur ce point, voir les diverses études figurant dans l'*Almanach*). Pour le juriste Daniel Borrillo (Opinions & Débats : *Critique de la Raison bioéthique*, yagg.com, 12 juillet 2011), « La bioéthique à la française continue à se fonder sur la méfiance de l'individu quant à sa capacité à disposer de sa vie et de son corps. Ainsi, bien qu'on ne cesse de présenter nos sociétés comme étant envahies par l'ultra-individualisme, force est de constater que la liberté de la personne de disposer d'elle-même demeure l'exception ».

Réaction/Actualité

La bioéthique est une matière changeante. Des réformes de toutes sortes qui ne sont pas uniquement médicales interfèrent et modifient les premières données et parfois leur esprit. La loi de 2013 sur « le mariage pour tous » en est une illustration. Ainsi des couples de même sexe peuvent se marier, et en matière de PMA des couples de femmes lesbiennes se voient reconnaître en justice des droits sur l'enfant (y compris la mère d'intention qui peut adopter). Des évolutions récentes doivent être observées ou sont en cours. Le Comité consultatif d'éthique, fin juin 2017, vient d'admettre que les couples de femmes homosexuelles puissent bénéficier en France de la PMA. L'avis n'est que consultatif, mais il semblerait qu'un texte de loi soit en préparation pour la rentrée de septembre 2017.

La GPA est interdite, mais l'enfant né de GPA à l'étranger peut être déclaré et reconnu en France à l'État civil (toutefois la reconnaissance du parent d'intention est de nos jours contestée). Il convient d'ajouter parmi les évolutions la démédicalisation du changement de sexe, la levée, certes dans des conditions exceptionnelles, de l'interdiction du transfert d'embryon post mortem. Enfin la reconnaissance du sexe neutre n'a pas été admise, mais un tribunal de première instance n'y a pas été hostile, etc.

30 JUILLET 1987

Loi n° 87-588 du 30 juillet 1987 portant diverses mesures d'ordre social et de protection des mineurs concernant notamment l'installation de *sex shop* ou *love shop*

La Loi n° 87-588 du 30 juillet 1987 portant diverses mesures d'ordre social (modifiée par la suite par la Loi n° 2007-293 du 5 mars 2007 – art. 6 JORF 6 mars 2007) indique :

« Est interdite l'installation, à moins de deux cents mètres d'un établissement d'enseignement, d'un établissement dont l'activité est la vente ou la mise à disposition du public d'objets à caractère pornographique. L'infraction au présent article est punie de deux ans d'emprisonnement et de 30 000 euros d'amende.

Sont passibles des mêmes peines les personnes qui favorisent ou tolèrent l'accès d'un mineur à un établissement où s'exerce l'une des activités visées au premier alinéa.

Pour cette infraction, les associations de parents d'élèves, de jeunesse et de défense de l'enfance en danger, régulièrement déclarées depuis au moins cinq ans à la date des faits, peuvent exercer les droits reconnus à la partie civile ».

Ce texte vise notamment l'installation d'un *sex shop*. Les maires sont souvent saisis de tels cas en premier lieu.

Réaction/Actualité

Le maire, du fait de son pouvoir général de police, peut prendre des arrêtés municipaux et interdire l'ouverture d'un *sex shop* à proximité d'établissements scolaires et de services municipaux destinés aux mineurs. Il se fondera souvent sur l'article 99 de la loi du 30 juillet 1987, qui prévoit que l'installation de *sex shop* « est interdite à moins de deux cents mètres d'un établissement d'enseignement maternel, primaire ou secondaire ». Toutefois, une telle décision heurte le principe de la liberté du commerce. L'autorité administrative ne peut donc s'opposer définitivement à l'implantation. En cas de conflit, une décision judiciaire est nécessaire.

Dans la pratique, divers maires ont déjà pris des arrêtés se fondant tant sur la loi de 1987 que sur « l'article 227-24 du Code pénal qui réprime en substance le fait de permettre à un mineur de voir un message à caractère pornographique. Il appartient donc au commerçant d'être prudent dans les articles exposés à la vue de tous même si la définition de message à caractère pornographique donne place à la discussion et est difficile parfois à définir ».

31 JUILLET 2013

(JORF). Journal officiel de la République française du 31 juillet 2013, n° 0176. Avis sur les droits à l'intimité des personnes âgées (CNCDH assemblée plénière du 27 juin 2013)

La Commission consultative nationale des Droits de l'homme (CNCDH) considère que le droit à l'intimité dans les EHPAD inclut les droits des personnes âgées à la sexualité. Le personnel ne peut s'y opposer. L'accord de la famille n'a pas à être demandé. Il est ainsi prévu que la vie affective et sexuelle des personnes âgées doit être respectée. La sexualité des personnes âgées, principalement celles en institutions, est encore un tabou, alors même qu'il s'agit d'une question importante pour les personnes concernées. Le droit à l'intimité dans les EHPAD est rappelé spécifiquement dans la *Charte des droits et libertés de la personne âgée dépendante*. Cette intimité inclut la sexualité. L'article 4 dispose qu'une personne âgée « doit être protégée des actions visant à la séparer d'un tiers avec qui, de façon mutuellement consentie, elle entretient ou souhaite avoir une relation intime ». Le personnel n'a donc pas le droit de s'y opposer. Si la famille peut être informée de la vie affective de la personne âgée, son accord n'a pas à être recueilli.

En France, une loi fixe comme objectif que les lieux de vie doivent être conçus de manière à mieux intégrer les souhaits de vie privée et de liberté sexuelle (art. 2, loi 2015-1776).

Réaction/Actualité

Le droit au sexe pour les personnes âgées pose divers problèmes notamment d'organisation dans les établissements où des espaces d'intimité manquent parfois. Mais les difficultés à appliquer les textes ne sont pas que matérielles, notamment lorsque les personnes âgées sont atteintes de la maladie d'Alzheimer. La perte de mémoire n'exclut pas en effet la perte de désir. Mais quelle solution adopter en cas d'infidélité lorsque l'épouse n'est plus reconnue ? *Quid* de la responsabilité des dirigeants d'établissement ? *Quid* en cas de transmission de maladie ? Peut-être pourrait-on prendre modèle sur l'Australie où les personnes âgées ont un droit véritable à entretenir des relations sexuelles dans les établissements y compris les personnes lesbiennes ou homosexuelles.

Août

- **1er août 1999** – Mise sur le marché du Viagra en France aux environs du 1er août 1999
- **2 août 2001** – Décision du Conseil d'État le 2 août 2001 à propos d'un arrêté du maire relatif à un arrêté couvre-feu interdisant aux mineurs de sortir non accompagnés au-delà d'une certaine heure. De telles interdictions fonction des situations d'urgence (arrêté couvre-feu anti prostitution) ne peuvent être générales et absolues
- **3 août 2010** – Selon Aurore Lartique journaliste à *L'Obs*, la « sexomnie » est un trouble du sommeil sous forme de somnambulisme qui se manifeste par une montée de désir sexuel et un passage à l'acte
- **4 août 1982** – La loi du 4 août 1982 (Loi n° 82-683, J.O. du 5 août 1982, p. 2502) a supprimé la pénalisation des « actes impudiques ou contre nature commis avec un mineur du même sexe » (suppression de l'alinéa 2 de l'article 331 du Code pénal) Dépénalisation de relations homosexuelles avec un mineur âgé de 15 à 18 ans
- **5 août 2015** – Une circulaire du ministre de la Justice invite les parquets à ne plus s'opposer au mariage franco-marocain de couple de même sexe en France alors que la loi marocaine prohibe le mariage homosexuel
- **6 août 2017** – Propos en date du 6 août 2017 relatifs à la mention éventuelle d'un sexe neutre à l'état civil en France
- **7 août 2012** – Loi relative à la nouvelle définition du harcèlement sexuel

- **8 août 2017** – Bref propos sur la liberté sexuelle
- **8 août 2016 (bis)** – La Loi du travail du 8 août 2016 (ou loi El Khomri) vise les agissements sexistes
- **9 août 2016** – Journal *Elle*. Organisation de la première nuit du sexe
- **10 août 2016** – Régime probatoire du harcèlement modifié par la loi Travail dite « loi El Khomri »
- **11 août 2017** – Propos concernant l'arrêt novateur de la Cour de cassation du 5 juillet 2017 relatif à l'adoption après GPA de l'enfant par le conjoint d'intention. *Quid* des suites ?
- **12 août 2010** – Julian Assange et le préservatif qui craque ou le phénomène du « stealthing »
- **13 août 2017** – Réflexions sur une manière d'aborder des matières universitaires austères : l'évocation de la sexualité
- **14 août 2017** – Propos sur les idées stéréotypées concernant les agresseurs et les agressions sexuelles
- **15 août 1896** – Naissance de Marie Besnard considérée comme une empoisonneuse aux multiples amants, acquittée en 1961, décédée le 14 février 1980 à Loudun
- **16 août 2015** – Le journal *Libération* fait paraître un article intitulé « Daech et la théologie du viol »
- **17 août 2015** – Apparition de la notion d'agissements sexistes dans la loi Rebsamen du 17 août 2015 relative au droit du travail
- **18 août 2016** – Brève synthèse sur les violences sexuelles et les conflits armés
- **19 août 2013** – Extrait suivi d'un commentaire de l'article du Journal *Le Monde* en date du 19 août 2013 concernant la reconnaissance législative par l'Allemagne d'un sexe indéterminé
- **20 août 2015** – Tribunal de grande instance de Tours : Autorisation de mention de sexe neutre à l'état civil d'une personne intersexuée (jugement infirmé par CA Orléans, 21 mars 2016 et C. cass. du 4 mai 2017)
- **21 août 1794** – Rapport de police sur la multiplication des « magasins prétextes »

- **22 août 2001** – Cour de cassation: La fellation pratiquée par l'agresseur sur la personne de la victime n'est pas un viol (mais une agression sexuelle)
- **23 août 2011** – Examen pour la première fois devant la Cour Interaméricaine des Droits de l'homme (CIADH) réunie à Bogota de la demande d'une personne homosexuelle (lesbienne) de conserver la garde de ses enfants
- **24 août 2013** – Journée portes ouvertes « prostitution » à Zurich
- **24 août 1999** – Cour de cassation, chambre criminelle du 24 août 1999, n° de pourvoi 99-83972: En cas de viol la violence peut être morale et l'absence de consentement dû à la jeunesse des adolescents et leur soumission à la hiérarchie
- **25 août 2010** – Tribunal correctionnel de Paris: Condamnation pour agressions sexuelles d'un directeur d'un grand hôtel parisien à l'encontre d'une collègue salariée sur le fondement d'un faisceau indirect d'indices
- **26 août 2017** – Ordonnance du Conseil d'État (suite à appel devant juge des référés du Conseil d'État) contre l'arrêté municipal anti-burkini du maire
- **27 août 1857** – Tribunal correctionnel Seine 6e chambre: Condamnation de Charles Baudelaire pour outrage aux bonnes mœurs par voie de presse suite à édition par voie de livre
- **28 août 2015** – Propos relaté du Président gambien par le journal *Libération* « Tout gay ou lesbienne pris en Gambie aura le sexe coupé »
- **29 août 1793** – Émancipation des esclaves à Saint-Domingue. « De l'abolition de l'esclavage économique à l'abolition de l'esclavage sexuel »
- **30 août 1877** – Cour de cassation: un cadavre ne peut être juridiquement violé
- **31 août 2016** – Interpellation du vice-président d'un parti politique, député européen, pour exhibition sexuelle dans un magasin de bricolage des Yvelines

1er AOÛT 1999

Mise sur le marché du Viagra en France aux environs du 1er août 1999

La date du 1er août 1999 est incertaine ou du moins approximative. Le Viagra, médicament à vocation érectile (breveté en 1996), a obtenu une AMM en Europe et aux États-Unis en 1998/99. Le terme Viagra, issu de la contraction de Vigor en anglais (vigueur) et de Niagara (chute) est un nom évocateur pour un médicament utilisé dans la dysfonction érectile. Il a été élaboré par le laboratoire Pfizer et a connu un vif succès.

Réaction/Actualité

Le brevet est arrivé à échéance en France. Après avoir dominé le marché, le Viagra a cédé progressivement la place au Taladafil (Cialis, Lilly), une molécule à l'action similaire, mais avec une durée plus longue. Le Spedra semble être le quatrième facilitateur de l'érection commercialisé en France, après le Viagra, le Lévitra et le Cialis.

2 AOÛT 2001

Décision du Conseil d'État le 2 août 2001 à propos d'un arrêté du maire relatif à un arrêté couvre-feu interdisant aux mineurs de sortir non accompagnés au-delà d'une certaine heure. De telles interdictions sont fréquentes en matière de prostitution (arrêtés anti-prostitution). Elles ne peuvent être générales et absolues

Les arrêtés anti couvre-feu, expression journalistique, peuvent être destinés à protéger la jeunesse du stupre ou de toute autre cause. Des arrêtés de même nature ont visé aussi le port du burkini (arrêté anti-burkini) ou le port de tenues légères. Les arrêtés anti-prostitution ont concerné diverses villes. Il a été considéré que certains portent atteinte à la liberté. Dans le cas d'espèce (arrêté couvre-feu sous forme d'interdiction de sortie de mineurs non accompagnés), le juge administratif a pris soin de préciser que l'arrêté sous forme d'interdiction doit être adapté et proportionné aux circonstances de temps et de lieux. Il a été indiqué qu'il ne peut concerner l'ensemble de l'année (C.E. ordonnance du 2 août 2001, préfet du Vaucluse, req. 236821, ment. Rec. Leb).

Tant le Conseil constitutionnel que le Conseil d'État précisent que les mesures d'interdiction qui portent atteinte aux libertés publiques ou individuelles prévues par le maire doivent être « adaptées, nécessaires et proportionnées ».

Réaction/Actualité

De nombreux arrêtés de maires ont été contestés, notamment pour discrimination (arrêtés anti-prostitution) devant le tribunal administratif en raison de mesures trop générales qui ne sont pas proportionnées à la situation.

Il convient d'indiquer qu'un maire peut, à l'audience devant le tribunal administratif, s'engager par écrit à réformer son arrêté. La requête de l'adversaire devient alors sans objet (C.E. ordonnance du 2 août 2001, préfet du Vaucluse, précité).

3 AOÛT 2010

3 août 2010 : Selon Aurore Lartique journaliste à *L'Obs* la « sexomnie » est un trouble du sommeil sous forme de somnambulisme qui se manifeste par une montée de désir sexuel et un passage à l'acte

La sexomnie, sujet tabou, toucherait trois fois plus d'hommes que de femmes. Les cas ne seraient pas si rares. Une personne sur douze se serait livrée à des activités sexuelles pendant le sommeil et serait atteinte de cette maladie selon certaines statistiques canadiennes. Cette maladie n'est reconnue en tant que telle en France que depuis une quinzaine d'années (cf. Professeur Isabelle Arnulf, spécialiste des troubles du sommeil à l'hôpital de la Pitié-Salpêtrière à Paris). Ces somnambules sexuels passent à l'acte sexuel sans se souvenir de ce qu'ils ont pu faire. Il semblerait qu'une partie du cerveau soit endormie mais l'imagerie médicale fonctionnelle montre que l'autre partie est active.

En cas de passage à l'acte, le risque de poursuite pour viol, agression, harcèlement ou abus sexuel existe. La démonstration de l'existence d'une telle maladie pour obtenir la relaxe faute de l'absence de conscience de l'agresseur n'est nullement évidente.

Réaction/Actualité

À l'étranger, au Canada notamment, la sexomnie avérée a permis de disculper quelques personnes. Des précautions sont à prendre à notre sens pour ces somnambules de type particulier qui ne sont pas des pervers et notamment éviter de dormir avec les enfants. Mais cette maladie peut aussi être bénéfique. Un spécialiste, médecin neurologue à Strasbourg, Christian Peteau, indique ainsi « J'avais un patient dont la femme préférait faire l'amour avec lui lorsqu'il était victime de sexomnie. Il vivait très mal d'être son propre rival ! »

4 AOÛT 1982

La loi du 4 août 1982 (Loi n° 82-683, J.O. du 5 août 1982, p. 2502) a supprimé la pénalisation des « actes impudiques ou contre nature commis avec un mineur du même sexe » (suppression de l'alinéa 2 de l'article 331 du Code pénal) Dépénalisation de relations homosexuelles avec un mineur âgé de 15 à 18 ans

L'article 331, alinéa 2, du Code pénal a été abrogé par la loi de 1982. Cette disposition ancienne tendait à interdire à quiconque d'avoir des relations homosexuelles avec un mineur consentant de quinze à dix-huit ans alors que de telles relations entre mineurs de plus de 15 ans ou entre un adulte et un mineur de plus de quinze ans étaient licites si elles étaient hétérosexuelles. Depuis la loi du 4 août 1982 abrogeant l'article 331 al.2, le fait pour toute personne d'avoir une relation sexuelle avec un mineur consentant n'est plus un délit (sauf certaines réserves, subordination, relation parente), à condition que le mineur soit âgé de 15 ans au moins. Il n'existe plus de distinction selon qu'il s'agit de relations homos ou hétérosexuelles. Avant cette loi, l'âge de la majorité sexuelle entre hétérosexuels était de quinze ans (depuis 1945) alors que l'âge de la majorité sexuelle entre homosexuels était, depuis 1974 jusqu'à la loi de 1982, de 18 ans.

Réaction/Actualité

Il a fallu attendre la loi du 4 août 1982 pour mettre fin à une distinction discriminatoire antérieure établie par le régime de Vichy qui avait fixé un âge plus élevé dans le cas de relations homosexuelles (18 ans) que dans le cas de relations hétérosexuelles (15 ans).

Robert Badinter, partisan de la suppression de cette discrimination, n'a pas manqué de souligner à l'époque que « la règle générale de la prohibition de toute discrimination fondée sur le sexe est consacrée par plusieurs textes internationaux, notamment par l'article 2 de la Déclaration universelle des Droits de l'homme des Nations unies, par l'article 26 du pacte international relatif aux droits civils et politiques, et par l'article 14 de la Convention européenne de sauvegarde des Droits de l'homme et des libertés fondamentales ».

5 AOÛT 2015

Une circulaire du ministre de la Justice invite les parquets à ne plus s'opposer au mariage franco-marocain de couple de même sexe en France alors que la loi marocaine prohibe le mariage homosexuel

Le 5 août 2015, une circulaire du ministre de la Justice faisant suite à l'arrêt de la Cour de cassation en date du 28 janvier 2015 invite les parquets à ne plus s'opposer au mariage franco-marocain de couple de même sexe en France alors que la France était liée au Maroc par une convention bilatérale dont les dispositions renvoient à la loi personnelle de l'époux et donc à la loi marocaine qui s'oppose à un tel mariage. La loi marocaine interdisant le mariage homosexuel a été considérée comme manifestement incompatible avec la loi française, et plus précisément avec la disposition prévue par l'article 202-1 alinéa 2 du Code civil. Cet article 202-1 alinéa 2 du Code civil autorise le mariage entre personnes de même sexe. Ainsi ce texte qui autorise le mariage homosexuel en France apparaît comme une disposition d'ordre public supérieur qui prime sur les conventions bilatérales, indépendamment de la nationalité des époux. Le fondement résulte plus précisément et explicitement de l'article 4 de la Convention franco-marocaine qui précise que la loi de l'un des deux États parties peut être écartée par les juridictions de l'autre État, « si elle est manifestement incompatible avec l'ordre public ».

Réaction/Actualité

La loi en principe applicable au conflit de loi aurait dû être la loi personnelle de l'époux et donc la loi marocaine si les dispositions relatives en matière de conflit de loi avaient été strictement appliquées sans exception. Tel ne fut pas le cas. Les relations diplomatiques entre les deux pays s'en sont ressenties durant un certain temps (sur le sujet on ne peut que renvoyer à la décision commentée de la Cour de cassation du 28 janvier 2015 (*supra* 28 janvier 2015, Cour de cassation : Mariage franco-marocain de personnes de même sexe autorisé en France (bien qu'interdit au Maroc).

6 AOÛT 2017

Propos en date du 6 août 2017 relatifs à la mention éventuelle d'un sexe neutre à l'état civil en France

Alors que le TGI de Tours avait accepté le 20 août 2015 la mention de « sexe neutre » à l'état civil, alors que le changement de sexe à l'état civil peut être opéré depuis la loi du 18 novembre 2016 sans intervention chirurgicale ou procédure hormonale et plus généralement sans intervention médicale, la Cour de cassation le 4 mai 2017, et la cour d'appel d'Orléans le 22 mai 2016, ont rejeté la possibilité de faire mention d'un sexe neutre à l'état civil. Mais pour combien de temps ? Condamner un hermaphrodite à choisir entre un sexe masculin ou un sexe féminin n'est-ce pas un peu barbare ? La question *in fine* qui est aujourd'hui débattue, car il sera encore statué prochainement sur des sujets identiques, est de savoir la finalité que l'on assigne à l'état civil concernant le sexe des personnes, et plus précisément de connaître la raison essentielle originale de l'indication d'un sexe masculin ou féminin à l'état civil français. Or la raison profonde était une raison de police, celle de vérifier qu'il n'existait aucun empêchement au mariage. Mais depuis la loi sur le mariage pour tous (loi du 17 mai 2013), cette raison n'a plus lieu d'être. Dès lors l'utilité de la mention d'un sexe masculin ou féminin à l'état civil est réduite, et l'inscription d'un sexe neutre ne paraît pas incongrue.

Réaction/Actualité

Comme en Allemagne, en Australie, en Malaisie, au Népal, en Thaïlande, ne serait-il pas possible d'inscrire aussi en France la mention d'un sexe indéterminé sur l'acte de naissance ? Il ne s'agit pas ici de prendre parti, mais de soulever la question qui est de grande actualité. L'importance des débats contradictoires et des hésitations en justice conduira sans doute le législateur à se prononcer.

7 août 2012

Loi relative à la nouvelle définition du harcèlement sexuel

Une nouvelle définition du harcèlement sexuel a été établie par la loi du 7 août 2012. Les sanctions ont été alourdies (deux ans d'emprisonnement et 30 000 € d'amende).

Antérieurement saisi d'une question prioritaire de constitutionnalité, le Conseil constitutionnel avait invalidé l'article 222-33 du Code pénal relatif au harcèlement sexuel, comme étant contraire au principe constitutionnel de légalité des délits et des peines en ce qu'il ne définissait pas suffisamment et clairement les éléments constitutifs de l'infraction (décision n° 2012-240 du 4 mai 2012). On reprochait alors au législateur l'absence d'une définition nette et cohérente du harcèlement sexuel alors que l'auteur risquait une peine de prison.

Le harcèlement sexuel est désormais défini par le Code pénal (Article 222-33), comme « le fait d'imposer à une personne, de façon répétée, des propos ou comportements à connotation sexuelle qui soit portent atteinte à sa dignité en raison de leur caractère dégradant ou humiliant, soit créent à son encontre une situation intimidante, hostile ou offensante.

Est assimilé au harcèlement sexuel le fait, même non répété, d'user de toute forme de pression grave dans le but réel ou apparent d'obtenir un acte de nature sexuelle, que celui-ci soit recherché au profit de l'auteur des faits ou au profit d'un tiers ».

Article 222-33

Ce texte qui unifie désormais le harcèlement sexuel (dans le Code pénal et le Code du travail) distingue le harcèlement sexuel résultant d'actes ou de faits répétés, du harcèlement moral pour résulter d'un acte unique.

Le harcèlement sexuel exigeant des actes répétés suppose des comportements de toute nature (propos, gestes, envois ou remises de courriers ou d'objets, attitudes...) imposés à la victime, commis à au moins deux reprises sans délai minimum entre ces actes. Il suffit que les comportements revêtent une connotation sexuelle, (« Tu es mignonne, tu veux sortir avec moi, je te rejoins dans ton bureau ») ce qui n'exige donc pas qu'ils présentent un caractère explicitement et directement sexuel. En pratique, les dénégations de la victime en réponse à ces requêtes sont soulignées.

Le harcèlement sexuel peut résulter de la commission d'un acte unique sous forme d'une pression grave (on peut ainsi imaginer qu'une personne tente d'imposer un acte de nature sexuelle à la victime en contrepartie d'un avantage qu'elle pourrait voir ou lui éviter un inconvénient (licenciement ou mutation). Il n'est pas nécessaire que l'acte soit recherché au profit de l'auteur du harcèlement, dans la mesure où il peut l'être au profit d'un tiers.

Réaction/Actualité

Depuis la loi du 7 août 2012, un acte unique peut donc suffire à caractériser l'infraction de harcèlement sexuel à la différence du harcèlement moral. L'auteur du harcèlement sexuel peut être un supérieur hiérarchique, un collègue ou un subordonné.

Sur le fondement de la nouvelle définition légale, un premier arrêt du 18 novembre 2015 a été rendu par la chambre criminelle de la Cour de cassation. Il est mis en relief pour faire état du harcèlement sexuel dans les attendus le comportement du supérieur hiérarchique de la manière qui suit :

« Elle (la plaignante salariée d'un magasin d'alimentation) travaillait au Super U de Vouillé en contrat à durée déterminée depuis le 26 novembre 2012. Dès le début, M. X. lui avait dit qu'elle était mignonne, qu'elle avait de beaux yeux, et lui avait proposé d'aller prendre un verre après le travail ; malgré ses refus réitérés, il avait renouvelé ses propos et ses invitations et lorsqu'elle lui avait dit qu'elle avait un ami, il lui avait répondu que ce n'était pas grave et qu'elle n'était pas obligée de le mettre au courant ; que lorsqu'il établissait les plannings, il s'arrangeait toujours pour finir le soir seul avec elle ; qu'elle a précisé que le harcèlement dont elle se plaignait était essentiellement au niveau de la parole : "C'était surtout des attitudes, des regards, des sous-entendus qui rendaient le travail pénible" ; qu'elle a raconté, toutefois, qu'un jour qu'elle se trouvait seule avec lui dans une chambre froide, il l'avait prise par la taille en lui demandant si elle n'avait pas peur de se trouver seule avec lui dans ce lieu, et qu'une autre fois, alors qu'elle lui disait avoir eu froid dans la chambre froide, il lui avait rétorqué qu'elle aurait dû l'appeler et qu'il l'aurait réchauffée ; qu'une autre fois où elle expliquait son absence par une panne de véhicule, il lui avait dit avec un air ironique qu'elle aurait dû l'appeler et que pour le rattrapage des heures, "on allait s'arranger", ce qui l'avait mise mal à l'aise ; que lorsqu'elle lui avait demandé à disposer d'un passe pour ne plus avoir à lui téléphoner lorsqu'elle rentrait dans le magasin, il lui avait répondu "quand j'aurai eu ce que je veux" et quand elle avait rétorqué qu'il risquait d'attendre longtemps, il lui avait dit qu'il n'abandonnait jamais ; qu'elle faisait état d'une ambiance rendue malsaine par les avances insistantes et renouvelées de M. X., de la nécessité de surveiller la moindre parole car elle pouvait donner lieu à une réflexion déplacée et des angoisses qu'elle ressentait lorsqu'elle devait se retrouver seule avec lui ; que Mme A. Z. a indiqué qu'elle travaillait ».

Le système probatoire du harcèlement a été modifié et facilité par la loi El Khomri de 2016. Nous renvoyons sur le sujet à l'intitulé qui suit.

10 août 2016 : loi Travail. Régime probatoire du harcèlement modifié par la loi Travail dite loi El Khomri.

8 août 2017

Bref propos sur la liberté sexuelle

En tant que particulier, à titre individuel, nous n'avons pas toujours conscience de la liberté sexuelle que nous offre le droit. Les échangistes sont toujours discrets, il en est de même de ceux qui pratiquent le BDSM. Pourtant toutes ces activités sont légales. Elles ne sont pas ou plus, selon les tribunaux, contraires à la morale ou aux bonnes mœurs. Mais les esprits sont encore prisonniers de la morale judéo-chrétienne. Paradoxalement, on accepte plus aisément que toute une économie de marché repose sur la sexualité. Les publicités relatives à la pin-up, ou même à des scènes fétichistes, ne manquent pas, celles vantant des rencontres adultères sont entrées dans la norme. On admet qu'une société de consommation repose sur le sexe alors que l'attitude de notre voisin aux mœurs libertaires nous dérange encore.

Réaction/Actualité

La société de l'image détermine dans notre société le succès. Mais le modèle décoratif de la pin-up place sans doute les femmes en situation d'infériorité car la séduction cherche l'approbation des hommes.

8 août 2016 (bis)

La Loi dite loi Travail du 8 août 2016 (ou loi El Khomri) vise les agissements sexistes

La Loi du travail du 8 août 2016 (ou loi El khomri) vise notamment dans le Code du travail les agissements sexistes. Ce concept d'agissement sexiste avait été introduit il y a un an par la loi Rebsamen. L'agissement sexiste était défini de la manière qui suit : « Tout agissement lié au sexe d'une personne, ayant pour objet ou pour effet de porter atteinte à sa dignité ou de créer un environnement intimidant, hostile, dégradant, humiliant ou offensant». À titre d'exemples: «Elle est bonasse celle-là!», ou: «Jolies jambes, quand est-ce que tu les ouvres?» sont des exclamations qui pourraient être constitutives d'agissements sexistes.

Les agissements sexistes doivent à titre de prévention être pris en considération par l'employeur au même titre que le harcèlement sexuel ou moral.

Réaction/Actualité

L'agissement sexiste a une définition relativement floue. Il appartiendra sans doute aux magistrats de mieux cerner cette notion et de la distinguer du harcèlement moral ou sexuel. L'employeur doit se soucier de ce nouveau risque. Des actions de prévention des agissements sexistes (article L. 4612-3 du Code du travail) pourront être proposées par le comité hygiène et sécurité.

On notera *in fine* que la loi El Khomri modifie le régime probatoire du harcèlement moral ou sexuel (déjà dérogatoire aux règles générales). En la matière, ce régime probatoire est assimilé à celui de la discrimination facilitante ainsi, encore plus qu'antérieurement, les poursuites (voir en date du 10 août 2016: loi El Khomri, régime probatoire modifié).

9 AOÛT 2015

Journal *Elle*. Organisation de la première nuit du sexe

Dans la nuit du 8 au 9 août, pour la première fois, *Elle* organise la première «Nuit du sexe». De 19 heures à 4 heures du matin, la page Facebook du magazine prétend répondre sans détour comme l'affirme le magazine, à toute soif d'érotisme, de libido et de désir.

Réaction/Actualité

Phénomène de mode ou marketing, le journal *Elle* a annoncé que l'année 2016 serait «l'Année du sexe». Mythe ou réalité?

10 août 2016

Loi Travail. Régime probatoire du harcèlement modifié par la loi Travail dite loi El Khomri

La Loi 20016-1088 du 8 août 2016 dite Loi Travail a modifié le régime probatoire du harcèlement. Elle a aligné le régime probatoire du harcèlement sur celui des discriminations. Désormais, tout salarié qui s'estime victime de harcèlement moral – ou sexuel – devra « présenter des éléments de fait laissant supposer l'existence de ce harcèlement ». Le salarié n'aura plus à établir des faits faisant présumer le harcèlement. En substance donc, l'exigence probatoire est moindre. Il n'y a plus à établir la preuve de fait faisant présumer le harcèlement, mais seulement à « présenter des éléments de fait faisant supposer le harcèlement ». L'employeur devra toujours, quant à lui, et « au vu de ces éléments (...) prouver que ces derniers ne sont pas constitutifs d'un tel harcèlement, et que sa décision est justifiée par des éléments objectifs étrangers à tout harcèlement ».

Cette disposition est entrée en vigueur le 10 août 2016 pour toute nouvelle instance.

Réaction/Actualité

Un plus grand nombre de plaintes salariales sur ce fondement du harcèlement moral risquent de franchir avec succès la première étape probatoire devant les conseils de prud'hommes et les cours d'appel. Il appartient aux dirigeants d'entreprise de renforcer les mesures préventives au harcèlement compte tenu de leur obligation de sécurité et de résultat.

11 août 2017

Propos concernant l'arrêt novateur de la Cour de cassation du 5 juillet 2017 relatif à l'adoption après GPA par le conjoint d'intention. *Quid* des suites ?

En cas de gestation pour autrui à l'étranger (GPA), qu'en est-il du parent d'intention, plus précisément du conjoint du parent biologique ? Ne peut-on pas comme l'indiquent deux avis de la Cour de cassation du 22 septembre 2014 relatifs à la procréation médicale assistée (PMA), considérer par analogie, que l'adoption d'un enfant né à l'étranger d'une GPA est possible par le conjoint du parent biologique ? Il faut toutefois reconnaître que sur le plan juridique, la fraude à la loi est beaucoup plus manifeste en matière de GPA réprimée de manière explicite et sur le plan pénal, alors qu'aucune sanction ne figure dans la loi bioéthique en ce qui concerne la PMA.

Le cas, dans le cadre de l'arrêt novateur tranché par l'arrêt du 5 juillet 2017, est le suivant. Une mère porteuse donne naissance aux États-Unis, en Californie, à un enfant, à la demande d'un couple d'hommes pacsés en 2004. L'enfant est reconnu par le père biologique et la mère de substitution. Puis les deux hommes se marient en 2013, et le conjoint du père biologique introduit une demande d'adoption simple de l'enfant au tribunal de grande instance (TGI) de Dijon. On aurait pu imaginer dans une telle situation de GPA que l'adoption par le conjoint du père biologique (parent d'intention) soit accordée puisqu'en matière de PMA, tel doit être le cas selon du moins les 2 avis de la Cour de cassation du 22 septembre 2014 (avis n° 15010 et 15011 (D. 2014.2031). Certes l'avis n'est que consultatif, mais diverses juridictions ont adopté par la suite cette recommandation. Il s'agit de la cour d'appel d'Agen en date du 18 juin 2016, d'Aix-en-Provence en date du 14 avril 2015, de Toulouse en date 10 février 2015.

La cour d'appel de Dijon n'a pourtant pas fait droit à la demande. La motivation discutable et discutée est fondée sur la proportionnalité entre l'atteinte à l'intérêt de l'enfant et à la violation du principe d'ordre public en matière de GPA (sanctionnée certes pénalement à la différence de la PMA). La demande en adoption simple est rejetée dès lors que les requérants n'ont pas apporté la preuve qu'un refus constituait une atteinte disproportionnée aux droits de l'enfant. En l'espèce, la cour d'appel de Dijon a estimé que, du fait d'une filiation paternelle biologique reconnue, l'absence d'adoption par le parent d'intention ne porte pas préjudice à l'intérêt de l'enfant.

En dépit du rejet de la demande de la cour d'appel de Dijon du 24 mars 2016, des perspectives étaient ouvertes. Le principe de l'intérêt supérieur de l'enfant pouvait conduire la Cour de cassation à modifier sa jurisprudence. Tel fut le cas.

La Cour de cassation saisie par le couple d'homosexuels a considéré mercredi 5 juillet 2017 que cet enfant né d'une mère porteuse à l'étranger pouvait être adopté par le mari de son père biologique. De ce fait l'enfant a pu être reconnu légalement par ses deux parents en France. C'est la première fois en matière de GPA que le conjoint du père biologique, parent d'intention (ou père social), peut procéder à l'adoption. Cette adoption est toutefois une adoption simple et non une adoption plénière. La mère biologique n'est nullement effacée.

En définitive et sauf revirement, il n'existe plus en matière d'adoption simple par le conjoint du parent biologique de discrimination selon que l'enfant est né par PMA ou GPA. L'adoption est rendue possible dans le premier cas en matière de PMA comme dans le second. L'arrêt récent du 5 juillet 2016 de la Cour de cassation, en reconnaissant la possibilité d'une adoption simple, ouvre grand une porte déjà entrebâillée par la cour d'appel de Dijon. Qu'en sera-t-il par la suite ?

En définitive, si de nos jours le nom du père biologique peut être transcrit sur l'acte de naissance d'un enfant né d'une GPA à l'étranger, il n'en est pas encore de même en ce qui concerne le nom de la mère d'intention qui n'a pas accouché (ou l'autre parent non biologique). Dans cette dernière hypothèse, la procédure, pour reconnaître des droits sur l'enfant, ne peut être que l'adoption simple. Faut-il maintenir cette solution, l'abroger, ou comme en matière de PMA s'orienter sans doute vers une reconnaissance du parent d'intention (transcription directe sur l'acte de naissance) ? Il serait souhaitable que le législateur se prononce rapidement sur le sujet pour éviter tout arbitraire.

12 AOÛT 2010

Julian Assange et le préservatif qui craque ou le phénomène du *stealthing*

Une jeune femme a porté plainte pour viol contre Julian Assange, rencontré lors d'une conférence de Wikileaks à Stockholm aux environs du 12 août 2010. Ils ont eu des relations sexuelles, mais il y a eu un problème avec le préservatif. La plaignante prétend que Julian Assange a délibérément eu un rapport avec un préservatif dont il savait qu'il avait craqué. Julian Assange a indiqué de son côté qu'il s'agissait d'un accident. La femme a voulu stopper leurs ébats, mais Julian Assange aurait refusé. Cette affaire est trouble. Pour certains, la plainte ne justifierait pas la qualification de viol, mais uniquement celle de « sexe par surprise », un délit passible en Suède de 5 000 couronnes, soit 546 euros. *In fine* le parquet suédois, à défaut de pouvoir faire avancer l'enquête, a classé quelques années plus tard l'affaire.

Cette affaire dite de *stealthing* est assimilable pour la Suisse à une sorte de viol par surprise. Elle semble proche de celle d'un Français récemment interpellé par la justice et condamné par le tribunal de Lausanne pour viol à douze mois de prison avec sursis. Aucun acte de violence n'a pourtant été relevé durant le rapport sexuel, mais alors que l'homme avait débuté un rapport sexuel avec un préservatif, il l'a retiré par la suite lors d'une fellation réalisée par sa partenaire. Il a pénétré par la suite cette dernière, qui ne s'est rendu compte qu'*a posteriori* de l'absence de protection. La juridiction a considéré qu'imposer un rapport non protégé, alors que son usage a été prévu, est assimilable à un viol. « Si la plaignante s'était rendu compte que l'homme avait enlevé le préservatif, elle aurait refusé l'acte », a estimé le président de la cour. Cette condamnation susceptible d'appel est une première en Suisse.

Réaction/Actualité

En France, aucune affaire identique n'a encore été portée devant les tribunaux. Mais il est possible que tel soit le cas prochainement. Le Code pénal français définit le viol comme « tout acte de pénétration sexuelle », de quelque nature qu'il soit, commis sur la personne d'autrui, par violence, contrainte, menace ou « surprise ». Par « surprise », il faut comprendre que le consentement de la personne a été surpris, que si elle n'avait pas été trompée ou peut-être même si elle avait su, elle n'aurait pas donné son consentement. C'est ainsi qu'une jeune femme à moitié endormie dans sa chambre d'hôtel a pu faire condamner pour viol un intrus entré de manière inopinée dans sa chambre et son lit alors qu'elle pensait que c'était son mari qui lui faisait l'amour. Une interprétation extensive de la notion de viol pourrait peut -être s'appliquer en France dans le cadre d'une affaire proche de l'affaire Assange, ce sous la pression de mouvements féministes. Il est vrai que la crainte de la grossesse ou du Sida est à redouter. Le phénomène de *stealthing* vanté sur certains réseaux sociaux aux États-Unis, qui consiste à retirer de manière furtive son préservatif sans consentement de la ou du partenaire, serait ainsi découragé. Il convient toutefois d'être nuancé au regard d'une situation floue car le droit pénal français est d'interprétation restrictive.

13 AOÛT 2017

Réflexions sur une manière d'aborder des matières universitaires austères : « l'évocation de la sexualité »

Le droit, l'économie, bien d'autres disciplines encore peuvent sembler être des matières austères. De nombreux étudiants, après un premier cours, ne reviennent jamais. Le taux d'échec en première année d'université est considérable. La sélection par l'échec ne signifie pas pour autant la certitude d'un emploi. Diverses raisons parmi lesquelles une présentation excessivement abstraite, théorique, expliquent pour partie les abandons. Comment donner un caractère plus humain, plus sexy à ces enseignements ?

Au Canada, la professeure d'économie Marina Adshade a créé un cours au premier cycle de l'Université Dalhousie, intitulé « Economics of Sex and Love » (« L'économie du sexe et de l'amour »). Le cours a connu un succès instantané auprès des étudiants. Un blog intitulé « **Dollars and Sex** » a de ce fait été créé. Un livre intitulé *Dollars and Sex: How Economics Influences Sex and Love* (*Dollars et sexe : comment l'économie influence le sexe et l'amour*) (HarperCollins, 2013) a été édité.

Cette pédagogue affirme que « La plupart des choix, des décisions et des résultats en matière d'amour et de sexe sont plus faciles à comprendre lorsqu'ils sont considérés dans un contexte économique ». À l'inverse, le contexte humain et sexuel devrait être pris en considération pour mieux comprendre la jurisprudence et les lois passées présentes ou à venir. Il en est ainsi en matière de changement de sexe, gestation pour autrui, procréation médicale assistée, prostitution, sexe neutre, etc.

Réaction/Actualité

En France, dans le cadre des enseignements universitaires, diverses initiatives ont eu lieu, et il existe quelques rares formations concernant la relation ou l'interaction entre le sexe et le droit. Mais ces initiatives ne sont pas toujours bien comprises et parfois même critiquées ou jugées anecdotiques. Il suffit de lire le récent ouvrage collectif « Droits aux sexes » paru aux éditions Lextenso en 2016 pour s'en convaincre. Le professeur de droit public Touzeil Divina, coorganisateur d'un colloque au Mans en mai 2016 regroupant plusieurs universités, n'a pas manqué de souligner dans cet ouvrage les obstacles et incompréhensions auxquels il a fallu faire face. Le sexe est encore tabou. Les plus critiques sont souvent ceux qui ne voient le sexe qu'à travers le plaisir sexuel et surtout le péché, alors même que la liberté sexuelle est devenue la règle et que l'étude du sexe est aussi celle du genre. Pour aller plus loin, on peut se demander si des enseignements de sexologie ne seraient pas aussi particulièrement appropriés et appréciés dans toutes les universités.

14 AOÛT 2017

Propos sur les idées stéréotypées concernant les agresseurs et les agressions sexuelles

Le délinquant sexuel représente de nos jours le mal absolu. Ce n'était pas le cas dans les années 1970. La surmédiatisation de l'agresseur sexuel, violeur ou pédophile, répand actuellement dans la société une représentation univoque du délinquant sexuel. C'est un monstre. Ses pulsions sexuelles sont exorbitantes. Il ne guérira jamais. Il récidivera toujours. On devrait le tuer pour qu'il ne recommence plus. Les partisans de la peine de mort évoquent de prime bord ces délinquants pour justifier l'absolutisme de leur solution. Or la compréhension du fonctionnement psychique de ces sujets est plus complexe. Les divers intervenants aux assises nationales de sexologie, psychiatres, médecins, avocats, mais aussi policiers, en témoignent. Il n'y a pas d'uniformité en la matière. Il n'y a pas une délinquance sexuelle, mais des délinquances sexuelles. Dans l'ensemble, les spécialistes sexologues notent que les comportements sexuels sont beaucoup plus éloignés de l'animalité qu'on leur prête. Le manque affectif est plus prédominant que la frustration sexuelle. La peur inconsciente de la femme existe. Ce n'est pas défendre les auteurs de violences sexuelles que de relater que la plupart des agresseurs qui arrivent dans les structures de soins après condamnations pour viol, pédophilie, inceste, ne sont pas toujours malades sur le plan psychiatrique. En revanche, ils sont perturbés dans leur relation à l'autre, dans leur narcissisme, le plus souvent du fait d'une sexualité infantile carencée. Ils méconnaissent en fait la sexualité et ce qui l'entoure. Ils ont par ailleurs une mauvaise image d'eux-mêmes. Selon le capitaine de gendarmerie Madame Elen Vuidard, il semble aujourd'hui indispensable de se tourner vers la sexologie. « Qui mieux que les sexologues pour parler de comportement sexuel hors norme ou de distorsion cognitive à propos de la sexualité de ces agresseurs (7e Assises de sexologie Marseille, 2014, p. 152) ? ».

L'idée stéréotypée, erronée, que l'on se fait du violeur ou de l'agresseur sexuel, peut porter préjudice aux victimes elles-mêmes. Selon Madame Vuidart, le travail d'investigation des enquêteurs classiques, souvent insuffisamment formés en matière de crime sexuel, peut être influencé par l'imagerie populaire. Cette représentation peut conduire à de mauvaises initiatives. Le constat que le suspect a une grande liberté sexuelle, est échangiste, ou a des pratiques sexuelles hors normes, BDSM par exemple, peut amener à la conclusion que l'on tient le coupable. Or, outre le fait que ces pratiques ne sont pas illicites, ni même juridiquement contraires aux bonnes mœurs ou à la morale, elles ne témoignent nullement d'un passage à l'agression sexuelle. Au regard d'un questionnement qu'il peut juger insultant, le gardé à vue risque de se bloquer alors qu'une écoute attentive eut été préférable. Mais la victime elle-même est aussi prisonnière du mythe construit sur l'agresseur sexuel. Elle n'osera pas révéler un viol commis par l'un de ses proches, tant la représentation qu'elle se fait du violeur est distincte.

Réaction/Actualité

Notre législation actuelle, notre état d'esprit, sous la pression notamment de mouvements féministes, paraît être aujourd'hui en réaction avec la tolérance antérieure des années 1970. Le taux de poursuite en France des agressions sexuelles paraît être sans commune mesure avec celui des années 1970. Il faut toutefois briser une nouvelle fois de fausses idées. Selon les statistiques du ministère de la Justice, les condamnés pour les seuls actes de viols ou d'agressions sexuelles ont une probabilité trois fois moindre d'avoir une nouvelle condamnation dans les cinq ans que les condamnés pour vols et recels.

15 Août 1896

Naissance de Marie Besnard, considérée comme une empoisonneuse aux multiples amants, acquittée en 1961, décédée le 14 février 1980 à Loudun

Marie Besnard, qui vit à Loudun, suscite des jalousies et des rumeurs. Elle est mariée. On lui prête des amants. Elle est inculpée en 1949 du meurtre par empoisonnement à l'arsenic de douze personnes dont son propre mari. Sa relation avec un des amants a pu donner à penser à un meurtre par passion amoureuse. Son procès fut à rebondissement. La dernière procédure eut lieu en 1961. Cette affaire fut marquée par une querelle d'experts en matière toxicologique. Elle fut acquittée faute de preuves en 1961. Dans cette affaire, le docteur Georges Béroud, directeur du laboratoire de police scientifique de Marseille, sur la base d'analyses menées grâce au test de March et à la méthode de Cribier, avait conclu à des empoisonnements aigus. Il fut sévèrement critiqué par la défense.

Réaction/Actualité

Cette affaire illustre que l'expertise n'est pas une vérité historique et nécessite souvent une contre-expertise. Ainsi la défense a mis à mal l'expertise de Béroud en brandissant des tubes de Marsh dans lesquels le docteur Béroud a vu de l'arsenic alors que tel n'était pas le cas. Pour nous rapprocher de l'objet de cet ouvrage lié à la sexualité, il convient d'indiquer que dans les affaires d'abus sexuels ou d'attouchements dévoilés tardivement, les preuves manquent souvent. Le rôle de l'expert est d'apporter un éclairage. Mais on ne peut considérer qu'il s'agit de la vérité de la situation. La vérité judiciaire ne peut donc se fonder sur la seule intuition de l'expert. Cette assertion est sans doute plus vraie encore en matière psychiatrique. Par ailleurs, l'opinion publique estime trop souvent que les délinquants sexuels ne changeront jamais. Mais c'est oublier que ces délinquants ne sont pas tous atteints de maladies psychiatriques ou mentales, et qu'il est délicat pour un psychiatre de postuler qu'un individu ne changera jamais, puisque le changement est l'objectif même d'une thérapie.

16 AOÛT 2015

Le journal *Libération* fait paraître un article intitulé « Daech et la théologie du viol »

L'État islamique a fait du viol une arme de guerre. En la matière, le constat n'est pas nouveau. Le viol est utilisé de la sorte depuis des temps immémoriaux. En revanche, ce qui est novateur est que le viol serait justifié par le Coran. Le viol des personnes d'une autre religion ne constitue plus alors seulement une arme de guerre, mais une application théologique. Il apparaît par ailleurs qu'une telle pratique serait devenue un argument pour attirer de nouvelles recrues, dans cette communauté où le sexe est particulièrement tabou.

Réaction/Actualité

Le reportage ci-dessous publié par le *New York Times* et cité par *Libération* est édifiant. « Juste avant de violer la fillette de 12 ans, le combattant de l'État islamique a pris le temps d'expliquer que ce qu'il s'apprêtait à faire n'était pas un péché. Parce que la jeune fille pratiquait une religion qui n'était pas l'islam, le Coran ne lui donnait pas seulement le droit de la violer, il l'approuvait et l'encourageait. Il attacha ses mains et la bâillonna. Puis il s'agenouilla à côté du lit et se prostra dans une prière avant de se mettre sur elle. Quand il eut terminé, il s'agenouilla pour prier encore, balisant le viol de dévotion religieuse ».

17 AOÛT 2015

Apparition de la notion d'agissements sexistes dans la loi Rebsamen du 17 août 2015 relative au droit du travail

La loi Rebsamen évoque pour la première fois la notion d'agissements sexistes dans le Code du travail. Un nouvel article L. 1142-2-1 prévoit depuis la loi du 17 août 2015 que « *nul ne doit subir d'agissement sexiste, défini comme tout agissement lié au sexe d'une personne, ayant pour objet ou pour effet de porter atteinte à sa dignité ou de créer un environnement intimidant, hostile, dégradant, humiliant ou offensant* ».

Il existait antérieurement dans notre législation des dispositions proches plus générales, telles celles visant les discriminations, notamment à raison du sexe de la personne et des dispositions plus particulières, telles celles relatives au harcèlement sexuel et moral.

Certains auteurs se sont interrogés de ce fait sur l'intérêt d'un texte relatif au sexisme qui illustre toutefois dans son esprit la volonté de mettre fin à certaines discriminations envers les femmes, du fait par exemple d'attitudes ou de paroles émanant des hommes.

Réaction/Actualité

La notion de sexisme génère des interrogations. La législation de la quasi-totalité des pays européens fait référence à la discrimination ou au harcèlement mais ignore cette notion. On peut donc s'interroger sur cette notion laissée à l'appréciation des tribunaux. La loi El Khomri du 8 août 2016 (*infra*) a repris le terme d'agissements sexistes, mais des incertitudes persistent sur une définition précise.

18 AOÛT 2016

Brève synthèse sur les violences sexuelles et les conflits armés

La liste des violences sexuelles en temps de guerre ne peut être exhaustive. On peut citer le viol, mais aussi la grossesse forcée, la stérilisation forcée, la prostitution forcée, l'esclavage, etc. Les femmes en sont essentiellement victimes. De tels actes ont rarement lieu de manière isolée. Il ne s'agit pas seulement, donc, d'agissements individuels de soudards comme on pourrait le croire. Les violences sexuelles font partie souvent d'un ensemble global, d'une technique de guerre. Au-delà de mesures de représailles, il peut exister une volonté de générer la peur, d'humilier les hommes mariés, de détruire le tissu social. Il peut aussi s'agir comme tel est le cas avec DAECH, d'une application théologique d'une interprétation particulière d'un livre religieux, en l'espèce le Coran.

Ces violences sont souvent méconnues. Ce silence s'explique par l'attitude des victimes qui en sus d'un sentiment de honte, n'ont pas toujours la force ou la volonté de briser des tabous auprès de leurs proches. Elles peuvent craindre de subir des représailles du fait de leurs agresseurs mais aussi de leur entourage. Les mères et les enfants nés d'un viol peuvent être stigmatisés voire exclus de leur communauté.

Les violences sexuelles sur la population constituent des violations du droit international humanitaire (DIH). Elles sont prohibées par la Convention de Genève. Elles sont considérées comme des crimes de guerre par la Cour pénale internationale, voire comme des crimes contre l'humanité lorsqu'elles sont commises dans le cadre d'une attaque contre toute population civile.

Réaction/Actualité

La guerre est abominable mais elle ne peut justifier toutes les actions. En principe, en droit international, chaque État a l'obligation d'ériger en infraction pénale les violences sexuelles et d'en poursuivre les auteurs.

Le CICR, organisme humanitaire souvent très discret, tente de s'attaquer aux causes et aux effets de cette violence sexuelle. Il fournit des soins de santé, protège comme il le peut les victimes, mais établit aussi des mesures plus générales de sensibilisation et de prévention.

19 AOÛT 2013

Extrait suivi d'un commentaire de l'article du Journal *Le Monde* en date du 19 août 2013 concernant la reconnaissance par l'Allemagne d'un sexe indéterminé

Selon *Le Monde.fr* avec l'AFP (|19.08.2013 à 04 h 55), « L'Allemagne devient, vendredi 1er novembre 2013, le premier pays européen à proposer officiellement la possibilité d'inscrire un sexe "indéterminé" aux nourrissons intersexués sur leur certificat de naissance ».

Sur le plan médico-psychologique, il conviendrait de distinguer les intersexuels des transsexuels. Les transsexuels ont le sentiment d'appartenir à l'autre sexe que celui que la biologie leur a assigné. Les intersexuels présentent une ambiguïté sexuelle provenant d'une anomalie dans le déterminisme des gonades (ovaires et testicules) ou dans la différenciation des organes génitaux. Pour être plus précis, depuis 2013, les parents allemands d'enfants intersexués peuvent ne pas mentionner le sexe de l'enfant sur leur acte de naissance, ce qui est un peu différent du titre du journal. La loi allemande dispose que « lorsque le sexe d'une personne ne peut pas être déterminé, aucune mention du sexe n'est inscrite dans l'acte de naissance » (Gesetz zur Änderung personenstandsrechtlicher Vorschriften, 7 mai 2013, art. 1, 6). Des bébés dits « intersexués » sont souvent opérés pour les incorporer socialement dans la catégorie masculine ou féminine. Des associations d'intersexuées critiquent cette modalité d'opérations génitales précoces trop rapides, car plus âgées, ces personnes risquent par la suite vouloir de changer de sexe, ne se sentant pas à l'aise dans le sexe souvent voulu par les tiers (parents ou médecins). D'où l'intérêt d'une absence de mention de sexe ou d'un troisième sexe appelé encore sexe neutre ou indéterminé.

Réaction/Actualité

Les associations soutenant la cause « intersexuée » espéraient que la loi de 2013 aurait pour effet mécanique de diminuer le nombre des opérations des jeunes bébés. Il n'en est rien : elles tournent toujours autour de 1 700 par an.

À l'heure actuelle, la loi allemande dispose donc que « lorsque le sexe d'une personne ne peut pas être déterminé, aucune mention du sexe n'est inscrite dans l'acte de naissance » (Gesetz zur Änderung personenstandsrechtlicher Vorschriften, 7 mai 2013, art. 1, 6).

À la suite de cette loi, on pouvait se demander quel était son champ d'application, et plus précisément si elle s'appliquait aux personnes nées antérieurement. Dans cette hypothèse, cette loi aurait véritablement créé un troisième sexe, une troisième catégorie d'identité. La Cour fédérale a répondu *in fine* positivement (sous réserve de constitutionnalité).

En France, l'inscription d'un sexe neutre à l'état civil a fait quant à elle l'objet d'une décision favorable rendue par le TGI de Tours le 20 août 2015. Mais cette décision a été infirmée par la cour d'appel d'Orléans le 22 mars 2016 et la Cour de cassation en date du 4 mai 2017.

20 AOÛT 2015

Tribunal de grande instance de Tours : Autorisation de mention de sexe neutre à l'état civil d'une personne intersexuée (jugement infirmé par CA Orléans 21 mars 2016 et Cassation 4 mai 2017)

Le tribunal de grande instance de Tours, pour la première fois en France, a décidé que l'état civil d'une personne dite intersexuée dotée d'un micro pénis sans testicule et d'un vagin rudimentaire (cette qualification « personne intersexuée » se différencie de celle de trans ou transsexuel dans la mesure où le transsexuel ne se sent pas bien psychologiquement dans le sexe mentionné sur son état civil) devra être modifié, et qu'elle pourra faire enregistrer la mention « sexe neutre » à l'état civil. « Le sexe qui [lui] avait été assigné à sa naissance apparaît comme une pure fiction (selon le magistrat) ». « Il ne s'agit aucunement de reconnaître l'existence d'un quelconque "troisième sexe" mais de prendre acte de l'impossibilité de rattacher l'intéressé à tel ou tel sexe », ajoute le magistrat.

Réaction/Actualité

À la suite de l'appel du parquet, cette décision a été infirmée par la cour d'appel d'Orléans en date du 22 mars 2016, et la Cour de cassation en date du 4 mai 2017. Il n'est pas impossible qu'on évoque à nouveau prochainement en 2017/2018 ce sujet. D'autres affaires sont en cours en France. Par ailleurs, plusieurs pays d'Asie reconnaissent déjà le sexe neutre, l'Inde, le Népal, la Thaïlande, la Malaisie ; de même, l'Australie, la Suisse et l'Allemagne tendent à une telle reconnaissance.

21 AOÛT 1974

Rapport de police sur la multiplication des « magasins prétextes »

Un rapport de police du 21 août 1794 indiquait : « Les femmes publiques font plus que jamais publiquement commerce de leurs charmes en invitant les passants à venir acheter leurs marchandises. Elles paraissent se fonder sur ce qu'elles sont marchandes et domiciliées ». Ce rapport de police concernait la ville de Paris, et plus particulièrement le quartier du Palais-Royal qui constituait à l'époque une sorte de marché du sexe, et concentrait la prostitution de la capitale, qui s'exerçait souvent à proximité des théâtres ou des jardins du Palais-Royal. La prostitution connut des périodes de répression, notamment à la fin de vie de Louis XIV (qui fut pourtant un grand libertin) et de tolérance. Elle a notamment été dépénalisée en 1791. L'organisation des maisons de tolérance eut lieu peu après, lors du Consulat en 1804. Ce rapport de police intervient donc peu avant cette période.

Réaction/Actualité

Le nombre de prostituées depuis 1794 n'a pas véritablement varié. Il se situe entre 20 000 et 40 000. Les maisons de tolérance ont été supprimées aux environs de 1946. La prostitution de nos jours est licite, mais depuis 2016 le client peut être pénalement poursuivi. Il subsiste aujourd'hui une prostitution plus ou moins clandestine exercée notamment à travers les salons. Cependant il ne s'agit plus comme antérieurement de salons galants de lecture, mais de massage, ou via internet. La situation sociale des prostituées n'a guère évolué.

22 août 2001

Cour de cassation : La fellation pratiquée par l'agresseur sur la personne de la victime n'est pas un viol (mais une agression sexuelle)

Entre décembre 1985 et l'été 1986, un ancien professeur a pratiqué des fellations sur un garçon Y âgé de 12 ans. La question qui se posait était de savoir si ces actes pouvaient être qualifiés de viol ou d'agression sexuelle. La distinction est importante notamment au regard de la peine prévue (le viol est un crime, l'agression sexuelle un délit), et de la prescription. La Cour de cassation en 2001 a dû répondre à cette question.

En préambule, il s'agit de manière plus générale d'une illustration du fait que le Code civil mais aussi le Code pénal ne donne pas toujours de définition stricte (et la vie va plus vite que le droit). La rédaction de la loi peut être équivoque ; des textes peuvent se chevaucher. Dès lors, il appartient au magistrat de se prononcer.

Une agression sexuelle est, selon le texte applicable à l'époque (article 222-22 CP), « toute atteinte sexuelle commise avec violence, contrainte, menace ou surprise ». Il est donc indéniable que la fellation pratiquée en l'espèce sur le jeune garçon est une agression sexuelle. Cela dit, le viol (art. 222-23) est l'agression sexuelle la plus grave, et se définit de la manière qui suit : « tout acte de pénétration sexuelle, de quelque nature qu'il soit, commis sur la personne d'autrui par violence, contrainte, menace ou surprise. Le viol est puni de quinze ans de réclusion criminelle». La question qui se pose est donc de savoir la fellation du professeur sur l'élève (l élève est passif) doit être considérée comme un acte de pénétration sexuelle.

Pour le défenseur du professeur comme pour la cour d'appel de Versailles, il n'y a pas eu viol. Deux éléments importants peuvent être soulignés. D'une part, la fellation pratiquée n'est pas un acte de pénétration sexuelle, et d'autre part en cas d'équivoque en matière d'interprétation des textes, les principes du droit pénal doivent s'appliquer, à savoir l'interprétation restrictive des textes afin d'éviter une série d'emprisonnements sur un fondement ambigu et un certain arbitraire.

Pour le défenseur de la victime (le garçon), l'argument invoqué est qu'il y a bien eu interpénétration des corps et que l'agresseur a pris possession de l'organe génital de la victime.

Au regard d'un texte équivoque, imprécis sur le viol (ou l'agression sexuelle), la Cour de cassation a décidé que si la fellation est pratiquée par l'agresseur sur la victime, il n'y a pas constitution d'un viol. Elle justifie donc sa solution par l'absence de « pénétration sexuelle » et par la nécessité d'une interprétation stricte et restrictive de la loi pénale.

Réaction/Actualité

En date du 22 février 1984, la Cour de cassation, comme il a été indiqué, avait déjà souligné la nécessité de distinguer en matière de fellation l'impératif «Suce-moi!» (viol) de «Je te suce». La jurisprudence actuelle est en ce sens (crim. 21 févr. 2007). Il en résulte qu'en matière de fellation, l'auteur féminin ne peut se rendre coupable de viol mais seulement d'agression sexuelle. Il ne faudrait pas pour autant penser qu'une femme ne peut, de nos jours, ne jamais être condamnée pour viol. Telle pourrait être par exemple le cas, dans l'hypothèse d'introduction forcée de nature sexuelle d'un corps étranger (bâton) dans l'anus ou le vagin. Il s'agirait alors du crime de viol (crim. 24 juin 1987). Précisons enfin (voir 21 février 2007, Cour de cassation) que: «L'introduction contrainte dans la bouche (et non dans le sexe ou l'anus!) d'un objet phallique n'est pas un viol».

23 août 2011

Examen pour la première fois devant la Cour Interaméricaine des Droits de l'Homme (CIADH) réunie à Bogota de la demande d'une personne homosexuelle (lesbienne) à conserver la garde de ses enfants

La Cour Suprême du Chili initialement saisie avait refusé la garde de l'enfant à la mère, vivant en concubinage avec une autre personne de même sexe. La cour chilienne se fondait sur l'intérêt supérieur des enfants. Elle avançait que le « comportement de la mère qui décida de cohabiter avec une personne du même sexe avec laquelle elle prétendait élever ses enfants [...] s'est avéré gênant pour la formation et risqué pour le développement des mineures dans le contexte actuel de la société chilienn » (Réponse de l'État chilien à la CIDH, ministère des Affaires étrangères, Direction des Droits de l'homme, 15 juin 2005).

Réunie à Bogota (Colombie, le 23 août 2011), la Cour Interaméricaine des Droits de l'homme (CIADH) a examiné au fond l'affaire qui oppose cette femme homosexuelle (Karen Atala, ancienne juge) à la République du Chili, dans ce litige. C'est la première fois que la Cour Interaméricaine des Droits de l'homme se prononçait sur cette question liée spécifiquement à l'orientation sexuelle.

In fine les droits de garde de la mère lesbienne sur ses enfants ont été reconnus par la Cour Interaméricaine des Droits de l'homme (CIADH, en date du 24 février 2012, Atala Riffo et a. c. Chili).

Réaction/Actualité

La Cour suprême du Chili (pays conservateur) avait, « dans l'intérêt de l'enfant », confié la garde au père, en raison du concubinage de la mère avec une personne de même sexe. Les magistrats de la Cour Interaméricaine des Droits de l'homme (CIADH : cette Cour sert à défendre et promouvoir les droits fondamentaux et les libertés individuelles dans les Amériques) ont considéré en février 2012, faute d'avoir plus d'explications notamment sur l'intérêt de l'enfant, que le concubinage d'un parent (en l'espèce la mère) avec une personne de même sexe ne lésait pas l'intérêt supérieur des enfants vivant au même domicile que les concubin(e)s. Le Chili a légalisé quelques années plus tard, en janvier 2015, l'union de couples homosexuels. Deux ans auparavant, le 17 mai 2013, la France avait adopté la loi sur le mariage pour tous.

24 AOÛT 2013

Journée portes ouvertes « prostitution » à Zurich

Le 24 août 2013, la ville de Zurich a décidé d'organiser une journée portes ouvertes pour présenter son *drive-in* du sexe. La prostitution est licite en Suisse (comme en France) mais elle est aussi également réglementée (régime réglementariste à la différence de la France qui a un régime abolitionniste voire plus ou moins prohibitionniste). En fait il ne s'agit que d'une journée d'information sur les lieux sécurisés où se déroule la prostitution. Des assistantes sociales seront présentes. Pour rendre l'ambiance plus agréable, les boxs spécifiques seront illuminés de différentes couleurs.

Réaction/Actualité

Selon les initiateurs du projet, l'objectif premier de ce site est de « mieux sécuriser et contrôler la prostitution ». Le but est d'éviter aussi une prostitution sous contrainte comme cela semblait être le cas de certaines prostitutions étrangères et notamment roumaines. On peut être ou non d'accord avec ce régime réglementariste suisse, mais il semble assurer aux prostituées une meilleure sécurité que le nouveau régime français qui pénalise le client, accentue la clandestinité et paupérise la prostitution (qui est demeurée pourtant licite).

24 AOÛT 1999

Cour de cassation chambre criminelle du 24 août 1999, n° de pourvoi 99-83972 : En cas de viol, la violence peut être morale, et l'absence de consentement dû à la jeunesse des adolescents et leur soumission à la hiérarchie

L'arrêt du 24 août est ci-dessous résumé :

La chambre d'accusation de la cour d'appel de Paris du 11 mai 1999 a prononcé la mise en accusation de X. des chefs de viols sur mineurs de 15 ans par personne ayant autorité. L'agresseur X est formateur dans un club de canoë-kayak au profit de jeunes de moins de 15 ans. Quatre de ces derniers attestent l'existence d'agressions sexuelles et de viols.

La défense du moniteur fait valoir que le crime de viol suppose qu'un acte de pénétration sexuelle soit commis sur la personne d'autrui par violence, contrainte, menace ou surprise ; qu'il n'existe aucune preuve en ce sens, « qu'en l'espèce, il est constant que X. n'a jamais employé la violence physique ou morale pour parvenir à ses fins et qu'en se bornant à constater que l'élément de contrainte résultait du jeune âge de la victime, et de la confiance qu'il inspirait aux jeunes gens, la cour d'appel n'a caractérisé ni la contrainte ni la surprise et a, dès lors, entaché sa décision d'un manque de base légale ».

La Cour de cassation n'a pas suivi l'argumentation de la défense. Elle a rejeté le pourvoi.

Réaction/Actualité

La question est de déterminer en quoi il y a eu contrainte afin de qualifier le viol. En l'espèce, la contrainte physique n'est pas démontrée. En revanche, la contrainte morale est retenue. Elle s'apprécie en jurisprudence en fonction de la capacité de la victime à résister. Pour un jeune enfant, la passivité qu'il a manifestée n'est nullement significative d'acceptation. Il n'y a donc pas eu consentement. Il n'y a pas eu « absence de contrainte ». Pour les juges, l'élément de contrainte résulte tant du jeune âge des enfants que du fait qu'ils se trouvaient, en l'absence de leurs parents, avec X. Plus généralement, l'état de faiblesse physique ou psychique peut être retenu pour caractériser un viol. Ainsi le manque de réaction d'une personne ivre ne signifie pas nécessairement qu'elle ait pu donner son consentement à un rapport sexuel.

25 AOÛT 2010

Tribunal correctionnel de Paris : Condamnation pour agressions sexuelles d'un directeur d'un grand hôtel parisien à l'encontre d'une collègue salariée sur le fondement d'un faisceau indirect d'indices

Un des directeurs d'un grand hôtel avait à plusieurs reprises selon la plaignante imposée des attouchements sur le corps de cette dernière. Mais il n'existait aucune preuve sous forme de témoignages, d'enregistrement d'écrits ou autres et le directeur déniait les faits. Lors de l'audience du 25 août 2010 devant le tribunal correctionnel de Paris, ce dernier avait toutefois été condamné pour agression sexuelle à 8 mois d'emprisonnement avec sursis et à indemnisation de la victime.

Le directeur a fait appel faute de preuve à son encontre en alléguant sa bonne foi. Il estimait en résumé que la cour ne peut s'appuyer sur les seules déclarations d'une plaignante si elles ne sont pas corroborées par des éléments de nature à emporter sa conviction. La cour d'appel a toutefois confirmé la décision du tribunal.

Réaction/Actualité

Des indices plus ou moins indirects ont paru suffisants et notamment le fait que la victime se serait confiée à d'autres et que l'agresseur était considéré comme instaurant dans l'équipe qu'il manageait un climat équivoque à connotation sexuelle. Il aurait été naturellement préférable que des témoignages viennent à l'appui des dires de la victime et relatent ce qui a été directement constaté. Tel n'a pas été le cas et le certificat médical du psychiatre faisant état de dépression de la plaignante ne peut suffire pour faire preuve harcèlement. Toutefois il convient de rappeler qu'en matière pénale à la différence du droit civil des indices peuvent suffire et il n'y a pas de hiérarchie dans les modes de preuve. De plus et surtout comme le Code pénal ne définit pas la notion d'indice une certaine subjectivité peut exister. Le juge forme *in fine* son intime conviction selon sa conscience et son esprit. Cette modalité comporte évidemment une part de risque.

26 AOÛT 2017

Ordonnance (suite à appel devant juge des référés du Conseil d'État) contre l'arrêté municipal anti-burkini du maire

Le maire de Villeneuve-Loubet avait pris une mesure d'interdiction des tenues regardées comme manifestant de manière ostensible une appartenance religieuse lors de la baignade et sur les plages (mesure anti-burkini). Le juge des référés du Conseil d'État saisi par La Ligue des Droits de l'homme (LDH) et notamment, l'Association de défense des Droits de l'homme – Collectif contre l'islamophobie en France a suspendu cette mesure d'interdiction des tenues. Il indique que les mesures de police que le maire d'une commune du littoral édicte en vue de réglementer l'accès à la plage et la pratique de la baignade doivent donc être adaptées, nécessaires et proportionnées au regard des seules nécessités de l'ordre public, telles qu'elles découlent des circonstances de temps et de lieu, et compte tenu des exigences qu'impliquent le bon accès au rivage, la sécurité de la baignade ainsi que l'hygiène et la décence sur la plage. Il n'appartient pas au maire de se fonder sur d'autres considérations et les restrictions qu'il apporte aux libertés doivent être justifiées par des risques avérés d'atteinte à l'ordre public.

À Villeneuve-Loubet, aucun élément ne permet de retenir que des risques de troubles à l'ordre public aient résulté de la tenue adoptée en vue de la baignade par certaines personnes. En l'absence de tels risques, le maire ne pouvait prendre une mesure interdisant l'accès à la plage et la baignade. Le juge des référés du Conseil d'État suspend donc cette mesure d'interdiction.

Réaction/Actualité

On ne peut s'empêcher de songer aux inquiétudes générées par les attentats terroristes et notamment l'attentat commis à Nice le 14 juillet 2016 dernier. Ces éléments ont toutefois été considérés comme insuffisants pour justifier légalement la mesure d'interdiction du Burkini et une atteinte de la sorte aux libertés fondamentales (*supra*).

La question du burkini nous amène à celle du port du voile dans les entreprises, qui est dans le même esprit. Aujourd'hui, les textes français ne sont pas particulièrement explicites. La loi El Khomri autorise certes les entreprises à inscrire un principe de neutralité dans leurs règlements intérieurs, mais « si ces restrictions sont justifiées par l'exercice d'autres libertés et droits fondamentaux ou par les nécessités du bon fonctionnement de l'entreprise et si elles sont proportionnées au but recherché ». Par ailleurs, selon la décision de la CJCE (affaire C-188/15 rendue en avril 2015), saisie par la Cour de cassation qui avait décidé de surseoir à statuer, « la volonté d'un employeur de tenir compte des souhaits d'un client de ne plus voir les services dudit employeur assurés par une travailleuse portant un foulard islamique ne saurait être considérée comme une exigence professionnelle essentielle et déterminante ». En bref, le client n'est pas roi (mais l'a-t-il un jour été, sauf à être un client particulièrement fortuné). Il appartient à l'employeur qui prend une décision d'interdiction du voile de déterminer avant tout si cette interdiction est véritablement indispensable et s'il existe ou non une discrimination directe ou même indirecte. Ce n'est nullement évident !

27 AOÛT 1857

Tribunal correctionnel Seine 6e chambre : Condamnation de Charles Baudelaire pour outrage aux bonnes mœurs par voie de presse suite à édition par voie de livre

Le 27 août 1857, la 6e chambre du tribunal correctionnel de la Seine, (*Gazette des Tribunaux* du 21 août 1857.) condamnait Baudelaire à 300 fr. d'amende, et ses éditeurs MM. Poulet-Malassis et de Broise a 100 fr. chacun, pour « outrages aux bonnes mœurs par voie de livre », « outrage à la morale publique et religieuse et aux bonnes mœurs ». Le livre *Les Fleurs du mal* était notamment visé. Il était aussi demandé la suppression d'un certain nombre de poèmes tels les « Bijoux », « Léthé », « À celles qui sont trop gaies », « Lesbos », « Femmes damnée » ou « Métamorphoses d'un vampire » considérés comme obscènes. Baudelaire ne fit pas appel mais l'œuvre fut vendue sous le manteau.

Réaction/Actualité

En 1949, sous l'impulsion de la Société des Gens de Lettres, (une loi du 25 septembre 1946, accordait « exclusivement » à la Société des Gens de Lettres le droit de demander la révision d'une condamnation prononcée pour outrages aux bonnes mœurs par la voie du livre) un procès devant la Cour de cassation réhabilita Charles Baudelaire et ses éditeurs (Cour de cassation Ch. criminelle 31 mai 1949 -Gazette du Palais 1949 II, p. 121)

Le délit d'outrage aux bonnes mœurs qui ratissait large (naturisme, strip-tease, nudité) fut supprimé en 1994 et remplacé par divers dispositions plus spécifiques (ex : délit de diffusion de messages pornographiques, délit d'exhibition sexuelle, etc.) restreignant ainsi l'arbitraire et l'étendue des poursuites.

28 AOÛT 2015

Propos relaté du Président gambien par le journal *Libération* « Tout gay ou lesbienne pris en Gambie aura le sexe coupé »

Selon le président gambien, Yaya Jammeh et rapporté par le journal *Libération* « Tout gay ou lesbienne pris en Gambie aura le sexe coupé et découpé en morceaux ».

Réaction/Actualité

On sait que la Gambie veut tourner la page du tourisme sexuel des hommes et des femmes et souhaite ne pas être considéré comme le paradis des pédophiles. Mais est-ce le fondement de tels propos ou est-ce l'annonce d'une volonté du président d'imposer à sa manière la République islamique et la charia ? La Gambie par de tels propos ne risque-t-elle pas de se couper d'une partie importante de la communauté internationale ?

29 AOÛT 1793

Émancipation des esclaves à Saint-Domingue. « De l'abolition de l'esclavage économique à l'abolition de l'esclavage sexuel »

Le 29 août 1793, dans la colonie française de Saint-Domingue a eu lieu la première émancipation des esclaves. Cet ouvrage *L'Almanach* qui souligne les discriminations sexuelles ne pouvait ignorer cette émancipation des esclaves. En effet le recours à l'esclavage pour des raisons économiques si souvent avancées se doublait d'une exploitation sexuelle sur laquelle on garde le plus souvent le silence.

Un premier décret d'abolition de l'esclavage en date du 4 février 1794 – 16 pluviôse an II – dans l'ensemble des colonies françaises fut publié, mais il fut inégalement appliqué. Bonaparte, peu temps après (loi du 20 mai 1802) rétablit l'esclavage du moins dans les possessions françaises notamment la Réunion et Maurice, Martinique (sauf en Guyane, Guadeloupe, Saint-Domingue) où l'abolition était déjà appliquée sans trop forte résistance.

Réaction/Actualité

L'esclavage sexuel semble avoir été une pratique courante. Peu de maîtres ont épousé l'esclave avec laquelle ils ont eu des enfants. Ces enfants sont devenus eux-mêmes esclaves. Un deuxième décret de l'abolition de l'esclavage en France a été signé le 27 avril 1848 sous l'impulsion de Victor Schœlcher. Le Code noir qui légitimait l'esclavage fut abrogé à la même époque.

30 AOÛT 1877

Un cadavre ne peut être juridiquement violé (chambre criminelle de la Cour de cassation)

Une personne nécrophile avait été poursuivie pour viol pour avoir eu des relations sexuelles avec un cadavre. La Cour de cassation saisie a affirmé qu'il ne peut pas y avoir viol sur le corps d'un défunt. D'une part elle a considéré que le viol ne peut être commis que sur une personne. Or le cadavre n'est plus, selon la Cour, une personne. D'autre part, le viol est lié à la notion de consentement. Du fait de l'absence de consentement, il y a viol. Or le cadavre ne peut manifester un consentement. Un mort ne peut consentir.

Réaction/Actualité

La solution de la Cour de cassation, bien que datant de 1877, est toujours d'actualité. Le cadavre n'est pas véritablement une personne physique sur le plan juridique. Son statut est équivoque (entre personne et biens). Toutefois il bénéficie d'une protection propre (même si la protection plus générale accordée à une personne en vie lui est refusée). Ainsi l'article 225-17 du Code pénal réprime l'atteinte à son intégrité (et de ce fait par exemple la nécrophilie, la profanation de sépulture). En définitive, en cas d'atteinte à l'intégrité d'un cadavre, la peine qui peut être prononcée est bien moins forte que celle de viol. La sanction est d'un an d'emprisonnement et 15 000 euros d'amende.

31 AOÛT 2016

Interpellation du vice-président d'un parti politique député européen pour exhibition sexuelle dans un magasin de bricolage des Yvelines

Comme le rapporte RTL, un vigile aurait surpris un ancien député en train de se masturber dans les rayons d'un grand magasin de bricolage, le sexe sorti du pantalon, à proximité de deux enfants qui heureusement n'auraient pas remarqué la scène. Le député européen a été remis en liberté après avoir donné son accord pour une procédure de composition pénale. Il a expliqué aux policiers « avoir besoin de se masturber » quand il est « en situation de stress ».

Réaction/Actualité

La composition pénale est une procédure qui permet au procureur de proposer une sanction (amende, travail d'intérêt général, retrait de permis...) prononcée par ordonnance du juge à un délinquant, souvent un primo délinquant, ayant commis certaines infractions. Elle permet d'éviter un procès. On comprend en l'espèce que cette modalité ait été acceptée pour sa discrétion à une époque où les crimes et délits sexuels sont particulièrement stigmatisés. On peut se demander si le tout-venant aurait pu bénéficier de la même mansuétude.

Septembre

- **1er septembre 1969** – Suicide de Gabrielle Russier (suite à sa condamnation pour détournement de mineur)
- **2 septembre 2009** – Cour de cassation (arrêt de rejet) : Harcèlement sexuel de l'employeur (attitude distincte de celle de séduction)
- **3 septembre 2014** – Cour de cassation chambre criminelle (arrêt de rejet) : Harcèlement moral à l'encontre d'une collègue gendarme
- **4 septembre 2007** – Cour de cassation : Délit de zoophilie retenu pour la première fois par application de la loi du 9 mars 2004 sur la protection des animaux
- **5 septembre 1990** – Cour de cassation chambre criminelle : Reconnaissance pour la première fois du viol entre époux « durant le mariage » et du caractère simple de la présomption de consentement aux relations sexuelles
- **6 septembre 2016** – Condamnation de la Belgique par la Cour européenne des Droits de l'homme pour traitement inhumain suite à détention carcérale depuis plus de neuf ans d'un délinquant sexuel, considéré comme ayant une faculté de discernement altéré, sans soins appropriés à son état de santé mentale et sans perspective réaliste de réinsertion
- **7 septembre 2016** – Cour de cassation : L'infraction d'atteinte sexuelle suppose l'existence d'un contact physique (beau-père exhibant ses parties génitales et se masturbant devant petite fille : absence d'atteinte sexuelle)

- **8 septembre 1995** – Conseil d'État : Le bénéfice de l'aide à la création d'entreprise ne peut être refusé à un chômeur désireux d'ouvrir un *sex shop*
- **9 septembre 2015** – Le Sénat espagnol approuve le 9 septembre 2015 une réforme de la loi sur l'avortement interdisant aux mineurs d'avorter sans consentement parental
- **10 septembre 1997** – Cour d'appel de Douai Jurisdata 1997-990026 : Des actes de galanterie ou de séduction ne peuvent être assimilés à du harcèlement sexuel
- **11 septembre 2015** – La Cour d'appel d'Aix-en-Provence en date du 11 septembre 2015 (n° 13/15440) montre sa volonté de protéger les salariés transsexuels ou en cours de transformation sexuelle contre les discriminations mais considère qu'en l'espèce la discrimination n'est pas prouvée
- **11 septembre 2007** – Cour européenne des Droits de l'homme (CEDH) : La prostitution « contrainte » est incompatible avec la dignité humaine
- **11 septembre 2009** – Cour de cassation chambre criminelle : Refus d'inscription sur le fichier Fnaeg
- **12 septembre 2016** – Conseil de prud'hommes de Lyon : Condamnation pour harcèlement sexuel même en l'absence d'intention sexuelle
- **13 septembre 2000** – Cour de cassation : Nécessité de dénoncer les violences sur mineurs même si la connaissance de ces dernières résulte de la confession
- **14 septembre 2017** – Propos de l'auteur en date du 14 septembre 2017 à la suite de l'avis favorable du Comité national d'éthique fin juin 2017 concernant la procréation médicale assistée de couples de femmes homosexuelles
- **15 septembre 1976** – Sortie en France du film *L'Empire des sens* classé comme film non pornographique
- **16 septembre 2016** – Paris capitale des sexualités. Sondage « Observatoire de la vie sexuelle des Parisiens : le sexe à Paris »

réalisé par L'IFOP pour le site de rencontres CAM 4 (sondage rendu public au 04/01/2017)
(www.ifop.com/?option=com_publication&type=poll&id=3596)

- **17 septembre 1997** – Cour de cassation : Sexualité entre frère et sœur tous deux mineurs âgés de 13 et 8 ans. Absence de poursuite du frère devant la Cour d'assises
- **18 septembre 2017** – Propos de l'auteur : La discrimination en matière d'adoption suite à PMA ou GPA par des couples de lesbiennes ou homosexuels serait-elle levée ?
- **19 septembre 2001** – Cour de cassation n° 01-84557 : En cas de poursuite pour agression sexuelle ou viol la contrainte morale sur un enfant peut résulter de la menace que fait peser l'agresseur en prétendant vouloir se jeter par la fenêtre
- **20 septembre 2017** – Propos de l'auteur : La gestation pour autrui (GPA) de nos jours en France
- **21 septembre 1793** – La Convention rend obligatoire le port de la cocarde pour les femmes
- **22 septembre 1999** – Cour de cassation chambre criminelle : Le gérant de club échangiste n'est pas (plus) proxénète
- **22 septembre 2014** – La Cour de cassation émet deux « avis » favorables à l'adoption d'un enfant né d'une PMA réalisée à l'étranger par l'épouse de la mère (parent d'intention)
- **23 septembre 1964** – Tribunal correctionnelle de Grasse : « Jouer au ping-pong les seins nus sur la Croisette constitue un délit d'outrage à la pudeur »
- **24 septembre 2008** – Cour de cassation : La tentative d'un cadre d'embrasser une salariée contre son gré, sur le lieu de travail, a été considérée comme un des éléments du harcèlement sexuel
- **24 septembre 2008** – Cour de cassation (3 arrêts) : Rappel en matière de harcèlement moral Régime probatoire facilité. Vers un renversement de la charge de la preuve
- **25 septembre 1791** – Loi : Première dépénalisation (partielle) de l'homosexualité

- **25 septembre 1996** – Cour de cassation chambre criminelle : Prostitution ne se confond pas avec éjaculation
- **26 septembre 1974** – Tribunal de Grenoble : Proxénétisme caractérisé d'un vendeur de local qui savait qu'il était destiné à l'exercice de la prostitution
- **27 septembre 1992** – CEDH Smith et Grady c. Royaume-Uni : Condamnation du Royaume-Uni pour révocation pour homosexualité de militaires
- **28 septembre 2016** – *La Dépêche Grand Sud Narbonne* « Échos sur la Prostitution 4 mois après la loi du13 avril 2016 pénalisant le client »
- **29 septembre 2015** – Le sexe neutre en attente de pleine reconnaissance en France
- **30 septembre 2009** – Cour de cassation chambre criminelle : Harcèlement sexuel en cas de pression indélicate pour obtenir des faveurs sexuelles

1ER SEPTEMBRE 1969

Suicide de Gabrielle Russier (suite à sa condamnation pour détournement de mineur)

Gabrielle Russier professeur(e) agrégée de lettres s'est suicidée le 1er septembre 1969. Elle avait un peu plus de trente ans. Elle avait eu une relation amoureuse avec un de ses élèves âgé de seize ans. Elle avait hébergé ce dernier. Elle avait été condamnée à une peine de prison pour détournement de mineur, radiée de l'enseignement, et son poste d'assistante de recherche lui a été refusé.

Le détournement de mineur en l'espèce concernait le fait de soustraire un mineur à ses parents du fait d'un hébergement de ce dernier (il importe peu que des relations sexuelles aient lieu). En matière de détournement de mineur, la majorité est à 18 ans et non à 15 ans comme c'est le cas de la majorité dite « sexuelle ».

Réaction/Actualité

Une autre poursuite aurait pu avoir lieu de nos jours du fait de relations sexuelles. Elle aurait pu être fondée sur l'atteinte sexuelle sans violence sur mineur. Certes la victime était âgée de plus de quinze ans, âge dit de la majorité sexuelle, mais lorsque l'auteur a autorité de droit ou de fait (cas du professeur sur son élève) l'âge de la majorité sexuelle est plus élevé. Elle est alors de 18 ans.

Au-delà de cette qualification technique une interrogation peut se poser. Un tel délit sexuel dont la victime est un adolescent, délit proche *in fine* de la pédophilie (terme à l'époque inconnu du Code pénal), est-il nécessairement honteux? Une réflexion est à mener. La délinquance sexuelle ne présente pas toujours l'horreur imaginée par l'opinion publique.

Interrogé suite à la mort de G. Russier G. Pompidou, président de la République, récita un poème de P. Éluard pour ne pas livrer sa pensée. Un film d'André Cayatte, tiré de cette affaire, *Mourir d'aimer*, a suivi.

2 SEPTEMBRE 2009

Cour de cassation (arrêt de rejet) : Harcèlement sexuel de l'employeur (attitude distincte de celle de séduction)

La Cour de cassation a rejeté le pourvoi formé par un employeur contre un arrêt de la cour d'appel de Nîmes l'ayant « condamné pour harcèlement sexuel, à quatre mois d'emprisonnement avec sursis et 1 000 euros d'amende » (Cass. crim. 2 septembre 2009 N° 09-80.144). Il apparaît que cet employeur « a soumis de manière répétée la salariée à des contacts physiques de nature sexuelle ». Sur les faits plus détaillés « X employeur se mettait derrière elle, se frottait à elle, mettait sa main sur sa jambe au-dessus du genou, la touchant, lui frôlant l'épaule, les cheveux, le cou ou les jambes, s'arrangeant lorsqu'il lui faisait la bise le matin pour que sa bouche dérape sur sa bouche, lui bloquant la tête avec les deux mains afin de l'embrasser sur la bouche » ;

La défense de l'employeur critique l'arrêt de la cour d'appel notamment en raison de défaut de réponse à des conclusions relatives à une demande de supplément d'information et d'écoute de témoignage. Le comportement de l'employeur ne serait qu'une attitude de séduction maladroitement exprimée. Elle ne constituerait pas un harcèlement sexuel.

Pour la Cour de cassation, les énonciations de l'arrêt attaqué sont suffisantes et permettent de qualifier le délit de harcèlement sexuel. Le pourvoi est rejeté.

Réaction/Actualité

Divers autres témoignages que nous ne pouvons citer dans ce cadre attestaient de l'attitude critique de l'employeur. Dans ces affaires de harcèlement le recueil de témoignages est capital. La frontière est parfois floue entre la plaisanterie lourde, la tentative de séduction, le harcèlement sexuel. De nos jours le délit de sexisme a fait son apparition (loi Rebsamen voir 17 août 2015 et El Khomri voir 8 août 2016) et accroît la nécessité de prendre garde à tout écart.

3 septembre 2014

Cour de cassation chambre criminelle (arrêt de rejet) : Harcèlement moral à l'encontre d'une collègue gendarme

Un gendarme avait eu initialement des relations d'amitié avec sa collègue gendarme mais la situation a évolué. Des propos injurieux ont été tenus : insultes, gestes de violence détournée, surveillance du logement de fonction de la gendarme, interruption vexatoire de mission. Le tribunal correctionnel de Mont-de-Marsan (jugement en date du 10 juillet 2012) comme la cour d'appel de Pau (arrêt 12 sept. 2013) ont déclaré le gendarme coupable de faits de harcèlement moral commis au préjudice de la victime et condamné l'auteur à un mois d'emprisonnement avec sursis pour harcèlement moral.

La Cour de cassation a confirmé la décision précédente. Elle estime que la qualification de harcèlement existe même lorsqu'il s'agit de faits, d'actes effectués en dehors du lieu de travail. Elle répond en ce sens à l'argument selon lequel le harcèlement moral conformément au droit pénal doit être strictement interprété, ne peut concerner que des agissements perpétrés sur les lieux du travail et dans le cadre du travail. La Cour considère que si les faits et actes se sont déroulés en dehors du temps et du lieu de travail, ils peuvent présenter aussi un caractère professionnel (en ce sens C. Cass. soc. 19 octobre 2011).

Réaction/Actualité

Cette affaire montre que des relations amicales peuvent se dégrader au point de conduire parfois à une procédure pour harcèlement moral. En droit comme en fait ce qui est valable pour le harcèlement moral l'est aussi pour le harcèlement sexuel.

De nos jours, la loi du 10 août 2016 dite « loi Travail » améliore et facilite le régime probatoire du harcèlement (voir sur le sujet loi El Khomri 10 août 2016).

4 SEPTEMBRE 2007

Cour de cassation : Délit de zoophilie retenu pour la première fois par application de la loi du 9 mars 2004 sur la protection des animaux

Jusqu'en mars 2004, il n'existait aucune loi spécifique relative à la zoophilie. Les poursuites ne pouvaient avoir lieu que si l'animal était particulièrement mal traité. Depuis la loi du 9 mars 2004 (article 521-1 du Code pénal sur les sévices graves et actes de cruauté envers les animaux), « le fait, publiquement ou non, d'exercer des sévices graves "ou de nature sexuelle" ou de commettre un acte de cruauté envers un animal domestique, ou apprivoisé, ou tenu en captivité, est puni de deux ans d'emprisonnement et de 30000 euros d'amende. À titre de peine complémentaire, le tribunal peut interdire la détention d'un animal, à titre définitif ou non ».

La Cour considère que des actes de pénétration sexuelle commis par une personne dénommée G. propriétaire de l'animal et employé de l'administration pénitentiaire sur un animal dénommé Junior, mâle de surcroît, constituent des sévices de nature sexuelle au sens de l'article 521-1 du Code pénal, dans sa rédaction issue de la loi du 9 mars 2004.

Réaction/Actualité

La copulation d'un homme avec un animal a été considérée comme un sévice sexuel dans cet arrêt alors qu'il n'y a pas eu violence ou brutalité sauf à considérer l'absence de consentement et donc le viol (on ne sait si Junior était consentant !). La sanction prévue par la loi ne s'applique que pour les animaux tenus en captivité. Par ailleurs les cruautés commises sur les animaux dans le cadre d'une « tradition locale ininterrompue » : la corrida, les courses de taureaux, etc. sont exclues au nom de cette tradition. Ces exclusions suscitent les critiques d'un certain nombre d'auteurs (*supra* 9 mars 2004).

5 septembre 1990

Cour de cassation chambre criminelle : Reconnaissance pour la première fois du viol entre époux « durant le mariage » et du caractère simple de la présomption de consentement aux relations sexuelles

La chambre criminelle de la Cour de cassation en date 5 septembre 1990 a reconnu pour la première fois le crime de viol entre époux « durant le mariage ». Elle confirme la motivation de la cour d'appel de Lyon dont l'un des attendus est le suivant :

« Si le consentement au mariage peut faire présumer jusqu'à un certain point, de la part des époux et aussi longtemps qu'ils demeurent mari et femme, leur consentement aux relations sexuelles, il n'en demeure pas moins que cette présomption n'a rien d'irréfragable » ; que « la volonté des époux de mettre en commun et de partager tout ce qui a trait à la pudeur n'autorise nullement l'un d'entre eux à imposer à l'autre par violence un acte sexuel s'il n'y consent et que notamment doit être respectée la liberté sexuelle de la femme mariée. »

Les faits reprochés justifiaient il est vrai par ailleurs la mise en accusation du mari pour viols aggravés, attentats à la pudeur avec violences, accompagnés de tortures ou d'actes de barbarie.

« Attendu qu'il résulte des énonciations de l'arrêt attaqué qu'après avoir exercé diverses violences sur la personne de son épouse, laquelle devait se révéler en état de grossesse, X... l'aurait contrainte à se dévêtir, l'aurait ligotée et bâillonnée, l'aurait flagellée, lui aurait appliqué aux seins des pinces à linge, tailladé au moyen d'un couteau diverses parties du corps, rasé le pubis et versé du parfum sur le sexe, avant de lui imposer par la force des actes de pénétration vaginale et anale, lui introduisant en outre dans le sexe et dans l'anus des corps étrangers, pour enfin uriner sur elle en l'obligeant à lécher le liquide répandu » ;

Réaction/Actualité

L'attention du lecteur est naturellement attirée par la violence des faits. Mais en droit la motivation de l'arrêt doit aussi attirer l'attention.

Une loi du 23 décembre 1980 définissait pour la première fois le viol qui devait résulter notamment de l'absence de consentement à toute pénétration sexuelle. Mais à cette époque le consentement des conjoints mariés aux relations sexuelles était présumé de manière quasi absolue. La

Cour de cassation (Cass. crim., 17 juillet 1984, pourvoi n° 84-91.288) avait toutefois déjà admis le viol entre époux mais il s'agissait alors d'époux séparés en instance de divorce. Cet arrêt en reconnaissant le viol entre époux pendant le mariage et le caractère simple de la présomption de consentement aux relations sexuelles est en ce sens novateur. Notons qu'il a fallu attendre une loi du 9 juillet 2010 pour qu'il soit mis fin légalement à la présomption de consentement des époux mariés aux relations sexuelles.

Le viol entre époux est traité à diverses reprises dans cet almanach. (Voir notamment un récapitulatif de la jurisprudence abordée suite à la loi du 23 déc. 1980 définissant le viol sur le sujet voir aussi 17 juillet 1984 / 5 septembre 1990 / 23 décembre 1980).

6 SEPTEMBRE 2016

Condamnation de la Belgique par la Cour européenne des Droits de l'homme pour traitement inhumain suite à détention carcérale depuis plus de neuf ans d'un délinquant sexuel considéré comme ayant une faculté de discernement altéré, sans soins appropriés à son état de santé mentale et sans perspective réaliste de réinsertion

Cette affaire illustre le problème des défaillances dans l'encadrement médical des personnes internées. Un problème analogue existe en France.

Les faits en résumé sont les suivants. Un jeune homme, âgé de 19 ans, est arrêté pour attentat à la pudeur sur un mineur. Le tribunal avait décidé de son internement en psychiatrie, considérant qu'il était irresponsable et atteint d'un trouble mental. Différents rapports psychiatriques ont révélé qu'il était prédisposé à la perversion et à la pédophilie, qu'il présentait un risque de récidive très élevé et devait donc intégrer un établissement spécialisé. Il demeure interné toutefois dans une section sociale de la prison faute de place plus adaptée. Sa détention carcérale dure depuis plus de neuf ans, sans soins appropriés à son état de santé mentale et sans perspective réaliste de réinsertion et les structures extérieures le considéraient comme indésirables.

La Convention européenne de sauvegarde des Droits de l'homme (CESDH) a considéré qu'il s'agissait d'une violation de son article 3. Elle a condamné l'État belge pour détention inadaptée et traitements inhumains, dégradants et inappropriés.

Réaction/Actualité

Quelle est par analogie la situation de la France? Dans notre pays un pourcentage très élevé de détenus sont des déficients mentaux. Selon le rapport Delarue, ancien contrôleur des prisons, vingt-cinq pour cent des prisonniers au moins ont des problèmes psychiatriques graves. Ils ne devraient pas relever de la prison classique. Ce constat a incité le législateur français à édicter la loi n° 2014-896 du 15 août 2014 ('article 122-1 du Code pénal). Elle prévoit qu'en cas d'altération du discernement de l'auteur au moment des faits, altération constatée par le tribunal, une atténuation de la peine est prononcée. Le maximum légal est réduit d'un tiers en matière correctionnelle et en cas de crime puni de la réclusion criminelle ou de la détention criminelle à perpétuité, ce maximum est ramené à trente ans.

7 septembre 2016

Cour de cassation : L'infraction d'atteinte sexuelle suppose l'existence d'un contact physique (beau-père exhibant ses parties génitales et se masturbant devant petite fille : absence d'atteinte sexuelle)

Un beau-père avait exhibé ses parties génitales et s'était masturbé devant un mineur de 15 ans. Il a été reconnu coupable par la cour d'appel par application de l'article 227-25 du Code pénal. Le texte est le suivant : « Le fait, par un majeur, d'exercer sans violence, contrainte, menace ni surprise une atteinte sexuelle sur la personne d'un mineur de quinze ans est puni de cinq ans d'emprisonnement et de 75 000 euros d'amende ».

La Cour de cassation a censuré l'arrêt de la cour d'appel au motif que le délit d'atteinte sexuelle, même aggravé, suppose sur le plan matériel l'existence d'un contact corporel entre l'auteur et la victime. Or, un tel contact n'était nullement souligné ni démontré en l'espèce.

Réaction/Actualité

L'atteinte sexuelle se définit comme tout agissement en rapport avec l'activité sexuelle mais il doit être commis sans violence, contrainte, menace ou surprise. La Cour de cassation précise en l'espèce que l'existence du contact physique est nécessaire.

Dans le cas présenté devant la Cour l'atteinte sexuelle n'était pas caractérisée puisqu'il était établi que le beau-père n'avait pas eu de contact physique. Une autre qualification aurait été souhaitable. Sans doute aurait-on pu qualifier l'infraction d'attentat à la pudeur. La Cour de cassation définit ainsi cette infraction comme étant « tout acte contraire aux mœurs et en tant que tel volontaire, commis sur la personne ou au moyen de la personne, sans son consentement et par lequel il y a outrage au sentiment de pudeur communément admis » (Cass., 24 mai 2011, R.G. n° P.10.1990.N/1). On pourrait de même qualifier d'exhibition sexuelle l'attitude du beau-père.

Il convient d'indiquer qu'en cas de contact physique commis avec violence menace ou surprise il pourrait s'agir d'une agression sexuelle et en cas de pénétration sexuelle il s'agirait alors d'un viol. Le viol est la plus grave des agressions sexuelles.

8 SEPTEMBRE 1995

Conseil d'État : Le bénéfice de l'aide à la création d'entreprise ne peut être refusé à un chômeur qui désire ouvrir un *sex shop*

L'exploitation d'un *sex shop* ne revêtant pas le caractère d'une activité commerciale illicite, l'autorité administrative ne peut légalement refuser à un chômeur qui entend créer ou reprendre une telle activité, le bénéfice de l'aide à la création d'entreprise.

Réaction/Actualité

Il nous semble qu'un chômeur qui désirerait créer et diriger une société de rencontres pour échangistes (club échangistes) devrait depuis 1994 être régi par les mêmes règles.

9 SEPTEMBRE 2015

Le Sénat espagnol approuve le 9 septembre 2015 une réforme de la loi sur l'avortement interdisant aux mineurs d'avorter sans consentement parental

Réaction/Actualité

En France toute femme, mineure, peut demander à un médecin l'interruption de sa grossesse. Elle seule peut en faire la demande. La mineure peut garder le secret. Le consentement parental n'est pas nécessaire. Nul ne peut obliger une femme à poursuivre une grossesse (délit d'entrave loi n° 93-121 du 27/01/1993 dite « loi Neiertz ») L'IVG est remboursée à 100 %.

10 SEPTEMBRE 1997

Cour d'appel de Douai Jurisdata 1997-990026 : « Des actes de galanterie ou de séduction ne peuvent être assimilés à du harcèlement sexuel »

Pour la cour d'appel de Douai, en date du 10 septembre 1997 : « Les simples signaux conventionnels, espacés les uns des autres de façon à permettre d'exprimer la manifestation non fautive au plan pénal, d'une inclination amoureuse pouvant être sincère » ne sont pas constitutifs du délit de harcèlement sexuel.

La jurisprudence semble considérer certains agissements plus comme des actes de galanterie ou de séduction licites, même si ceux-ci sont exempts de « délicatesse ou de tact ».

Réaction/Actualité

La décision de la cour d'appel de Douai paraît être conforme à celle de la cour d'appel de Versailles rendue quelques années avant. Selon la cour d'appel de Versailles du 30 juin 1993 « le harcèlement sexuel a été exclu s'agissant des poèmes et lettres ne traduisant que "l'émoi sentimental" d'un directeur envers une salariée, sans contenir aucun terme indécent ou obscène dépassant la simple expression d'une passion amoureuse, et pouvant affecter la dignité de la salariée dans sa vie professionnelle ».

Un problème se pose de nos jours avec la création en 2017 du délit de sexisme. Il pourrait y avoir peu entre ce délit et la manifestation d'un sentiment de passion.

11 SEPTEMBE 2015

La cour d'appel d'Aix-en-Provence en date du 11 septembre 2015 (n° 13/15440) montre sa volonté de protéger les salariés transsexuels ou en cours de transformation sexuelle contre les discriminations mais considère qu'en l'espèce la discrimination n'est pas prouvée

En l'espèce le transsexuel (ex-homme salarié) avait produit à l'appui de sa demande différents éléments (courriers et documents divers, dossier médical, extrait de son agenda, attestation de son ex-épouse...) que la cour avait jugé suffisants pour laisser présumer une discrimination ou un harcèlement. La salariée (ex-homme salarié) avait invoqué notamment: refus des salariés de l'appeler par son nouveau prénom féminin, interdiction du port de jupes par l'employeur, absence de toilettes particulières, maintien du terme «Monsieur» sur les documents la concernant, remarques désobligeantes de ses supérieurs hiérarchiques, etc. Toutefois la cour d'appel n'a pas donné raison à cette dernière dans la mesure où la preuve de ce qu'avançait l'ex-salariée n'était fondée que sur ses propres dires ou les dires de son ex-épouse et n'était pas suffisante pour convaincre. Par ailleurs les dires du transsexuel (devenu femme) étaient contestés par tout le personnel de l'entreprise.

Réaction/Actualité

En matière de discrimination comme en matière de harcèlement le système probatoire est facilité pour la victime. Mais on ne peut fabriquer ses propres preuves et toute la difficulté est d'obtenir des témoignages. Même si le témoin est en droit protégé il prend en fait des risques.

11 SEPTEMBRE 2009

Cour de cassation criminelle: Refus d'inscription sur le fichier Fnaeg

La chambre criminelle en date du 11 septembre 2009 N° de pourvoi: 08-87616 a débattu des conditions de refus d'empreinte génétique. Le refus est justifié en l'absence d'indices graves ou concordants rendant vraisemblable la commission de l'infraction qualifiée crime ou délit.

Réaction/Actualité

L'inscription sur le fichier est à l'appréciation des tribunaux. La bonne tenue du fichier, sa mise à jour, parfois critiquée est essentielle. On conçoit qu'on ne puisse inscrire des cas douteux.

11 SEPTEMBRE 2007

Cour européenne des Droits de l'homme (CEDH) : La prostitution « contrainte » est incompatible avec la dignité humaine

Le 11 septembre 2007 la Cour européenne des Droits de l'Homme (CEDH) dans l'arrêt Tremblay c. France déclare que la prostitution est incompatible avec la dignité humaine lorsqu'elle est contrainte.

Réaction/Actualité

Cet arrêt souvent cité est célèbre. Interprété le plus souvent *a contrario* il signifie qu'en l'absence de contrainte la prostitution ne devrait pas être considérée selon la CEDH comme incompatible avec la dignité humaine. Activité considérée aussi dans d'autres arrêts de la CEDH comme non contraire à la morale et aux bonnes mœurs elle devrait pouvoir être exercée librement. La pénalisation des clients en France où la prostitution est licite pourrait être considérée comme une atteinte à la liberté d'exercice d'un commerce.

12 SEPTEMBRE 2016

Conseil des prud'hommes de Lyon : Condamnation pour harcèlement sexuel même en l'absence d'intention sexuelle

L'affaire résumée très succinctement est décrite ci-dessous. Elle illustre les difficultés et les équivoques liées au harcèlement sexuel. Elle illustre aussi la retenue que doit avoir tout supérieur hiérarchique. L'absence d'intention de harceler n'exclut pas des poursuites pour harcèlement sexuel.

Une jeune femme dit être harcelée sexuellement par un supérieur. Elle est en dépression. Elle se plaint à son directeur. Ce dernier affirme n'avoir aucun élément corroborant ses dires. Il indique qu'aucune salariée n'a dénoncé le même type d'agissements. Ce que la plaignante vit comme du harcèlement sexuel est banalisé et minimisé par les autres femmes employées. Le directeur déconseille donc de déposer plainte et fait connaître à la plaignante qu'elle ne pourrait certainement pas reprendre son poste étant « trop sensible ».

Le procureur de la République de Lyon qui a été saisi de la plainte adressée via le contrôleur du travail classe l'affaire sans suite. L'employée considérée comme trop émotive, sans humour, qui aurait mal « interprété » le comportement du supérieur est *in fine* licenciée.

Le conseil des prud'hommes est saisi début août 2004. Devant le conseil des prud'hommes, il apparaît qu'il a existé des comportements à connotation sexuelle du supérieur hiérarchique, non désirés explicitement, établis par les témoignages des collègues, même si ces derniers ont banalisé en jeu de tels agissements considérant que ce directeur n'avait aucune intention sexuelle. Il est reconnu toutefois qu'il racontait à longueur de temps des « blagues sexistes ».

Réaction/Actualité

Cette affaire est intéressante à plus d'un titre.

La nullité du licenciement a été prononcée en l'absence de témoignages accusatoires initiaux de collègues et en dépit d'un classement de l'affaire par le procureur.

Les agissements du supérieur ont été qualifiés de harcèlement sexuel en l'absence d'intention sexuelle démontrée clairement.

Le soutien d'une association – en l'espèce AVFT – Association européenne contre les Violences faites aux Femmes au Travail, a sans doute joué un rôle important.

In fine on comprend mieux au regard de cette affaire la création d'un délit de sexisme (en date du 8 août 2016) à l'époque inapplicable puisque postérieur aux faits.

C'est en réalité toute une éducation à la sexualité qu'il conviendrait à titre préventif de faire ou de revoir dans le mode du travail (et autre !). Un grand travail attend les sexologues !!

13 SEPTEMBRE 2000

Cour de cassation : Nécessité de dénoncer les violences sur mineurs même si la connaissance de ces dernières résulte de la confession

La Cour de cassation dans son arrêt du 13 septembre 2000 confirme l'arrêt de la cour de Montpellier condamnant des membres d'un mouvement sectaire qui n'avaient pas dénoncé des faits de violence sexuelle sur mineur dont ils avaient eu connaissance par confession interne devant le Conseil des Anciens.

Réaction/Actualité

Il est délicat de qualifier un mouvement de sectaire du fait du principe de liberté prédominant en France (et la cour d'appel de Dijon le 23 sept. 1997 a considéré que l'appartenance à un mouvement sectaire ne saurait seule constituer une cause de divorce). Mais des organismes et associations ont établi des classifications dans la mesure où des dérives ont été rapportées ou sanctionnées. Parmi ces dérives des agissements sexuels sur mineur. La condamnation de la Cour de cassation illustre la volonté de protéger les mineurs et l'obligation de dénoncer les atteintes sur ces derniers même lorsque la connaissance vient de la confession. Le sujet est d'actualité compte tenu de poursuites pour pédophilie de membres de l'Église et du silence de cette dernière.

14 SEPTEMBRE 2017

Propos de l'auteur en date du 14 septembre 2017 à la suite de l'avis favorable du Comité national d'éthique fin juin 2017 concernant la procréation médicale assistée de couples de femmes homosexuelles

Le Comité consultatif national d'éthique vient de se prononcer favorablement en date de fin juin 2017 pour l'ouverture de la PMA aux couples de femmes. On évoque une révolution. Est-ce juridiquement le cas ?

La PMA est selon la loi bioéthique de 1994 réservée aux couples hétérosexuels mariés ou aux concubins en âge de procréer et justifiant d'une stérilité pathologique. La loi Taubira de 2013 relative au mariage pour tous et pour toutes de 2013 a suscité le débat quant à l'ouverture de la

PMA aux couples de femmes lesbiennes mariées. Cette loi ne fait aucune différence entre le mariage homosexuel et le mariage hétérosexuel. Dès lors, une telle ouverture pouvait-elle permettre aux couples de femmes homosexuelles de bénéficier légalement d'une fécondation *in vivo* ou *in vitro* avec don de spermatozoïdes ? Le Conseil constitutionnel a certes jugé la loi conforme à la Constitution mais les opposants invoquaient le risque de contradiction entre la loi Taubira et les lois bioéthiques. Le danger était selon eux que les couples de femmes mariées recourent à la PMA et donnent naissance en France à des enfants issus d'une procédure contraire aux lois bioéthiques. Un dernier point a été soulevé selon lequel la PMA est une technique « thérapeutique » réservée à la lutte contre la stérilité. À bien y regarder toutefois cet élément n'a pas une force aussi considérable qu'il y paraît. La notion d'infertilité pathologique médicalement constatée exigée selon le Code de la santé (Article L. 2141-2 du Code de la santé publique) doit être relativisée. Ainsi l'attribution effective de cellules reproductrices à la femme alors que seul le mari est stérile ne concerne pas tant la pathologie de l'homme que la volonté du couple d'avoir un enfant. Dès lors pourquoi ce qui est permis aux couples hétérosexuels qui veulent avoir un enfant ne le serait pas aux couples de femmes homosexuelles ?

La question sur le point du droit est la suivante. Les femmes homosexuelles partant en couple à l'étranger pour bénéficier d'une PMA fraudent elles ? Sont-elles juridiquement sanctionnées de ce fait ?

Les éléments actuels de réponses concernant la fraude à la loi sont exposés ci-dessous :

a. La notion de fraude à la loi a été le plus souvent reconnue jusqu'aux environs de 2013, date de la loi sur le mariage pour tous

Un rapport d'information de membres de la commission des lois au Sénat en date du 17 février 2016 estime qu'il ne faut pas ouvrir la PMA aux couples mariés de même sexe. Le Conseil constitutionnel dans la décision du 17 mai 2013 considérant que la loi Taubira de 2013 sur le mariage pour tous n'était pas inconstitutionnelle n'exclut pas cependant la possibilité que la PMA soit constitutive d'une fraude à la loi. La Cour européenne des Droits de l'homme a explicitement estimé que tel pouvait être le cas (15 mars 2012 CEDH : Une femme homosexuelle peut-elle adopter (adoption simple) l'enfant de sa compagne ? Avis négatif à cette date de la CEDH). En France la Cour de cassation, au moins jusqu'en 2013, a interdit toute reconnaissance de liens de filiation établis à l'étranger suite à PMA à l'étranger sur motif de la fraude à la loi. Plus récemment, les tribunaux de grande instance de Versailles (TGI Versailles, 29 avril 2014) et d'Aix-en-Provence (TGI Aix-en-Provence, 23 juin 2014) se sont prononcés pour la reconnaissance d'une fraude à la loi.

En cas de fraude à la loi, tous les actes issus de la fraude devraient être nuls. De ce fait, il devrait y avoir impossibilité d'inscrire l'enfant né d'une PMA d'un couple lesbien à l'état civil français. *Fraus omnia corrompit*. Mais cette sanction n'est-elle pas trop forte et discriminante ? En effet la PMA sous forme d'insémination avec donneur n'est pas formellement, explicitement, interdite et *a fortiori* pénalement réprimée (ce qui n'est pas le pas de la GPA). Ce qui n'est pas interdit selon le principe du droit français ne devrait-il pas être autorisé ?

b. Vers un caractère inopérant de la fraude ou un contournement des textes après 2013

Deux « avis » de la Cour de cassation du 22 septembre 2014 (avis demandés par des juridictions inférieures ne sachant comment se prononcer à propos de la fraude) considèrent que le fait que des femmes aient eu recours à la PMA à l'étranger ne heurte aucun principe essentiel du droit français. Ce n'est pas tant la fraude qui est contestée, que la sanction de cette dernière. La nullité de tout acte de reconnaissance à l'état civil qui logiquement devrait résulter de toute fraude (et donc en l'espèce, le refus d'adoption de l'enfant issu d'une PMA à l'étranger par la compagne de la mère de l'enfant) est réfutée. En la matière, la prise en considération de l'intérêt de l'enfant serait plus importante donc que la répression.

La CEDH avait déjà considéré que l'intérêt de l'enfant primait sur la conséquence de la fraude à la loi.

Deux arrêts de la cour d'appel d'Aix-en-Provence en date du 14 avril 2015 précisent de même que la fraude ne peut s'entendre que « de manière restrictive dans le domaine du droit de personnes ». La décision de la cour d'appel d'Agen, plus récemment encore, en date du 18 janvier 2016 a permis qu'une femme homosexuelle mariée obtienne l'adoption plénière de l'enfant de sa compagne suite à une PMA à l'étranger.

Conclusion

En matière de PMA il existe un certain contournement de la loi bioéthique mais il est laissé à l'appréciation des tribunaux. Cette absence de clarté risque de faire le jeu de débats plus idéologiques que juridiques.

Il est temps qu'un texte législatif soit adopté. L'avis récent du comité d'éthique qui n'est que consultatif est en ce sens important pour l'avenir même s'il n'est pas révolutionnaire.

15 SEPTEMBRE 1976

Sortie en France du *film L'Empire des sens* classé comme film non pornographique.

Le film *L'Empire des sens* fut pour partie censuré au Japon en raison de scènes réalistes tournées par une ancienne actrice du cinéma porno. Toutefois le film ne fut pas considéré comme pornographique en France. *L'Empire des sens* fut présenté au Festival de Cannes 1976 lors de la Quinzaine des réalisateurs.

Réaction/Actualité

Le film diffusé dans le monde entier connut un grand succès. Ce film illustre le fait que le talent du réalisateur, l'intention poursuivie par ce dernier en dépit de scènes sexuelles concrètes et osées, ont permis en France d'éviter la censure.

16 SEPTEMBRE 2016

Paris capitale des sexualités. Sondage : « Observatoire de la vie sexuelle des Parisiens : le sexe à Paris » réalisé par L'IFOP pour le site de rencontres CAM 4 (sondage rendu public au 04/01/2017)

(www.ifop.com/?option=com_publication&type=poll&id=3596)

Selon l'enquête, au regard des résultats, la capitale apparaît comme un véritable refuge pour les « sexualités minoritaires » en premier lieu desquels les homosexuels : 13 % des Parisiens se considèrent comme homosexuels, soit presque le double de l'ensemble des Français (7 %). Les Parisiens sont également trois fois plus nombreux (15 %) que la moyenne des Français (5 %) à s'être adonnés à l'échangisme.

L'infidélité y est plus fréquente, notamment dans la gent masculine : 58 % à Paris contre 48 % en moyenne à l'échelle nationale.

La population parisienne affiche un nombre moyen de partenaires sexuels au cours de la vie quasiment deux fois plus élevé (19) que la moyenne (11). Plus répandu à Paris (38 %) qu'à l'échelle nationale (22 %), le recours à la prostitution y touche aussi plus les jeunes hommes (34 %) que dans le reste du pays (11 %).

L'explication de ces différences pourrait pour partie s'expliquer par le fait que la proportion de célibataires est nettement plus élevée dans la population adulte vivant dans Paris *intra-muros* (43 %) que dans la population résidant en province (33 %).

Réaction/Actualité

Le sondage est paru le 04/01/2017. Le début de l'enquête a eu lieu en septembre 2016. Cette date est donc postérieure à la loi du 13 mai 2016 pénalisant le client des prostituées. Il serait intéressant de connaître l'impact actuel en 2017 de la loi du 13 mai 2016.

17 SEPTEMBRE 1997

Cour de cassation : Sexualité entre frère et sœur tous deux mineurs âgés de 13 et 8 ans. Absence de poursuite du frère devant la Cour d'assises.

La Cour de cassation le 17 septembre 1997 a rendu un arrêt consacrant la liberté sexuelle entre mineurs (Cass. crim. 17 sept. 1997, Bull. crim. n° 302) alors même qu'il s'agissait de relation entre un frère et une sœur respectivement âgés de 13 et 8 ans.

Pour annuler l'arrêt de la chambre d'accusation renvoyant le frère aîné devant la Cour d'assises des mineurs, la Cour de cassation retient que « l'intéressé n'a pas la qualité d'ascendant sur la victime et que l'arrêt n'a pas caractérisé à son encontre la circonstance aggravante personnelle d'autorité sur cette dernière » et que les énonciations de l'arrêt attaqué « ne relèvent aucun élément de contrainte ou de surprise, ni de violence concomitante aux actes de pénétration sexuelle ».

Réaction/Actualité

Dans un cabinet d'avocat, il arrive à l'expérience que divers clients se confient sur des relations sexuelles qu'ils ont pu avoir alors qu'ils étaient très jeunes mineurs, ce avec d'autres mineurs. La volonté est parfois de porter plainte mais d'une part la plainte risque d'être trop tardive, la prescription jouant en leur défaveur (mais les délais ont été récemment doublés) et d'autre part le très jeune âge de celui qui est considéré comme ayant agressé souvent un frère ou un cousin incite à rappeler la jurisprudence ci-dessus. (Sur les relations de jeunes mineurs de moins de 15 ans entre eux voir 29 mars 2001 / 17 septembre 1997).

18 SEPTEMBRE 2017

Propos de l'auteur : La discrimination en matière d'adoption suite à PMA ou GPA par des couples de lesbiennes ou d'homosexuels serait-elle levée ?

Procréation médicale assistée (PMA) et gestation pour autrui (GPA) à l'étranger étaient souvent comparées, car tous deux illégales selon la loi bioéthique de 1994. Peut-être aussi parce qu'utilisées souvent par des couples de femmes lesbiennes (PMA) ou d'hommes homosexuels (GPA). Pourtant les solutions récentes en matière d'adoption n'étaient pas identiques jusqu'en 2017.

Il existait même jusqu'en 2017 une sorte de contradiction sur le plan des faits qui étaient parfois dénoncés vivement. Certains y voyaient une discrimination. L'adoption par l'épouse (parent d'intention) de la mère biologique de l'enfant lors d'une PMA à l'étranger était dans l'ensemble admise par les tribunaux depuis notamment deux avis de la Cour de cassation (22 septembre 2014, *infra*). En matière de PMA le recours à un donneur étranger anonyme n'excluait pas l'adoption de l'enfant. Tel n'était pas le cas en matière de GPA. L'adoption par le conjoint du père (parent d'intention) d'un enfant né d'une GPA à l'étranger était interdite (le 3 juillet 2015 un arrêt de la Cour de cassation acceptait de transcrire sur les registres de l'état civil français la naissance d'un enfant issu de GPA à l'étranger). Mais il est remarquable de constater que le 5 juillet 2017 la Cour de cassation a admis que le conjoint d'intention puisse procéder à une adoption (simple) d'un enfant né d'une GPA à l'étranger. En sera-t-il de même par la suite ?

19 SEPTEMBRE 1996

Cour de cassation n° 01-84557 : En cas de poursuite pour agression sexuelle ou viol la contrainte morale sur un enfant peut résulter de la menace que fait peser l'agresseur en prétendant vouloir se jeter par la fenêtre.

L'agression sexuelle ou le viol nécessite que le consentement soit extorqué par la contrainte. L'intimidation verbale consistant à menacer de se jeter par la fenêtre constitue un chantage et une contrainte affective suffisante au regard d'un enfant.

Réaction/Actualité

La contrainte physique n'est nullement nécessaire pour qu'il y ait agression sexuelle ou viol. Tout dépend de la vulnérabilité de la personne. Le fait que l'agressé soit dans un état alcoolique peut être retenu à charge contre l'auteur.

20 SEPTEMBRE 2017

Propos de l'auteur : La gestation pour autrui (GPA) de nos jours en France

La gestation pour autrui, communément appelée GPA, est généralement pratiquée lorsque la femme du couple ne peut porter l'enfant, à la suite d'une malformation de l'utérus. Une mère dite « porteuse » va alors accueillir un embryon issu d'une fécondation à laquelle elle n'a pas participé et mener la grossesse, pour donner naissance à un enfant. Mais ce dernier n'est pas génétiquement le sien. La GPA peut aussi être pratiquée à la demande d'un couple de deux hommes dans le cadre d'une homoparentalité. La GPA est interdite en France par la loi bioéthique et de surcroît pénalement sanctionnée ce qui n'est pas le cas de la PMA. La Cour européenne des Droits de l'homme (CEDH) ne condamne pas l'interdiction en France de la GPA mais l'absence de reconnaissance par la France de l'enfant né le plus souvent à l'étranger dans les pays qui autorisent cette pratique. Des évolutions récentes ont eu lieu. La Cour de cassation a considéré le 3 juillet 2015 que la transcription sur le registre de l'acte de naissance français d'un enfant né de GPA à l'étranger est possible au nom de l'intérêt supérieur de l'enfant ce en dépit de la fraude à la loi. Par ailleurs un père d'intention (qui vivait avec le père biologique) a pu procéder à une adoption simple de l'enfant né de GPA. Ira-t-on plus loin ? Vers une adoption plénière ? Vers une transcription directe du parent d'intention sur l'État civil ? Reviendra-t-on en arrière ? Refusera-t-on l'adoption simple au parent non biologique d'intention ? Les prochains arrêts seront déterminants.

21 SEPTEMBRE 1793

La Convention rend obligatoire le port de la cocarde pour les femmes

La Convention a obligé les femmes au port de la cocarde tricolore. Des critiques fusèrent. Par cette modalité on les incorporait comme citoyenne. Ce n'était pas du goût de tous et notamment certains hommes. Il ne manquerait plus qu'elles votent !

Réaction/Actualité

Les femmes n'ont eu le droit de vote que tardivement en 1944 sous l'impulsion du général de Gaulle.

22 SEPTEMBRE 1999

Cour de Cassation chambre criminelle : Le gérant de club échangiste n'est pas (plus) proxénète

Jusqu'en 1994 une loi prévoyait que le gérant d'un club échangiste était un proxénète. Cette loi a été abrogée et remplacée par d'autres textes ayant omis de faire mention du gérant de club échangiste. Le silence sur cette situation, l'interprétation stricte des règles de droit pénal, l'évolution des mœurs de la jurisprudence conduisent de nos jours à ce qu'il soit un gérant comme un autre.

Dans le cadre de cet arrêt de cassation, le gérant n'a pas été considéré comme un proxénète en l'absence de rémunération de participants. Certes il met en relation des personnes (acte d'entremise) pour des actes de débauche mais ces personnes ne sont pas des prostituées. Il ne les rémunère pas. Juridiquement la prostitution se distingue de la sorte, du fait d'un avantage de la débauche. Il n'y a pas eu en l'espèce de qualifications de proxénétisme par entremise.

Réaction/Actualité

La prostitution ne fait pas l'objet d'une définition légale. D'où un certain flou parfois. Mais elle a toujours été distinguée de la débauche admise aisément y compris de nos jours (ex : publicité publique légale de sites pour vanter ou générer l'adultère). Le problème est que le proxénétisme se définit notamment par rapport à la prostitution ! Si la liberté sexuelle est grande en France la liberté de se prostituer, licite en droit, est dans les faits restreinte par la loi nouvelle du 13 avril 2016 (sur le sujet voir *supra* loi du 13 avril 2016).

22 SEPTEMBRE 2014

La Cour de cassation émet deux « avis » favorables à l'adoption d'un enfant né d'une PMA réalisée à l'étranger par l'épouse de la mère (parent d'intention)

La procréation médicale assistée (PMA) n'était pas à l'origine selon la loi bioéthique du 29 juillet 1994 ouverte aux couples homosexuels et aux femmes célibataires. Mais la monoparentalité a été instaurée par la suite par la loi n° 66-500 du 11 juillet 1966 ouvrant l'adoption aux personnes célibataires (art. 343-1 du C. civ.) et surtout homoparentalité a été reconnue par la suite (loi dite Taubira) par la loi du n° 2013-404 du 17 mai 2013 ouvrant le mariage et l'adoption aux personnes de même sexe (art. 6-1 du C. civ.). Dès lors des juridictions avaient rendu des décisions contradictoires. La Cour de cassation fut donc saisie pour émettre un « avis ». Deux avis de la Cour de cassation saisie par les tribunaux d'Avignon et de Poitiers considèrent en date du 22 septembre 1994 que le recours à la PMA à l'étranger n'est pas « un obstacle » à l'adoption au sein d'un couple de femmes.

Réaction/Actualité

Un avis de la Cour de cassation n'a pas valeur d'un jugement et n'a pas force de loi. Mais dans l'ensemble actuellement en 2017 la très grande majorité des tribunaux saisis de demandes d'adoption formulées par les épouses de mères d'enfants nés à l'étranger sous PMA se prononcent favorablement. La cour d'appel d'Aix-en-Provence a même reconnu l'adoption plénière d'un enfant né par PMA par l'épouse homosexuelle de sa mère biologique.

On ne peut nier qu'une telle évolution peut servir de référence en fait aux couples gays (homosexuels). Dans le cadre de la gestation pour autrui (technique prohibée en France des mères porteuses) la transcription de l'acte de naissance d'un enfant né par GPA à l'étranger a été admise sur l'acte d'état civil en France par la Cour de cassation en date du 3 juillet 2015 au nom de l'intérêt supérieur de l'enfant. Par ailleurs la Cour de cassation a admis en date du 5 juillet 2017 l'adoption simple par le parent d'intention.

23 SEPTEMBRE 1964

Tribunal correctionnel de Grasse : « Jouer au ping-pong les seins nus sur la Croisette constitue un délit d'outrage à la pudeur »

Le tribunal correctionnel de Grasse le 23 septembre 1964 condamne pour outrage public à la pudeur une jeune femme qui jouait au ping-pong seins nus sur la Croisette. Le délit d'outrage comme déjà souligné était un délit fourre-tout qui permettait d'englober aussi les naturistes sur la plage du moins quand on voulait les en chasser.

Réaction

Le délit d'outrage public à la pudeur qui ratissait large est abrogé depuis le 1er mars 1994. Le délit d'exhibition sexuelle en l'espèce pourrait être applicable mais les critères sont plus stricts (voir exhibition sexuelle 1er mars 1994). Une simple inattention ne saurait suffire de nos jours.

24 SEPTEMBRE 2008

Cour de cassation (3 arrêts) : Harcèlement Régime probatoire facilité. Vers un renversement de la charge de la preuve

Il existe en matière de harcèlement une sorte de renversement de la charge de la preuve qui est rappelé par trois arrêts rendus le 24 septembre 2008 (pourvois nos 06-45.794 et n° 06-45.747 ; n° 06-45.579 ; n° 06-43.504, Bull. 2008, V, n° 175) :

– Faire établir par le salarié une présomption et non une preuve de harcèlement

1. La Cour demande au salarié concerné d'établir des faits qui permettent de présumer l'existence d'un harcèlement.

– Faire démontrer par l'employeur que cette présomption est injustifiée 2. Il incombe ensuite à l'employeur, au vu de ces éléments, de prouver que ces agissements ne sont pas constitutifs d'un tel harcèlement et que la décision de l'employeur est justifiée par des éléments objectifs étrangers à tout harcèlement.

Réaction/Actualité

Le régime probatoire du harcèlement moral ou sexuel a été récemment modifié, copié sur celui des discriminations. Il vient en aide plus encore à la victime. Il suffit désormais depuis 2016 pour la personne harcelée de présenter des éléments « laissant supposer » (et non laissant présumer) le harcèlement (voir 10 août 2016 loi El Khomri).

24 SEPTEMBRE 2008

Cour de cassation : La tentative d'un cadre d'embrasser une salariée contre son gré, sur le lieu de travail, a été considérée comme un des éléments du harcèlement sexuel

Le 24 septembre 2008 la Cour de cassation chambre sociale a considéré qu'est constitutif de harcèlement sexuel la tentative d'un cadre d'embrasser une salariée contre son gré, sur le lieu de travail, de l'emmener à son domicile en renouvelant des avances de nature sexuelle, de l'appeler fréquemment par téléphone en dénigrant la relation affectueuse que celle-ci entretient avec un tiers Soc, 24 septembre 2008.

Réaction/Actualité

La Cour de cassation a de même jugé que constituent des faits de harcèlement sexuel la tenue de propos à caractère sexuel à des collègues féminines, des réflexions déplacées sur le physique et le fait d'avoir suivi une collègue aux toilettes (Cass.Soc. 19 octobre 2011 n° 09-72672).

25 SEPTEMBRE 1791

Première dépénalisation (partielle) de l'homosexualité

Une loi ancienne en date du 25 septembre 1791 a dépénalisé l'homosexualité. Mais les homosexuels étaient poursuivis sous d'autres incriminations pour leurs pratiques qualifiées « d'attentat à la pudeur ».

Réaction/Actualité

Ce n'est qu'en 1981 que les relations homosexuelles d'un majeur avec un mineur de plus de 15 ans ont été dépénalisées à l'instar des relations hétérosexuelles qui étaient licites.

25 SEPTEMBRE 1996

Cour de cassation chambre criminelle : Prostitution ne se confond pas avec éjaculation

Le 25 septembre 1996, les magistrats de la chambre criminelle de la Cour de cassation ont considéré qu'il n'était pas nécessaire qu'il y ait éjaculation pour que l'agissement soit qualifié de prostitutionnel.

Réaction/Actualité

Faute de définition légale la question peut se poser de la définition de la prostitution. Il convient de se référer alors à la jurisprudence et notamment celle de la Cour de cassation en date du 27 mars 1996 (voir *supra*) : « Se prêter moyennant rémunération à des contacts physiques de quelque nature qu'ils soient afin de satisfaire les besoins sexuels d'autrui ». Comment qualifier le massage tantrique tant vanté par les médias ? La frontière n'est pas toujours certaine.

26 SEPTEMBRE 1974

Tribunal de Grenoble : Proxénétisme caractérisé d'un vendeur de local qui savait qu'il était destiné à l'exercice de la prostitution

Le tribunal de Grenoble en date du 26 septembre 1974 a jugé que le délit proxénétisme était caractérisé lorsque le vendeur d'un local à une prostituée savait au moment de la transaction que le local allait être utilisé par l'acquéreur pour l'exercice de son activité de prostitution.

Réaction/Actualité

L'aide à la prostitution suffit. Il n'est nul besoin de coercition envers les personnes prostituées pour être qualifié de proxénète (voir aussi 30 oct. 1956 Proxénétisme et directeurs de journaux).

27 SEPTEMBRE 1992

CEDH Smith et Grady c. Royaume-Uni : Condamnation du Royaume-Uni pour révocation pour homosexualité de militaires

L'arrêt de la CEDH Smith et Grady c. Royaume-Uni du 27 septembre 1992 condamne le Royaume-Uni dans la mesure où des militaires ne furent révoqués qu'en raison de leur homosexualité. La CEDH considère que le droit au respect de la vie privée prévu par l'article 8 de la Convention européenne des Droits de l'homme implique le droit d'établir tout rapport avec d'autres êtres humains et notamment des rapports sexuels du fait de l'homosexualité :

« Le fait de révoquer une personne de son poste (militaire) en raison de tendances sexuelles personnelles et de l'interroger sur son comportement sexuel observé en privé ne dénotait pas un grand respect pour la vie privée et familiale de cette personne ».

Réaction/Actualité

Il est à préciser que ces militaires étaient bien notés et que la décision de la CEDH est conforme à sa jurisprudence protectrice du respect de la vie privée qui englobe la vie sexuelle qui est du domaine de chacun.

Il semblerait qu'en 2017 des militaires transsexuels aient décidé de porter plainte aux États-Unis en raison de critiques de D. Trump.

28 SEPTEMBRE 2016

La Dépêche Grand Sud Narbonne. « Échos sur la Prostitution 4 mois après la loi du 13 avril 2016 pénalisant le client »

L'article de Christian Goutorbe, journaliste, paru dans *La Dépêche Grand Sud* en date du 28 septembre 2016 sur la prostitution quelques mois après la loi du 13 avril 2016 est en résumé (succinct) le suivant :

« Le ressort judiciaire de Narbonne est considéré comme le plus actif pour appliquer la loi de lutte contre les achats d'actes sexuels, en vigueur depuis avril dernier. En quatre mois, les gendarmes ont surpris 42 personnes considérées comme des clients de prostituées sur un total de 250 procédures sur l'ensemble du territoire. Un chiffre dérisoire.

Nous sommes très volontaires pour faire reculer la prostitution », explique David Charmaz le procureur de la République, « Nous dressons une contravention à partir du moment où la personne s'arrête et sollicite la prostituée. C'est suffisant pour être verbalisé. Puis quand elle monte dans le véhicule », détaille le commandant de gendarmerie.

« Plutôt que d'envoyer les "clients" en audience publique au tribunal de police, nous avons choisi une formule plus discrète, d'une convocation devant le délégué du procureur. C'est lui qui prononce la condamnation et le montant de l'amende sur réquisition du parquet », poursuit David Charmaz qui fait de cette lutte contre la prostitution son cheval de bataille avec le déploiement depuis cette semaine d'un volet pédagogique. Aux « clients contrevenants », on remet un document qui dénonce l'achat des actes sexuels et décrit le calvaire des femmes précaires que sont les prostituées.

Les clients des prostituées ont tous un point commun : 100 % d'entre eux paient l'amende sans rechigner, pour ne pas recevoir une relance dans la boîte aux lettres. À Narbonne, elle est fixée sur réquisition du procureur, entre 200 et 500 €, loin de la barre légale de 1 500 €, pour tenir compte des faibles salaires.

Plus de la moitié a plus de 50 ans (53 %) et est domiciliée dans l'Aude (53 % dont 37 % de l'arrondissement de Narbonne). Les employés du tertiaire sont bien représentés : 55 %, contre 16 % d'agriculteurs et 24 % de retraités.

Réaction/Actualité

La pénalisation du client est bien mise en route, bien avant le parcours de sortie de la prostitution dont les décrets d'application n'ont pas même à l'époque été publiés.

La pénalisation a lieu dès la sollicitation par le client de la prostituée ou l'acceptation de l'offre concrétisée par l'arrêt ou la montée en voiture et non comme anciennement par la consommation de l'acte (sur le sujet *supra* loi du 13 avril 2016).

« Le calvaire des femmes précaires que sont les prostituées » pour reprendre l'expression de la police ou du procureur n'est-il pas accru par cette répression qui oblige à agir dans les pires conditions ? La lutte contre la prostitution ne serait-elle pas plus cohérente si on avait interdit la prostitution ? Les clients les plus pauvres ne sont-ils pas les premiers visés ? Les prostituées les plus déshéritées dont l'activité est pourtant licite ne sont-elles pas encore plus paupérisées ? Magistrats et policiers doivent-ils avoir bonne conscience ?

29 SEPTEMBRE 2015

Le sexe neutre en attente de pleine reconnaissance en France

Le 29 septembre 2015 une proposition de loi relative à la mention de changement de sexe à l'état civil a été déposée (cette proposition de loi est devenue loi du 12 octobre 2016 ou loi de modernisation de la justice du XXIe siècle). Elle vise notamment à faciliter le changement de sexe des personnes transsexuelles. Elle reste toutefois muette concernant la détermination d'un sexe neutre au profit des êtres intersexués (distincts des transsexuels) ayant une ambiguïté sexuelle permanente.

Réaction/Actualité

La cour d'appel d'Orléans le 22 mars 2016 (*supra*) avait déjà infirmé la décision du TGI de Tours du 25 août 2005 (*supra*) autorisant l'inscription d'un sexe neutre à l'état civil. Le 4 mai 2017 la Cour de cassation rejetait à son tour cette solution. Le législateur n'a pas voulu aborder le sujet. Le sexe neutre est toujours en attente de reconnaissance en France (sur le sujet *supra* voir aussi 19 août 2013 / 4 mai 2017 / 9 juin 2017).

30 SEPTEMBRE 2009

Cour de cassation chambre criminelle : Harcèlement sexuel en cas de pression indélicate pour obtenir des faveurs sexuelles

La Cour de cassation en date du 30 septembre 2009 considère : « Est coupable de harcèlement sexuel l'employeur qui a exercé sur ses salariées, par ses allusions à connotation sexuelle et ses gestes déplacés, une pression quasi quotidienne pour obtenir des faveurs de nature sexuelle, au sens de l'article 222-33 du Code pénal ».

Réaction/Actualité

En l'absence de pression pour obtenir des faveurs sexuelles ou d'indélicatesse manifeste une déclaration d'amour ne peut être considérée comme du harcèlement sexuel.

La manifestation par SMS d'un attachement sentimental ou la persistance nostalgique d'un tel attachement (l'employeur s'étant référé « aux temps où elle le rendait heureux ») lorsque des relations passées ont eu lieu n'est pas non plus du harcèlement selon la Cour de cassation (ch. soc. 23 septembre 2015). Mieux encore la Cour de cassation en date du 26 septembre 2013 a considéré que des relations passées trop familières avec le patron ne permettaient pas à l'employée une poursuite pour harcèlement à l'encontre de ce dernier, comme tel aurait pu être sans doute le cas à défaut.

Octobre

- **1er octobre 2008** – Cour d'appel d'Aix-en-Provence : Le refus de consentir à avoir des rapports sexuels dans le cadre du mariage est considéré comme injurieux (faute)
- **2 octobre 2001** – CEDH : Absence de « clause de conscience » des pharmaciens dans la délivrance de contraceptifs. Obligation de délivrance du médicament abortif
- **3 octobre 2013** – I.B. c/ Grèce, CEDH : Condamnation de la Grèce pour discrimination constituée par le licenciement d'un employé séropositif
- **4 octobre 1958** – Constitution : Le fondement principal de la lutte contre les discriminations sexuelles repose sur la Constitution
- **5 octobre 1972** – Tribunal correctionnel de Paris : Essai de définition du caractère pornographique d'une œuvre
- **6 octobre 2016** – Questionnement et bilan plus de 6 mois après la loi votée le 13 avril 2016 à l'Assemblée nationale réprimant le client de la prostituée
- **7 octobre 2010** – Le Comité consultatif d'éthique donne un avis très négatif sur l'utilisation de cadavres dans des positions sexuelles à des fins d'expositions dans les musées.
- **8 octobre 2013** – Tribunal administratif de Strasbourg : Question préjudicielle posée à la Cour de justice de l'Union européenne à propos de l'exclusion permanente des homosexuelles au don du sang. Discrimination sexuelle

- **9 octobre 2014** – Cour d'appel administrative du Portugal : Réduction du montant du préjudice sexuel du fait de sa condition de femme, de son âge et de l'existence de deux enfants Discrimination sexuelle selon la CEDH
- **10 octobre 2006** – L'Assemblée parlementaire du Conseil de l'Europe décerne le prix des droits de l'Homme « Vaclav Havel » à Nadia Mourad Basée Taha ex-otage et esclave sexuelle de l'État islamique
- **11 octobre 2010** – Loi interdisant la dissimulation du visage dans l'espace public
- **12 octobre 1994** – Cour de cassation chambre criminelle N° de pourvoi 94-83655. Arrêt de Rejet : Viol. Acte certain de pénétration sexuelle caractérisé même en l'absence de pénétration profonde des parties génitales et de défloration d'une mineure de quinze ans par un majeur
- **13 octobre 1982** – Tribunal Correctionnel de Châlons-sur-Marne : Absence de détournement de mineur de plus de 15 ans en dépit de relations sexuelles avec un majeur
- **14 octobre 2016** – Publication de l'inter associative lesbienne, gay, bi et trans (Inter-LGBT) consacrée au changement d'état civil (CEC) des personnes trans et à la démédicalisation de la procédure de changement de sexe
- **15 octobre 2009** – Tribunal de grande instance de Rennes ordonnance de référé : Rejet d'une demande d'admission en France d'insémination *post mortem*.
- **16 octobre 2013** – Cour d'Assises du Val-de-Marne : Condamnation d'un époux à cinq ans de prison, dont deux avec sursis, pour avoir violé sa femme, après l'avoir battue entre le 6 et le 7 décembre 2010.
- **17 octobre 2007** – Cour de cassation, 1re chambre civile (n° 06-11.887, D. 2007. AJ. 2811) : Rejet d'autorisation du mariage posthume faute de formalités appréciées « souverainement » par la présidence de la République démontrant la volonté du défunt de se marier

- **18 octobre 1994** – Cour de Cassation chambre civile, pourvoi 93-10730 : Arrêt de cassation (de la cour d'appel de Douai du 26 octobre 1992). Transsexuel Changement d'état civil autorisé suite à traitement hormonal, traitements chirurgicaux divers et statut général conforme au sexe masculin demandé
- **19 octobre 2011** – Cour de cassation chambre sociale n° 09-72.672 : Harcèlement sexuel (justifiant un licenciement) en dépit de propos tenus hors du lieu et du temps de travail
- **20 octobre 2016** – La Musardine en date du 20 octobre 2016 édite l'ouvrage de Marc Lemonier *Liberté Égalité Sexualité – Révolutions sexuelles en France 1954-1986*
- **21 octobre 1998** – Cour de cassation chambre criminelle : Une fellation pratiquée par la belle-mère sur un jeune garçon mineur de 14 ans n'est pas un viol faute d'acte de pénétration par l'organe sexuel
- **22 octobre 1981** – CEDH Dudgeon c. Royaume-Uni : les lois britanniques érigeant certaines pratiques homosexuelles en infraction sont jugées contraires à l'article 8 de la Convention des Droits de l'homme protégeant le respect de la vie privée des individus. La Cour affirme ainsi la liberté de la pratique et de l'orientation sexuelle
- **23 octobre 2008** – Cour d'appel de Lyon 2e chambre civile : Un transsexuel étranger algérien vivant en France de sexe masculin peut se prévaloir en France à l'état civil d'un sexe féminin
- **24 octobre 2016** – Cour d'appel de Montpellier. : En l'absence d'abolition de ses facultés mentales, un avocat honoraire devenu magistrat qui a publié sur un site Internet ouvert au public des photos de son sexe en érection, a commis des manquements graves aux obligations de sa charge qui justifient la mesure de retrait de l'honorariat
- **25 octobre 2016** – La Cour d'appel de Paris, en date du 25 octobre 2013, RG n° 12/22521 considère qu'une action en concurrence déloyale peut être intentée par une entreprise vendant des *sex toys* (vibromasseur contrôlé à distance) du fait de

l'imitation du produit bien que ce dernier n'ait pas été déposé en tant que marque ou en l'absence de brevet

- **26 octobre 2012** – Loi votée à l'Assemblée nationale visant le remboursement à 100 % des IVG par l'assurance maladie
- **27 octobre 2010** – Cour de cassation : Condamnation du mari pour agressions sexuelles suite à des pratiques sadomasochistes non librement consenties
- **28 octobre 2011** – Circulaire : La mention (définitive) sexe « neutre » ou « indéterminé » d'un nouveau-né rejeté par la circulaire du 28 octobre 2011
- **28 octobre 2009 (bis)** – Cour d'appel de Nancy : Harcèlement sexuel. Preuve : Nécessité de « divers » témoignages
- **29 octobre 2015** – Cour d'appel de Paris : Relaxe des Femen. Absence de preuve concernant la dégradation de la Cloche de Notre Dame.
- **29 octobre 2004 (bis)** – Cour de cassation assemblée plénière : Validité d'une libéralité d'un homme marié à sa jeune maîtresse
- **30 octobre 1956** – Cour de cassation : Des directeurs de journaux condamnés pour proxénétisme du fait d'annonces prostitutionnelles
- **30 octobre 1975 (bis)** – Introduction du classement X au cinéma
- **30 octobre 2000 (ter)** – Décision de la Cour de justice de l'Union européenne (CJUE) relative à la liberté d'exercice de la prostitution en tant que service indépendant.
- **31 octobre 2012** – Journal *Le Parisien*. Mort du Roi René le 31 octobre 2012

1er octobre 2008

Cour d'appel d'Aix-en-Provence : le refus de consentir à avoir des rapports sexuels dans le cadre du mariage est considéré comme injurieux (faute)

Il a été jugé par la cour d'appel d'Aix-en-Provence le 1er oct. 2008 que le refus d'entretenir des relations sexuelles dans le cadre du mariage est injurieux pour le conjoint. Il s'agit d'une faute qui constitue une violation grave ou renouvelée des devoirs et obligations maritales et rend intolérable le maintien de la vie commune (SA Aix-en-Provence, 1er octobre 2008, RJPF mai 2009, p. 24).

Réaction/Actualité

Un arrêt de la Cour de cassation daté du 1er février 2012 avait déjà rendu une décision dans le même sens que celle de la Cour d'appel d'Aix.

Quelques interrogations pourraient avoir lieu sur la question de la relation sexuelle ou de son absence. Combien faut-il avoir au minimum de relations ? *Quid* si les deux époux sont d'accord pour ne pas avoir de relations ou pour être infidèles ? Le sujet a fait l'objet de diverses décisions de jurisprudence et est traité à diverses reprises dans l'ouvrage.

2 octobre 2001

CEDH : Absence de « clause de conscience » des pharmaciens dans la délivrance de contraceptifs. Obligation de délivrance du médicament abortif

Des pharmaciens ont tenté d'invoquer la clause de conscience pour refuser la vente des produits contraceptifs. Cette clause de conscience permet à des professionnels de santé de refuser un acte médical autorisé par la loi, mais contraire à leurs convictions professionnelles ou éthiques. La chambre criminelle de la Cour de cassation en date du 21 octobre 1998 avait refusé la possibilité aux pharmaciens de se prévaloir d'une clause de conscience dans la délivrance de produits contraceptifs. La Cour européenne par son arrêt du 2 octobre 2001 va aussi en ce sens.

Réaction/Actualité

L'Assemblée nationale le 15 septembre 2003 (n° 16517, JOAN 15 sept. 2003, p. 7173) a été saisie d'une question écrite relative à une prescription pour une IVG médicamenteuse (résultant de l'association de prise de mifégyne (RU 86) et de prostaglandine). Elle a considéré que le médecin peut refuser d'effectuer une IVG en invoquant une clause de conscience. En revanche un pharmacien ne peut refuser de délivrer un médicament contraceptif ou abortif.

3 OCTOBRE 2013

I.B. c/ Grèce, CEDH : Condamnation de la Grèce pour discrimination constituée par le licenciement d'un employé séropositif

En 2005, un salarié à Athènes confie à trois de ses collègues qu'il a contracté le VIH. Le bruit de la séropositivité se répand. Soixante-dix salariés de l'entreprise firent pression sur l'employeur afin d'obtenir le licenciement du séropositif. Les tribunaux grecs, dont la Cour de cassation, confirmèrent la décision de l'employeur de le licencier.

La Cour européenne des Droits de l'homme devant laquelle l'affaire fut portée considéra qu'il s'agissait d'une atteinte au droit au respect de la vie privée ainsi qu'une discrimination fondée sur l'état de santé. Elle estima qu'il y avait violation de la Convention européenne par la Grèce. L'argumentation en substance fut la suivante. Les préjugés exprimés des salariés reposant sur des croyances infondées concernant les risques de transmission ne peuvent être invoqués comme prétexte pour mettre fin au contrat d'un employé séropositif.

Réaction/Actualité

La crainte du VIH généra dans notre pays aussi des croyances infondées. Mais les progrès de la médecine donnent à penser que de nos jours en 2017 la discrimination des séropositifs dans l'entreprise (et donc un tel licenciement) serait condamnée. Toutefois il faut noter qu'en France même existait en 2013 une forme légale de discrimination du fait de préjugés à l'encontre des homosexuels qui ne pouvaient donner leur sang dans les mêmes conditions que les hétérosexuels (voir circulaire du 20 juin 1983). De plus en date du 8 juillet 2013 la Cour de cassation avait rejeté la levée du fichage informatique des personnes notamment les homosexuels frappés par l'interdiction du don du sang. Tel n'est plus tout à fait le cas depuis l'arrêté du 5 avril 2016 levant sous conditions il est vrai l'interdiction de don de sang des homosexuels ou bisexuels.

4 octobre 1958

Constitution : Le fondement principal de la lutte contre les discriminations sexuelles repose sur la Constitution

Les fondements juridiques de la lutte contre les discriminations reposent sur l'article 1er de la Constitution du 4 octobre 1958. La France « assure l'égalité devant la loi de tous les citoyens sans distinction d'origine, de race ou de religion ». Ce principe d'égalité des droits était également proclamé non dans la Constitution même, mais dans le préambule de la Constitution du 27 octobre 1946.

La lutte contre les discriminations a trouvé une première traduction juridique dans le droit pénal (qui comporte de nos jours une vingtaine de lois sanctionnant les discriminations) puis dans d'autres branches du droit et notamment le droit du travail. Parmi les discriminations sanctionnées l'entrave à l'exercice normal d'une activité économique, le refus d'embauche, la sanction ou le licenciement d'une personne à raison de son sexe. À titre d'exemple on pourrait se demander si l'attitude de la France à l'égard de la prostitution n'est pas contraire à la Constitution puisque du fait de la pénalisation des clients il existe une entrave à l'exercice normal d'une activité économique licite.

Réaction/Actualité

L'administration de la preuve d'un comportement discriminatoire est facilitée par rapport au droit commun. Il n'est pas demandé à la victime discriminée d'établir la preuve de la discrimination. Il suffit pour la personne s'estimant victime d'une discrimination de présenter des éléments de fait laissant supposer l'existence d'une discrimination (anciennement permettant de présumer une discrimination). Il appartient alors à la partie défenderesse de justifier la mesure contestée par des éléments de distinction non prohibés.

On notera que les modalités de charge de la preuve sont identiques en matière de harcèlement moral ou sexuel depuis 2016 (la loi El Khomri et Rebsamen *supra* 10 août 2016).

5 OCTOBRE 1972

Tribinual Correctionnel de Paris : Essai de définition du caractère pornographique d'une œuvre

Le tribunal correctionnel de Paris le 5 octobre 1972 a proposé une définition opposant l'ouvrage érotique qui « glorifie, tout en le décrivant, l'instinct et la gestuelle amoureuse » à l'œuvre pornographique qui décrit « les mécanismes physiologiques » en les privant de leur contexte sentimental. Selon cette décision sur laquelle on s'appuie encore parfois de nos jours les scènes « privant les rites de l'amour de tout leur contexte sentimental » et qui « décrivent seulement les mécanismes physiologiques et concourent à dépraver les mœurs » peuvent être considérées comme pornographiques (T. corr. Paris, 5 oct. 1972, Gaz. Pal. 1973).

Réaction/Actualité

La loi ne définit pas véritablement la pornographie. On semble considérer qu'une représentation à caractère strictement sexuel d'une totale crudité, sans aucun caractère esthétique, dans le seul but de provoquer une excitation est pornographique.

Depuis la suppression de l'outrage public aux bonnes mœurs, la pornographie entre adultes est autorisée au nom de la liberté d'expression pratiquement sous toutes ses formes à l'exception de la pédopornographie. En revanche il n'existe pas de tolérance en ce qui concerne les mineurs. Le législateur a cherché à les protéger. Ainsi des mesures préventives législatives relatives à la protection de la jeunesse sont édictées concernant les publications les vidéos (par internet ou non). Le droit pénal sanctionne aussi les messages à caractère pornographique auxquels pourrait avoir accès un mineur par voie de presse communication écrite ou autre (SMS). Sont enfin considérés comme des agissements punissables l'exploitation la fabrication la diffusion la détention d'images pédopornographique.

Il est évident qu'il existe encore des difficultés pour distinguer si une œuvre, un film, un message est ou non pornographique et distinguer avec précision la pornographie de l'érotisme.

6 octobre 2016

Questionnement et bilan plus de 6 mois après la loi votée le 6 avril 2016 à l'Assemblée nationale réprimant le client de la prostituée

Plus de 6 mois après le vote de la loi à l'Assemblée nationale en date du 6 avril 2016 réprimant le client de la prostituée (loi publiée au *JO* le 13 avril 2016) le premier bilan est mitigé selon certains, catastrophique selon d'autres notamment Thiery Schaffauserio fondateur du Strass (syndicat des travailleurs du sexe).

– Qu'en est-il de la pénalisation du client?

La pénalisation du client semble concrètement fonctionner. En pratique six mois après le vote de la loi environ 250 clients ont été verbalisés par la police et la gendarmerie sur environ 30 000 à 40 000 personnes prostituées. Ce nombre est faible, car dans certains ressorts le niveau de la délinquance est tel que la verbalisation des contraventions n'est pas la priorité. L'application est donc peu homogène. L'impact psychologique est important ; selon les prostituées classiques, les « bons clients » les plus connus, ceux avec qui des liens ont été tissés ne viennent plus comme à l'habitude. Les agressions sont plus nombreuses.

– Quelles sont les sanctions principales qui ont été appliquées?

Les contrevenants ont le plus souvent été sanctionnés par un rappel à la loi, un stage de citoyenneté ou une amende d'environ 300 euros. Mais l'organisation des stages de sensibilisation pour les clients est encore très rare. Pour les défenseurs du texte « L'esprit de la loi est surtout de provoquer une forme de prise de conscience ». La diminution de la clientèle est donc une bonne chose.

– L'abrogation du délit de racolage a-t-elle limité le harcèlement des prostituées?

La dépénalisation du racolage public n'a pas modifié véritablement la situation. La police utilise d'autres infractions que le délit de racolage. La loi sur le séjour irrégulier des étrangers par exemple permet de conduire les travailleuses migrantes au centre de rétention. Par ailleurs des arrêtés préfectoraux notamment dans le sud de la France et aux environs de Narbonne sont pris dans diverses communes et se substituent à la dépénalisation du racolage.

– Quel est l'avis des abolitionnistes partisans de la loi de répression du client ?

Les organisations abolitionnistes sont satisfaites de la diminution apparente du nombre de clients dans les rues et de la baisse des rémunérations qui à leur avis devrait permettre de réduire la prostitution. Ils semblent satisfaits que puisse régner un certain ordre moral. Ils constatent toutefois que le volet social est très limité et ne sont pas certains d'une parfaite réinsertion sociale.

– Quel est l'impact de la loi sur la prostitution et la prostituée ?

Le nombre de clients a diminué. Les prostituées sont de plus en plus précarisées. La crise économique est redoutée. Le pouvoir de négociation face aux clients est fortement réduit et les tarifs ont baissé par deux, voire trois, dans certains endroits. Les risques sanitaires sont accrus ; les femmes chinoises de Belleville organisées au sein des Roses d'Acier expliquent que certaines prennent plus de risques en acceptant des hommes qu'elles refusaient auparavant pour tenter de maintenir leur niveau de revenus. Les associations en maraude se demandent comment aider les travailleuses du sexe qui en ont le plus besoin si on ne sait plus où les trouver. Des traditionnelles disent que c'est, pour elles, le moment de prendre leur retraite, observe Jean-Marc Oswald, coordinateur du pôle prostitution de l'association Aux captifs la libération qui intervient à Paris.

En réalité laprostitution semble s'organiser d'une autre manière, plus technique, plus internationale via internet et les réseaux sociaux. Les moyens de prévenir les agressions et d'identifier les clients du fait d'appels masqués diminuent.

– Qu'en est-il du parcours de sortie de la prostitution ?

Les décrets d'application tardent à voir le jour. Le constat est que depuis six mois à dater de la loi aucune victime de la traite n'a bénéficié d'un titre de séjour ou de protection comme tel aurait pu être le cas dans l'hypothèse d'arrêt de la prostitution. Les expulsions des travailleuses du sexe migrantes continuent comme avant.

– Qu'en est-il des moyens financiers promis et accordés ?

Madame Vallaud-Belkacem, l'ancienne ministre des Droits des femmes, avait promis 20 millions d'euros par an en aides sociales aux prostituées. Ce montant a depuis été réduit à 4,8 millions par an. Il n'est pas certain même qu'une telle somme puisse être renouvelée chaque année. Tout dépendra des futures lois de finances, et du prochain gouvernement.

Les partisans de la loi eux-mêmes comme Yves Charpenel de l'organisme chrétien Fondation Scelles dans le journal *La Croix* déclarent qu'ils ne sont en mesure de financer que quelques dizaines de places d'accueil. « Si de nombreuses prostituées s'engagent dans le parcours de sortie, ce qui serait une excellente chose, nous ne pourrons pas suivre ».

– Qu'en est-il du proxénétisme et des risques d'exploitation des personnes prostituées ?

La loi présentée comme un moyen de lutter contre l'exploitation semble en réalité avoir déplacé le problème. La prostitution se pratique moins dans la rue. Les clients ont peur d'être vus. Les réseaux se développent sur internet. Le risque d'exploitation augmente. La solidarité des personnes prostituées diminue. Le risque d'être découvert et poursuivi en tant que proxénète se réduit, car la direction de l'exercice de cette activité se situe amplement hors de nos frontières.

De nombreuses prostituées semblent vouloir partir dans des pays où le client n'est pas poursuivi. Des adhérentes du Strass vont travailler en Espagne ou en Belgique à la frontière suisse ou allemande dans des lieux autorisés. Mais alors qu'elles étaient indépendantes et en plus grande sécurité en France dans leur pays elles sont assujetties en fait économiquement notamment à des patrons d'hôtels inconnus. Elles perdent non seulement une partie de leurs gains, mais encore leur autonomie et leurs repères même si elles y retrouvent aussi des clients français.

Les Escort girls elles-mêmes qui semblent s'être multipliées du fait de la répression dans les rues voient leur standing diminuer en raison de l'augmentation de leur nombre. Leur subordination est accrue du fait de déplacements à l'étranger gérés via internet par des intermédiaires dont elles dépendent sans nécessairement les rencontrer et qui sont situés dans des pays lointains. Le travail à la chaîne, plusieurs passes le même jour, dans des hôtels situés dans des pays étrangers peut devenir la norme.

Les proxénètes augmentent du fait de l'accroissement des intermédiaires et des aides fournis ne serait-ce que par l'utilisation d'internet et des réseaux. Ils trouvent refuge dans des pays étrangers où le proxénétisme n'est pas poursuivi ou du moins ne peut l'être que de manière très difficile faute d'accords internationaux.

– Que penser *in fine* de l'application générale du texte ?

Le volet pénalisation des clients fonctionne plus ou moins bien. Les conséquences pratiques sont discutables. Le volet social est insuffisant. La paupérisation est accentuée. L'approche globale de la prostitution n'est pas réalisée. Les plus pauvres subissent les effets les plus néfastes. Une nouvelle forme de prostitution et de proxénétisme voit le jour. Elle est plus masquée, plus internationale aussi. Elle n'est pas plus humaine. Les grandes perdantes sont les prostituées traditionnelles.

7 OCTOBRE 2010

Le Comité consultatif d'éthique émet un avis très négatif sur l'utilisation de cadavres dans des positions sexuelles à des fins d'expositions dans les musées

La principale critique adressée à ces expositions par le comité d'éthique pour les sciences de la vie et de la santé (à propos notamment de l'exposition *body Worlds* de Von Hagens consacrée à la plastination des corps) repose sur le fait que d'autres moyens que la plastination pour comprendre l'anatomie sont possibles. L'atteinte au principe de dignité pourrait à juste titre s'appliquer.

Réaction/Actualité

La volonté marchande, mais aussi morbide voire exhibitionniste de voir des cadavres y compris dans des positions sexuelles est particulièrement critiquée par le comité d'éthique. La place du cadavre est selon un juge (ordonnance 21 avril 2009) au cimetière (sauf utilisation à notre sens à des fins scientifiques).

8 OCTOBRE 2013

Tribunal administratif de Strasbourg : Question préjudicielle posée à la Cour de justice de l'Union européenne à propos de l'exclusion permanente des homosexuelles au don du sang. Discrimination sexuelle

Le tribunal de Strasbourg, après avoir été saisi par un homosexuel à qui on avait refusé le don du sang, a demandé à la CJUE le 8 oct. 2013 (question préjudicielle) son opinion sur l'exclusion permanente des homosexuels au don du sang. Cette exclusion était prévue à l'époque par l'arrêté ministériel de la santé et des sports du 12 janvier 2009. Selon cet arrêté (qui reprend de dispositions antérieures liées au Sida) il existe une contre-indication permanente du don du sang pour tout homme ayant eu un rapport sexuel avec un homme. Cette exclusion était fondée sur la crainte de la transmission du VIH.

Réaction/Actualité

Dans un arrêt du 29 avril 2015 (CJUE, 29 avr.2015, aff. C-528/13, Léger) la CJUE a considéré en substance « qu'en prenant comme critère d'une contre-indication permanente au don du sang le fait d'être un homme ayant eu une relation sexuelle avec un homme [...] l'arrêté du 12 janvier 2009 détermine l'exclusion du don du sang en fonction de l'orientation homosexuelle des donneurs masculins ». Elle constate que les homosexuels sont ainsi discriminés par rapport aux hétérosexuels. La Cour précise que de telles « limitations » sont possibles, mais dans le respect du principe de proportionnalité, et si elles sont nécessaires et répondent effectivement à des objectifs d'intérêts généraux reconnus par l'Union ou au besoin de protection des droits et libertés d'autrui. Le caractère permanent de l'exclusion paraît en l'espèce disproportionné. Pour la Cour, il appartient à la juridiction saisie au fond de cette affaire, le tribunal administratif de Strasbourg, de rechercher si des modalités moins contraignantes que cette exclusion permanente possible.

Le législateur *in fine* est venu apporter la solution. Depuis le 11 juillet 2016, les homosexuels peuvent donner leur sang, mettant fin à l'interdiction permanente qui datait en réalité de trente ans. Cependant une exigence de douze mois d'abstinence est nécessaire. Une discrimination existe donc encore par rapport aux hétérosexuels puisque ces derniers ne sont pas soumis à cette condition.

9 OCTOBRE 2014

Cour d'appel administrative du Portugal : Réduction du montant du préjudice sexuel du fait de sa condition de femme, de son âge et de l'existence de deux enfants : condamnation du Portugal pour discrimination sexuelle par la CEDH

Une ressortissante portugaise née en 1945 est opérée en mai 1995 à l'hôpital central de Lisbonne, l'intervention à la suite du retrait d'une glande vestibulaire provoque des incontinences et l'empêche de marcher et d'avoir des relations sexuelles. Suite nouvel examen on s'aperçoit que le nerf pénal a été touché ce qui constitue une grave faute médicale.

Le tribunal administratif de Lisbonne lui accorde 80000 euros, en guise d'indemnisation des douleurs physiques et mentales qu'elle a subies. L'hôpital fait appel. La Cour administrative suprême le 9 octobre 2014 confirme les conclusions de première instance, mais diminue le montant des sommes. Les motivations sont les suivantes « à la date de l'opération, la requérante avait déjà deux enfants et 50 ans, un âge où la sexualité ne compte plus autant que lorsqu'on est jeune, son importance diminuant avec l'âge » et réduit les sommes d'un tiers environ.

L'affaire est portée en 2015 devant la Cour européenne des Droits de l'homme (requête 17484/15). Il est soutenu que la décision de la Cour administrative suprême de diminuer l'indemnité méconnaissait le droit d'une femme à sa vie sexuelle et qu'il existait une discrimination. Or l'article 14 de la convention européenne des Droits de l'homme interdit toute discrimination.

La question au regard de ces motivations est de savoir s'il y a bien eu discrimination sexuelle par rapport à des hommes qui seraient touchés par un handicap sexuel analogue. Il convient aussi de déterminer l'interprétation à donner à l'esprit de la motivation. En d'autres termes et de manière très directe la femme n'est-elle faite que pour procréer (elle a deux enfants), le handicap sexuel est-il si secondaire ? (qu'en est-il pour les hommes) le plaisir sexuel passé un certain âge (elle a 50 ans) doit-il être négligeable ? (*Quid* des hommes ?)

Réaction/Actualité

La Cour de Strasbourg le 25 juillet 2015 rappelle que l'égalité des sexes est « un objectif majeur pour les États membres du Conseil de l'Europe, ce qui veut dire qu'il faut de bonnes raisons pour qu'une différence de traitement fondée sur le sexe puisse être acceptée comme étant compatible avec la Convention ». Elle analyse le fondement de la décision de la Cour administrative suprême portugaise et le postulat « que la sexualité n'est pas aussi importante pour une femme de 50 ans et mère de deux enfants, que pour quelqu'un de plus jeune ». Elle considère que ce postulat « reflète une vision traditionnelle de la sexualité féminine selon laquelle cette dernière est liée, par essence, à la procréation ». Elle souligne qu'est ignorée « l'importance physique et psychologique de la sexualité pour l'épanouissement des femmes, comme êtres humains ».

Par ailleurs la Cour européenne des Droits de l'homme souligne « le contraste » qui existe entre ce jugement et les précédents rendus la Cour suprême de justice dans deux affaires de fautes médicales affectant des hommes quinquagénaires. Les deux avaient été soumis par erreur à des prostatectomies totales qui les ont rendus impuissants et incontinents. Le premier, âgé de 59 ans, a obtenu 225 000 euros, en 2008 ; le second, âgé de 55 ans, a obtenu 100 000 euros, en 2014. La Cour suprême portugaise a en effet jugé que le fait que ces deux hommes ne puissent plus avoir de relations sexuelles avait « affecté leur estime d'eux-mêmes », indépendamment de leur âge.

La Cour de Strasbourg conclut, par 5 voix contre 2, qu'il y a eu violation des textes cités par la requérante, et condamne le Portugal à lui verser 3 250 euros pour dommage moral et 2 460 euros pour ses frais et dépens.

10 octobre 2006

L'Assemblée parlementaire du Conseil de l'Europe décerne le prix des droits de l'Homme « Vaclav Havel » à Nadia Mourad Basée Taha ex-otage et esclave sexuelle de l'État islamique

Le 10 octobre 2016 le prix des Droits de l'homme « Vaclav Havel » a été décerné par l'Assemblée parlementaire du Conseil de l'Europe (prix en partenariat avec la fondation Charte 77, et doté de 60 000 euros), à Nadia Mourad Base Taha ex-otage et esclave sexuelle de l'État islamique. Cette jeune Irakienne de la communauté Yézidie a été soumise à des viols collectifs par les djihadistes de Daech et vendue à plusieurs reprises comme esclave sexuelle. Elle a été nommée en septembre 2016 ambassadrice de bonne volonté des Nations Unies pour la dignité des survivants du trafic d'êtres humains. Elle milite aujourd'hui pour l'amélioration du sort des réfugiés.

Réaction/Actualité

Le viol est devenu parfois une arme politique de guerre. Il y a peu de temps encore l'évocation de la sexualité dans le cadre de la lutte contre le terrorisme paraissait incongrue tant le terme sexualité semblait éloigné d'un tel sujet. Le livre *Penser et Repenser le terrorisme* (28 coauteurs de toutes nationalités, MA éditions, 2015) avait été critiqué par le journal *Le Monde* en raison de la dénomination de son dernier chapitre intitulé « Terrorisme et sexualité ».

11 OCTOBRE 2010

Loi interdisant la dissimulation du visage dans l'espace public

Une loi du 11 octobre 2010 interdit la dissimulation du visage dans l'espace public. La rue, une place, une gare, des hôpitaux, des administrations, sont considérés comme des espaces publics. En revanche le domicile ou même le véhicule personnel est un espace privé. Les femmes musulmanes sont plus particulièrement concernées. Cette interdiction doit se concilier avec le principe de la liberté religieuse et de laïcité ce qui n'est nullement évident.

Les dispositions de la loi du 11 octobre 2010 sont en substance les suivantes :

« Nul ne peut, dans l'espace public, porter une tenue destinée à dissimuler son visage. Pour l'application de l'article 1er, l'espace public est constitué des voies publiques ainsi que des lieux ouverts au public ou affectés à un service public.

L'interdiction ne s'applique pas si la tenue est prescrite ou autorisée par des dispositions législatives ou réglementaires, si elle est justifiée par des raisons de santé ou des motifs professionnels, ou si elle s'inscrit dans le cadre de pratiques sportives, de fêtes ou de manifestations artistiques ou traditionnelles.

La méconnaissance de l'interdiction édictée est punie de l'amende prévue pour les contraventions de la deuxième classe ».

Par ailleurs le fait pour toute personne d'imposer la dissimulation du visage est un délit pouvant être sanctionné par une peine de prison.

Réaction/Actualité

La loi sur l'interdiction de dissimulation du visage ne porte pas que sur le voile religieux, la burqa ou le niqab. Le port de la cagoule est aussi par exemple visé ou celui du casque intégral. Mais cette loi est généralement considérée comme visant le port du voile religieux islamique. L'application du texte est complexe. Des situations distinctes ou équivoques peuvent se présenter. Il convient de réagir au cas par cas. En substance toutefois il nous semble possible d'écrire que la disposition d'interdiction concernant le port du voile (et non le port du foulard) ne vise plus précisément que le port du voile qui dissimule le visage (en pratique celui des femmes). Un voile qui dissimulerait intégralement le visage serait donc interdit dans l'espace public (mais il n'est pas nécessaire pour qu'il soit interdit que le voile dissimule l'intégralité du visage, il suffit qu'il ne permette pas l'identification). Un voile traditionnel qui ne recouvre pas le visage, qui permet de reconnaître l'identité est à notre sens soumis à un régime plus particulier. Il est autorisé dans les lieux publics ou les universités. Mais il est interdit dans les écoles, les collèges ou les lycées publics depuis 2004. Les agents des services publics ont également une interdiction de porter ce voile en application du principe de laïcité. Il existe un large consensus en France (mais non en Europe) pour considérer qu'un fonctionnaire ou agent de la fonction publique du fait de la neutralité des services de l'État ne peut porter un voile à son travail. Dans les entreprises privées, le voile traditionnel n'est pas interdit, mais pour des raisons diverses (sécurité, hygiène, compatibilité avec la profession, etc.) une prohibition est possible. Il est difficile de généraliser. La jurisprudence française qui tend à suivre de plus en plus la jurisprudence européenne s'oriente vers l'application du principe de proportion. La restriction à la liberté de religion à travers l'interdiction du port du voile doit être mise en œuvre de manière proportionnée à chaque situation. La prise en compte du contexte est donc importante. Une salariée qui n'est pas en contact avec le public ou la clientèle aura plus de facilité à faire accepter par l'entreprise ou le tribunal le port du voile qu'une hôtesse d'accueil.

12 octobre 1994

Cour de cassation chambre criminelle N° de pourvoi 94-83655 : Arrêt de Rejet : Viol Acte certain de pénétration sexuelle caractérisé même en l'absence de pénétration profonde des parties génitales et de défloration d'une mineure de quinze ans par un majeur

Un arrêt de la chambre d'accusation de la cour d'appel de Bordeaux, en date du 21 juin 1994, a renvoyé Monsieur X devant la Cour d'assises de la Dordogne sous l'accusation de viols sur mineure de quinze ans ;

Monsieur X forme un pourvoi en cassation estimant notamment « qu'il n'introduisait qu'une partie du gland dans le sexe de l'enfant ; que l'examen gynécologique de Céline démontre l'absence d'une défloration franche », que les attouchements sont restés superficiels et qu'il s'est borné à placer son sexe entre les lèvres de la vulve de la fillette, sans pénétration dans les parties génitales internes qu'il n'y a donc pas acte de pénétration sexuelle caractérisée et donc crime de viol.

La Cour de cassation rejette de surcroît le motif d'absence de contrainte en raison de la minorité de la victime (une mineure de moins de 15 ans n'est pas par principe consentante).

Réaction/Actualité

Caresser simplement le sexe féminin avec le gland n'est vulgairement parlant pas un acte de pénétration. Mais en l'espèce il y aurait quand même eu plus, à savoir introduction « d'une partie » du gland. La notion de pénétration sexuelle a été ainsi retenue même si elle n'a pas été complète puisqu'il n'y a pas eu de pénétration génitale interne profonde et l'hymen était intact (étant précisé qu'il peut y avoir viol sans que l'hymen ne se déchire). En l'espèce la minorité de la victime (moins de quinze ans) a aussi joué pour qualifier l'acte de viol de préférence à la qualification d'attentat à la pudeur ou d'agression sexuelle. Le viol est sanctionné plus sévèrement que d'autres agressions sexuelles. Il suppose l'existence d'un acte de pénétration vaginale, anale ou buccale de la victime (il a été considéré que tel a été le cas). Cet acte peut être réalisé aussi bien avec une partie du corps (sexe, doigt...) qu'avec un objet.

13 OCTOBRE 1982

Tribinual Correctionnel Châlons-sur-Marne : Absence de détournement de mineur de plus de 15 ans en dépit de relations sexuelles avec un majeur

Le 13 oct. 1982 le tribunal correctionnel de Châlons-sur-Marne a considéré qu'il n'y avait pas de détournement de mineur (ou même d'enlèvement) lors de la relation sexuelle de courte durée assouvie entre une fille de 17 ans et un jeune homme majeur de 18 ans.

L'attendu humoristique du tribunal mérité d'être relaté.

« Attendu qu'il appert des pièces de la procédure, des débats à l'audience et des déclarations de N. que Dlle D., lors âgée de 17 ans et demi, servait des boissons dans l'auberge dont la femme R. était la tenancière, lorsque, sur le minuit, arrivèrent quatre hommes et deux filles ;

que le sieur N., à l'époque âgé de 18 ans et 3 mois, qui était parmi ceux-ci, convia la mineure à la danse et, envisageant ses attraits, fit d'icelle prompte conquête ; qu'enhardi par l'absence de toute barrière que la jouvencelle eut pu dresser contre son entreprise et même conforté par l'accueil sans nuance qu'elle réservait au projet de son fier vainqueur, N. ne balança point à rechercher ses grâces secrètes et ses faveurs ultimes ; que Dlle D.les lui prodigua d'ailleurs sans différer aucunement ni les restreindre davantage ; que cependant, dame B., ci-devant Joséphine D., instruite dans le même temps de l'aventure et mue par le désir tardif de préserver sa fille d'une atteinte qu'elle croyait peut-être originelle, mais qui n'était que nouvelle, la mineure ayant en effet déclaré aux procès-verbaux qu'un tiers avait déjà bénéficié de ses suffrages trois mois auparavant, vint heurter à la porte du logis où s'étaient retranchés les amants, interrompant ceux-ci en leurs ébats avant même qu'ils en eussent atteint le sommet ;

Attendu que le sieur N. bien qu'il ne laissât point de confesser la connaissance entière qu'il avait de l'âge de la donzelle, fait néanmoins plaider aujourd'hui sa relaxe au motif pris de ce qu'il n'aurait pas eu la volonté durable de la soustraire à la parentale autorité ;

Attendu, en droit, que si le délit d'enlèvement ou de détournement de mineure est constitué nonobstant l'adhésion que la victime ait pu y mettre, pour ce qu'un mineur, en effet, ne peut point valablement consentir, encore faut-il qu'il existe chez son auteur un élément intentionnel consistant en la conscience d'une part, de soustraire ledit mineur des lieux où l'avaient placé ceux à l'autorité ou à la direction desquels il était soumis ou confié et, d'autre part, de l'en retirer d'une manière sinon définitive, en tout cas durable ;

Et attendu qu'en la cause, il n'est pas certain que le prévenu N. eût d'autres desseins que de satisfaire à une impétuosité momentanée devenue fugitive dès son assouvissement ; que dès lors, non seulement n'est établie à son encontre nulle intention de ne plus représenter la mineure, mais que, de surcroît, la preuve n'est pas rapportée que le détournement se fût prolongé au-delà du temps habituellement nécessaire à l'apaisement d'un désir d'autant plus vivement consumé qu'il était ardent ;

Attendu qu'il n'est donc point en l'espèce de rapt de séduction ;

Et considérant que le fait poursuivi ne saurait recevoir aucune qualification pénale ;

Par ces motifs, statuant publiquement, contradictoirement et en premier ressort, relaxe Stéphane N. des fins de la poursuite sans peine ni dépens ».

Réaction/Actualité

C'est sur le motif de détournement de mineur que des parents peuvent tenter de faire inculper l'adulte amant(e) de leur enfant âgée plus de quinze ans et de moins de dix-huit ans qui a eu des relations sexuelles (sauf certains cas notamment de subordination de l'enfant, etc.) avec l'adulte. Encore faut-il que le détournement se prolonge un certain temps !

Si un mineur de plus de quinze ans quitte le foyer parental contre la volonté de ses parents pour aller vivre avec la personne majeure avec laquelle il a une liaison, cette personne peut être inculpée pour détournement de mineur même si le mineur avait plus de 15 ans, car en matière de détournement de mineur la majorité n'est plus de 15 ans (âge de la majorité sexuelle), mais de 18 ans). Mais si la personne adulte majeure n'a que des relations sexuelles « le temps de satisfaire son impétuosité » elle ne peut être condamnée puisque la majorité sexuelle est à 15 ans et que le court laps de temps pour satisfaire une envie ne peut être qualifié de détournement de mineur. Tel fut le cas en l'espèce.

On peut se demander si de nos jours l'âge concernant le délit de détournement de mineur ne devrait pas être identique à l'âge de la majorité sexuelle soit 15 ans

14 OCTOBRE 2016

Publication de l'inter associative lesbienne, gay, bi et trans (Inter-LGBT) consacrée au changement d'état civil (CEC) des personnes trans et à la démédicalisation de la procédure de changement de sexe

L'Inter associative lesbienne, gay, bi et trans (Inter-LGBT), créée sous le nom de Lesbian & Gay Pride Île-de-France en 1999 a pour but de lutter contre les discriminations fondées sur les mœurs, l'orientation ou l'identité de genre, dans le cadre de la promotion des droits humains et des libertés fondamentales.

La déclaration est en substance la suivante : « Mercredi 12 octobre 2016, l'Assemblée nationale a adopté en dernière lecture le projet de loi de modernisation de la justice du XXIe siècle. Son article 18 quater est consacré au changement d'état civil (CEC) des personnes trans. Cette procédure est désormais démédicalisée pour les personnes majeures et mineures émancipées. La demande doit être présentée devant le tribunal de grande instance du lieu de résidence ou du lieu de naissance. La présence d'un-e avocat-e ne devrait pas être obligatoire, ce qui rendrait la procédure gratuite, et il est précisé que "le fait de ne pas avoir subi des traitements médicaux, une opération chirurgicale ou une stérilisation ne peut motiver le refus de faire droit à la demande". En clair, les personnes trans qui feront une demande de CEC devront prouver "qu'elle[s] se présente[nt] et [...] [sont] connue[s]" dans le sexe revendiqué par l'intermédiaire d'attestations d'ami-e-s, de proches, de toute personne qui pourra attester de cette réalité. Un certificat de psychiatre ne peut plus être exigé ».

Réaction/Actualité

On renvoie pour l'essentiel en ce qui concerne l'historique à la rubrique de fin d'ouvrage « Transsexualité Changement de sexe Changement d'état civil » sous laquelle apparaît un récapitulatif succinct de l'évolution législative et jurisprudentielle en matière de changement de sexe.

15 octobre 2009

Tribunal de grande instance de Rennes ordonnance de référé. : Rejet d'une demande d'admission en France d'insémination *post mortem*

Un homme est atteint d'un cancer. Il fait une demande d'autoconservation de sperme auprès du centre d'études et de conservation des œufs et du sperme (CECOS) pour une éventuelle fécondation *in vitro*. Après son décès, le Cecos refuse à son épouse la restitution des paillettes de sperme alors qu'elle désirait se faire inséminer dans un pays qui autorisait cette modalité. Le 15 octobre 2009, le tribunal de grande instance de Rennes déboute la veuve de sa requête. Selon le Code de la santé le décès d'un des deux membres interdit l'insémination ou le transfert d'embryon *post mortem* (insémination intra conjugale en cas de décès du conjoint ou insémination avec un tiers donneur). Ainsi le 13 octobre 2016, le lendemain du jugement rendu à Rennes, le tribunal administratif de Toulouse a refusé à une veuve le droit de conserver les gamètes de son mari. Plus précisément il a rejeté la requête faite au CHU de Toulouse de restitution, à des fins « de conservation » et non d'insémination, du sperme congelé de son mari, décédé en 2014 d'un cancer. Cette Française désirait conserver des paillets de sperme pour pouvoir profiter, le moment venu, d'une éventuelle modification de législation sur la PMA.

Il existe des exceptions jurisprudentielles à ce principe. Mais elles ne concernent à ce jour que le transfert de gamètes à l'étranger sous conditions et dans un pays qui n'interdit pas cette PMA *post mortem*.

Ainsi, le 31 mai 2016, le Conseil d'État a autorisé à la demande d'une veuve espagnole dont le mari était italien le transfert de sperme à l'étranger (exportation de gamètes *post mortem* dépose initialement au Cecos en France). S'appuyant sur l'article 8 de la Convention européenne des Droits de l'homme, le Conseil d'État a jugé qu'en raison de la « situation exceptionnelle » de la requérante, (qui avait perdu son mari et quelques jours après un enfant) le refus du transfert portait « une atteinte manifestement excessive au droit au respect de la vie privée et familiale» (voir RJPF 2016-7•8/38). Il est à préciser que la législation espagnole autorisait une telle insémination. Il convient de signaler qu'en acceptant le transfert des gamètes dans un pays autorisant la PMA, le Conseil d'État ne manquait pas de souligner que l'insémination post-mortem est toujours interdite en France.

– Le 12 octobre 2016 dans une affaire similaire le tribunal administratif de Rennes a donné ordre au CHU de la ville de transfert du sperme d'un homme décédé afin que sa veuve puisse recourir à une insémination dans un pays européen qui autorisait la PMA *post mortem*. Le tribunal a indiqué explicitement que «des circonstances exceptionnelles justifient qu'il soit enjoint au centre hospitalier régional universitaire (CHU) de Rennes de prendre toutes les mesures utiles afin de permettre l'exportation, dans un établissement européen acceptant de procéder à une insémination post-mortem, des gamètes de l'époux décédé».

Réaction/Actualité

À la lecture de la jurisprudence citée on constate que si le tribunal administratif considère que l'insémination *post mortem* et l'exportation de gamètes sont toujours interdites en France le Conseil d'État a admis en revanche le transfert des gamètes à l'étranger dans des pays qui ne l'interdisaient pas. Il n'est pas impossible que la France modifie sa législation en matière d'insémination *post mortem* comme elle semble vouloir le faire en matière de PMA suite à la révision de lois bioéthiques.

16 OCTOBRE 2013

Cour d'Assises du Val-de-Marne : Condamnation d'un homme pour Viol et violence envers sa femme (viol entre époux)

Un homme alcoolique a été condamné à cinq ans de prison dont trois ans de prison ferme par la Cour d'assises du Val-de-Marne pour avoir violé et violenté son épouse entre le 6 et 7 décembre 2010. La Cour a assorti cette condamnation de l'inscription de l'accusé au fichier des auteurs de violences sexuelles. L'avocate générale avait demandé entre huit et dix années d'emprisonnement. Pourtant, selon l'époux, leurs relations sexuelles le soir des faits étaient consenties.

Réaction/Actualité

La sanction paraît lourde. Mais ce procès a été emblématique du viol entre époux. L'appui de l'avocate de l'association Ni putes ni soumises est à souligner. Si cette affaire concerne certes un viol conjugal, ce qui a généré sa médiatisation, ce viol conjugal a été précédé de violences. On peut se demander si sans ces dernières violences le viol conjugal difficile à prouver aurait été retenu en dépit d'une législation (peu) antérieure aux faits en date du 9 juillet 2010 qui a supprimé la présomption de consentement au rapport sexuel.

Il convient enfin de rappeler que le viol conjugal ou entre conjoints, concubins ou pacsés est une circonstance aggravante du viol ce qui justifie l'aggravation de la peine (20 ans de prison et non 15 ans).

Le viol conjugal mérite réflexion. La démonstration d'un tel viol est délicate et les plaintes sont rares. Si par ailleurs de nombreuses femmes cèdent à la demande pressante de leur conjoint consentent-elles vraiment ? S'agit-il alors d'un viol par contrainte morale alors qu'il existe comme cité dans l'ouvrage une obligation au devoir conjugal des époux ?

17 octobre 2007

Cour de cassation, 1re chambre civile, 17 oct. 2007, (n° 06-11.887, D. 2007. AJ. 2811) : Rejet d'autorisation du mariage posthume faute de formalités appréciées « souverainement » par la présidence de la République démontrant la volonté du défunt de se marier

Une demande du conjoint survivant avait été faite auprès des services de la présidence de la République afin d'autoriser un mariage posthume. Le président de la République avait déclaré la demande du survivant irrecevable. L'argumentation de la présidence se référait à la proposition de rejet de la requête émanant de la Chancellerie. La demanderesse qui estimait que des formalités démontraient le consentement de l'époux au mariage avant son décès sollicitait l'annulation de la décision de refus du président de la République faute de motivation.

La Cour de cassation rejeta la demande en rappelant que le chef de l'État apprécie souverainement si ces formalités traduisent la volonté du défunt de se marier et qu'en l'espèce il n'existait aucun document fourni marquant véritablement la volonté du défunt.

Réaction

Il existe en la matière une forme de monopole de la présidence la République. Elle tient à l'histoire et au fait que le mariage posthume était initialement destiné selon les services de la présidence de la République à des situations très exceptionnelle (conflits armés, catastrophes). Puis petit à petit des demandes pour des situations plus ordinaires ont été formulées.

Il convient de signaler que les effets du mariage posthume ont pour point de départ la date du jour précédent le décès (afin de ménager les apparences d'un échange des consentements et éviter les conflits entre le survivant et sa belle-famille). Ce particularisme a des effets concrets. La conjointe survivante épouse posthume est de la sorte recevable au capital d'une assurance décès, mais non les enfants (Civ. 1re, 22 mai 2007, n° 05-18.582, AJ fam. 2007. 398, obs. F. Chénedé ; RTD civ. 2007. 756, obs. J. Hauser) ou à une indemnisation du préjudice moral résultant du décès (2emem civ. 8 janv. 2009, BICC n° 702 du 15 mai 2009).

18 OCTOBRE 1994

Cour de cassation chambre civile n° pourvoi 93-10730. Arret de cassation (de la cour d'appel de Douai du 26 octobre 1992) : Transsexuel. Changement d'état civil autorisé suite à traitement hormonal, traitements chirurgicaux divers et statut général conforme au sexe masculin demandé

Mme Françoise X., née le 14 juillet 1952 a été déclarée sur le registre de l'état civil comme étant du sexe féminin. S'étant depuis l'enfance considérée comme un garçon, elle s'est soumise, en 1978, à un traitement hormonal et a subi de 1986 à 1988, des opérations, dont une mammectomie et une hystérectomie, lui donnant une morphologie proche de la morphologie masculine ;

À la suite de ces interventions chirurgicales, elle a saisi le tribunal de grande instance de demandes tendant à remplacer la mention « sexe féminin » figurant sur l'acte d'état civil (acte de naissance) par celle de « sexe masculin » ainsi qu'à changer ses prénoms.

Le tribunal a accueilli ces prétentions et dit que l'intéressée se prénommerait désormais Claude, Clovis, Alfred ;

L'affaire a été portée devant la cour d'appel de Douai. L'arrêt attaqué a infirmé cette décision, sauf en ce qui concerne l'attribution du prénom de « Claude », aux motifs notamment, que l'état de « transsexualisme diagnostiqué par les médecins et le comportement masculin de l'intéressée ne suffisaient pas pour faire reconnaître un changement de sexe que la loi ne prévoit pas » ;

La Cour de cassation a cassé l'arrêt rendu le 26 octobre 1992 par la cour d'appel de Douai estimant que « tous les caractères du transsexualisme étaient établis », « que le traitement médico-chirurgical auquel elle avait été soumise lui avait donné un aspect physique nettement masculin » que « le statut social de l'intéressée était conforme au sexe dont elle avait pris possession ».

In fine la Cour de cassation a ordonné le changement de l'acte d'état civil.

Réaction/Actualité

Cet arrêt inédit mérite d'être souligné. Quelques années auparavant la Cour de cassation refusait le principe même de la mention de changement de sexe à l'état civil en se fondant sur le principe de l'indisponibilité du corps humain. Dans une décision du 30 mai 1991 la France sur ce point avait été condamnée par la CEDH par décision du 25 mars 1992. Ce n'est qu'à la date du 11 décembre 1992 que la Cour de cassation a admis pour la première fois le principe d'un changement de sexe à l'état civil pour un transsexuel et a fait primer le principe du respect la vie privée sur celui de l'indisponibilité du corps humain. L'importance de la jurisprudence de la CEDH mais aussi de la Cour de cassation faute de loi précise à cette époque a été en la matière considérable.

La jurisprudence ultérieure n'a pas toujours suivi le libéralisme de cet arrêt de la Cour de cassation. Des revirements ont eu lieu.

Depuis la loi votée en seconde lecture le 12 juillet 2016 à l'Assemblée nationale (votée en dernière lecture le 12 octobre) et promulguée le 18 novembre 2016 (« Loi sur le projet de modernisation de la justice au XXIe siècle ») la procédure de changement de sexe incorporée dans ce dernier texte a été démédicalisée et simplifiée.

19 OCTOBRE 2011

Cour de cassation chambre sociale n° 09-72.672 : Harcèlement sexuel (justifiant un licenciement) en dépit de propos tenus hors du lieu et du temps de travail

Le responsable d'une équipe est licencié pour harcèlement sexuel de subordonnés. Il conteste dans la mesure où les faits qui lui sont reprochés ont pour l'essentiel été commis en dehors du lieu de travail et du temps de travail, de sorte qu'ils relevaient de sa vie personnelle et privée.

L'affaire est portée en justice.

La cour d'appel constate que le salarié avait tenu des propos à caractère sexuel à deux de ses collègues féminines lors de l'envoi de messages électroniques hors du temps et du lieu de travail, par messagerie privée ou lors de soirées organisées après le travail. Elle relève également que le salarié avait, sur son lieu de travail, fait des réflexions déplacées à une autre salariée sur son physique et suivi une troisième dans les toilettes. Mais elle estime que les premiers faits relèvent de la vie personnelle du salarié et ne peuvent constituer une faute dans l'exécution du contrat de travail et considèrent que les seconds ne suffisent pas à caractériser des agissements de harcèlement sexuel ;

La Cour de cassation casse l'arrêt au motif qui suit : « Les propos à caractère sexuel et les attitudes déplacées d'un salarié à l'égard de personnes avec lesquelles il est en contact en raison de son travail ne relèvent pas de sa vie personnelle, mais sont constitutifs de harcèlement sexuel, peu importe que ces agissements soient intervenus hors du temps et du lieu de travail ».

Réaction/Actualité

La position de la cour d'appel pouvait être comprise dans la mesure où il avait déjà été jugé que le harcèlement sexuel ne concernait que la relation de travail et ne s'étendait pas à la sphère privée (Cass. soc. 30 nov. 2005, n° 04-13.877). Pour autant la Cour de cassation qui élargit la notion de sphère professionnelle n'innove pas. Elle avait déjà qualifié de harcèlement sexuel des agissements qui avaient eu lieu en dehors de l'entreprise. En l'espèce un responsable avait emmené à son domicile une salariée en lui faisant des avances de nature sexuelle puis l'avait fréquemment appelée par téléphone (Cass. soc. 28 sept. 2008, n° 06-46.517).

En conséquence, il convient de retenir que des propos ou messages même tenus en dehors des heures de travail ou de l'enceinte de l'entreprise comme divers autres actes peuvent être considérés comme s'ils avaient été émis dans le cadre professionnel et qualifiés de harcèlements selon le Code du travail. L'employeur peut à juste titre licencier de ce fait le salarié coupable.

20 OCTOBRE 2016

La Musardine en date du 20 octobre 2016 édite l'ouvrage de Marc Lemonier *Liberté Égalité Sexualité – Révolutions sexuelles en France 1954-1986*

La Musardine éditeur de référence en matière d'érotisme édite aussi des essais universitaires (de Michel Onfray, Marcela Jacub, etc.) ou pamphlétaires (ex : *L'Attrape-corps*).

Le 20 octobre 2016 l'éditeur publie *Liberté Égalité Sexualité – Révolutions sexuelles en France 1954-1986*. Marc Lemonier l'auteur (journaliste et écrivain) explore les événements de 30 ans de combats et de libération sexuelle. On doit observer que l'évolution des mœurs est toujours en dents de scie. S'il règne aujourd'hui une grande liberté en matière sexuelle (hors prostitution) certains livres toutefois auraient des difficultés à être publiés actuellement (*infra*).

Réaction/Actualité

Parmi les principaux ouvrages recensés dans *Liberté Égalité Sexualité – Révolutions sexuelles en France 1954-1986* on peut citer :

– 1954 : Parution d'*Histoire d'O*, roman érotique de Pauline Réage. Ce récit est celui d'une « esclave consentante ». L'éditeur Paulhan tente de faire publier le livre par Gallimard mais, après un refus du comité de lecture, décide de s'en charger lui-même. L'auteure est une femme, Pauline Réage, dont l'identité est masquée jusqu'en 1994. On imaginait avant cette date qu'il s'agissait d'un homme. Parmi les noms qui étaient avancés Henry de Montherlant, Alain Robbe-Grillet ou Jean Paulhan.

– 1966 : Traduction par Boris Fraenkel des œuvres de Wilhelm Reich

Wilhelm Reich a écrit notamment *Irruption de la morale sexuelle*. Ses livres et écrits, publiés dans l'Allemagne des années 1930, lui vaudront la colère et les autodafés des nazis. Exilé aux États-Unis, il meurt en 1957. En 1966, époque de la libération sexuelle et du mouvement hippie, la traduction des œuvres de Wilhelm Reich tombe à pic : « Si l'instinct sexuel n'est pas satisfait, la pulsion destructrice augmente » écrit-il en

1932 dans *La Lutte sexuelle des jeunes*, publié par François Maspero en 1972.

– 1973 : Parution du premier volume de *l'Encyclopédie de la vie sexuelle* (Hachette)

Marc Lemonier affirme que cet ouvrage était à l'origine destiné aux enfants de 7 à 9 ans afin de mieux connaître le corps et la sexualité. De nos jours un tel ouvrage aurait sans doute été interdit, car si l'érotisme et surtout la pornographie sont d'accès libres pour les adultes la protection des enfants en revanche est considérablement accrue en la matière.

21 OCTOBRE 1998

Cour de cassation chambre criminelle : Une fellation pratiquée par la belle-mère sur un jeune garçon mineur de 14 ans n'est pas un viol faute d'acte de pénétration par l'organe sexuel

La chambre criminelle de la Cour de cassation en date du 21 octobre 1998 (BN° 274, p. 787) a considéré qu'une belle-mère qui avait pratiqué une fellation sur un jeune garçon de 14 ans ne l'avait pas violé, car cette fellation subie par l'adolescent ne donnait pas lieu à un acte de pénétration par l'organe sexuel. La sanction fut donc celle d'agression sexuelle et non de viol moins sévèrement puni.

Selon la Cour de cassation « le viol n'est caractérisé que si l'auteur impose et réalise un acte de pénétration sexuelle (de son organe) sur la personne de la victime. La fellation imposée et pratiquée par l'agresseur sur la victime (je te suce !) n'est pas un viol ».

Réaction/Actualité

L'arrêt du 21 oct. 1998 est souvent cité pour illustrer que le crime de viol n'est caractérisé que si l'auteur réalise l'acte de pénétration sexuelle sur la personne de la victime (Cass. crim., 21 oct. 1998 Bull. crim. n° 274). En réalité le 22 févr. 1984 la Cour de cassation avait déjà jugé qu'il était nécessaire de distinguer selon qu'il y avait eu ou non acte de pénétration par l'organe de l'agresseur. Le 22 août 2001 quelques années après cet arrêt la Cour de cassation maintenait cette jurisprudence et tel est encore le cas.

22 octobre 1981

CEDH Dudgeon c. Royaume-Uni : les lois britanniques érigeant certaines pratiques homosexuelles en infraction sont jugées contraires à l'article 8 de la Convention des Droits de l'homme protégeant le respect de la vie privée des individus. La Cour affirme ainsi la liberté de la pratique et de l'orientation sexuelle

La Cour européenne des Droits de l'homme dans le cadre de l'arrêt Dudgeon juge contraire au droit au respect de la vie privée les lois britanniques érigeant certaines pratiques homosexuelles en infractions (et notamment la pratique de *bugey* (sodomie). Les pratiques visées étaient la *buggery* (sodomie entre hommes) et les actes de *gross indecency* (indécence grave) telles les pratiques mutuelles de masturbation entre hommes. Elle condamne donc le Royaume-Uni.

Réaction/Actualité

Lorsque cet arrêt a été rendu, la France aurait également pu être condamnée pour les atteintes portées à la liberté de l'orientation sexuelle. Bien qu'une première dépénalisation partielle de l'homosexualité ait eu lieu le 25 septembre 1791, (date du 1er Code pénal adopté par l'Assemblée législative) la dépénalisation totale n'a eu lieu que le 4 août 1982 (dépénalisation de relations homosexuelles avec un mineur âgé de 15 à 18 ans).

Dans plusieurs pays, l'homosexualité est toujours condamnée. Le 18 juillet 2016 en Iran, Hassan Afshar, âgé de 17 ans, a été exécuté pour avoir eu des relations sexuelles avec un autre homme.

23 octobre 2008

Cour d'appel de Lyon, 2e chambre civile : Un transsexuel étranger algérien vivant en France de sexe masculin peut se prévaloir en France à l'état civil d'un sexe féminin

La cour d'appel de Lyon le 23 octobre 2008 a considéré qu'un transsexuel vivant en France de nationalité algérienne de sexe masculin peut se prévaloir en France à l'état civil d'un prénom de sexe féminin. Ce qui ne serait pas possible en Algérie est possible en France.

En revanche, cette même juridiction n'a pas la possibilité d'imposer au service de l'état civil d'un état étranger de faire opérer une mention rectificative sur l'acte d'état civil étranger.

Réaction/Actualité

L'article 14 de la CEDH qui vise à lutter contre les discriminations considère qu'il est de la compétence d'un tribunal français de disposer qu'une personne de nationalité étrangère puisse être désignée, en France, sous le sexe féminin alors qu'elle est née de sexe masculin.

24 OCTOBRE 2016

Cour d'appel de Montpellier : En l'absence d'abolition de ses facultés mentales, un avocat honoraire (devenu magistrat) qui a publié sur un site Internet ouvert au public des photos de son sexe en érection, a commis des manquements graves aux obligations de sa charge qui justifient la mesure de retrait de l'honorariat

Le 24 octobre 2016 la cour d'appel de Montpellier 1re Chambre (audience solennelle) par un arrêt en date du 24 octobre 2016 (numéro d'inscription au répertoire général : 16/05233 jonction avec le numéro RG 16/05463) a considéré qu'en l'absence d'abolition de ses facultés mentales, un avocat honoraire (et donc retraité) qui a publié sur un site Internet ouvert au public des photos de son sexe en érection a commis des manquements graves aux obligations de sa charge qui justifient la mesure de retrait de l'honorariat prévue au 4° de l'article 184 du décret du 27 novembre 1991.

Il est précisé qu'à l'époque des faits Monsieur X avocat honoraire (ayant exercé pendant 25 ans) était alors devenu magistrat stagiaire. Il avait été admis par la suite à cesser ses fonctions en raison de son attitude répréhensible. Il avait sollicité à nouveau son inscription au barreau de l'Ordre des avocats des Pyrénées-Orientales le 29 juillet 2015, mais cette demande avait été rejetée par décision en date du 1er octobre 2015.

Un des attendus importants de la cour d'appel de Montpellier en date du 24 octobre 2016 est le suivant : « Que si Monsieur X. présentait un état psychologique fragile au moment des faits, il n'en demeure pas moins que ces facultés mentales n'étaient pas abolies; qu'il ne saurait soutenir l'absence de toute responsabilité en la matière».

C'est en vain qu'il a été soutenu que le site sur lequel la photo a été publiée est un site privé difficile d'accès sans mot de passe. «La cour constate, comme cela résulte du rapport de l'avocat commis par le conseil, que le site EYEEM, utilisé par Monsieur X., est disponible sur toutes les plates-formes mobiles du marché; que s'il s'agit d'un réseau nécessitant une inscription, celle-ci est possible à toute personne qui peut ensuite s'abonner aux groupes de son choix; qu'ainsi et contrairement à ce que soutient Monsieur X., il s'agit bien d'un site public».

Réaction/Actualité

Il convient de préciser que l'arrêt de la cour d'appel infirme la décision rendue par la formation disciplinaire des avocats des Pyrénées-Orientales en formation plénière en date du 10 juin 2016 qui avait relaxé Monsieur X. des faits de la poursuite. Devant cette formation l'avocat avait alors soutenu l'abolition des facultés mentales.

Dans cette affaire la cour d'appel n'a pas retenu l'abolition des facultés mentales. La sanction de retrait de l'honorariat à l'encontre de Monsieur X. a été prononcée.

25 octobre 2016

La cour d'appel de Paris, en date du 25 octobre 2013, RG n° 12/22521 considère qu'une action en concurrence déloyale peut être intentée par une entreprise vendant des *sex toys* (vibromasseur contrôlé à distance) du fait de l'imitation du produit bien que ce dernier n'ait pas été déposé en tant que marque ou en l'absence de brevet

Un *sex toy* sous forme d'œuf vibrant commercialisé par une société LP a été reproduit et commercialisé quasi à l'identique par une société concurrente C. Bien qu'aucun dépôt de marque ou brevet n'ait été réalisé, la société LP du fait de l'imitation trompeuse a intenté une action en concurrence déloyale. Selon les attendus «cette reproduction des éléments caractéristiques du produit de la société Lovely Planet ont généré des confusions dans l'esprit des professionnels revendeurs». La société demanderesse LP a obtenu gain de cause.

Réaction/Actualité

La concurrence fait rage même ou surtout en matière d'objets érotiques (la Chine imite fréquemment). Ce n'est pas l'entreprise Marc Dorcel, spécialiste connu sur ce marché, obligé sans cesse de diversifier ses produits, qui démentira. À défaut de brevet ou de marque déposée, il est possible de se protéger contre le parasitisme par le biais d'une action en concurrence déloyale. Tel fut le cas dans l'arrêt cité. Il est naturellement plus intéressant (mais plus coûteux) de déposer initialement une marque ou un brevet afin de bénéficier des droits de la propriété littéraire et artistique notamment lorsque l'exploitation prévue est très large et qu'il existe un grand risque de parasitisme. Tel ne fut pas le cas, mais la société put prouver l'importance de la concurrence parasitaire.

Ce qui est vrai pour les objets érotiques œufs vibrants, menottes, fouets (ou non érotiques) s'applique aussi aux livres. L'éditeur (Lattès) du livre *Cinquante nuances de Grey* procéda à un dépôt de marque en raison de nombreux ouvrages parus par la suite chez d'autres éditeurs au titre quasi identique ou similaire (ex: 49 nuances ou 50 nuances de luxure).

26 OCTOBRE 2012

Loi votée à l'Assemblée nationale visant le remboursement à 100 % des IVG par l'Assurance maladie

L'Assemblée nationale a adopté le 26 octobre 2012, dans le cadre de la loi de financement de la Sécurité sociale qui entre en vigueur en 2013, deux nouvelles mesures: le remboursement à 100 %des IVG par l'Assurance maladie pour toutes les femmes, ainsi que la gratuité de tous les moyens contraceptifs pour les jeunes filles de 15 à 18 ans.

Réaction/Actualité

De nos jours l'interruption volontaire de grossesse (IVG) est accessible à toute femme, mineure ou majeure. L'Assurance maladie prend en charge L'IVG à condition d'être effectuée par un médecin, dans des délais précis. Le délai légal pour interrompre une grossesse est limité à la fin de la douzième semaine de grossesse.

Les jeunes filles mineures de plus de 15 ans peuvent obtenir gratuitement et de façon anonyme la pilule contraceptive, se faire poser un implant ou un stérilet. Les consultations et examens nécessaires sont également pris en charge.

27 OCTOBRE 2010

Cour de cassation : Condamnation du mari pour agressions sexuelles suite à des pratiques sadomasochistes non librement consenties

La Cour de cassation en date du 27 octobre 2010 n° 10-81.395 confirme la décision de la cour d'appel de Douai du 6 janvier 2010 qui a condamné un mari à 5 ans d'emprisonnement pour violences et agressions sexuelles suite à des pratiques sadomasochistes non véritablement consenties.

En l'espèce le silence d'une épouse à des relations sadomasochistes a été considéré comme ne valant pas acceptation. Plus généralement l'absence de contestation à ces pratiques ne signifie pas nécessairement qu'elles sont librement consenties. Le consentement même donné par la victime est écarté en l'absence de volonté réelle au supplice subi.

Le résumé expectatif des faits qui résulte des attendus (ci-dessous résumé) est le suivant :

«Attendu que Mme X... a indiqué que parfois elle avait envie d'un rapport sexuel et que les rapports étaient uniquement faits de violence et de domination et excluaient toute tendresse ; qu'elle reconnaissait avoir utilisé un certain nombre de gadgets sexuels afin que son époux connaisse les préliminaires qu'il refusait de lui pratiquer ou qu'il pratiquait exclusivement sur le mode de la violence ; que Mme X, tout en dénonçant des pratiques sexuelles violentes par leur nature, a spécifié que ces rapports étaient imposés, car elle ne pouvait, par sa situation de femme battue, les refuser sous peine d'être de nouveau frappée ; que c'est donc soumise qu'elle se pliait aux exigences de son mari puisqu'elle a expliqué que lorsqu'elle tentait de s'opposer à ces relations, M. X la menaçait de la frapper ou la frappait ; que son consentement ne pouvait donc être libre puisque c'est en réalité sous la violence, la menace ou la contrainte qu'elle s'y pliait ; que les faits reprochés à M. X s'analysent en agressions sexuelles et agressions sexuelles par conjoint et sont établis tant par les déclarations des enfants que par celles de la victime, des témoins et de M. X qui connaît qu'il a frappé son épouse, qu'elle ne disait rien, ce qui lui permettait d'assouvir en permanence ses fantasmes sexuels quotidiens et qu'il lui imposait des rencontres dans des clubs échangistes alors qu'il savait qu'elle n'était pas d'accord ».

Réaction/Actualité

Les pratiques sadomasochistes non consenties ou non clairement consenties ou consenties sous la contrainte morale (la peur) ont été constitutives de circonstances aggravantes par la jurisprudence. Ainsi un jeu de shibari qui a mal tourné a pu être qualifié d'homicide involontaire, un autre de meurtre par strangulation (Cass. crim. 26 févr. 1990), une troisième de pratique de viol avec torture (Cass. crim. 22 févr. 2011). Il a enfin été considéré qu'en dépit d'une sorte d'accord apparent la contrainte morale résultant de la peur ne permet pas de retenir le consentement (en ce sens Cass. crim. 8 avril 2010).

Dans cette affaire ce ne sont pas tant les pratiques sadomasochistes qui sont en cause que l'absence de libre consentement et en réalité la contrainte.

Il convient de noter enfin que les faits ont eu lieu avant 2010 et que les poursuites du mari n'ont pas eu lieu pour « viol » ce qui aurait pu être possible de nos jours. Sur ce dernier point, il faut rappeler que c'est à l'époque même de l'arrêt de la Cour de cassation en 2010 qu'en cas de viol entre époux la référence à la présomption de consentement a disparu (loi n° 2010-769 du 9 juillet 2010 relative aux violences faites spécifiquement aux femmes, aux violences au sein des couples). L'existence de relations antérieures entre l'auteur du viol et la victime constitue une circonstance aggravante (loi 4 avril 2006, article 222-24, 4 du Code pénal) qui permet de punir encore plus sévèrement l'auteur. Ainsi, alors que la peine maximale encourue pour un viol est de 15 ans, le (mari) violeur peut encourir jusqu'à 20 ans.

28 OCTOBRE 2011

Circulaire : La mention (définitive) sexe « neutre » ou indéterminé d'un nouveau-né rejeté par la circulaire du 28 octobre 2011

Une circulaire du 28 octobre 2011 considère que « lorsque le sexe d'un nouveau-né est incertain, il convient d'éviter de porter l'indication de "sexe indéterminé" dans son acte de naissance ». Les parents doivent se renseigner auprès de leur médecin pour savoir quel est le sexe qui apparaît le plus probable compte tenu, le cas échéant, des résultats prévisibles d'un traitement médical.

Il convient de préciser toutefois que l'admission d'un sexe quasi « sexe neutre » à titre provisoire peut être possible. Le paragraphe 55 de la circulaire de 2011 indique que si, dans certains cas exceptionnels, le sexe d'un enfant intersexué ne peut être déterminé avec précision à la naissance il est possible, à certaines conditions, de ne pas le rattacher au sexe masculin ou féminin à titre provisoire avec l'accord du procureur de la République. Le législateur n'envisage pas l'hypothèse où le sexe de l'intéressé ne peut être déterminé avec précision à titre définitif.

Réaction/Actualité

La question des intersexués, du sexe neutre ou du sexe indéterminé a été traitée à diverses reprises et figure dans la rubrique « Thème Transsexualité Changement de sexe neutre ». Pourquoi, disent les associations, là où la nature n'est pas binaire le droit le serait ! Des avancées proches sont possibles sous la pression d'associations bien que la décision de reconnaissance du tribunal de Tours du 20 août 2015 ait été infirmée par la cour d'appel d'Orléans le 22 mars 2016 et récemment par la Cour de cassation (4 mai 2017). Un jour viendra où la mention sexe indéterminé ou neutre sera sans doute admise comme tel est le cas dans certains pays tel l'Australie dans d'autres pays (voir propos 6 août 2017).

28 octobre 2009 (bis)

Cour d'appel de Nancy : Harcèlement sexuel. Nécessité de « divers » témoignages

La cour d'appel de Nancy en date du 28 octobre 2009 a considéré que : la victime de harcèlement sexuel doit « corroborer ses allégations par des témoignages », « Une unique attestation, qui n'est corroborée par aucune autre pièce, témoignage ou certificat médical, ne permet pas de caractériser un éventuel comportement de harcèlement sexuel, voire moral ».

Réaction/Actualité

De nos jours et notamment selon la loi El Khomri en date du 8 août 2016 le régime probatoire du harcèlement est grandement modifié et facilité pour la victime. Mais les témoignages sur les faits susceptibles d'être considérés comme du harcèlement sont importants. La pratique enseigne que celui ou celle qui l'emporte n'est pas nécessairement celui ou celle qui a raison ou dit la vérité, mais celui ou celle qui a su ou pu se constituer des témoignages (et qui grâce à son conseil possède un dossier solide dans la présentation de la situation).

29 OCTOBRE 2015

Cour d'appel de Paris : Relaxe des Femen. Absence de preuve concernant la dégradation de la Cloche de Notre-Dame

Les Femen sont des militantes féministes. « Elles en ont contre les dieux » et ont investi Notre-Dame. Faute d'éléments suffisants pour imputer aux Femen les dégradations sur la dorure de la cloche Marcel en février 2013, le tribunal correctionnel de Paris les avait relaxées. Le parquet avait fait appel. La cour d'appel de Paris le 29 octobre 2015 a relaxé en appel faute de preuve spécifique les Femen poursuivies pour dégradation de la cloche de Notre-Dame.

Réaction/Actualité

Les Femen ne se sont donc pas fait « sonner les cloches » ! Il n'en est pas de même des surveillants qui en les repoussant ont été brutaux et ont été condamnés.

29 OCTOBRE 2004 (BIS)

Cour de cassation assemblée plénière : Validité d'une libéralité d'un homme marié à sa jeune maîtresse

L'assemblée plénière de la Cour de cassation le 29 oct. 2004 a validé la donation d'un homme marié âgé de 91 ans pour maintenir une relation adultère avec sa très jeune maîtresse de 30 ans en dépit de la contestation de son épouse.

Réaction/Actualité

Cette jurisprudence n'a pas évolué et la solution est d'actualité. Les bonnes mœurs s'envolent. Le droit judéo-chrétien s'estompe. Le mariage tend à ne plus être une institution. On se souvient que précédemment une telle convention avait été annulée. Une telle décision est en contradiction avec la loi pénalisant le client de la prostituée. Maîtresse ou prostituée ? Deux poids deux mesures ?

30 OCTOBRE 1956

Cour de cassation : Des directeurs de journaux condamnés pour proxénétisme du fait d'annonces prostitutionnelles

La chambre criminelle de la Cour de cassation le 30 octobre 1956 (D57 p. 147) a considéré que le directeur d'un journal pourrait être poursuivi pour proxénétisme en cas d'annonces prostitutionnelles dans son journal.

Réaction/Actualité

Il fut une époque où DSK (potentiel président de la République) fut vilipendé à la télévision par des directeurs de journaux qui ne manquaient pas de lui reprocher son attitude proche du proxénétisme dans l'affaire du Carlton. DSK fut blanchi. Mais que de directeurs de journaux proxénètes alors à cette même époque !

30 OCTOBRE 1975 (BIS)

Introduction du classement X au cinéma

Le classement X a été introduit par le décret du 30 octobre 1975 puis par les articles 11 et 12 de la loi du 30 décembre 1975 (loi de finances pour 1975). L'introduction du classement X au cinéma a eu pour effet d'imposer plus lourdement les films X. Ces derniers ne peuvent par ailleurs bénéficier de subventions publiques. La disparation des salles cinémas pornographiques (scènes sexuelles explicites sans intention autre) peut ainsi s'expliquer.

Réaction/Actualité

En sus de la pénalisation rappelée ci-dessus Internet même a porté un coup terrible aux films X du fait de vidéos gratuites rarement artistiques. Nous sommes loin de l'époque où un ministre de la culture voulait donner quelques lettres de noblesse à certains films X.

30 OCTOBRE 2000 (TER)

Décision de la Cour de justice de l'Union européenne (CJUE) relative à la liberté d'exercice de la prostitution en tant que service indépendant

La Cour de justice de l'Union européenne (dans l'affaire ATC c. Royaume-Uni) en date du 30 octobre 2000 considère que l'activité de prostitution exercée en tant qu'activité indépendante peut être considérée comme un service fourni contre rémunération qui relève des notions d'activité économique indépendante ou non-salariée. En d'autres termes la prostitution est reconnue comme un commerce ou un métier.

Réaction/Actualité

La loi française ne reconnaît pas en principe de droits à la prostituée concernant l'exercice de son activité qui est pourtant licite. La prostitution n'est pas en France un métier. Les formulaires administratifs ne la mentionnent nullement. L'hypocrisie ou l'incohérence dominent en la matière. La personne prostituée en paie le prix. Elle ne peut faire valoir de droits propres à son commerce. Elle est plus ou moins esclave. Pour libérer les esclaves des droits leur ont été accordés. Libérons de la même manière les prostituées de cet esclavagisme de l'État ou interdisons alors la prostitution !

31 OCTOBRE 2012

Journal *Le Parisien.* Mort du Roi René le 31 octobre 2012

Selon le journal *Le Parisien* du 31 oct. 2012 le célèbre club libertin le Roi René, qui a accueilli pendant plus de soixante ans des personnalités du show-business et de la politique à Ville-d'Avray, a fermé ses portes. Il pourrait renaître.

Réaction/Actualité

L'ouverture d'une filiale au nom de la reine Margot célèbre pour sa personnalité et ses frasques amoureuses pourrait être suggérée. Rappelons que ces clubs libertins sont licites bien que sous surveillance policière de crainte d'un phénomène prostitutionnel ce qui conduirait le gérant ou la gérante à être qualifié en France de proxénète.

Novembre

- **1er novembre 2016** – Ou « 2 jours après le décret relatif au parcours de sortie de la prostitution » en date du 28 octobre 2016.
- **2 novembre 2015** – Une ONG israélienne *Aguda* (groupe de travail national LGBT) saisit la Cour suprême d'Israël dimanche afin de permettre le mariage entre les personnes de même sexe dans le pays (*https://www.i24news.tv/*.../israel/.../91142-151102).
- **3 novembre 2011** – CEDH, affaire S. H. et autres c. Autriche : La CEDH ne condamne pas l'interdiction de certaines méthodes de procréation médicalement assistée en Autriche tel le recours aux dons de sperme ou d'ovules en vue d'une fécondation *in vitro*.
- **4 novembre 2016** – Arrêté (*JORF* n° 0272 du 23 novembre 2016) relatif à l'agrément des associations participant à l'élaboration et à la mise en œuvre du parcours de sortie de la prostitution et d'insertion sociale et professionnelle suite à la loi du 13 avril 2016.
- **5 novembre 1793** – Exécution d'Olympe de Gouges, auteure de la Déclaration des Droits de la femme et de la citoyenne de 1791.
- **6 novembre 2003** – Cour d'appel de Paris : Incrimination en cas de recours à la prostitution de mineurs et modalités d'appréciation souveraine par les juges du fond de l'âge d'une prostituée (C.A. Paris, 06 novembre 2003).
- **7 novembre 1973** – Cour de cassation, chambre criminelle, audience publique du mercredi 7 novembre 1973, n° de pourvoi 72-93394 : Absence de délit de proxénétisme du fait

d'une participation directe et active à l'activité de débauche prostitutionnelle d'une autre prostituée.

- **8 novembre 2005** – Cour de cassation: Dénonciation calomnieuse. En application de l'article 226-10 du Code pénal, la dénonciation calomnieuse (en l'espèce d'une agression sexuelle) n'est caractérisée que si elle est spontanée (notamment prise sur initiative personnelle).
- **9 novembre 1999** – Conseil constitutionnel: La vie commune inhérente au Pacs supposerait une obligation de fidélité (selon du moins cette décision).
- **10 novembre 2011** – Loi argentine démédicalisant et déjudiciarisant la procédure de changement de sexe.
- **11 novembre 2016** – Projet de dépénalisation du Parlement turc concernant les agressions sexuelles sur mineur commises avant le 11 novembre 2016.
- **12 novembre 1923** – Attestation médicale du médecin de la prison de Landsberg, le docteur Josef Brinsteiner, relatant l'anomalie anatomique d'Hitler, « cryptorchidie du côté droit » due à l'absence d'un des deux testicules dans le scrotum.
- **13 novembre 2015** – Journal *Libération,* chronique « De la misère sexuelle des islamistes » de Marcella Lacub.
- **14 novembre 1990** – Cour de cassation, chambre criminelle: Absence du délit de corruption faute d'incitation à la débauche du mineur, qui doit être le but poursuivi par la personne mise en cause. La recherche du seul rapport sexuel exclut la corruption de mineur et se distingue de la recherche de la perversion du mineur.
- **15 novembre 1999** – Loi sur le pacte civil de solidarité (Pacs).
- **16 novembre 2016** – Résultat de la campagne de *testing* destiné à lutter contre les discriminations au travail (*Le Figaro,* 16 novembre).
- **17 novembre 2008** – Cour d'appel de Douai: Le mensonge sur la virginité n'est pas un motif d'annulation du mariage.
- **18 novembre 2016** – Loi de modernisation de la Justice du XXIe siècle (concerne notamment la démédicalisation de la procédure de changement de sexe).
- **19 novembre 2015** – Cour d'appel de Nancy: La nécessaire réparation distincte du préjudice sexuel et du préjudice d'agrément.

- **20 novembre 2016** – Brève réflexion sur une remise en cause de la CEDH à propos notamment de décisions en matière de GPA.
- **21 novembre 2016** – La Turquie retire son projet de loi controversé du 11 novembre 2016 (*supra*) sur les annulations de condamnations pour agressions sexuelles et viols de mineures (mariages forcés).
- **22 novembre 2016** – Propos. Quelques conséquences du changement de sexe depuis 2016, notamment sur le mariage et le divorce.
- **23 novembre 2011** – Cour de cassation, chambre sociale : Licenciement pour faute grave d'un salarié se connectant avec l'ordinateur professionnel à des sites pornographiques et zoophiles et ayant mis en ligne son numéro de portable professionnel.
- **24 novembre 2009** – Loi dite « pénitentiaire ». Cette loi prévoit des parloirs familiaux ou des unités de vie familiale permettant aux détenus d'avoir des rapports sexuels.
- **25 novembre 1999** – La Cour de cassation, 2e chambre civile (98-12.726) considère que le divorce pour faute ne peut être prononcé alors que les deux époux mariés ont accepté de vivre sexuellement librement.
- **26 novembre 1974** – Simone Veil défend à l'Assemblée son projet de loi sur l'interruption volontaire de grossesse.
- **27 novembre 1996** – Cour de cassation, chambre criminelle : Condamnation pour tentative d'entrave à l'interruption volontaire de grossesse.
- **28 novembre 2000** – Le Tribunal d'instance de Saint-Étienne résilie un bail pour abus de jouissance du locataire se livrant à des actes de débauche réguliers troublant la tranquillité publique.
- **29 novembre 1996** – Cour d'appel de Versailles : Absence de condamnation pour harcèlement sexuel de l'employeur (à cette époque), « en l'absence de menaces, de contraintes ou de pressions graves » pour « obtenir des faveurs de nature sexuelle ».
- **30 novembre 2005** – Cour de cassation, chambre sociale (n° 04-13877) : Nécessité en cas de harcèlement sexuel du supérieur en dehors de l'établissement de caractériser le trouble objectif à l'entreprise.

1ER NOVEMBRE 2016

Ou « 2 jours après le décret relatif au parcours de sortie de la prostitution »

Six mois environ après la promulgation de la loi pénalisant le client, le décret relatif au dispositif de parcours de sortie de la prostitution est paru au *Journal officiel* le 28 octobre 2016.

Le ministre des Droits de la femme, Madame Rossignol, s'est félicitée de la rapidité de la sortie du décret relatif au parcours de sortie de la prostitution, alors que d'autres se plaignent de la lenteur de la mise en œuvre d'une telle mesure, dite mesure phare. Le but de ce de décret est de trouver des « alternatives à la prostitution ».

« Toute personne victime de prostitution, de proxénétisme et d'exploitation sexuelle » pourrait désormais bénéficier « d'un logement locatif social » ou d'une place en foyer, d'un « accompagnement » médical « sur le plan physique ou psychologique » ainsi que « d'actions d'insertion sociale » et professionnelle. Une aide financière pourra être accordée. Les personnes étrangères pourront se voir délivrer une « autorisation provisoire de séjour d'une durée minimale de six mois » leur permettant de travailler. Le parcours de sortie, d'une durée de « six mois renouvelable », pourra être renouvelé en tenant compte du « respect des engagements » pris par le bénéficiaire dans un « document de suivi ». Il n'excédera pas deux ans, selon ce texte.

L'association de lutte contre le VIH/Sida *Aides* a critiqué des ressources « au rabais », « amputées déjà de moitié ». Alors que le gouvernement annonçait en 2013 « un effort dédié de 20 millions d'euros par an », seulement 11,1 millions d'euros seront consacrés à ce parcours de sortie. Cela représente au total « 10,6 euros par mois par personne », si l'on s'en tient aux chiffres de l'Office Central pour la Répression de la Traite des Êtres Humains (OCRTEH), qui dénombre « à 30 000 le nombre de travailleurs-ses du sexe en France », a observé l'ONG.

Réaction/Actualité

Il nous semblerait important de faire un point concret sur les dispositions relatives au parcours de sortie de la prostitution fin 2018. Il existe des interrogations sur les résultats pratiques.

2 NOVEMBRE 2015

Une ONG israélienne Aguda (Groupe de travail national LGBT) saisit la Cour suprême d'Israël dimanche afin de permettre le mariage entre les personnes de même sexe dans le pays (https://www.i24news.tv/.../israel/.../91142-151102)

En Israël, le mariage religieux prime. Or les tribunaux rabbiniques ne reconnaissent pas les mariages entre les personnes de même sexe. La pétition souligne que le droit au mariage « est un droit fondamental et devrait être accordé à tout le monde ». « La discrimination sur la base de l'orientation sexuelle ou de l'identité de genre est interdite et doit être arrêtée ». Elle indique que si le tribunal rabbinique choisit de ne pas reconnaître les mariages de même sexe, ces mariages doivent au moins être reconnus par le droit civil.

Réaction/Actualité

Il est vrai qu'il existe en droit une sorte d'incohérence (étant précisé qu'en matière juridique les incohérences sont nombreuses dans tout pays). Alors que les couples israéliens de même sexe, qui se marient à l'étranger, peuvent être reconnus légalement comme étant mariés en Israël, l'État ne leur permet pas de se marier dans leur pays d'origine. Les couples interconfessionnels ou « athées » de même sont contraints, pour les mêmes raisons, de célébrer leurs mariages à l'étranger. La solution serait la mise en place d'un droit à l'union laïque parallèle aux règles confessionnelles.

3 NOVEMBRE 2011

CEDH, affaire S. H. et autres c. Autriche. La CEDH ne condamne pas l'interdiction de certaines méthodes de procréation médicalement assistée en Autriche, tel le recours aux dons de sperme ou d'ovules en vue d'une fécondation *in vitro*

La Cour (CEDH) s'est penchée sur la législation autrichienne en matière de procréation médicalement assistée. Cette législation interdit le recours aux dons de sperme ou d'ovules en vue d'une fécondation *in vitro*, mais l'autorise si la fécondation a lieu *in vivo*, c'est-à-dire dans l'utérus de la femme. On ignore les raisons précises de cette distinction. Cette restriction pourrait-elle porter atteinte au droit au respect de la vie privée et familiale ? Selon la Cour en l'espèce, l'interdiction d'un don de sperme dans le but de réaliser une fécondation *in vitro* ne constitue pas une atteinte au droit fondamental car la législation autrichienne permet le recours à d'autres techniques de procréation, dont un don de gamète en vue d'une fécondation *in vivo*.

Réaction/Actualité

La France admet de manière beaucoup plus large les modes de procréation médicalement assistée, ainsi que l'indiquent différentes lois bioéthiques, dont celles du 7 décembre 2011.

4 NOVEMBRE 2016

Arrêté (*JORF* n° 0272 du 23 novembre 2016) relatif à l'agrément des associations participant à l'élaboration et à la mise en œuvre du parcours de sortie de la prostitution et d'insertion sociale et professionnelle suite à la loi du 13 avril 2016

Selon cet arrêté, le dossier de demande d'agrément des associations pour la mise en œuvre du parcours de sortie de la prostitution et d'insertion sociale et professionnelle est composé comme suit :

1. Une demande d'agrément signée par le représentant légal de l'association, précisant le département pour lequel l'association sollicite l'agrément ;
2. Une délibération de l'assemblée générale engageant l'association à mettre en œuvre une politique de prise en charge globale des personnes en situation de prostitution dont la finalité est la sortie de la prostitution ;
3. Un document récapitulant les moyens humains et matériels permettant à l'association d'assurer sa mission de mise en œuvre du parcours de sortie de la prostitution, et présentant le réseau des partenaires institutionnels et associatifs dont elle dispose pour y parvenir ;
4. Tout élément justifiant la réalisation d'actions de formation des salariés et des bénévoles de l'association en matière d'accompagnement des personnes prostituées pour la mise en

œuvre d'un projet d'insertion sociale et professionnelle permettant d'accéder à des alternatives à la prostitution ;
5. Le numéro SIRET de l'association, son identifiant au répertoire national des associations (RNA) ou, à défaut, la copie du récépissé de dépôt de déclaration préalable à la préfecture ;
6. Une copie des statuts associatifs en vigueur ;
7. La dernière délibération de l'assemblée générale désignant les membres du conseil d'administration de l'association et mentionnant le nom, les prénoms et la ou les professions exercées par chacun des administrateurs ainsi que leur fonction au sein de l'association s'ils sont membres du bureau de l'association ;
8. L'indication du nom et des coordonnées du représentant légal de l'association ainsi que, le cas échéant, ceux du salarié directeur, et l'adresse électronique de l'association ;
9. Le rapport d'activité de l'association pour le dernier exercice clos approuvé par son assemblée générale ;
10. Les comptes annuels de l'association approuvés lors de la dernière assemblée générale ainsi que, le cas échéant, l'ensemble des rapports produits par le commissaire aux comptes pour le dernier exercice clos ;
11. La liste détaillée des organismes financeurs avec le montant respectif de leur participation ;
12. Le budget prévisionnel de l'association pour l'année en cours.

Article 2 – La cheffe du service des droits des femmes et de l'égalité entre les femmes et les hommes, adjointe au directeur général de la cohésion sociale est chargée de l'exécution du présent arrêté, qui sera publié au *Journal officiel* de la République française.

Fait le 4 novembre 2016. Pour la ministre et par délégation.

Réaction/Actualité

Il est vraisemblable que les associations choisies seront notamment celles ayant approuvé la loi (fortement discutée) du 13 avril 2016 pénalisant notamment le client de la personne prostituée.

Cet arrêté du 4 novembre est à rapprocher du décret du 12 décembre 2016 sur les stages de sensibilisation au respect des droits de la femme et à la prostitution, ainsi que du décret du 28 octobre 2016 sur l'accompagnement des prostituées souhaitant sortir de la prostitution (voir 1er novembre 2016 ou « 2 jours après le décret relatif au parcours de sortie de la prostitution »). Tous ces textes font suite à la loi du 13 avril 2016.

5 NOVEMBRE 1793

Exécution d'Olympe de Gouges, auteure de la Déclaration des Droits de la femme et de la Citoyenne de 1791

Olympe de Gouge est une femme politique française, membre du mouvement des Girondins et guillotinée de ce fait le 5 novembre 1793. Elle est considérée comme étant à l'origine du féminisme en France. Elle a milité pour l'obtention de droits civils et politiques des femmes, l'abolition de l'esclavage, et rédigé la Déclaration des Droits de la Femme et de la Citoyenne.

Réaction/Actualité

De nombreuses propositions formulées par Olympe de Gouges ont été reprises et sont de nos jours appliquées (divorce, pacs).

6 NOVEMBRE 2003

Cour d'appel de Paris : Incrimination en cas de recours à la prostitution de mineurs et modalités d'appréciation souveraine par les juges du fond de l'âge d'une prostituée (C.A. Paris, 06 novembre 2003)

Même avant la loi pénalisant le client de la prostituée, le recours à la prostitution pouvait être sanctionné. Il en était ainsi si la prostituée était mineure de moins de 18 ans, même émancipée. L'âge de la victime est souverainement apprécié par les juges du fond. Ainsi la cour d'appel a jugé que le visage imberbe d'un jeune homme qui se prostitue est incompatible avec la croyance du client en sa majorité (C.A. Paris, 06 novembre 2003).

Réaction/Actualité

Comme pour les mineurs de dix-huit ans, le recours à la prostitution de personnes même majeures mais particulièrement vulnérables est également incriminé (art. 225-12-al.2) comme un délit. La vulnérabilité de la prostituée peut être le fait de la maladie, d'une infirmité, d'une déficience physique ou psychique, d'un état de grossesse. Le cumul minorité et état de vulnérabilité n'entraîne pas d'aggravation de la répression du délit.

7 NOVEMBRE 1973

Cour de cassation, chambre criminelle : Audience publique du mercredi 7 novembre 1973, n° de pourvoi 72-93394. Absence de délit de proxénétisme du fait d'une participation directe et active à l'activité de débauche prostitutionnelle d'une autre prostituée

Le fait par une prostituée de se rendre au domicile d'une autre prostituée, à la demande de celle-ci et de « participer directement » aux faits incriminés et notamment à des scènes de débauche collectives et rétribuées avec différents « clients » de cette dernière ne constitue pas le délit de proxénétisme prévu par l'article 334-1 du Code pénal, pour aide et assistance à la prostitution d'autrui.

Deux femmes se sont rendues chez une troisième à la demande de cette dernière pour s'y prostituer et participer à des scènes de débauches collectives et rémunérées. Pour la cour d'appel de Paris, elles ont porté aide et assistance à la prostitution et sont coupables du délit de proxénétisme.

L'arrêt est cassé par la Cour de cassation qui estime que le délit de proxénétisme (art. 334-1) n'est pas applicable en l'espèce. Pour qu'il puisse y avoir proxénétisme, l'aide à la prostitution doit provenir d'un tiers. Or dans le cas visé, les personnes ne sont pas des tiers. Elles ont participé directement et activement à l'activité prostitutionnelle.

Réaction/Actualité

Contrairement à ce qu'on imagine, on peut être qualifié de proxénète assez aisément pour une simple aide extérieure à la prostituée. Il n'est nul besoin de violence.

Le proxénétisme suppose l'assistance à la prostitution en connaissance de cause. On peut comprendre l'application à la lettre de la cour d'appel de Paris. Mais la Cour de cassation a eu une interprétation restrictive sans doute pour éviter une application trop large du délit de proxénétisme. Pour cette dernière il n'y a pas eu aide extérieure d'un tiers à la prostitution, ce qui aurait permis l'application du délit de proxénétisme, mais participation directe des deux autres prostituées à l'activité de débauche prostitutionnelle (et la prostitution n'est pas un délit).

La Cour de cassation avait déjà jugé en ce sens dans un précédent cas de jurisprudence : Cassation (Chambre criminelle) 1951-03-04, Bulletin Criminel 1951 n° 122, p. 220 (sur le sujet du proxénétisme, 30 octobre 1965 / 27 avril 1981 / 7 novembre 1973 / 26 septembre 1974).

8 NOVEMBRE 2005

Cour de cassation : Dénonciation calomnieuse. En application de l'article 226-10 du Code pénal, la dénonciation calomnieuse, en l'espèce dénonciation d'une agression sexuelle, n'est caractérisée que si elle est spontanée (notamment prise sur initiative personnelle)

Jean-François X..., commandant du Centre d'Incendie et de Secours de Béthune, a avisé le directeur, chef du corps départemental, de la commission d'actes sexuels sur une mineure, dans l'enceinte du centre de secours ; que ces faits mettaient en cause plusieurs pompiers professionnels, et notamment Laurent Y...

Laurent X conteste tout acte et estime qu'il appartenait au commandant de vérifier l'identité des auteurs de ces faits. Sur le plan pénal, il considère que cette dénonciation spontanée est calomnieuse.

La Cour de cassation par décision du 8 novembre 2005 casse l'arrêt de la cour d'appel qui considérait que la dénonciation était calomnieuse.

Réaction/Actualité

La jurisprudence exige qu'une dénonciation, pour être qualifiée pénalement de calomnieuse, ait un caractère spontané. Il est nécessaire que l'auteur coupable ait pris l'initiative « personnelle » de révéler les faits inexacts imputés à quelqu'un. Il n'y a pas dénonciation calomnieuse à révéler les faits, même faux et dommageables pour un tiers, du moment qu'on le fait soit en réponse à une interpellation de ses supérieurs, soit dans la mesure où il y avait un devoir d'informer. La dénonciation du commandant X en l'espèce perd donc son caractère calomnieux puisqu'elle n'est pas spontanée et qu'il y avait devoir d'informer le directeur, chef de corps du centre départemental. Dans le même sens (Cass. crim., 3 mai 2000, et Cass. crim., 16 juin 1988).

En définitive, la calomnie n'est pas un délit en tant que tel, seule l'est la dénonciation calomnieuse.

9 NOVEMBRE 1999

Conseil constitutionnel : La vie commune inhérente au Pacs supposerait une obligation de fidélité (selon du moins cette décision)

Le Conseil constitutionnel, dans la décision n° 99-419 du 9 novembre 1999, a considéré en matière de Pacs que l'obligation de vie commune inhérente au Pacs « ne couvre pas seulement une communauté d'intérêts et ne se limite pas à l'exigence d'une simple cohabitation entre deux personnes, elle suppose, outre une résidence commune, une vie de couple... ». Le Pacs en tant que contrat doit être exécuté de bonne foi et cette bonne foi, cette loyauté dans l'exécution du contrat inclurait la fidélité.

Réaction/Actualité

La décision du Conseil constitutionnel est critiquée par de très nombreux auteurs qui refusent de voir une obligation de fidélité dans le Pacs. En effet la loi sur le Pacs ne prévoit nullement l'obligation de fidélité à la différence du mariage. Par ailleurs, le Pacs n'est pas une institution comme le mariage a pu l'être, mais plus un contrat laissé à la liberté individuelle de chacun. Enfin la Cour de cassation en date du 17 décembre 2016 reconnaît que l'infidélité n'est pas (plus) contraire à la morale. Toutefois le tribunal de grande instance de Lille en date du 5 juin 2002 a sanctionné l'infidélité d'un partenaire pacsé (tort du partenaire fautif).

10 NOVEMBRE 2011

Loi argentine démédicalisant et déjudiciarisant la procédure de changement de sexe

Une récente loi argentine en date de 2011 donne le droit de choisir son identité sexuelle sans passer par un examen médical, ni une intervention chirurgicale, ni non plus par une autorisation judiciaire. Il suffit de se faire enregistrer auprès de la mairie pour changer de nom et prénom et obtenir carte d'identité et passeport. « Toute personne peut demander un changement de sexe, de prénom et d'image, à partir du moment où ils ne correspondent pas au genre de cette personne, telle qu'elle la perçoit », précise la loi argentine. Aucune opération chirurgicale, prise d'hormones ou traitement médical ne sera donc exigé pour changer d'état civil.

Réaction/Actualité

Cette loi argentine constitue une avancée importante par rapport à la France. À la même époque en France, le changement de la mention du sexe dans l'état civil était encore conditionné à la preuve d'une « réassignation sexuelle irréversible », constatée médicalement et ayant fait l'objet d'une expertise judiciaire. Ce n'est que depuis la loi du 18 novembre 2016 que la procédure en France est démédicalisée mais elle n'est pas déjudiciarisée.

11 novembre 2016

Projet de dépénalisation du Parlement turc concernant les agressions sexuelles sur mineur commises avant le 11 novembre 2016

Le Parlement turc a voté en première lecture en novembre 2016 une proposition de loi qui permet, dans certains cas, de suspendre la condamnation d'une personne pour agression sexuelle sur mineur si l'agresseur épouse sa victime, sauf « en cas de violence et de menace ». Cette loi rétroactive plus douce dans ces circonstances dépénaliserait donc les agressions commises avant le 11 novembre 2016. Le texte doit faire l'objet d'un vote en deuxième lecture. *In fine* le texte n'a pas été retenu.

Réaction/Actualité

Cette loi viserait, selon ses promoteurs, à trouver une solution « de justice » pour les mariages précoces avant la majorité, qui sont une réalité en Turquie, où beaucoup se marient avant d'avoir atteint l'âge légal de 17 ans. Des jeunes filles de 15 ans, voire parfois de 11 ans, épousent, sous la pression des familles, des garçons de leur âge ou des hommes beaucoup plus vieux. Faute de consentement juridiquement retenu du fait du trop jeune âge, on peut considérer qu'il s'agit d'un viol. Ce projet n'a pas abouti (voir 21 novembre 2016) du fait de réactions, mais la Cour constitutionnelle turque s'est prononcée en faveur du retrait d'une disposition du Code pénal qualifiant d'abus sexuel tout acte sexuel avec un enfant de moins de 15 ans. La Cour autorise les relations sexuelles avec des enfants entre 12 et 15 ans, moyennant évidemment leur « consentement ». La majorité sexuelle serait donc abaissée à l'âge de 12 ans.

12 NOVEMBRE 1923

Attestation médicale du médecin de la prison de Landsberg, le docteur Josef Brinsteiner, relatant l'anomalie anatomique d'Hitler « cryptorchidie du côté droit », due à l'absence d'un des deux testicules dans le scrotum

Selon le professeur Peter Fleischmann, de l'université d'Erlangen-Nuremberg, auteur d'un ouvrage relatif à l'emprisonnement de Hitler après sa tentative de coup d'État à Munich en 1923, une attestation médicale datée du 12 novembre 1923, rédigée par le médecin de la prison, le docteur Josef Brinsteiner, fait état d'une « cryptorchidie du côté droit ». Il s'agit de l'absence de descente d'un testicule dans le scrotum.

Réaction/Actualité

Diverses rumeurs ont concerné la sexualité d'Hitler. Toutefois l'anomalie relevée ne saurait être, semble-t-il, la cause d'une impuissance (qui n'est pas établie), ou surtout le dégager en soulignant qu'il était fou, de responsabilité juridique ou judiciaire dans le conflit mondial.

13 NOVEMBRE 2015

Journal *Libération*, chronique « De la misère sexuelle des islamistes » de Marcela Lacub

Le 13 novembre 2015 était publiée dans le journal *Libération* la chronique « De la misère sexuelle des islamistes » de Marcela Lacub.

La rédaction du journal a spécifiquement mentionné que cette chronique a été rédigée avant les attentats de Paris et Saint Denis survenus le vendredi 13 novembre 2015.

Il nous paraît intéressant de présenter un extrait et un résumé partiel.

« Ce qui rapproche les tueurs de masse, qui sévissent majoritairement aux États-Unis, des islamistes, qui progressent sans relâche en Europe – et notamment en France –, c'est la misère sexuelle dans laquelle ils vivent. Ces derniers sont obsédés par la pureté sexuelle. Ils ne cessent de dénoncer le dévergondage des sociétés occidentales qu'ils cherchent à détruire, voiles et burqas à l'appui. Et ce n'est qu'au paradis, après s'être fait exploser pour Allah, qu'ils espèrent prendre enfin leur pied. Il semblerait en effet que 72 vierges les attendent. Certes, les tueurs de masse ne font pas exprès de ne pas coucher. D'après leurs témoignages, ils n'arriveraient pas à trouver de partenaires sexuelles – comme tant de mâles paumés de nos sociétés occidentales. On ne peut s'empêcher de penser aux belles remarques de Wilhelm Reich dans les années 30 à propos de la répression de la sexualité et du fascisme. À ses yeux, le national-socialisme aurait transformé en des sadiques les anciens croyants masochistes. Le meurtre serait devenu l'équivalent fonctionnel de l'orgasme.

On dira que tous les islamistes ne sont pas recrutés dans les banlieues, et que des jeunes issus des classes moyennes en font également partie. Mais ceux-là ne sont-ils pas bombardés eux aussi, dès la plus tendre enfance, par des discours sur les dangers de la sexualité ? N'est-il pas normal que certains d'entre eux – qui n'ont même plus la possibilité de découvrir leur sexualité avec des prostituées – développent des inhibitions sexuelles importantes les incitant à suivre les mêmes chemins que les jeunes de banlieues ? Ne vaut-il pas mieux prendre le risque de faire de la France une république libertine et démocratique, plutôt que de la transformer en une usine d'assassins chastes et pieux » ?

Réaction/Actualité

Marcela Lacub évoque un problème sur lequel, à défaut du ministre de l'Intérieur (luttant contre la radicalisation), les Assises nationales de sexologie devraient se pencher. Il concerne la sexualité des terroristes. Le sujet est doublement tabou. On n'ose véritablement l'évoquer. Marcela Lacub elle-même se voulant pourtant progressiste semble confondre un peu vite sexualité et libertinage. Nous sommes dans une époque paradoxale. Le sexe marchand est partout. Mais les colloques ou écrits universitaires sur le sujet font encore l'objet de suspicion, si ce n'est de répression, et en tous les cas de marginalisation. À titre d'illustration, le professeur de droit Touzeil Divina, qui a codirigé les actes du colloque interuniversitaire « Droit(s) au(x) sexe(s) » au Mans le 3 juin 2016, mentionne dans le livre du même nom qui recense les écrits (éditions *l'Épitoge* 2017, p. 12, note 17), les remous suscités dans le Landerneau Académique. « Refus de subventions pour des raisons obscures sinon fallacieuses, salle introuvable pour l'organisation, rumeurs déplacées sur la sexualité des un(e)s ou des autres, questionnement outrageant sur la participation d'étudiant(e)s au projet, choix de la marraine (Brigitte Lahaie) ». À propos de l'ouvrage *Penser et Repenser le terrorisme* (28 coauteurs, MA éditions, 2015), nous n'oublions pas combien le chapitre dénommé « Terrorisme et Sexualité » a paru (à tort à notre sens) incongru à certains. La liste ne saurait être exhaustive. Nous avons connaissance d'institution pédagogique et de recherche renommée ayant supprimé des subventions peu après l'édition d'un livre lié au droit et à la sexualité. Simple coïncidence ?

Le texte de Marcela Lacub à un autre mérite. Il évoque implicitement l'utilité sociale des prostitué(e)s trop rapidement oublié(e)s et malmené(e) s, notamment depuis la loi du 13 avril 2016 pénalisant le client. Nous reviendrons sur ce sujet.

14 NOVEMBRE 1990

Cour de cassation, chambre criminelle : Absence du délit de corruption faute d'incitation à la débauche du mineur qui doit être le but poursuivi par la personne mise en cause. La recherche du seul rapport sexuel exclut la corruption de mineur et se distingue de la recherche de la perversion du mineur

Un moniteur d'équitation avait adressé à une élève de moins de quinze ans, entre novembre 2010 et juin 2011, une cinquantaine de SMS à caractère pornographique ou érotique. Il l'avait incitée à travers ces SMS à expérimenter pour la première fois avec lui des actes sexuels expressément décrits. La chambre criminelle de la Cour de cassation a censuré l'arrêt de la cour d'appel pour avoir retenu l'infraction de corruption de mineur. Elle indique notamment que les éléments retenus par la cour d'appel « n'établissent pas que le prévenu ait eu pour but, non de satisfaire ses propres passions, mais de pervertir la sexualité de la mineure. La chambre criminelle a indiqué aux juges du fond qu'il existait une autre qualification plus adéquate au fondement des poursuites et notamment la qualification de propositions sexuelles d'un majeur à une mineure de quinze ans par un moyen de communication électronique, prévue et réprimée par l'article 227-22-1 du Code pénal ».

Réaction/Actualité

L'arrêt de la chambre criminelle du 14 novembre 1990 explique que l'excitation de mineurs à la débauche (ancienne terminologie de la corruption de mineur) n'est pénalement punissable que si l'auteur des faits a eu en vue la perversion de la jeune personne (exemple : majeur qui organise « des réunions comportant des exhibitions ou des relations sexuelles auxquelles un mineur assiste ou participe »). Ce n'était pas le cas. Il ne s'agissait pour le moniteur que de satisfaire ses propres pulsions.

En l'espèce le but n'était pas de pervertir mais de tenter d'avoir une relation sexuelle avec un mineur de moins de 15 ans. Pour ce faire il a été utilisé le procédé de communication électronique. On peut se demander si le seul fait d'une séduction personnelle directe en l'absence d'outrage (Cass., Ch. Réun., 1er mai 1854 : DP 1854.1.261) et sans rapport sexuel aurait permis une poursuite.

15 NOVEMBRE 1999

Loi sur le pacte civil de solidarité (Pacs)

La loi instituée sous le gouvernement Jospin, le pacte civil de solidarité ou Pacs, est une forme de mariage civil. Une des raisons du PACS était de reconnaître des couples de même sexe vivant en union libre qui revendiquaient un statut proche de celui des gens mariés. Les droits et obligations de personnes pacsées ne sont pas tout à fait les mêmes que ceux des personnes mariées (ex. absence d'obligation de fidélité (discutée) / absence de pension de réversion en cas de décès).

Le pacte de solidarité se formait initialement par une déclaration conjointe faite au secrétariat du tribunal d'instance du domicile commun.

Réaction/Actualité

Le Pacs connaît de nos jours un vif succès notamment chez les hétérosexuels. En revanche le succès est moindre chez les homosexuels (le Pacs homosexuel ne représente en 2010 que 4,5 % des Pacs). Le nombre général de Pacsés par an est désormais proche de celui du mariage civil. Le 12 octobre 2016, l'adoption définitive du projet de loi de modernisation de la justice du XXIe siècle a été votée à l'Assemblée. Cette loi prévoit qu'il sera possible de célébrer un Pacs en mairie. La disposition ne devrait toutefois être applicable que le 1er novembre 2017.

16 NOVEMBRE 2016

Résultat de la campagne de testing destiné à lutter contre les discriminations au travail (*Le Figaro,* 16 novembre)

Selon la ministre du Travail, Myriam El Khomri, suite au testing à l'embauche qui a été lancé, plus de quarante entreprises et 1 000 salariés ont été testés. Pour ce faire, le cabinet *ISM-Corum* a proposé à chaque fois deux candidatures quasi rigoureusement équivalentes (mêmes compétences professionnelles, même âge, même quartier d'habitation, nationalité française dans les deux cas, etc.). Seul le nom : la première candidature envoyée l'était avec un nom « d'origine maghrébine » et la deuxième avec un nom « d'origine hexagonale ». Les choix se sont portés deux fois plus sur la candidature hexagonale. Il ressort que les personnes supposées être d'origine maghrébine sont discriminées.

Réaction/Actualité

Il a été demandé, quel que soit le résultat du testing, de mettre en place un plan de prévention de la lutte contre les discriminations lors du recrutement. À défaut, le nom des entreprises pourrait être cité. On peut s'interroger sur le point de savoir l'efficacité des suites.

17 NOVEMBRE 2008

Cour d'appel de Douai : Le Mensonge sur la virginité n'est pas un motif d'annulation du mariage

La décision de la cour d'appel de Douai en date du 17 nov. 2008 (jurisdata n° 2008/371528) infirme le jugement du TGI de Lille de la même année (*supra* 1er avril 2008, qui avait prononcé la nullité du mariage à la suite de la découverte par le conjoint du « mensonge » sur la virginité de son épouse). Ce n'est pas tant l'absence de virginité qui était en cause que le mensonge sur cette absence. La motivation de la cour d'appel de Douai indique toutefois « que la virginité n'est pas une qualité essentielle en ce que son absence n'a pas d'incidence sur la vie matrimoniale », ce qui peut paraître équivoque.

Réaction/Actualité

On peut se demander ce qui pour les magistrats est l'élément essentiel de la vie matrimoniale, et plus précisément l'essence même du mariage ? Est-ce l'absence de mensonge sur la virginité ou les conduites libertines, la nécessité d'être de sexe distinct, la possibilité de fonder une famille, la possibilité de procréer (en ce sens, TGI de Dinan du 4 avril 2006), d'avoir des enfants ? Il existe une part de subjectivité et de grands risques d'évolution, y compris sur la procréation, puisque des couples homosexuels peuvent se marier de nos jours. Dès lors, on peut comprendre que la jurisprudence soit fluctuante, accordant dans des circonstances quasi similaires tantôt l'annulation du mariage (en ce sens l'annulation du mariage a été prononcée dans la mesure où avait été dissimulée la qualité d'escort-girl de l'épouse, CA Nîmes, 2e ch., 8 févr. 2012), tantôt le refusant (à propos d'un conjoint ayant découvert l'infidélité de l'autre avant le mariage, TGI, Civ., 13.12.2005). Si la décision de la cour d'appel de Douai satisfait un certain nombre de juristes, elle ne contentera nullement les deux époux qui en l'espèce désiraient se séparer. Elle aboutit en l'effet à l'inverse ! Reste toutefois maintenant à envisager le divorce (plutôt que l'annulation de mariage).

18 NOVEMBRE 2016

Loi de modernisation de la Justice du XXIe siècle (concerne notamment la démédicalisation de la procédure de changement de sexe)

Un petit historique de la Loi de modernisation de la Justice du XXIe siècle permet de mieux comprendre pourquoi ce texte apparaît sous des dates parfois distinctes. Cette Loi de modernisation de la Justice du XXIe siècle concerne notamment la démédicalisation de la procédure de changement de sexe.

La procédure de démédicalisation du changement de sexe a été programmée le 12 juillet 2016 à l'Assemblée nationale en deuxième lecture. Elle a été adoptée en toute dernière lecture le 12 octobre 2016. Elle a été promulguée le 18 nov. 2016 (la promulgation est l'acte par lequel le chef de l'État constate qu'une loi a été régulièrement adoptée par le Parlement). Elle été publiée au *JO* le 19 novembre 2016.

La composition politique de l'Assemblée nationale de l'époque (majoritairement à gauche) était distincte de celle du Sénat (majoritairement à droite). En raison de trop grandes divergences, l'Assemblée nationale a décidé de ne pas travailler sur le texte voté au Sénat car ce dernier était trop hostile. De ce fait, l'Assemblée a travaillé sur le texte qu'elle avait adopté avant son passage au Sénat. Elle a fait voter en dernière lecture le 12 octobre 2016 les dispositions ci-dessous qui sont insérées dans le Code civil :

« De la modification de la mention du sexe à l'état civil ;

«Art. 61-5 – Toute personne majeure ou mineure émancipée qui démontre par une réunion suffisante de faits que la mention relative à son sexe dans les actes d'état civil ne correspond pas à celui dans lequel elle se présente et dans lequel elle est connue peut en obtenir la modification.

La population concernée par le changement de sexe est ainsi d'une grande diversité (transsexuels, transgenres, travestis, etc.)

« Les principaux de ces faits, dont la preuve peut être rapportée par tous moyens, peuvent être :

« 1°- Qu'elle se présente publiquement comme appartenant au sexe revendiqué ;

« 2°- Qu'elle est connue sous le sexe revendiqué de son entourage familial, amical, ou professionnel ;

« 3°- Qu'elle a obtenu le changement de son prénom afin qu'il corresponde au sexe revendiqué ;

«Art. 61-6 – La demande est portée devant le Tribunal de grande instance.

« Le demandeur fait état de son consentement libre et éclairé à la modification de la mention relative à son sexe à l'état civil et produit tous éléments de preuve au soutien de sa demande.

« Le fait de ne pas avoir subi des traitements médicaux, une opération chirurgicale ou une stérilisation ne peut motiver le refus de faire droit à la demande ».

Réaction/Actualité

Il ressort de ces textes de loi que la procédure de changement de sexe (dont les conditions étaient jusqu'alors dictées par la jurisprudence qui pouvait être contradictoire) a été totalement démédicalisée. La disposition selon laquelle « Le seul fait de ne pas avoir subi des traitements médicaux, une opération chirurgicale ou une stérilisation ne peut motiver le refus de faire droit à la demande » illustre cette volonté de ne pas retourner en arrière et d'une forte volonté de s'abstraire des opérations médicales, chirurgicales ou des traitements hormonaux. Les considérations sociales semblent prédominer de nos jours selon la loi. La volonté du législateur est de faire correspondre la mention du sexe aux comportements adoptés par la personne en société. Ainsi il faut en pratique :

1. Se présenter publiquement dans l'identité (c'est-à-dire dans le sexe) revendiquée, déclaration sur l'honneur, articles, correspondances, ou autres devant témoigner de l'identité dans laquelle le requérant se projette. Reste la question de savoir sur quels critères se fait l'appréciation ? (critères stéréotypés ? port d'une jupe ? du pantalon ? de cheveux longs ? de maquillage ?). Le rejet apparent de toute médicalisation ne peut à notre sens conduire à rejeter des opérations telles que la réduction de la pomme d'Adam ou la mammoplastie ?
2. Être connu dans cette identité par l'entourage. Mais quels sont les témoignages ? Quelles personnes feront véritablement foi ? Parents ? Blogs ? Collègues ? Personnalités ?

Sur l'ensemble de ces points, des décrets d'application sont donc attendus. Ils permettront aux juges, car la procédure n'est pas déjudiciarisée, de faciliter leur décision et d'éviter ou limiter l'arbitraire. En tout état de cause, la population concernée par le possible changement de sexe semble pouvoir être d'une grande diversité (transsexuels, transgenres, travestis, ou peut-être même toute personne ne pouvant ou ne sachant se situer, etc.). Nul processus irréversible telle la stérilisation n'est de nos jours demandé. Ou devra-t-on s'arrêter?

Le sujet est à suivre. La crainte est que la situation ne soit laissée à nouveau en suspens en 2007/2008 à la suite de changements politiques. Mais ce qui demeure certain et constitue une quasi-révolution est que le fait de ne pas avoir subi des traitements médicaux, une opération chirurgicale ou une stérilisation ne peut plus motiver le refus de faire droit à la demande. Le risque est d'aller d'un sexe à l'autre, à moins qu'on ne supprime le caractère binaire en France, masculin ou féminin, ce qui est déjà le cas dans d'autres pays.

19 NOVEMBRE 2015

Cour d'appel de Nancy: La nécessaire réparation distincte du préjudice sexuel et du préjudice d'agrément

L'arrêt de la cour d'appel de Nancy du 19 novembre 2015 fait suite à un arrêt de la Cour de cassation du 11 décembre 2014 qui avait cassé un arrêt rendu par une première cour d'appel au motif que l'indemnisation allouée à la victime au titre du préjudice d'agrément incluait le préjudice sexuel. La vie sexuelle est désormais définie selon la Cour de cassation du 11 décembre 2014 comme «un besoin vital pour tout être humain». La cour d'appel de Nancy indemnise donc de manière autonome le préjudice sexuel et le préjudice d'agrément. Antérieurement tel n'était pas toujours le cas, l'indemnisation allouée à la victime au titre du préjudice d'agrément englobait aussi le préjudice sexuel.

Réaction/Actualité

Cet arrêt de la cour d'appel de Nancy est conforme à un premier arrêt de la Cour de cassation du 17 juin 2010, commenté dans l'ouvrage. Une véritable distinction doit être opérée entre vie sexuelle et activité de loisir ou d'agrément.

20 novembre 2016

Brève réflexion sur une remise en cause de la CEDH à propos notamment de décisions en matière de gestation pour autrui (GPA)

Divers hommes politiques et non des moindres ont voulu ces dernières années remettre en cause la Cour européenne des Droits de l'homme (CEDH). En substance, la CEDH est critiquée en raison de son atteinte, sur des sujets essentiels à la souveraineté des États membres, à la Convention. Ainsi David Cameron, Premier ministre britannique, avait souhaité la sortie du Royaume-Uni de la Convention européenne des Droits de l'homme, en raison notamment du litige entre la CEDH et le gouvernement britannique concernant la question du droit de vote des prisonniers, qui est interdit par la loi britannique. En France, Alain Juppé considérait, compte tenu des risques d'attentats, que les standards européens des Droits de l'homme devaient s'estomper pour permettre une meilleure protection des forces de l'ordre. Mais c'est surtout à propos de la gestation pour autrui que les reproches furent les plus virulents. François Fillon comme Marine Le Pen et bien d'autres personnages politiques se sont élevés contre la décision de l'arrêt CEDH, 26 juin 2014, Mennesson c. France (req. 65192/11), condamnant l'État français en raison du refus de reconnaître la filiation des enfants nés de mères porteuses à l'étranger. La CEDH a considéré qu'il y avait violation de l'article 8, s'agissant du droit des enfants au respect de leur vie privée, et que l'intérêt de l'enfant (la reconnaissance de sa nationalité française, son inscription sur les registres d'état civil) devait prédominer, bien que la GPA à l'étranger soit frauduleuse. La CEDH par la suite a de nouveau condamné la France le 21 juillet 2016 (Affaire Foulon et Bouvet c/ France) pour avoir refusé en 2013 de transcrire les actes de naissance d'enfants nés par GPA en Inde. *In fine* la Cour de cassation en assemblée plénière, sous la pression de la CEDH le 3 juillet 2015, au nom de « l'intérêt supérieur de l'enfant », acceptait dans une autre affaire la transcription sur les registres de l'état civil français de l'acte de naissance étranger d'un enfant né en Russie d'une gestation pour autrui, dès lors que « l'acte de naissance était régulier, non falsifié et que les faits déclarés correspondaient à la réalité ».

Que penser des reproches selon lesquels la CEDH porte trop atteinte à la souveraineté de la France sur des sujets essentiels, et de la décision envisagée de quitter la CEDH ? On ne peut nier que les thèmes cités sont importants. Mais refuser que la justice européenne intervienne sur « des sujets dits essentiels », c'est rejeter alors le principe même de l'existence d'une justice internationale. Il apparaît condamnable de remettre en cause des accords et un droit international (européen) sur le sujet des Droits de l'homme. Par ailleurs la CEDH ne fait que rappeler à la France le nécessaire respect de la Convention européenne des Droits de l'homme qu'elle a signée. Il était convenu que les États membres avaient le devoir de s'y conformer. Sur un plan plus juridique encore, rappelons que la Cour de cassation avait accepté, dans l'arrêt Renneman (Civ. 1er, 10 janvier 1984) d'appliquer la jurisprudence de la CEDH, reconnaissant que ce droit international avait une valeur supra législative. Le repli sur soi sur des questions qui touchent les droits de l'Homme serait néfaste.

21 NOVEMBRE 2016

La Turquie retire son projet de loi controversé du 11 novembre 2016 (*supra*) sur les annulations de condamnations pour agressions sexuelles et viols de mineurs (mariages forcés)

Le texte, qui permettrait, dans certains cas, d'annuler la condamnation d'une personne pour agression sexuelle ou viol sur mineur si elle consentait à épouser la victime avait été approuvé en première lecture par le Parlement turc (*supra*, 11 novembre 2016). Il a été retiré avant le vote en deuxième lecture. La disposition initiale à caractère uniquement rétroactif devait s'appliquer notamment aux personnes emprisonnées pour agression sexuelle « sans force, ni menace ou contrainte » sur mineur commis avant le 11 novembre 2016. Elle était destinée à remédier au nombre conséquent de personnes adultes qui avait épousé des mineurs suite à un mariage précoce appelé encore mariage forcé.

Réaction/Actualité

Environ 3 000 familles étaient concernées et devaient profiter de cette loi. La réaction violente des femmes, des ONG, mais aussi de parlementaires, y compris pour certains de la droite nationaliste, a permis que cette mesure ne soit pas adoptée. Pour autant la Cour constitutionnelle turque a abaissé l'âge de la majorité sexuelle à douze ans.

22 NOVEMBRE 2016

Propos. Quelques conséquences du changement de sexe depuis 2016 (loi de démédicalisation), notamment sur le mariage et le divorce

Les incidences du changement de sexe sur le mariage et le divorce concernent actuellement moins le passé que le futur.

1. Concernant le passé de celui qui a changé de sexe

La validité du mariage ne dépend plus de nos jours de la différence de sexe, depuis l'avènement du mariage homosexuel. La question de savoir si le mariage conclu par le transsexuel avant son opération est maintenu ou doit être caduc, dissous, ne se pose donc plus dans les mêmes termes qu'avant la loi sur le mariage pour tous. Peut-être pourrait-on s'interroger sur le point de savoir si le divorce peut être demandé par l'autre époux? La réponse nous semble devoir être positive. Mais ce dernier peut-il demander un divorce «pour faute»? On peut hésiter. Dans la mesure où le changement de sexe était thérapeutique, ce qui fut le cas jusqu'en 2016, le changement de sexe peut difficilement être considéré comme fautif. Mais depuis que la procédure est démédicalisée (loi du 12 oct. 2016), la situation est plus équivoque.

2. Concernant l'avenir de celui qui a changé de sexe

Celui qui vient de changer de sexe peut se marier, y compris avec une personne du même sexe. La modification de la mention du sexe à l'état civil est sans effet sur les obligations contractées à l'égard de tiers, ni sur les filiations établies avant cette modification. Un transsexuel conservera son statut de parentalité sur ses enfants.

23 NOVEMBRE 2011

Cour de cassation, chambre sociale: Licenciement pour faute grave d'un salarié se connectant avec l'ordinateur professionnel à des sites pornographiques et zoophiles et ayant mis en ligne son numéro de portable professionnel

Un employé se connectait à partir de son ordinateur professionnel à des sites pornographiques et zoophiles. Il avait communiqué son numéro de portable professionnel sur ces différents sites et passait la majorité de son temps de travail à de telles recherches. La faute grave du salarié a donc été caractérisée. Le licenciement a été prononcé.

Réaction/Actualité

La consultation de site pornographique sur le lieu de travail est un cas qui n'est pas rare. Pour autant, cette modalité en elle-même ne justifie pas *ipso facto* un licenciement. La caractérisation de la faute grave, justifiant le licenciement, en matière de pornographie sur le lieu de travail (voir 8 déc. 2009), suppose le plus souvent qu'un tort ait été causé à l'entreprise. En l'espèce, temps de travail non accompli (restreint), mise en cause de la réputation de l'entreprise, notamment par la communication du numéro de portable professionnel. (Voir aussi 8 décembre 2009 / 23 novembre 2011 / 10 mai 2012 / 19 mars 2004).

24 NOVEMBRE 2009

Loi dite « pénitentiaire » : Cette loi prévoit des parloirs familiaux ou des unités de vie familiale permettant aux détenus d'avoir des rapports sexuels

Le guide du détenu, élaboré par le ministre de la Justice, indique que si le détenu peut avoir un droit de visite, il est interdit durant la visite d'avoir des relations sexuelles avec la personne qui lui rend visite. La justification fournie est que de tels actes sont susceptibles « d'attenter à la pudeur d'autrui » et constituent une faute disciplinaire. Mais comment cette disposition peut-elle être compatible avec le respect du droit à la vie privée qui incorpore celui du droit à la sexualité ? Comment, sur un autre plan, comprendre que des bébés puissent avoir été légalement conçus en prison ?

L'article 36 de la loi du 24 novembre 2009 dite « Loi pénitentiaire » nous permet une explication. Il indique que « les unités de vie familiale ou les parloirs familiaux implantés au sein des établissements pénitentiaires peuvent accueillir des personnes détenues. Le détenu peut bénéficier à sa demande d'au moins une visite trimestrielle dans une unité de vie familiale ou un parloir familial, dont la durée est fixée en tenant compte de l'éloignement du visiteur. Ce droit s'exerce sous réserve de l'accord de l'autorité judiciaire compétente ».

Réaction/Actualité

Il convient de distinguer les parloirs familiaux des unités de vie familiale. Dans les deux cas, l'intimité du prisonnier est protégée. Mais alors que les parloirs familiaux (rencontre avec la famille ou des proches) sont conçus pour des relations de courte durée (une demi-journée maximum par exemple), la durée de visite dans une unité de vie familiale peut être plus longue (jusqu'à trois jours environ). Dans les faits, moins du tiers des prisons auraient des unités de vie familiale correctement aménagées et pouvant fonctionner. Un autre problème se pose sur la réception et la sélection de personnes, à destination notamment des célibataires détenus qui ne semblent pouvoir bénéficier de tels droits.

25 NOVEMBRE 1999

La Cour de cassation, 2e chambre civile (98-12.726), considère que le divorce pour faute ne peut être prononcé alors que les deux époux mariés ont accepté de vivre sexuellement librement

Des époux peuvent d'un commun accord ne pas respecter l'obligation de fidélité prévue par le Code civil en cas de mariage : « Les époux se doivent mutuellement fidélité ». On peut ainsi penser aux couples libertins qui estiment ne pas se tromper l'un l'autre. Mais dans cette hypothèse, en cas de rupture de vie commune, l'un des époux ne peut se prévaloir de l'infidélité de l'autre comme de sa tromperie pour demander le divorce pour faute. Divers arrêts ultérieurs ont été rendus en ce sens (cass. civ., 30 mars 2004 ; cass. civ. 2, 23 mai 2002).

Réaction/Actualité

Plutôt que de se marier en envisageant conjointement des relations sexuelles hors du couple (qui ne sont pas alors des tromperies), pourquoi ne pas préférer le Pacs ? Si l'obligation de fidélité existe selon la loi en matière de mariage, elle ne figure pas dans la loi sur le Pacs. Il n'y a pas, en principe, à la lecture du texte législatif, d'obligation de fidélité et donc d'adultère entre Pacsés. Prudence toutefois, car selon l'ordonnance du TGI de Lille du 5 juin 2002 (*supra*), le Pacs impose un devoir de loyauté. Et le juge de Lille de préciser que la loyauté se manifeste dans le Pacs par la fidélité. De ce fait, le magistrat a commis un huissier pour constater le manquement au devoir de fidélité. Cette décision semble toutefois avoir été contestée par divers auteurs. Cela étant, si la décision du TGI de Lille du 5 juin 2002 semble accepter l'infidélité comme motif de résiliation du Pacs, il n'est nullement mentionné de dommages-intérêts au profit du pacsé trompé.

26 NOVEMBRE 1974

Simone Veil défend à l'Assemblée son projet de loi sur l'interruption volontaire de grossesse

Simone Veil a joué un rôle important dans la lutte pour les droits des femmes. Le 26 novembre 1974, alors ministre de la Santé de Valéry Giscard d'Estaing, elle défend devant les députés son projet de loi sur l'avortement (de femmes en état de détresse). Elle affronte les critiques d'une partie des députés de cette assemblée alors quasi exclusivement masculine. Il est notamment redouté un risque d'affaiblissement de la natalité. Mais la légalisation de l'IVG est finalement votée et la loi légalisant l'interruption volontaire de grossesse est promulguée le 17 janvier 1975.

Réaction/Actualité

À cette époque, chaque année, au moins 300 000 femmes mettaient leur vie en danger pour interrompre une grossesse non désirée, car avorter pour une raison non médicale était passible d'une peine de prison (voir *infra*, 27 novembre 1996).

27 NOVEMBRE 1996

Cour de cassation, chambre criminelle : Condamnation pour tentative d'entrave à l'interruption volontaire de grossesse

Très succinctement, l'arrêt est le suivant :

8 personnes, accompagnées d'un photographe, se sont introduites dans l'unique bloc opératoire de la maternité où se pratiquent habituellement les interruptions volontaires de grossesse, et se sont enchaînées par les chevilles et par le cou à l'aide d'antivols de motocyclette. Par leur intrusion dans les locaux, et leur enchaînement justifiant le recours aux services de police, ces personnes ont paralysé le fonctionnement du bloc opératoire jusqu'en fin d'après-midi ; la direction de l'établissement a fait état de ce que ces personnes ont empêché les avortements planifiés pour ce jour. Les membres du groupe ont été poursuivis pour tentative de délit d'entrave à interruption volontaire de grossesse et condamnés devant la cour d'appel.

Le pourvoi en cassation fait observer que le principe du droit au respect de la vie humaine consacré par les Conventions internationales ne comporte aucune exception ou restriction (autre que celle déjà mentionnée d'une sentence capitale), et que la loi Veil est incompatible avec ces Conventions en ce qu'elle prévoit qu'il puisse être porté atteinte à ce principe en permettant, à certaines conditions, aux femmes de mettre volontairement fin à une grossesse.

Les magistrats indiquent que « la sauvegarde de la vie, de la santé physique ou psychique de la femme, personne humaine au sens de la loi, justifie aux yeux de la loi, expression de la volonté générale, dans des cas et conditions strictement définis, le sacrifice d'un fœtus ou d'un embryon qui ne constitue qu'une personne humaine en devenir », et qu'en conséquence l'ensemble des dispositions issues de la loi du 17 janvier 1975 et de celle du 31 décembre 1979 relatives à l'interruption volontaire de grossesse, de même que les dispositions pénales de l'article L. 162-15 du Code de la santé publique, ne sont incompatibles ni avec l'article 2 de la Convention européenne de sauvegarde des Droits de l'homme et des libertés fondamentales, ni avec l'article 6 du Pacte international sur les droits civils et politiques qui reconnaissent, l'un et l'autre, l'existence, pour toute personne, d'un droit à la vie protégé par la loi. Le pourvoi est rejeté et les militants anti-IVG sont condamnés

Réaction/Actualité

L'enfant à naître a en principe une autonomie juridique. Mais cette autonomie est parfois en contradiction avec les textes. Il en est ainsi en matière d'IVG. Deux principes fondamentaux entrent alors en conflit. Le premier est destiné à assurer le respect de l'être humain dès le commencement de sa vie. Il repose sur l'article 16 du Code civil et a une valeur constitutionnelle (alinéa 1 du Préambule de la Constitution du 27 octobre 1946). Le second s'y oppose, en imposant à la femme une contrainte qu'elle estime ne pas pouvoir assumer. Ce principe de liberté repose sur la Déclaration des Droits de l'homme et du citoyen (DDH). Le droit positif tranche en faveur de la femme pendant les douze premières semaines (sauf prolongement pour motif médical). Les premières lois relatives à l'IVG ont été jugées constitutionnelles (Cons. Constit., 15 janv. 1975, n° 74-54 DC ; Cons. Constit., 27 juin 2001, n° 2001-446 DC). Selon la loi sur l'avortement et à titre exceptionnel donc, l'intégrité de la mère, ses droits propres prédominent sur la vie de l'embryon pendant une certaine période spécifiquement prévue par la loi.

Il convient toutefois d'observer que si, à l'origine, la loi Veil ne permettait l'avortement qu'aux femmes en état de détresse, de nos jours compte tenu de textes ultérieurs, la liberté de choix avant la douzième semaine appartient librement à la femme. On ne peut exclure l'idée que la reconnaissance du plaisir sexuel ait pu jouer (voir *supra*, 26 novembre 1975).

28 NOVEMBRE 2000

Le Tribunal d'instance de Saint-Étienne résilie un bail pour abus de jouissance du locataire se livrant à des actes de débauche réguliers troublant la tranquillité publique

Le fondement de la décision du tribunal repose sur le fait que la gêne apportée aux autres locataires est en contradiction avec la jouissance « en bon père de famille » qui doit résulter de ce contrat de location.

Extraits des attendus du tribunal d'instance en date du 28 novembre 2000 :

«Attendu que la loi du 6 juillet 1989, dans son article 7b, oblige le locataire à "user paisiblement des locaux loués suivant la destination qui leur a été donnée par le contrat de location" ; qu'au surplus, le contrat de bail signé par les parties le 29 mars 1993 prévoit expressément que le locataire devra "jouir des locaux en bon père de famille" ;

Attendu qu'il résulte des attestations produites que Mlle B. fait monter chez elle des dizaines d'hommes par jour ; qu'elle pousse des hurlements de jouissance accompagnés de mots obscènes à toute heure du jour et de la nuit ; que les voisins sont réveillés par ses manifestations de plaisir en pleine nuit ; que son voisin du dessus est obligé de marteler le sol à coups de poing pour calmer ses ardeurs ; que, toujours en pleine nuit, des hommes s'excitent sur leur klaxon et sa porte d'entrée pour l'appeler, que certains se trompent de porte et sonnent aux portes d'à côté ; que Mlle B. se promène sur son balcon en string pour racoler maris, femmes, enfants avec explication de ce qu'elle veut faire ».

Réaction/Actualité

Sur la forme, l'expression « jouir des locaux en bon père de famille », qui renvoie au caractère patriarcal mais dépassé de la famille, a été remplacée par un adverbe plus neutre, qui ne véhicule plus aucun stéréotype fondé sur le sexe. Le terme fut, dans un premier temps, jouir « paisiblement », puis par la suite « jouir de manière raisonnable ou raisonnablement ». La jouissance en bon père de famille est donc, de nos jours, supprimée. Sur le fond, les tribunaux ont déjà sanctionné l'usage de logements comme lieux de débauche. Une affaire semblable a été jugée par la cour d'appel de

Paris, le 2 mars 2006. Par acte sous seing privé du 2 février 1995, le GAN a donné à bail à la S.A.R.L. ROKH des locaux commerciaux. Concernant l'affectation des locaux, il était prévu : « le preneur ne pourra donner aux dits lieux aucune autre destination que celle prévue au présent bail à savoir : PIANO-BAR ; il est expressément précisé que les activités ainsi désignées englobent l'autorisation pour le preneur d'exploiter une licence de quatrième catégorie ». À la place de ce piano-bar, un club d'échangisme « Le Prélude » était exploité. Cette exploitation, depuis 1994, n'est pas illégale. Mais le preneur méconnaissait alors l'activité pour laquelle le bail lui a été consenti (l'activité exercée de club-échangiste n'étant pas contenue dans celle de piano-bar, seule autorisée). En conséquence le bail ne fut pas renouvelé.

Sur la nullité du bail pour cause immorale (maison de tolérance), voir aussi Cour de cassation, chambre commerciale, audience publique du lundi 20 novembre 1961.

29 NOVEMBRE 1996

Cour d'appel de Versailles : Absence de condamnation pour harcèlement sexuel de l'employeur (à cette époque) en l'absence de « menaces, de contraintes ou de pressions graves » pour « obtenir des faveurs de nature sexuelle »

Mme F., secrétaire, est importunée par son employeur D.R. (incitation à des relations sexuelles, regards insistants, frôlements physiques). Mme F. manifeste sa réprobation mais le supérieur poursuit ses agissements. Mme F. est profondément affectée et consulte un médecin. Les certificats médicaux attestent d'un « état anxio-dépressif réactionnel ». Elle sera licenciée pour « absence prolongée ».

La cour d'appel de Versailles (29 novembre 1996) considère « que si l'on peut admettre (...) que D.R. a adopté une attitude générale de séduction exempte de délicatesse et de tact et non dénuée d'arrière-pensées, assortie de manières et de propos douteux, suggestifs, grivois ou grossiers, aucun élément objectif ne vient cependant caractériser les contraintes résultant d'un abus d'autorité, en vue de faveurs de nature sexuelle ; qu'en effet, même si sa position hiérarchique ne peut être occultée, il n'est pas démontré qu'avec un tel dessein, il s'en soit prévalu ou l'ait invoquée (...) ; que le comportement reproché au prévenu, qui a pu apparaître insupportable à la partie civile, et faire naître en elle un sentiment de contrainte (...), n'entre pas dans les prévisions du texte répressif ci-dessus rappelé ».

Réaction/Actualité

Il convient d'indiquer que le délit de harcèlement sexuel, adopté selon l'article 222-33 du Code pénal de l'époque, était le suivant : le fait de harceler autrui en donnant des ordres, proférant des menaces, imposant des contraintes ou exerçant des pressions graves dans le but d'obtenir des faveurs de nature sexuelle, par une personne abusant de l'autorité que lui confèrent ses fonctions, est puni d'un an d'emprisonnement et de 100 000 francs d'amende. Ainsi, seul le harceleur qui usait « d'ordres, de menaces, de contraintes ou de pressions graves » pour « obtenir des faveurs de nature sexuelle » était pénalisé. Selon la cour, en l'absence « d'ordres, de menaces, de contraintes ou de pressions graves » pour « obtenir des faveurs de nature sexuelle », il n'existe pas légalement de harcèlement sexuel et tel a été le cas. La loi actuelle définit le harcèlement comme le fait d'imposer à une personne un comportement ou des propos à connotation sexuelle. Il ne fait pas de doute que l'employeur aurait de nos jours été condamné.

30 NOVEMBRE 2005

Cour de cassation, chambre sociale (n° 04-13877) : Nécessité en cas de harcèlement sexuel du supérieur en dehors de l'établissement de caractériser le trouble objectif à l'entreprise

Un journaliste, chef d'agence, avait été licencié pour avoir, en dehors de l'entreprise et donc dans le cadre de sa vie privée, « eu à l'égard de ses collègues féminines de la rédaction des gestes ayant une évidente signification sexuelle, ces gestes ayant entraîné par le refus des intéressées, une dégradation des relations professionnelles dans la rédaction ». Ce supérieur hiérarchique avait notamment tenté d'obtenir des relations sexuelles avec ses subordonnées à leur domicile. L'une d'entre elles avait même engagé une procédure pénale pour harcèlement sexuel qui s'était soldée par une relaxe.

La cour d'appel d'Angers a débouté le directeur d'agence de sa demande d'indemnité pour licenciement sans cause réelle et sérieuse.

La Cour de cassation a cassé l'arrêt de la cour d'appel au motif qui suit : « il ne peut être procédé à un licenciement pour une cause tirée de la vie privée du salarié que si le comportement de celui-ci a créé un trouble objectif caractérisé au sein de l'entreprise ». Or la Cour de cassation considère que les juges n'ont pas caractérisé le fameux trouble objectif causé par le salarié au sein de l'entreprise.

Réaction/Actualité

Cette décision a été critiquée, dans la mesure notamment où le comportement du directeur entraînait un trouble certain sur les lieux de travail. Même si les faits relevaient de la vie privée du salarié, ils avaient créé un «trouble objectif caractérisé au sein de l'entreprise». De nos jours, le licenciement sans indemnités aurait été prononcé en dépit d'agissements hors du lieu travail (voir 19 octobre 2011, Cass. soc., n° 09-72.672. Harcèlement sexuel (justifiant un licenciement) en dépit de propos tenus hors du lieu et du temps de travail.

Décembre

- **1er décembre 2013** – 3e forum International Intersexe du 1er décembre 2013. « Manifeste de Malte ». Vers une suppression de la mention du sexe dans les actes d'état civil en France ?
- **2 décembre 2014** – Arrêt Cour de justice de l'Union européenne (CJUE) à propos de la vérification des allégations d'homosexualité d'un demandeur d'asile
- **3 décembre 2014** – Cour de cassation chambre sociale : La justification de l'employeur selon laquelle il a pris des mesures adaptées et pertinentes en termes de résolution de conflit relatif au harcèlement moral ou sexuel peut lui permettre d'échapper à l'obligation absolue de sécurité et de résultat qui pesait antérieurement sur lui
- **4 décembre 2003** – CEDH MC c. Bulgarie : De l'absence de nécessité d'une résistance physique de la personne violée
- **5 décembre 2016** – Conférence sur la lutte contre les discriminations liées à l'origine par l'Association Française des Managers de la Diversité (AFMD) et la Fondation Agir Contre l'Exclusion (FACE)
- **6 décembre 2007** – Soirée *Démonia,* déguisement et fétichisme
- **7 décembre 2011** – Cour de cassation chambre criminelle : Absence de délit d'exhibition sexuelle d'un travesti en l'absence d'exposition des organes sexuels en dépit d'une masturbation sous la jupe

- **8 décembre 2009** – Chambre sociale de la Cour de cassation : Licenciement sans cause réelle et sérieuse du salarié, pour stockage d'une soixantaine de photographies pornographiques et zoophiles dans les archives personnelles non cryptées du salarié figurant sur l'ordinateur professionnel, « faute d'impact sur l'activité de l'entreprise »
- **9 décembre 2016** – Selon *Associated press* du 9 décembre 2016, la chambre des députés du Mexique a rejeté le droit au mariage entre conjoints de même sexe
- **10 décembre 1948** – Déclaration universelle des Droits de l'homme
- **11 décembre 1992** – La Cour de cassation admet pour la première fois sous condition le changement d'état civil d'un transsexuel et la primauté de la vie privée sur l'indisponibilité de l'état civil
- **12 décembre 2014** – Le Conseil d'État valide l'attribution de la nationalité française aux enfants nés après GPA à l'étranger
- **13 décembre 2012** – Communiqué de l'enseignement catholique sur le projet de mariage de personnes de même sexe
- **14 décembre 2016** – Ordonnance de référé du tribunal administratif de Paris à propos du film *Sausage Party* à connotations sexuelles. Absence de caractère pornographique du film. Interdiction suffisante aux moins de 12 ans
- **15 décembre 1837** – Cour de cassation, chambre mixte : Rentre dans la classe des conventions interdites (à propos du duel) la convention par laquelle deux hommes prétendent s'attribuer le droit de disposer mutuellement de leur vie. « Du duel au SM ? »
- **16 décembre 1963** – Cour de cassation, 2e chambre civile : Le refus de relations sexuelles du mari peut constituer une faute (divorce aux torts du mari) dans les devoirs du mariage (au même titre que l'excès : TGI Dieppe, 25 juin 1970, GP 70.II.243)
- **17 décembre 1997** – Cour de cassation 2e chambre civile : L'abstention prolongée de plus d'une année de relations intimes sans justification autorise le prononcé du divorce aux torts exclusifs de l'épouse

- **17 décembre 2014 (bis)** – Tribunal correctionnel de Paris : *Femen* condamnée pour exhibition sexuelle (seins nus dans l'église de la Madeleine à Paris)
- **17 décembre 2015 (ter)** – Cour de cassation chambre civile, 17 décembre 2015, pourvoi 14-29549 : L'adultère ne porte pas (plus) atteinte à l'honneur et à la considération
- **18 décembre 2015** – Tribunale de grande instance de Paris : Christine Boutin condamnée par le Tribunal de grande instance de Paris pour homophobie, « l'homosexualité est une abomination »
- **19 décembre 2012** – Cour de cassation, 1re chambre civile : Nullité du mariage faute d'intention conjugale
- **20 décembre 2016** – Conférence consacrée aux jouets sexuels interactifs et aux relations avec les humanoïdes, organisée à Londres les 19 et 20 décembre : « Sexe et robotique »
- **21 décembre 1999** – CEDH. Condamnation du Portugal dans l'affaire Salgueiro c. Portugal pour avoir refusé la garde de son enfant au père du fait de son homosexualité
- **22 décembre 1965** – Cour de cassation chambre criminelle : Une jeune femme jouant au ping-pong sur une plage les seins nus est condamnée pour outrage public à la pudeur
- **23 décembre 1980** – Loi relative au viol
- **23 décembre 1980 (bis)** – Loi sur le viol et bref historique : « De la loi générale sur le viol de 1980 à la disparition en 2010 de la présomption de consentement aux relations sexuelles entre époux (à propos du viol entre époux) »
- **24 décembre 2016** – Différence entre transsexuel et intersexué
- **25 décembre 2017** – Propos. La loi et la mention du sexe dans l'état civil. Pertinence de la dualité du sexe binaire (masculin et féminin) ?
- **26 décembre 1899** – Cour d'appel de Caen : L'utilisation d'un préservatif par le mari dans les rapports sexuels avec sa femme peut être une injure grave motivant la séparation de corps

- **27 décembre 2012** – Conseil des prud'hommes : Une célèbre banque condamnée par le conseil des prud'hommes pour discrimination (raciale) envers un de ses cadres
- **28 décembre 1967** – Loi dite « Neuwirth et accès aux contraceptifs »
- **29 décembre 2017** – Projet de lancement d'un Uber international du sexe prostitutionnel le 29 décembre selon les deux fondateurs californiens
- **30 décembre 1987** – Abrogation de l'article de la loi de 1920 réprimant la publicité sur les préservatifs
- **31 décembre 2016** – Violences à l'encontre de femmes en Allemagne (sexisme, agressions sexuelles)

1ER DÉCEMBRE 2013

1er décembre 2013 : 3e forum International Intersexe du 1er décembre 2013 « Manifeste de Malte ». Vers une suppression de la mention du sexe dans les actes d'état civil en France ?

La question de la suppression de la mention du sexe à l'état civil a été débattue dans le 3e forum Intersexe à Malte le 1er déc. 2013. Dans le cadre de ce forum les observations qui suivent ont été formulées. La mention du sexe est opérée sur l'acte de naissance à l'état civil. Or la distinction fondée sur le sexe entre homme et femme n'opère plus actuellement globalement d'effet. En effet le mariage entre personnes de même sexe est autorisé (mariage pour tous et toutes). Le principe d'égalité, de non-discrimination entre personnes de sexe distinct est établi par la Constitution. De ce fait l'appartenance à un sexe n'apparaît plus déterminante. Dès lors, pourquoi continuer à en faire un élément de l'état civil et poser ainsi d'importants problèmes aux personnes transgenres ou intersexuées ? (D'autant qu'à ce jour existe le refus de consacrer le sexe neutre dans de nombreux pays -voir en ce sens l'arrêt Suroa en date du 22 mars 2016).

Réaction/Actualité

À titre de précision seulement, il convient de faire observer que le sexe masculin ou féminin n'est pas mentionné qu'à l'état civil sur l'acte de naissance. Il est aussi présent sur le livret de famille qui évoque « l'époux ou l'épouse, le père ou la mère ». Dernière observation qui n'est nullement une critique, l'absence de la mention du sexe dans les actes d'état civil français ne risque-t-elle pas de perturber les personnes qui se rendraient dans des pays étrangers où les lois sont distinctes ?

2 DÉCEMBRE 2014

Arrêt Cour de justice de l'Union européenne (CJUE) à propos de la vérification des allégations d'homosexualité d'un demandeur d'asile

Les allégations d'un demandeur d'asile qui est poursuivi dans son pays pour homosexualité doivent être justifiées. Mais que demandent ceux qui sont chargés de recueillir les preuves ? Comment démontrer son homosexualité ? La CJUE a dû se prononcer dans l'arrêt C-148/13,

C-149/13 et C-150/13 du 2 décembre 2014 à la suite d'une question préjudicielle posée par le Conseil d'État néerlandais.

Le sujet est délicat car on rentre dans la sphère intime. Comment apprécier véritablement alors que les cultures d'un pays à un autre sont différentes ? Pourtant la Cour reconnaît explicitement « qu'il appartient au demandeur d'asile d'identifier » son orientation sexuelle car elle « constitue un élément relevant de sa sphère personnelle ». Il ressort en substance que la production de tests, vidéos ou photographies sont strictement, et quelles que soient les circonstances, interdites, même si certaines autorités nationales ont pu y voir un moyen d'objectiver les allégations du requérant. Seules les attestations médicales rédigées par des psychologues ou des psychiatres, qui font état que des traumatismes auxquels les requérants sont exposés en raison des persécutions qu'ils ont pu subir à cause de leur orientation sexuelle, restent autorisées. « Les interrogatoires concernant les détails des pratiques sexuelles des demandeurs d'asile » sont critiqués. L'incapacité des requérants de répondre « correctement » à des questionnaires sur l'orientation sexuelle (bien que ces questionnaires soient légaux) ne peut pas être « un motif suffisant en vue de conclure au défaut de crédibilité » d'un demandeur d'asile, « en ce qu'il ne permet pas auxdites autorités de tenir compte de la situation individuelle et personnelle » des demandeurs d'asile.

Réaction/Actualité

L'arrêt est important. Il met en relief les difficultés des enquêteurs mais aussi les atteintes à l'intimité. Il critique l'emploi de certaines méthodes (vidéos, photos, enregistrement d'ordre sexuel) ou l'utilisation trop normée de visions de l'homosexualité alors que les modalités peuvent être distinctes (consultation de sites, lieux de rencontres etc.) selon les pays.

3 DÉCEMBRE 2014

Cour de cassation chambre sociale : La justification de l'employeur selon laquelle il a pris des mesures adaptées et pertinentes en termes de résolution de conflit relatif au harcèlement moral ou sexuel entre salariés peut lui permettre d'échapper à l'obligation absolue de sécurité et de résultat qui pesait antérieurement sur lui

La jurisprudence a évolué sur la question de l'obligation de sécurité de l'employeur en cas de harcèlement entre collègues salariés. L'arrêt de la Cour de cassation du 3 décembre 2014 marque les prémices d'une évolution importante.

Jusqu'à l'arrêt de la Cour de cassation du 3 décembre 2014, lorsque le harcèlement entre salariés était établi, l'employeur avait peu de chance d'être dégagé de toute responsabilité. Sous couvert d'obligation de sécurité, la jurisprudence appliquait de manière sévère le principe selon lequel en matière de harcèlement, l'obligation de sécurité est une obligation de résultat. L'attendu de la Cour de cassation en date du 19 novembre 2014 illustre en ce sens l'affirmation selon laquelle « l'employeur, tenu d'une obligation de sécurité de résultat en matière de protection de la santé et de la sécurité des travailleurs, manque à cette obligation, lorsqu'un salarié est victime sur le lieu de travail d'agissements de harcèlement moral ou sexuel exercés par l'un ou l'autre de ses salariés, quand bien même il aurait pris des mesures en vue de faire cesser ces agissements ». (Cass. soc. 3 février 2010, n° 08-44019 ; Cass. soc. 19 novembre 2014, n° 13-17729). Cette sévérité conduisait certains employeurs à ne pas voir l'intérêt à adopter un dispositif préventif puisqu'il n'en était presque jamais tenu compte. Par ailleurs il n'était souvent pas tenu compte du bien-fondé de mesures prises par l'employeur en cas de harcèlement. Dès lors certains dirigeants pouvaient désespérer et se désintéresser de ce sujet important.

L'arrêt inédit de la Cour de cassation, chambre sociale, en date du 19 novembre 2014 marque une évolution importante (Cass. soc. 19 novembre 2014 n° 13-7729) en ce sens que la décision admet que l'employeur peut justifier avoir pris des mesures adaptées et judicieuses en termes de résolution de conflit pour se dégager de son obligation de sécurité. Il est précisé qu'il a en l'espèce tout mis en œuvre pour que le conflit personnel de la victime salariée avec une autre salariée puisse se résoudre au mieux des intérêts de la victime harcelée, via notamment la saisine du médecin du travail et du CHSCT et une médiation par l'intermédiaire d'un organisme extérieur.

Réaction/Actualité

La Cour de cassation dans le prolongement de l'arrêt inédit de décembre 2014 a rendu un arrêt de principe en date du 1er juin 2016 (Cass. soc., 1er juin 2016, n° 14-19702). Elle semble confirmer la solution précédente.

L'attendu de l'arrêt du 1er juin 2016 est le suivant: «Vu les articles L. 1152-1, L. 4121-1 et L. 4121-2 du Code du travail; attendu que ne méconnaît pas l'obligation légale lui imposant de prendre les mesures nécessaires pour assurer la sécurité et protéger la santé physique et mentale des travailleurs, notamment en matière de harcèlement moral, l'employeur qui justifie avoir pris toutes les mesures de prévention prévues par les articles L. 4121-1 et L. 4121-2 du Code du travail et qui, informé de l'existence de faits susceptibles de constituer un harcèlement moral, a pris les mesures immédiates propres à le faire cesser (...)» (Cass. soc., 1er juin 2016, n° 14-19702).

En conclusion, au regard de ce dernier arrêt, l'employeur peut s'exonérer de sa responsabilité s'il a agi correctement à titre préventif (d'où l'importance d'un affichage pour les faire connaître) et pris en cas de harcèlement des mesures adaptées à l'intérêt du harcelé.

4 DÉCEMBRE 2003

CEDH MC c. Bulgarie: De l'absence de nécessité d'une résistance physique de la personne violée

En Bulgarie, une jeune fille de quatorze ans avait accepté d'être raccompagnée chez elle par trois jeunes hommes. Elle sera violée malgré ses dénégations sans se débattre avec force. Or, selon la loi bulgare de l'époque, le viol en substance était défini comme «une relation sexuelle avec une femme incapable de se défendre, contrainte par la force ou la menace». La victime ne rentrait dans aucun de ces cas. Elle n'avait pas été menacée et ne se trouvait pas dans une situation où il lui était impossible de se défendre. Elle avait seulement dit non.

Selon l'arrêt de la Cour européenne des Droits de l'homme «MC c. Bulgarie», le seul refus exprimé verbalement par la victime devrait suffire à qualifier le rapport sexuel de viol.

Réaction/Actualité

L'arrêt de la CEDH MC c. Bulgarie souligne l'importance du seul refus verbal (non c'est non!) Il n'est pas besoin que ce refus soit conforté par une manifestation physique de la victime.

Qu'en est-il en France? L'article 222-23 du Code pénal français prévoit: «Tout acte de pénétration sexuelle, de quelque nature qu'il soit, commis sur la personne d'autrui par violence, contrainte, menace ou surprise est un viol». La résistance physique n'est nullement impérative. Son absence ne vaut pas consentement. On peut même être violé sans avoir manifesté un refus verbal (viol par surprise *supra* 25 avril 2001). Les tribunaux considèrent de plus qu'il peut y avoir viol lorsqu'on ne peut manifester clairement son consentement (minorité sexuelle, maladie, état psychologique).

5 DÉCEMBRE 2016

Conférence sur la lutte contre les discriminations liées à l'origine par l'Association Française des Managers de la Diversité (AFMD) et la Fondation Agir Contre l'Exclusion (FACE)

Lundi 5 décembre 2016, l'Association Française des Managers de la Diversité (AFMD) et la Fondation Agir Contre l'Exclusion (FACE) ont organisé une conférence sur les discriminations liées à l'origine. Dans une étude menée en 2011 par l'IFOP pour le Défenseur des Droits et l'Organisation internationale du travail, l'origine ethnique était le premier critère de discrimination ressenti par les salariées dans le secteur privé. Aujourd'hui, malgré un dispositif législatif important et les politiques de diversité déployées, les discriminations liées à l'origine persistent dans la vie professionnelle et sont aussi importantes dans le mode du travail que les discriminations sexuelles.

À ce sujet, qu'il s'agisse de discrimination sexuelle ou raciale, il convient de préciser qu'il existe des discriminations dites directes et des discriminations indirectes.

Une discrimination directe se produit lorsque, sur la base d'un critère prohibé, «une personne est traitée de manière moins favorable qu'une autre ne l'est, ne l'a été ou ne l'aura été dans une situation comparable».

Bien souvent, la discrimination directe reste dissimulée par un mensonge plus ou moins élaboré (exemple: «Nous venons d'embaucher le candidat»).

Une discrimination indirecte se produit lorsque sur la base d'un critère en apparence neutre non prohibé, elle est susceptible d'entraîner un désavantage particulier pour des personnes par rapport à d'autres personnes, en raison d'un critère prohibé (discrimination sexuelle par exemple). Ainsi une règle défavorisant les salariés à mi-temps peut constituer une discrimination sexuelle indirecte fondée sur le sexe, puisque statistiquement une nette majorité des salariés à temps partiel sont des femmes.

Réaction/Actualité

Selon le 10e baromètre du Défenseur des Droits publié en mars 2017, la discrimination au travail concerne avant tout l'âge et le sexe. Viennent ensuite l'origine, le handicap, l'état de santé. Concernant le sexe et notamment les femmes, une étude plus détaillée permet de se demander si ce n'est pas souvent la présence d'un enfant à charge de moins de 6 ans qui dans les faits est la raison profonde de la discrimination (ce qui peut ainsi modifier les perceptions sur les raisons des discriminations). Lorsque demain les hommes seront enceintes (ce qui n'est plus impossible – voir *supra* : transsexualité, changement de sexe), ou même du fait du mariage gay, qui n'empêche pas d'être parent d'un enfant (voir GPA), les discriminations actuelles à l'égard des femmes évolueront peut-être de ce fait.

6 DÉCEMBRE 2007

Soirée *Démonia*, déguisement et fétichisme

La Nuit *Démonia* est présentée sur internet en date du 6 décembre 2007 comme une soirée dépravée sans sexe qui a été créée en 1993. « De la partouze mais pour les yeux. Une débauche de tenues impossibles à porter ailleurs. On s'habille comme d'autres se déshabillent… pour mettre ses fantasmes à poil. À la Nuit *Démonia*, une masse de femmes et d'hommes exsudent le sexe, vêtus de tenues ahurissantes, transformés en aliens lubrifiés, portant des masques de latex ou des implants de cheveux en fibre optique, des casques, des coques à queue, des faux seins pneumatiques, des prothèses barbares et futuristes… Au diable les interdits ».

Réaction/Actualité

Le déguisement sans doute à connotation plus ou moins sexuelle, ou le fétichisme, semble être la dominante de la nuit *Démonia*. Elle se déroule judicieusement dans des lieux privés. Il ne pourrait en être de même dans l'espace public. Rappelons à cet égard quelques dispositions.

- Le port d'un costume, un uniforme ou une décoration réglementée par l'autorité publique [...] publiquement et sans droit [...] de nature à créer dans l'esprit du public une confusion avec l'exercice d'une fonction publique [...] est puni d'un an d'emprisonnement et de 15000 euros d'amende (Code pénal, art. 433-13 et 14).
- L'exhibition sexuelle imposée à la vue d'autrui dans un lieu accessible aux regards du public est punie d'un an d'emprisonnement et de 15000 euros d'amende (Code pénal, art. 222-32).
- Nul ne peut, dans l'espace public, porter une tenue destinée à dissimuler son visage. La méconnaissance [...] est punie de l'amende prévue pour les contraventions de deuxième classe. (Loi 2010-1192 du 11 octobre 2010).
- Est puni de l'amende prévue pour les contraventions de la cinquième classe le fait pour une personne, au sein ou aux abords immédiats d'une manifestation sur la voie publique, de dissimuler volontairement son visage afin de ne pas être identifiée dans les circonstances faisant craindre des atteintes à l'ordre public (Code pénal, art. R645-14).

7 DÉCEMBRE 2011

Cour de cassation, chambre criminelle : Absence de délit d'exhibition sexuelle d'un travesti en l'absence d'exposition des organes sexuels en dépit d'une masturbation sous la jupe

Selon la chambre criminelle de la Cour de cassation en date du 7 décembre 2011, le délit d'exhibition sexuelle nécessite nécessairement que les organes sexuels soient apparents. En l'espèce un transsexuel s'était masturbé sous sa jupe sans exposer ses organes sexuels. Cet agissement de nature obscène ne fut pas reconnu comme constitutif d'un délit d'exhibition sexuelle.

Les attendus de la Cour furent les suivants :

«Attendu que le juge répressif ne peut prononcer une peine sans avoir relevé tous les éléments constitutifs de l'infraction qu'il réprime ; attendu que, pour infirmer le jugement ayant renvoyé M. X... des fins de la poursuite et le déclarer coupable d'exhibition sexuelle, l'arrêt énonce qu'il résulte des déclarations d'un témoin qu'étant travesti et assis sur un banc, il s'est masturbé en public et qu'en se masturbant, fût-ce par-dessous sa jupe, à proximité d'un enfant qu'il fixait du regard, il s'est rendu coupable de ce délit même s'il n'a pas exposé directement à la vue d'autrui une partie dénudée de son corps, dès lors que les gestes qu'il pratiquait publiquement étaient de nature obscène ;

Mais attendu qu'en l'état de ces seules énonciations, qui ne caractérisent pas le délit d'exhibition sexuelle, qui suppose pour être constitué que le corps ou la partie du corps volontairement exposé à la vue d'autrui soit ou paraisse dénudé, la cour d'appel n'a pas justifié sa décision ; d'où il suit que la cassation est encourue ;

Par ces motifs : casse et annule, en toutes ses dispositions, l'arrêt susvisé de la cour d'appel de Riom, en date du 22 juin 2011, et pour qu'il soit à nouveau jugé, conformément à la loi ».

Réaction/Actualité

La situation présentée aurait pu être qualifiée d'attentat à la pudeur avant 1994, mais cette infraction fourre-tout a été supprimée en date du 1er mars 1994 (voir *supra* : 1er mars 1994). Elle a été remplacée par des dispositions pénales spécifiques dont « l'exhibition sexuelle ». Mais l'obscénité ne caractérise pas l'exhibition sexuelle. Le délit d'exhibition sexuelle suppose pour être caractérisé que les organes sexuels soient nécessairement exhibés, apparents (même dans le cas d'espèce où les faits se sont produits sous le regard d'un enfant). Il s'agit là d'une application stricte du droit pénal (voir 1er mars 1994).

8 DÉCEMBRE 2009

Cour de cassation chambre sociale : licenciement sans cause réelle et sérieuse du salarié pour stockage d'une soixantaine de photographies pornographiques et zoophiles dans les archives personnelles non cryptées du salarié figurant sur l'ordinateur professionnel « faute d'impact sur l'activité de l'entreprise »

Le salarié avait stocké sur son ordinateur professionnel soixante photos pornographiques, dont deux avaient un caractère zoophile. En l'espèce, la société arguait que ces documents se trouvaient dans les archives du salarié et non dans des documents cryptés ou protégés par un mot de passe.

Selon la Cour de cassation, de telles mesures ne sont pas nécessaires pour qu'un document soit considéré comme personnel. Les quelques fichiers retrouvés sur l'ordinateur du salarié ne sont pas de nature à avoir un impact sur l'activité de l'entreprise et n'empêchaient pas le salarié d'accomplir ses missions (Voir aussi en ce sens 8 décembre 2009 / 23 novembre 2011 / 10 mai 2012 / 19 mars 2004 / 8).

Réaction/Actualité

La délimitation de la sphère privée du salarié sur son lieu de travail a été interprétée de manière assez extensive. Mais il est vrai que des licenciements en la matière ne sont souvent admis que difficilement sous réserve d'un impact sur l'entreprise (voir arrêt du 23 novembre 2011 ou arrêt du 10 mai 2012 ou même du 4 septembre 2009 à propos de la zoophilie).

9 DÉCEMBRE 2016

Selon *Associated Press* du 9 décembre 2016, la Chambre des députés du Mexique a rejeté le droit au mariage entre conjoints de même sexe

Le président de la République Peña Nieto a soumis à la Chambre des députés une proposition de loi en mai 2016 afin de légaliser le mariage homosexuel à l'échelle du pays. Elle a provoqué des manifestations. Elle a été rejetée, en novembre 2016, par la Chambre basse des députés (en dépit de la décision l'année dernière de la Cour suprême considérant que le mariage homosexuel n'était pas anticonstitutionnel).

Réaction/Actualité

La Cour suprême du Mexique avait considéré qu'il était anticonstitutionnel d'interdire les unions civiles homosexuelles. Cette décision n'a toutefois pas entraîné immédiatement une révision des lois en ce sens. Le mariage gay n'était donc autorisé que dans certaines régions du pays. Tel est toujours le cas faute de loi plus générale. Il n'est pas impossible que dans un proche avenir le Mexique débatte à nouveau du sujet tant les avis sont partagés.

10 DÉCEMBRE 1948

Déclaration universelle des Droits de l'homme

La Journée internationale des Droits de l'homme est célébrée chaque année partout dans le monde le 10 décembre. C'est à la date du 10 décembre 1948 que l'Assemblée générale des Nations Unies a proclamé la Déclaration universelle des Droits de l'homme. 50 États ont adopté cette charte universelle. Du fait de l'apartheid, l'Afrique du Sud s'est abstenue en raison de l'affirmation au droit à l'égalité devant la loi sans distinction de naissance ou de race, de même l'Arabie saoudite n'a pas admis la disposition préconisant l'égalité homme-femme.

Réaction/Actualité

Les États signataires affirment, dans le préambule de la Charte, leur foi « dans les droits fondamentaux de l'homme, dans la dignité et la valeur de la personne humaine, dans l'égalité de droits des hommes et des femmes » et manifestent la volonté de « préserver les nations futures du fléau de la guerre ». L'ONU créée en 1945 se réfère souvent aux Droits de l'homme. La portée juridique de la Déclaration est faible. Elle n'a pas la valeur contraignante d'un traité international, elle ne peut être invoquée devant un juge. Le Conseil d'État a considéré qu'elle n'avait pas de valeur normative (arrêt « Roujansky » de 1984). Ce texte a toutefois une portée morale dans la mesure où la majorité des États du monde (plus de 190 États) sont membres de l'ONU.

11 DÉCEMBRE 1992

La Cour de cassation admet pour la première fois sous condition le changement d'état civil d'un transsexuel et la primauté de la vie privée sur l'indisponibilité de l'état civil

Jusqu'en 1992 le changement d'état civil d'un transsexuel était refusé au motif de l'indisponibilité de l'état civil.

Le 11 décembre 1992, la Cour de cassation en assemblée plénière, à travers deux arrêts (Cass. Ass. Plén., 11 déc. 1992, n° 91-11.90 et 91-12.373), fait primer en matière de transsexualisme pour la première fois le principe du respect de la vie privée sur celui de l'indisponibilité de l'état civil. Plus précisément elle admet sous condition le changement d'état civil d'un transsexuel. Il s'agit là d'un revirement de jurisprudence : « lorsqu'à la suite d'un traitement médico-chirurgical, subi dans un but thérapeutique, une personne présentant le syndrome du transsexualisme ne possède plus tous les caractères de son sexe d'origine et a pris une apparence physique la rapprochant de l'autre sexe, auquel correspond son comportement social, le principe du respect dû à la vie privée justifie que son état civil indique désormais le sexe dont elle a l'apparence ».

La décision est importante car les règles relatives à la procédure de modification de la mention du sexe à l'état civil résultaient essentiellement jusqu'en 2016 de principes dégagés par la jurisprudence de la Cour de cassation.

Ce revirement de jurisprudence résulte sans nul doute de la condamnation pendant la même année de la France par la Cour européenne de justice des Droits de l'homme (arrêt CEDH du 25 mars 1992 cité *supra*).

Réaction/Actualité

Par la suite les conditions d'admission sur le changement de genre furent plus ou moins contradictoires. Diverses juridictions imposèrent des interventions chirurgicales et notamment une réassignation sexuelle (opération de changement de sexe), d'autres non. Ces conditions apparaissaient alors discriminatoires et arbitraires, car dépendant des juridictions.

Une circulaire ministérielle du 14 mai 2010 (*supra*) voulut supprimer l'exigence de l'ablation des organes génitaux pourvu que fussent démontrées la réalité du transsexualisme et l'irréversibilité des effets des traitements hormonaux pratiqués. La suppression de ces conditions ne fut pas toujours respectée.

Des contradictions de décisions conduisant *in fine* à des discriminations furent à l'origine de la loi du 12 juillet 2016.

De nos jours la loi votée le 19 juillet 2016, publiée le 12 octobre 2016 (*supra*) dans le cadre du « projet de loi de modernisation de la justice du XXIe siècle » démédicalise la procédure. Elle supprime l'épreuve de la stérilisation et la nécessité de la démonstration du caractère irréversible du traitement hormonal. Il n'est plus nécessaire de démontrer que des traitements médicaux ont été achevés ou même engagés. Le texte prévoit que « toute personne qui démontre par une réunion suffisante de faits que la mention relative à son sexe à l'état civil ne correspond pas à celui dans lequel elle se présente et dans lequel elle est connue peut en obtenir la modification ». Mais la demande doit toujours être effectuée devant les magistrats du TGI et non par simple déclaration à l'état civil.

12 DÉCEMBRE 2014

Le Conseil d'État valide l'attribution de la nationalité française (circulaire Taubira) aux enfants nés après GPA à l'étranger

Le certificat de nationalité française prévu par la circulaire Taubira du 25 janvier 2013 autorisait et facilitait la délivrance de papiers d'identité français. Il évitait le recours à la transcription de la filiation établie à l'étranger à l'état civil français, interdit à l'époque par la jurisprudence de la Cour de cassation. Mais cette circulaire était critiquée de la part de plusieurs associations familiales et catholiques.

Le Conseil d'État, le 1er décembre 2014, estime qu'en dépit de l'interdiction de la gestation pour autrui (GPA) sur le sol français (GPA qui demeure une fraude à la loi), le fait qu'un enfant naisse par GPA à l'étranger ne peut le priver de sa nationalité, dès lors que sa filiation avec un parent français est légalement établie à l'étranger. « Est français l'enfant dont l'un des parents au moins est français (...), tout acte d'état civil des Français et des étrangers fait en pays étranger et rédigé dans les formes usitées dans ce pays fait, en principe, foi. Les enfants pourront être français dès lors que l'un de leurs parents est français ».

Réaction/Actualité

Les enfants nés par GPA ont au minimum un parent français, le père biologique, dont les gamètes ont été utilisés pour la fécondation *in vitro* avant l'implantation de l'embryon dans l'utérus de la mère porteuse. Ne pas délivrer de certificats de nationalité française constituerait « une atteinte disproportionnée au respect de la vie privée de l'enfant », estiment les juges administratifs, qui se réfèrent à la Convention européenne des Droits de l'homme (CEDH). Le Conseil d'État se réfère explicitement à l'article 8 de la CEDH. Celui au nom duquel la Cour européenne a condamné, en juin, la France, pour refus de transcrire l'état civil d'enfants nés par GPA à l'étranger.

Certes il n'y a que quelque 200 couples hétérosexuels et homosexuels qui y ont recours chaque année, selon les associations, mais est-ce une raison de priver les enfants de la nationalité française à laquelle ils ont droit. (On raisonne parfois de même manière pour refuser l'idée de mention de sexe neutre ou indéterminé).

Rappelons que la Cour de cassation en assemblée plénière a, en date du 3 juillet 2015, accepté de transcrire sur le registre d'acte de naissance français un enfant né de gestation pour autrui (GPA) au nom de l'intérêt supérieur de l'enfant. Par ailleurs, allant plus loin en date du 5 juillet 2017, la Cour de cassation reconnaît pour la première fois en matière de GPA (toujours considérée comme fraude à la loi) que le conjoint du père biologique, parent d'intention (ou père social), peut procéder à l'adoption. Cette adoption est toutefois une adoption simple et non une adoption plénière. La mère biologique n'est nullement effacée.

13 DÉCEMBRE 2012

Communiqué de l'enseignement catholique sur le projet de mariage de personnes de même sexe

L'Église a vivement réagi à l'annonce d'un projet de mariage pour tous (étant précisé que la loi du 17 mai 2013 a consacré ce droit aux personnes de même sexe).

Les termes du communiqué de l'enseignement catholique sont en résumé les suivants :

« Au nom de sa responsabilité éducative, l'enseignement catholique estime qu'il est de son devoir de faire entendre sa voix sur le projet d'ouverture du mariage et de la parentalité aux personnes de même sexe… Toutes les options individuelles n'ont pas à être instituées, au risque d'ébranler des références sociales aussi fondamentales que le mariage, union d'un homme et d'une femme, et la famille, cellule de base où la responsabilité éducative est exercée par un père et une mère… Fort de son expérience et de son expertise éducative, l'enseignement catholique partage le point de vue du plus grand nombre des professionnels de l'enfance. Avec eux, il rappelle que, pour la construction de l'identité et de la personnalité de chaque enfant et de chaque jeune, la reconnaissance de la différence sexuelle et le droit d'accéder à ses origines et à sa propre histoire sont tout à fait essentiels... À tout le moins, une telle perspective exige l'ouverture d'un large débat permettant un échange de points de vue argumentés et une prise de conscience par le plus grand nombre de l'importance des enjeux ».

Réaction/Actualité

Plus que le mariage pour tous (ou pour toutes), c'est la situation des enfants qui semble avoir inquiété les membres de l'enseignement catholique. Ils s'appuient sur l'avis d'experts mais en réalité, les expertises sont contradictoires, et selon d'autres spécialistes, il n'existerait pas d'incidences néfastes à l'adoption.

La force des réactions au mariage pour tous ne semble pas avoir été envisagée par les gouvernants en place, au point que certaines décisions qui devaient être prises n'ont pas été prises. Cette absence de texte a embarrassé les magistrats et a conduit en matière d'adoption suite à PMA ou GPA, à des décisions jurisprudentielles contradictoires pendant un certain temps.

14 DÉCEMBRE 2016

14 décembre 2016 : Ordonnance de référé du tribunal administratif de Paris à propos du film *Sausage Party* à connotations sexuelles. Absence de caractère pornographique du film. Interdiction suffisante aux moins de 12 ans

La ministre de la Culture a délivré au film d'animation *Sausage Party* des visas d'exploitation assortis d'une interdiction aux mineurs de douze ans. Cette interdiction résultait de la présence de « très nombreuses scènes à caractère sexuel et un langage cru qui, en dépit de leur second degré, ne sont pas appropriés à un jeune public ».

La diffusion du film *Sausage Party* en 2016 a été attaquée par des associations, et des parents d'enfants mineurs ont saisi le tribunal administratif de Paris afin que cette diffusion soit suspendue. L'association *Promouvoir* notamment a qualifié le film de pornographique. Elle réclame l'interdiction de *Sausage Party* aux moins de 16 ans et un avertissement préalable à la diffusion du film.

Le juge des référés répond par la négative. Il estime notamment que ce film est un film d'animation et que « les regards et mouvements de tendresse d'un taco envers un pain à hot-dog ne présentent pas le caractère de scène de sexe ». Par ailleurs, « l'aspiration par une poire à lavement du contenu d'une brique de jus de fruits ne peut être interprétée comme évoquant une agression à caractère sexuel que par des spectateurs en capacité de se distancier par rapport à ce qui leur est donné à voir ». La magistrate ajoute qu'il convient de prendre en compte les différents degrés de lecture du film par un adulte et par un adolescent. Il apparaît *in fine* que, compte tenu notamment de la dimension humoristique du film, l'absence d'interdiction aux jeunes adolescents ne méconnaissait pas l'exigence de protection de l'enfance et de la jeunesse. Le juge des référés considère donc que les visas accordés n'avaient pas à être complétés par un avertissement. L'interdiction de la diffusion aux moins de douze ans, le titre, l'affiche et la bande-annonce du film mettent suffisamment en relief son caractère « subversif » et l'omniprésence des connotations sexuelles.

Réaction/Actualité

Il est assez rare en France qu'un film d'animation soit interdit aux moins de douze ans. La volonté des ligues de vertu de défendre un ordre moral a sans doute prédominé dans cette affaire. Aux États-Unis en revanche, où le puritanisme en matière de sexualité est plus strict, la question pourrait se poser, car les films d'animation ou de fiction peuvent être plus aisément considérés comme obscènes et pornographiques.

15 décembre 1837

Cour de cassation, chambre mixte, 15 décembre 1837 : Rentre dans la classe des conventions interdites (à propos du duel) la convention par laquelle deux hommes prétendent s'attribuer le droit de disposer mutuellement de leur vie. « Du duel au SM ? »

La question tranchée devant la Cour de cassation le 15 décembre 1837 à propos du duel était de savoir si le consentement de la victime exonérait l'auteur des faits de toute responsabilité pénale en cas de blessure ou de décès suite à un duel. La Cour de cassation a répondu à cette époque par la négative. La protection de l'ordre public de l'intérêt général prédomine en droit pénal et doit ainsi prédominer sur la volonté particulière des parties de commettre un délit ou un crime. La solution pourrait être élargie à d'autres cas. Plus généralement en cas de délit ou de crime sur la victime, l'acceptation de tels actes ou de tels faits n'est nullement exonératoire de toute responsabilité pénale de l'auteur. Mais de nos jours, pourrait-on appliquer la même solution en matière de BDSM ?

Réaction/Actualité

En matière de sadomasochisme il peut être tenant d'appliquer la solution rendue par cet arrêt. Toutefois le sadomasochisme n'est ni un crime ni un délit, et cette pratique est considérée de nos jours comme ayant sa place dans la vie sexuelle. Par ailleurs, l'élément moral, l'intention, la volonté de blesser, *a fortiori* de tuer délibérément autrui, n'existe pas véritablement. En définitive, ces pratiques SM sont censées relever de la sphère intime et sauf blessure autres qu'égratignures (à défaut on risque de considérer que les participants sont sortis de ces pratiques), les poursuites ou condamnations s'avèrent inexistantes (sur le sujet, se référer aussi aux autres cas cités dans cet almanach dont 1er juillet 2009/6 janvier 1998).

16 DÉCEMBRE 1963

Cour de cassation, 2e chambre civile : Le refus de relations sexuelles de la part du mari peut constituer une faute (divorce aux torts du mari), dans les devoirs du mariage (au même titre que l'excès : TGI Dieppe, 25 juin 1970, GP 70.II.243)

L'attendu de la Cour de cassation qui prononce le divorce pour faute aux torts du mari en raison de l'absence de toute relation sexuelle est le suivant : « Ayant observé qu'il résultait des pièces médicales produites et de la correspondance des époux, que le mariage n'avait pas été consommé après cinq années de vie conjugale du fait de l'abstention du mari, que cette carence avait sa cause, non dans un défaut de conformation mais dans des répugnances pouvant être surmontées ou vaincues par un traitement de psychothérapie et que ce n'est que tardivement que le mari avait envisagé de recourir à des soins appropriés, les juges du fond qui estiment que ce mari avait manifesté à son épouse une indifférence injurieuse manquant ainsi gravement aux devoirs du mariage et rendant intolérable le maintien du lien conjugal, justifient légalement leur décision prononçant le divorce aux torts du mari ».

Réaction/Actualité

L'absence de relation sexuelle de la part de l'homme mais aussi de la femme (*infra* 17 décembre 1997), ou même l'insuffisance, a pu être condamnée. Mais à l'inverse, l'excès de démonstration amoureuse ou de relations sexuelles a été aussi sanctionné (en ce sens TGI Dieppe 25 juin 1970, GP 70.II.243).

17 DÉCEMBRE 1997

Cour de cassation, 2e chambre civile : L'abstention prolongée de plus d'une année de relations intimes sans justification autorise le prononcé du divorce aux torts exclusifs de l'épouse

Selon la demanderesse au pourvoi (dont le divorce avait été prononcé aux torts exclusifs par la cour d'appel d'Amiens (3e chambre de la famille en date du 28 février 1996), la cour d'appel aurait qualifié de fautif le comportement d'une femme mariée au prétexte qu'elle avait refusé toutes relations sexuelles pendant plus d'une année, sans relever aucun élément de nature à démontrer le caractère intentionnel de son abstinence. La cour aurait affirmé péremptoirement de plus que la femme n'avait pas prévu de mettre fin un jour à son refus de toutes relations sexuelles, sans indiquer les éléments de preuve sur lesquels elle se serait fondée pour retenir un tel fait. En d'autres termes il était reproché à la cour d'appel de ne pas démontrer le caractère intentionnel de l'abstinence et d'affirmer sans argumentation que la femme n'avait pas prévu de revenir sur sa décision.

La Cour de cassation confirme cependant la décision de la cour d'appel au motif qui suit : « La cour d'appel, n'était pas tenue de suivre les parties dans le détail de leur argumentation et a estimé à juste titre "sans inverser la charge de la preuve" que l'abstention prolongée de relations intimes imputées à l'épouse n'était pas justifiée par des raisons médicales suffisantes. La seule abstention prolongée sans éventualité d'un retour à des relations ultérieures était donc suffisante. En d'autres termes il appartenait donc à l'épouse de justifier les raisons qui la poussaient à ne plus avoir de relations sexuelles avec son mari ».

Réaction/Actualité

Il est délicat de déterminer à partir de quel moment, au bout de combien de temps, l'absence de relations sexuelles est fautive. En l'espèce, la durée d'une année a été invoquée. Le fait que l'épouse ne soulevait aucune justification, telle par exemple la maladie, et qu'elle ne laissait entrevoir pour l'avenir aucune modification de son comportement ont incité la cour de cassation à rejeter le pourvoi.

17 DÉCEMBRE 2014 (BIS)

Tribunal correctionnel de Paris : *Femen* condamnée pour exhibition sexuelle (seins nus dans l'église de la Madeleine à Paris)

Le 17 décembre 2014, le tribunal correctionnel de Paris a condamné une jeune Femen pour exhibition sexuelle. Elle avait pénétré les seins nus dans l'église de la Madeleine et entendait dénoncer la position antiavortement de l'Église catholique. Son geste était symbolique.

Réaction/Actualité

La question peut se poser de savoir si les conditions du délit d'exhibition sexuelle étaient remplies. Il convient de se référer à la jurisprudence car la loi qui ne donne pas de définition est muette sur la question. Les actes de nature sexuelle peuvent être multiples (ex: relations sexuelles en public) et surtout ils doivent être réalisés publiquement. Le lieu où l'acte a été commis a surtout été retenu. L'avocat des femmes a fait valoir que l'on n'aurait pas condamné un homme torse nu. La décision est à rapprocher de celle rendue *infra* le 22 décembre (outrage à la pudeur).

17 DÉCEMBRE 2015 (TER)

Cour de cassation chambre civile, 17 décembre 2015, pourvoi 14-29549: L'adultère ne porte pas (plus) atteinte à l'honneur et à la considération

Une plainte en diffamation est déposée contre les journalistes auteurs d'une biographie intitulée *La Frondeuse*. La raison est qu'il est fait état d'une hypothétique liaison de Madame V. T. avec un futur membre du gouvernement de droite à l'époque où tous deux sont déjà mariés. Saisie d'une action en diffamation, une cour d'appel a retenu que l'évolution des mœurs comme celle des conceptions morales ne permettaient plus de considérer que l'imputation d'une infidélité conjugale serait à elle seule de nature à porter atteinte à l'honneur ou à la considération.

L'affaire est par la suite portée devant la Cour de cassation. Un arrêt de rejet est rendu et confirme la décision et la motivation de la cour d'appel.

« Mais attendu qu'ayant exactement énoncé, d'une part, que l'atteinte à l'honneur ou à la considération ne pouvait résulter que de la réprobation unanime qui s'attache, soit aux agissements constitutifs d'infractions pénales, soit aux comportements considérés comme contraires aux valeurs morales et sociales communément admises au jour où le juge statue, d'autre part, que ces notions devaient s'apprécier au regard de considérations objectives et non en fonction de la sensibilité personnelle et subjective de la personne visée, la cour d'appel, loin de se borner à relever que l'adultère était dépénalisé depuis quarante ans, a retenu à bon droit que l'évolution des mœurs comme celle des conceptions morales ne permettait plus de considérer que l'imputation d'une infidélité conjugale serait à elle seule de nature à porter atteinte à l'honneur ou à la considération ; que, par ces seuls motifs, elle a légalement justifié sa décision ».

Réaction/Actualité

La notion de bonnes ou mauvaises mœurs a évolué sans que le profane élevé dans le cadre d'une éducation judéo-chrétienne puisse en avoir aussi nettement conscience. Désormais l'adultère n'est plus « objectivement » contraire aux bonnes mœurs, à l'honneur, à la considération. Les tribunaux évoquent de moins en moins cette notion d'atteinte aux bonnes mœurs. Exception notable, le contrat de prostitution semble demeurer encore pour certains contraires aux bonnes mœurs. Mais ce n'est pas l'avis de tous et surtout pas celui de la CEDH.

18 DÉCEMBRE 2015

Tribunal de grande instance de Paris : Christine Boutin condamnée, le 18 décembre 2015, pour avoir déclaré que « l'homosexualité est une abomination »

La 17e chambre correctionnelle du TGI de Paris – dite « chambre de la Presse » a condamné Christine Boutin, femme politique, pour ses propos sur l'homosexualité par application de la loi du 30 décembre 2004 qui sanctionne les propos homophobes. Cette loi vise spécifiquement ceux qui « auront provoqué à la haine ou à la violence à l'égard d'une personne ou d'un groupe de personnes à raison de leur sexe, de leur orientation sexuelle ou de leur handicap ». Elle complète et précise plus spécifiquement la loi du 29 juillet 1881, qui réprimait déjà les provocations « à la discrimination, à la haine ou à la violence, notamment raciale ou religieuse ».

Réaction/Actualité

Ce n'est pas la première fois que des propos homophobes sont prononcés par des personnages politiques. Ainsi le 25 janvier 2007, la cour d'appel de Douai avait sanctionné un député qui avait déclaré que « l'homosexualité est inférieure à l'hétérosexualité » mais la Cour de cassation au nom de la liberté d'expression avait cassé l'arrêt.

On peut penser que la loi de 2004 fait doublon avec celle de 1881. Mais en réalité les propos homophobes étaient peu sanctionnés. Par cette même loi de 2004, des associations ont été habilitées pour poursuivre de tels propos. La Haute autorité de lutte contre les discriminations et pour l'égalité a été créée simultanément. Sa mission est accomplie actuellement par le Défenseur des Droits.

19 DÉCEMBRE 2012

Cour de cassation, 1re chambre civile : Nullité du mariage faute d'intention conjugale

La 1re chambre civile en date du 19 déc. 2012 pourvoi 09/15606 considère que la nullité du mariage peut être prononcée si l'épouse s'est mariée dans le seul but de s'approprier le patrimoine du mari et d'assurer l'avenir d'un fils qu'elle avait eu avec un tiers.

Réaction/Actualité

On trouve de nombreux cas de la sorte (notamment lorsque le futur mari est âgé) ou du moins présentés comme tels par la partie adverse à l'épouse qui estime qu'il n'y a pas eu d'intention conjugale. Mais le fait d'assurer les vieux jours du mari marque aussi la volonté de l'épouse, fût-elle très jeune, d'assurer le bien-être du couple et des obligations conjugales.

20 DÉCEMBRE 2016

Conférence consacrée aux jouets sexuels interactifs et aux relations avec les humanoïdes, organisée à Londres les 19 et 20 décembre. « Sexe et robotique »

L'arrivée des premiers robots sexuels serait pour demain selon les déclarations en date du 20 décembre 2016 de l'entreprise californienne Abyss. Cette dernière, qui propose déjà des « poupées sexuelles » grandeur nature depuis des années, va maintenant leur donner la parole. Les poupées d'Abyss Creations auront une « personnalité » et seront prêtes à coucher avec vous « quand vous le désirez », promet le fondateur Matt Mc Mullen. D'après ce dernier, les acheteurs seraient sans doute les mêmes personnes qui acquièrent déjà ses poupées en silicone, c'est-à-dire celles qui n'ont pas de vie sexuelle ou sont insatisfaites.

Réaction/Actualité

Le sexrobot présente un aspect positif s'il s'agit de pallier la misère sexuelle. Le fait qu'il soit à ce jour essentiellement de sexe féminin est critiqué en raison de l'image de femme-objet. Enfin et surtout, le consentement mutuel au rapport sexuel est annihilé. On peut se demander si les techniciens spécialistes, afin de souligner l'importance de l'accord et rappeler ainsi dans la réalité l'image du viol, ne devraient pas obliger la poupée à donner son acceptation avant tout rapport. À quand le mariage avec un robot ?

21 DÉCEMBRE 1999

21 décembre 1999, CEDH : Condamnation du Portugal dans l'affaire Salgueiro c. Portugal pour avoir refusé la garde de son enfant au père du fait de son homosexualité

La Cour européenne des Droits de l'homme (CEDH) a condamné le Portugal le 21 décembre 1999 en raison du refus de garde d'un enfant par un père du fait de son homosexualité.

De manière analogue, la CEDH en date du 22 janvier 2008, dans l'affaire E.B. c. France a condamné la France pour avoir refusé le droit d'adoption par un homosexuel.

Réaction/Actualité

Cette décision de condamnation par la CEDH illustre une jurisprudence novatrice de la CEDH en matière notamment de droit de la famille. Pour cette raison, on constate que les milieux conservateurs souhaitent l'abolition du rôle de la CEDH. Mais la France a souvent suivi les décisions de la CEDH.

22 DÉCEMBRE 1965

Cour de cassation, chambre criminelle : Une jeune femme jouant au ping-pong sur une plage les seins nus est condamnée pour outrage public à la pudeur

L'outrage public à la pudeur est un délit qui ratissait large même sans intention de provoquer et permettait de poursuivre les naturistes. Il est aujourd'hui supprimé.

Réaction/Actualité

De nos jours où le port du monokini sur la plage est assez usuel il est vraisemblable que cette personne n'aurait pas été condamnée pour le délit d'exhibition sexuelle qui a remplacé celui d'outrage public à la pudeur. L'arrêt cité est à rapprocher d'une décision similaire déjà citée rendue par le tribunal correctionnel de Grasse, le 29 mai 1965. Ce tribunal avait condamné sur le même fondement une femme se promenant nue dans les rues d'une station balnéaire.

Cet arrêt est rapproché d'une décision du tribunal correctionnel de Paris qui, le 17 décembre 2014, avait condamné une Femen (*infra*) pour exhibition de seins nus dans l'église de la Madeleine.

23 DÉCEMBRE 1980

Loi relative au viol

La loi du 23 décembre 1980 a tenté de définir le viol. Il s'agit d'un acte de pénétration par contrainte (sans consentement donc) « de quelque nature » qu'il soit, par le sexe ou dans le sexe ou un organe sexuel (anus). Avant cette loi, seule la pénétration vaginale (coït) était visée. La loi de 1980 ne fait donc plus de différence entre le coït (pénétration vaginale), la sodomie ou la fellation qui n'est donc plus exclue.

Le viol caractérisé par l'acte de pénétration contrainte est puni de 15 ans d'emprisonnement alors que l'agression sexuelle (attouchement, déshabillage, caresse sans pénétration) n'est punie que de 5 ans de prison.

Réaction/Actualité

Il a été jugé que la pénétration buccale d'un objet de forme phallique n'est pas une pénétration sexuelle (Crim. 21 févr. 2007 : Bull. crim. N° 61 ; D. 2007. Pan. 2633 ; RSC 2007.301) voir *Almanach* 21 février. Elle n'a lieu ni par ni dans le sexe. De même la fellation n'est pas toujours considérée comme un viol faute de pénétration sexuelle imposée (l'impératif « je te suce » est une agression sexuelle imposée à la femme et non un viol faute de pénétration sexuelle et doit être distingué du « suce-moi » qui est un viol ; sur ces sujets voir *Almanach* 12 février 1984 / 2 août 2001 / 21 octobre 1998).

L'affaire du viol ou de la fellation a rebondi médiatiquement à propos de l'affaire DSK. Mais les USA n'ont pas la même législation. Le droit américain fait une différence entre le rapport sexuel coït et la fellation, mais additionne l'ensemble (il y aurait eu selon la presse plainte pour deux pénétrations orales et une tentative de coït) ce qui en théorie génère un cumul d'infractions et de peines exorbitantes. Dans plus de 90 % des cas le plaider coupable permet de réduire les chefs d'infractions ou les peines.

23 DÉCEMBRE 1980 (BIS)

Loi sur le viol et bref historique. « De la loi générale sur le viol du 23 décembre 1980 à la disparition en 2010 de la présomption de consentement aux relations sexuelles entre époux (à propos du viol entre époux) »

À l'origine et bien avant la loi du 23 décembre 1980, la jurisprudence considérait que le crime de viol ne devait être retenu qu'en cas de violence. Il n'était possible qu'en dehors du mariage (pas de viol possible d'un mari sur son épouse).

À partir de la loi du 23 décembre 1980, le viol est défini comme : « Tout acte de pénétration sexuelle, de quelque nature qu'il soit, commis sur la personne d'autrui par violence, contrainte ou surprise ». Le viol est lié ainsi au défaut de consentement. C'est le défaut de consentement qui justifie qu'en 1990, pour la première fois la Cour de cassation (Cass. 5 sept. 1990, *supra*) ait admis l'existence d'un viol entre époux. La présomption d'accord quasi absolue du fait de l'obligation au devoir conjugal commençait de la sorte implicitement à être levée (présomption d'accord supprimée de nos jours). C'était une première (Crim. 5 sept. 1990). Il est vrai qu'en l'espèce des coups avaient été portés.

En 1992, la Cour de cassation affirmera explicitement que « la présomption de consentement des époux aux actes sexuels accomplis dans l'intimité de la vie conjugale ne vaut que jusqu'à preuve du contraire ». La présomption de consentement de l'épouse du fait du devoir conjugal était maintenue, mais elle pouvait selon cette jurisprudence être renversée par une preuve contraire. L'arrêt de 1992 a sans doute servi de fondement à la loi de 2006.

La loi du 4 avril 2006 a consacré l'existence d'une présomption légale de nature simple de consentement (article 222-22 du Code pénal : « la présomption de consentement ne vaut que jusqu'à preuve du contraire »). Cette même loi a considéré que l'existence de relations antérieures entre l'auteur du viol et la victime constitue une circonstance aggravante (loi 4 avril 2006, article 222-24 du Code pénal). Si la peine maximale encourue pour un viol est de 15 ans, le mari violeur peut donc encourir jusqu'à 20 ans.

En 2010, la présomption de consentement a disparu des textes (loi n° 2010-769 du 9 juillet 2010 relative aux violences faites spécifiquement aux femmes, aux violences au sein des couples et aux incidences de ces dernières sur les enfants, nouvel article 222-22, alinéa 2, du Code pénal). Le viol (et notamment le viol conjugal) existe dès que le rapport sexuel est imposé « quelle que soit la nature des relations existant entre l'agresseur et sa victime, y compris s'ils sont unis par les liens du mariage ».

Réaction/Actualité

La dénonciation d'un viol n'est pas évidente et celle d'un viol conjugal est rare. Le travail des associations est important. Il semblerait par ailleurs que de nombreux cas de viols ne soient pas pris en compte et qu'il existe devant les tribunaux de nombreuses requalifications des viols en agression sexuelle. La preuve d'un viol conjugal, à défaut de coups portés, demeure *a fortiori* encore délicate pour des raisons de fait et de droit (sur le sujet, 17 juillet 1984 / 5 septembre 1990 / 23 décembre 1980).

24 DÉCEMBRE 2016

Propos : Différence entre transsexuel et intersexué

On confond souvent transsexuel et intersexué. Tous deux seraient sans doute satisfaits de l'absence de mention binaire masculin ou féminin de sexe à l'état civil. Il existe toutefois une distinction à opérer.

Les personnes intersexuées ou intergenres appelées antérieurement hermaphrodites ont des caractéristiques physiques sexuelles et biologiques ambiguës, par exemple des organes génitaux mi-homme mi-femme. Les intersexués ne sont ni hommes ni femmes d'un point de vue physique. Ils revendiquent plus spécifiquement la mention d'un sexe indéterminé à l'état civil ou d'un sexe neutre ou d'un troisième sexe qui correspond leur état.

Les transsexuels ont le sentiment d'appartenir psychologiquement à un autre sexe que leur sexe physique apparent et déclaré à l'état civil.

Le classement pour un transsexuel dans une case « masculin » ou « féminin » (case qui ne lui convient pas) ou pour un intersexué dans l'un ou l'autre sexe (masculin ou féminin, qui n'est pas conforme à son état) génère pour tous deux une grande souffrance.

La loi admet et facilite depuis le 18 novembre 2016 le changement de sexe à l'état civil (la procédure est démédicalisée depuis cette date). C'est un plus pour les transsexuels. La question du sexe neutre qui concerne les personnes intersexuées n'est pas en revanche abordée. La jurisprudence est rare et peu favorable (à l'exception du jugement du TGI de Tours du 20 août 2015 qui a été infirmé en 2016). Il est possible que le législateur et la jurisprudence se penchent à nouveau dans un proche avenir sur le sort de personnes intersexuées.

En Europe, l'Allemagne, les Pays-Bas et la Belgique sont plus ou moins favorables à la reconnaissance d'un sexe neutre ou indéterminé. En dehors de l'Europe, l'Australie considère que la seule distinction homme-femme en matière de sexe n'a pas lieu d'être. Le terme « sexe » ne peut reposer sur la seule distinction binaire selon la Haute Cour d'Australie en date du 2 avril 2014. Il est donc possible de s'identifier à l'état civil comme étant de sexe indéterminé. La Nouvelle-Zélande autorise que soit mentionné sur l'acte de naissance « sexe indéterminé ». L'Inde enfin (Cour suprême, 15 avril 2014) permet aux transgenres de faire mention d'un sexe neutre (ou 3e sexe), ce qui donne droit à des emplois réservés. Le Népal reconnaît depuis la décision de la Cour suprême en 2007 l'existence d'un troisième sexe.

25 DÉCEMBRE 2017

Propos : La loi et la mention du sexe dans l'état civil. Pertinence de la dualité du sexe binaire (masculin et féminin) ?

Une décision très récente de la Cour de cassation en date du 4 mai 2017 a refusé la mention de sexe neutre à l'état civil d'une personne intersexuée. Cet arrêt fait suite à un pourvoi en date du 13 mai 2006 contre la décision de la cour d'appel d'Orléans. On se souvient que le TGI de Tours avait accepté cette mention en date du 20 août 2015. Cette décision nous conduit à poser la question de savoir ce que dit la loi à propos de la mention du sexe (masculin ou féminin) à l'état civil.

La loi, et plus précisément l'article 57 du Code civil énonce que le sexe de l'enfant doit être mentionné dans l'acte de naissance. Mais elle n'en dit pas plus. On ne sait comment elle appréhende le sexe. Elle n'indique pas par ailleurs explicitement si la mention doit être sexe « masculin » ou sexe « féminin » ... (ou « autre »). Elle ne prévoit nullement de liste limitative des sexes. Certes il est usuel qu'on se réfère au sexe masculin et féminin, et il est incontestable que d'autres textes législatifs évoquent l'un ou l'autre sexe et donc implicitement le sexe masculin et féminin. Mais qu'en est-il au regard de personnes, certes minoritaires, mais qui sont intersexuées ? Ces dernières peuvent ne pas désirer la mention de sexe masculin ou féminin, qui ne correspond pas véritablement à leur état (et qui n'est nullement précise dans les textes). On objectera qu'en cas d'équivoque on peut retarder, selon une circulaire de 2011, dans un délai d'un ou deux ans, la mention du sexe à l'état civil, mais pour autant on ne répond pas à la demande de certains intersexués qui souhaitent voir leur propre personnalité reconnue. Cette absence de reconnaissance est considérée en droit comme une atteinte fondamentale au respect de la vie privée, et plus généralement une atteinte aux Droits de l'homme. Elle ne pourrait être justifiée que par un intérêt public supérieur.

Réaction/Actualité

Le caractère binaire du sexe et la définition du sexe ne reposent en droit sur aucune loi. Historiquement, la désignation du sexe, à l'époque où le clergé tenait les actes d'état civil, n'était nullement obligatoire. La question à se poser est de savoir si l'identification sexuelle dans notre société est toujours utile au regard de l'atteinte aux droits privés, et notamment depuis le mariage homosexuel ou la démédicalisation du changement de sexe à l état civil. Si tel ne devait pas être le cas, le respect de la vie privée ne doit-il pas l'emporter? À défaut de sexe neutre, ne doit-on pas mettre fin à l'inscription du sexe des individus dans l'acte de naissance? Les intersexués comme les transsexuels n'auraient dans ce dernier cas plus à souffrir. La doctrine est partagée, mais de nombreux auteurs considèrent que l'indication du sexe sur les registres d'état civil ne présente plus vraiment d'intérêt depuis la loi sur le mariage pour tous.

26 DÉCEMBRE 1899

Cour d'appel de Caen: L'utilisation d'un préservatif par le mari dans les rapports sexuels avec sa femme peut être une injure grave motivant la séparation de corps

L'utilisation du préservatif a été considérée comme une injure grave justifiant la séparation de corps dit divorce des catholiques, mais surtout la condamnation du mari par la cour d'appel de Caen du 26 décembre 1899. Le mariage doit garantir la procréation, semblent penser les magistrats.

Les faits sont les suivants. L'épouse désire un enfant. Or le mari utilise un préservatif et ne veut pas d'enfant. En première instance, le mari qui demandait aussi la séparation de corps n'a pas été condamné pour injure par le tribunal de Cherbourg, ce dernier estimant que depuis très longtemps madame savait que monsieur utilisait des préservatifs. Elle est donc plus ou moins complice et ne peut se plaindre si tardivement de ce fait. La cour d'appel de Caen a infirmé ce jugement.

Réaction/Actualité

Cette décision illustre un peu l'histoire de la contraception, intimement liée à celle de l'Église et du mariage. La décision rendue semble s'appuyer sur une conception non contractuelle du mariage, mais d'ordre public (et sans le dire plus ou moins religieux). Elle donne le sentiment que le mariage n'est fait que pour procréer. Cette vision du mariage ou celle portée sur la contraception a évolué. Cette finalité de procréation disparaît du fait même du mariage homosexuel.

27 DÉCEMBRE 2012

Conseil des prud'hommes : Une célèbre banque condamnée par le conseil des prud'hommes pour discrimination (raciale) envers un de ses cadres

Un salarié métis embauché en 2001 dans une banque avait appris par des collègues que son supérieur lui avait refusé une promotion à un poste du fait de sa couleur de peau. Il avait saisi la Haute Autorité de lutte contre les discriminations (Halde). La Halde est de nos jours remplacée par le Défenseur des Droits. Après enquête, celle-ci avait conclu à l'existence d'une discrimination. Une analyse confirmée jeudi par le conseil des prud'hommes de Paris. La banque a été condamnée, jeudi 27 décembre, par les prud'hommes de Paris, pour discrimination raciale. Elle a dû lui verser plus de 47 000 euros de dommages et intérêts – 37 711 euros en réparation du préjudice matériel et 10 000 euros pour le préjudice moral. La banque a également été condamnée à verser 1 000 euros à la Ligue contre le racisme et l'antisémitisme (Licra), qui a participé aux débats en tant qu'intervenant volontaire, en soutien du salarié.

Réaction/Actualité

La décision, bien qu'émanant d'une juridiction inférieure et relative à une discrimination raciale plus que sexuelle, est citée pour les raisons qui suivent : d'une part, elle illustre que la lutte contre les discriminations est large, peu importe que la discrimination soit sexuelle ou raciale. D'autre part, elle met en relief le poids de certaines institutions, en l'espèce la Halde devenue de nos jours le Défenseur des Droits (ex-médiateur). Enfin, la constitution de partie civile de la LICRA a sans doute aussi pesé dans la décision. En bref, une discrimination est délicate à démontrer. L'appui ou le recours préalable à des organismes externes est souvent d'un grand intérêt.

28 DÉCEMBRE 1967

Loi dite « Neuwirth » et accès aux contraceptifs

28 décembre 1967 : loi dite « Neuwirth » organisant l'accès aux contraceptifs en France.

La loi Neuwirth du 28 décembre 1967 est la première loi française à organiser et développer l'accès aux contraceptifs. Elle fut à son origine très contestée par l'Église catholique. Elle a été suivie de nombreux autres textes. Antérieurement, une loi du 31 juillet 1920 interdisait la propagande anticonceptionnelle.

Réaction/Actualité

Il a fallu attendre plusieurs années après la loi Neuwirth pour qu'une loi du 30 décembre 1987 autorise la publicité sur les préservatifs. Des dispositions libérales ont peu à peu suivi, dont un décret du 17 juillet 2012 permettant aux pharmaciens de délivrer des contraceptifs oraux supplémentaires pour une durée de six mois lorsque la patiente présente une ordonnance périmée ayant moins d'un an.

29 DÉCEMBRE 2017

Projet de lancement d'un Uber international du sexe prostitutionnel, le 29 décembre selon les deux fondateurs californiens

D'après les informations en date du 27 juillet 2017 de la journaliste Alice Texier du média Grazzia, deux fondateurs californiens d'une start-up, Michael O'Brien et Kevin Yang, ont décidé de « révolutionner la prostitution ». Grâce au web 3.0, la nouvelle entreprise prétend devenir le « premier marché décentralisé du sexe » ou l'Uber du sexe. La date du lancement officiel est prévue pour le 29 décembre 2017.

Réaction/Actualité

L'idée n'est pas nouvelle. La prostitution se développe sur internet, notamment en France depuis la loi du 13 avril 2016, au point qu'un des derniers livres sur la prostitution a pour sous-titre « internet *proxénète* ». Il convient de rappeler qu'en France, ces deux fondateurs seraient considérés comme des proxénètes, et que les clients seraient sanctionnés depuis la loi du 13 avril 2016 pénalisant l'achat d'acte sexuel. C'est sans doute la raison pour laquelle les fondateurs de la plateforme sont domiciliés dans un pays où la prostitution est réglementée, et non un pays prohibitionniste ou abolitionniste. Il est donc difficile de les poursuivre. Reste à se demander si les prostituées (la prostitution est licite en France) seront les grandes bénéficiaires. L'uberisation a tendance à subordonner et pressuriser ceux qui sont entrés dans ce système. Par ailleurs, le risque est que les dirigeants de plateformes qui perçoivent un dû aient une sorte de monopole de la profession, et pour certains, partent avec la caisse (sur le sujet de la prostitution, voir notamment *supra* 6 octobre 2016, bilan et questionnement sur la loi du 13 avril 2016).

30 DÉCEMBRE 1987

Loi abrogation de l'article de la loi de 1920 réprimant la publicité sur les préservatifs

Une loi votée le 23 juillet 1920 réprimait la propagande anti-conceptionnelle et donc la publicité sur les préservatifs. Toutefois elle laissait en vente libre les préservatifs nécessaires à la lutte contre les maladies vénériennes. Il a fallu attendre le 30 décembre 1987 pour que l'article de la loi de 1920 concernant l'interdiction de la publicité pour le préservatif soit abrogé.

Réaction/Actualité

Des raisons d'ordre moral, plus ou moins religieuses, en rapport avec le patriarcat (la procréation devait être la finalité du rapport sexuel, du moins pour le couple marié et notamment la femme) étaient liées à cette interdiction de publicité des préservatifs. Dans les années qui suivirent l'abrogation de la loi interdisant la publicité pour les préservatifs, des dispositions permirent aux femmes une plus grande liberté. Par exemple, la pilule abortive d'urgence dite « pilule du lendemain » fut mise sur le marché, et en 1993 une loi réprimant l'entrave à l'IVG fut votée (étant précisé que la loi Veil sur l'IVG, qui a fait couler beaucoup d'encre, date de 1979). En 2000, le gouvernement même fut à l'origine d'une campagne sur la contraception.

31 DÉCEMBRE 2016

Violences à l'encontre de femmes en Allemagne (sexisme ? agressions sexuelles)

Le 31 décembre 2016, des agressions sexuelles ont eu lieu à l'encontre de centaines de femmes dans plusieurs villes d'Allemagne. Les mouvements féministes ont condamné ces violences sexuelles.

Réaction/Actualité

L'origine de ces troubles a été mal connue. Les mouvements féministes ont condamné toute récupération politique souhaitant utiliser ces violences commises pour discréditer la politique d'accueil des réfugiés d'Angela Merkel. En aucun cas, les violences faites aux femmes n'ont à être instrumentalisées. S'agit-il d'une forme de sexisme (le mot est faible) ? On comprend mieux les demandes des féministes de remplacer le terme « Droits de l'homme » par l'expression « droits humains » pour éviter tout sexisme. Au regard de ces faits, dont certains sont criminels, on conçoit mieux à titre préventif la création récente en France d'un délit de sexisme (*supra* 17 août 2015 et 8 août 2016).

Annexes – Récapitulatif des 11 thèmes principaux

I « Mineur » / Liberté sexuelle / Sexualité / Infractions sexuelles concernant plus spécifiquement les mineurs

II Prostitution / Proxénétisme

III Transsexualité / Intersexualité / Changement de sexe / Changement d'état civil / Sexe neutre

IV Procréation médicale assistée / Gestation pour autrui (PMA/ GPA) Filiation Adoption

V « VIH/SIDA »

VI « Homosexualité » / Discrimination / Dépénalisation / Répression

VII Harcèlement sexuel et moral / Sexisme / Discrimination / Principe de parité

VIII Infractions sexuelles (autres que celles déjà vues *supra* – exclusion notamment des infractions liées aux mineurs à l'inceste au harcèlement au proxénétisme à la prostitution – à la transmission du VIH –)

IX Liberté, Liberté sexuelle, Droit au plaisir sexuel (et limites)

X Famille, Fidélité, Infidélité

XI Enquêtes et observations diverses

Une même affaire ou une même décision peut être incorporée sous des thèmes distincts.

THÈMES I

« Mineur » / Liberté sexuelle / Sexualité / Infractions sexuelles concernant plus spécifiquement les mineurs

1er janvier 2002 – Une ordonnance fixe implicitement la majorité sexuelle à 15 ans.

12 janvier 2017 – La proposition de loi de doublement des délais de prescription pénale (crime 20 ans, délit 6 ans) est adoptée en deuxième lecture à l'Assemblée. Elle concerne aussi les crimes et délits sexuels.

13 janvier 2017 – Émission RMC de Roselyne Bachelot sur la liberté sexuelle la pornographie et les jeunes.

17 janvier 1975 – La loi VEIL autorise l'interruption volontaire de grossesse (IVG)

24 janvier 2012 – Étude par l'université de Sherbrooke (faculté de droit) des crimes d'honneur (qui devraient être qualifiés de déshonneur) au Canada.

(https://www.usherbrooke.ca/actualites/nouvelles/actualites/details/.../17330/)

Étude suivie d'un aperçu personnel global succinct tant dans le monde qu'en France)

8 février 2010 – Loi (art. 222-31-1 C. pénal). Inscription pour la première fois de l'inceste sur mineur dans le Code pénal.

10 février 1993 – Cour de cassation : Une mère tunisienne vivant en concubinage avec un Algérien a pu faire reconnaître en France la filiation naturelle de son enfant en dépit de la loi tunisienne.

23 février 2016 – Source internet : Un écolier de 16 ans a droit en cadeau à une actrice porno russe « tout inclus ». Quid en France ? Corruption ? Détournement de mineur ?

Recommandation juridique : « Privilégier le rapport sexuel »

25 février 1790 – Loi : Suppression du droit d'aînesse.

26 février 2016 – Décret : La victime d'abus sexuels semblant être mineure doit être considérée comme mineur au regard des procédures 26 février 2016.

29 février 2012 – Tribunal correctionnel de Paris : La limite à la liberté d'entreprendre la création d'une « *love shop* » fondée sur la protection de l'enfance plus que sur la pornographie.

4 mars 2002 – Loi : Nom de famille de l'enfant : Nom du père ou de la mère ou des deux dans l'ordre choisi.

12 mars 2016 – Lettre ouverte de l'association « Droit au corps » aux assises de sexologie 2016 à propos de la circoncision infantile. Atteinte à l'intégrité physique ?

14 mars 2016 – La loi du 14 mars 2016 relative à la protection de l'enfance réintroduit le terme d'inceste dans le Code pénal.

29 mars 2001 – Cour de cassation : Des relations sexuelles entre très jeunes mineurs de 13 et 14 ans sont licites.

3 avril 1990 – Loi sur l'IVG (interruption volontaire de grossesses) en « Belgique ». Absence de nécessité d'autorisation parentale en cas de demande d'avortement de la mineure enceinte.

4 avril 2006 – Loi portant l'âge légal du mariage pour les filles à 18 ans.

15 avril 2017 – Selon l'article de Marc Fortier dans le journal *Le devoir de libre penser* (média indépendant du Québec) « l'éducation sexuelle rend tout le monde mal à l'aise ».

22 avril 2013 – Selon l'article de Boris Manenti paru dans *Le Nouvel obs* publié le 22 avr. 2013 plus de 15 % de jeunes Français de moins de 25 ans qui se sentent protégés derrière leur écran auraient pratiqué des expériences sexuelles virtuelles via webcams ou mobiles.

12 mai 2015 – L'inscription de l'inceste (ou plus précisément la réinscription du terme inceste) commis sur les mineurs dans le Code pénal a été adoptée par l'Assemblée nationale (le 15 mars 2016, la loi n° 2016-297 du 14 mars 2016 a été promulguée au *Journal officiel*).

16 mai 2012 – Conseil constitutionnel : L'accouchement sous X n'est pas contraire à la Constitution. Droit à l'anonymat de la mère biologique en cas de refus de révélation de son identité.

25 mai 2011 – Cour de cassation chambre criminelle : Condamnation pour corruption de mineur d'un beau-père pour exhibition devant un jeune adolescent mineur de quinze ans.

14 juin 2002 – Le Conseil d'État à propos du visa d'exploitation du film *Baise-moi* (film non pornographique) précise les conditions (scènes de sexe non simulé, intention du réalisateur, caractère esthétique ou non de son travail) pour qu'un film soit classé pornographique (ce qui ne définit pas pour autant la pornographie).

15 juin 2016 – Communiqué de presse du 15 juin 2016 du Haut Conseil à l'Égalité qui appelle les pouvoirs publics à mettre en œuvre une éducation à la sexualité à la hauteur des besoins des jeunes.

2 juillet 1982 – Cour suprême des État-Unis 2 juillet 1982 (New York v Ferber (458 US 747) : La pédopornographie est interdite aux États-Unis même si elle n'est pas jugée obscène (ex image de mineur nu).

10 juillet 1969 – Condamnation de Gabrielle Russier professeure par le tribunal correctionnel de Marseille pour détournement de mineur (élève) de plus de 15 ans (voir suicidée 1er sept. 1969).

1er septembre 1969 – Suicide de Gabrielle Russier (suite à sa condamnation pour détournement de mineur).

7 septembre 2016 – Cour de cassation : L'infraction d'atteinte sexuelle suppose l'existence d'un contact physique (beau-père exhibant ses parties génitales et se masturbant devant petite fille).

13 septembre 2000 – Cour de cassation : Nécessité de dénoncer les violences sur mineurs même si la connaissance de ces dernières résulte de la confession.

17 septembre 1997 – Cour de cassation : Consécration de la liberté sexuelle entre jeunes mineurs alors qu'il s'agissait de relations entre un frère et une sœur âgée respectivement de 13 ans et 8 ans.

19 septembre 2001 – Cour de cassation n° 01-84557 : En cas de poursuite pour agression sexuelle ou viol la contrainte morale sur un enfant peut résulter de la menace que fait peser l'agresseur en prétendant vouloir se jeter par la fenêtre.

12 octobre 1994 – Cour de cassation chambre criminelle N° de pourvoi 94-83655 : Arrêt de Rejet. Viol acte certain de pénétration sexuelle caractérisée même en l'absence de pénétration profonde des parties génitales et de défloration d'une mineure de quinze ans par un majeur.

13 octobre 1982 – Tribunal correctionnel de Châlons-sur-Marne : Absence d'enlèvement ou de détournement de mineure de plus de 15 ans en dépit de relations sexuelles du majeur de 18 ans.

21 octobre 1998 – Cour de cassation criminelle : Une fellation pratiquée par la belle-mère sur un jeune garçon mineur de 14 ans n'est pas un viol faute d'acte de pénétration par l'organe sexuel.

11 novembre 2016 – Projet de dépénalisation du Parlement turc concernant les agressions sexuelles sur mineur commises avant le 11 novembre 2016.

14 novembre 1990 – Cour de cassation chambre criminelle: Absence du délit de corruption faute d'incitation à la débauche du mineur qui doit être le but poursuivi par la personne mise en cause. La recherche du seul rapport sexuel exclut la corruption de mineur et se distingue de la recherche de la perversion du mineur.

21 novembre 2016 – La Turquie retire son projet de loi controversé du 11 novembre 20016 (*supra*) sur les annulations de condamnations pour agression sexuelle et viols de mineurs (mariages forcés).

THÈME II

Prostitution / Proxénétisme

14 janvier 2010 – Tribunal de Pau: Absence de caractère prostitutionnel de l'annonce «JF cherche H courtois et généreux».

19 février 2008 – Tribunal de grande instance de Paris 17e chambre: De la nécessité de distinguer actrice X et prostituée.

28 février 1919 – Tribunal administratif de Toulon: Un préfet ne peut refuser aux personnes prostituées leur «va-et-vient».

8 mars 2007 – Tribunal de grande instance de Bobigny: La création d'un site internet par un informaticien pour une Escort girl est du proxénétisme.

12 mars 2015 – Première formation d'accompagnants sexuels pour personnes en situation de handicap (liberté sexuelle? prostitution? proxénétisme?).

17 mars 1999 – La loi danoise abroge les dispositions du Code pénal condamnant l'exercice individuel de la prostitution.

18 mars 2003 – Loi française: Le racolage est sanctionné mais la prostitution est licite.

27 mars 1996 – Cour de cassation chambre criminelle: Prostitution Définition Jurisprudentielle «Se prêter moyennant rémunération à des contacts physiques de quelque nature qu'ils soient afin de satisfaire les besoins sexuels d'autrui».

6 avril 2016 – Vote définitif à l'Assemblée nationale de la loi sanctionnant le client des personnes prostituées (loi promulguée en date du 13 avril 2016).

8 avril 2017 – Le STRASS (Syndicat des travailleurs du sexe) appelle à manifester contre la loi du 13 avril 2016 sur la prostitution qui vise à pénaliser le client et paupérise l'activité.

13 avril 2016 – Prostitution: Promulgation de la Loi visant à renforcer la lutte contre le système prostitutionnel et à accompagner les personnes prostituées.

27 avril 1981 – Cour de cassation chambre commerciale: Utilisation de la notion de convention contraire aux bonnes mœurs pour annuler le contrat de fournitures de services au profit d'une maison de tolérance.

6 mai 2009 – M6 télé a proposé mercredi 6 mai 2009 un reportage sur le boom du « tourisme de l'amour » au Sénégal « chez les femmes » (document de Sophie Le Gall).

8 mai 2010 – Sur le site www agora vox le média citoyen Maitresse Gilda représentante du STRASS précise que ce « syndicat » (Syndicat du Travail Sexuel) n'a jamais milité pour la réglementation de la prostitution.

13 mai 1954 – Cour de cassation chambre criminelle : L'habitude n'est pas une caractéristique indispensable pour qualifier une personne de prostituée.

13 mai 2016 – Exemple de lettre mise en œuvre par le procureur de la République de la nouvelle loi pénalisant le client (La loi 2016-444 du 13 avril 2016 est parue au journal officiel du 14 avril 2016 et a créé la contravention de cinquième classe de recours à la prostitution (1 500 euros encourus – NATINF).

20 mai 2016 – Communiqué du STRASS (Syndicat du travail sexuel) dénonçant le harcèlement policier accru depuis le vote de la loi de lutte en date du 13 avril 2016 pénalisant le client et les aspects négatifs de ce dernier texte.

22 mai 2014 – Avis de la Commission nationale consultative des Droits de l'homme (CNCDH) sur la proposition de loi renforçant la lutte contre le système prostitutionnel : « la mesure d'interdiction d'achat d'un acte sexuel et la pénalisation des clients de la prostitution est une mesure inappropriée ».

26 mai 2016 – Position d'Amnesty internationale relative à l'obligation des États de respecter et protéger et mettre en œuvre les droits humains des travailleurs et travailleurs du sexe (Critique de la pénalisation de l'achat ou de la vente d'acte sexuel – Prostitution).

2 juin 2017 – L'ECPAT (*End Child Prostitution and Trafficking*) ONG en lutte contre le tourisme sexuel rappelle que le 2 juin est la Journée mondiale pour un tourisme responsable contre la prostitution enfantine et la traite sexuelle.

13 juin 2007 – Cour de cassation chambre civile : La Cour de cassation ne reconnaît pas l'existence d'un « véritable » contrat de prostitution (à tort ?) entre la prostituée et son client.

16 juin 2016 – Cameroun : Le projet de loi portant modification du Code pénal du Cameroun maintient la sanction pénale contre l'homosexualité.

19 juin 2001 – Cour de cassation, 1re chambre civile : L'assurance vie d'une prostituée annulée pour fausse déclaration.

28/29 juin 1969 – Émeutes de Stonewall à New York source de l'émancipation de la communauté homosexuelle et de la gay pride.

22 juillet 1959 – Cour de cassation chambre criminelle D59/491 : La prostitution se distingue de la débauche en ce sens que la prestation de la personne prostituée est tarifée.

26 juillet 2016 – Le média d'information des avocats au Canada *Inc* en date du 26/07/2016 indique que la loi canadienne du 6 nov. 2014 pénalisant le client de la prostituée ne semble pas (après un recul de plus de deux ans) être une réussite.

21 août 1794 – Rapport de police sur la multiplication des « magasins prétextes ».

24 août 2013 – Journée porte ouverte « prostitution » à Zurich.

4 novembre 2016 – Arrêté du 4 novembre 2016 (*JORF* n° 0272 du 23 novembre 2016) relatif à l'agrément des associations participant à l'élaboration et à la mise en œuvre du parcours de sortie de la prostitution et d'insertion sociale et professionnelle suite à la loi d'avril 2016.

11 septembre 2007 – Cour européenne des Droits de l'homme (CEDH) : La Prostitution est incompatible avec la dignité humaine lorsqu'elle est contrainte.

22 septembre 1999 – Cour de cassation chambre criminelle : Le gérant de club échangiste n'est pas (plus) proxénète.

25 septembre 1996 – Cour de cassation chambre criminelle : Prostitution ne se confond pas avec éjaculation.

26 septembre 1974 – Tribunal de Grenoble : Proxénétisme caractérisé d'un vendeur de local qui savait qu'il était destiné à l'exercice de la prostitution.

28 septembre 2016 – *La Dépêche Grand Sud Narbonne*. « Échos sur la Prostitution 4 mois après la loi du13 avril 2016 pénalisant le client ».

6 octobre 2016 – Questionnement et bilan plus de 6 mois après la loi votée le 13 avril 2016 à l'Assemblée nationale réprimant le client de la prostituée.

30 octobre 1956 – Cour de cassation chambre criminelle : Des directeurs de journaux condamnés pour proxénétisme du fait d'annonces prostitutionnelles.

30 octobre 2000 – Cour de justice de l'Union européenne (CJUE) : Liberté d'exercice de la prostitution en tant qu'activité indépendante.

1er novembre 2016 – Ou 2 jours après le décret relatif au parcours de sortie de la prostitution.

4 novembre 2016 – Arrêté (*JORF* n° 0272 du 23 novembre 2016) relatif à l'agrément des associations participant à l'élaboration et à la mise en œuvre du parcours de sortie de la prostitution et d'insertion sociale et professionnelle suite à la loi du 13 avril 2016.

6 novembre 2003 – Cour d'appel de Paris : Incrimination en cas de recours à la prostitution de mineurs et modalités d'appréciation souveraine par les juges du fond de l'âge d'une prostituée (C.A. Paris, 06 novembre 2003).

7 novembre 1973 – Cour de cassation chambre criminelle. Audience publique du mercredi 7 novembre 1973 n° de pourvoi 72-93394 : Absence de délit de proxénétisme du fait d'une participation directe et active à l'activité de débauche prostitutionnelle d'une autre prostituée.

13 novembre 2015 – Journal *Libération* Chronique « De la misère sexuelle des islamistes » de Marcela Lacub.

29 décembre 2017 – Projet de lancement d'un Uber international du sexe prostitutionnel le 29 décembre selon les deux fondateurs californiens.

THÈME III

Transsexualité / Intersexualité / Changement de sexe / Changement d'état civil / Sexe neutre

28 janvier 2015 – Mariage franco-marocain de personnes de même sexe autorisé en France.

9 février 2011 – Un prisonnier transsexuel peut imposer le port des vêtements féminins en cellule.

13 février 2013 – La rectification d'état civil d'un transsexuel nécessite (à cette date) la preuve médico-chirurgicale du changement de sexe.

2 mars 2012 – Le gouvernement des Pays-Bas présente en date du 2 mars 2012 un avant-projet afin de faciliter le changement d'état civil d'un transsexuel (Suppression de la preuve de stérilisation).

7 mars 2012 – Cour de cassation : Arrêt subordonnant le changement de sexe à l'irréversibilité de la transformation (stérilisation en pratique) sans nécessité d'ablation des organes génitaux Obligation de stérilisation.

10 mars 2015 – CEDH Cour EDH, 10 mars 2015, Y. Y. c. Turquie) : Le changement de sexe ne doit plus être subordonné à l'incapacité de procréer (fin de la stérilité irréversible) : « Vers une séparation de la sexualité et de la procréation ? ».

15 mars 2007 – Loi : l'Espagne a adopté une loi autorisant les transsexuels à changer de sexe sans opération chirurgicale (BOE 16 mars 2007).

19 mars 2014 – Cour de cassation (Cass. Civ. 1re, 19 mars 2014) Refus de transcription (fondé sur l'indisponibilité et la fraude à la loi) à l'état civil français d'un enfant né de GPA en Inde en dépit de la licéité de la GPA en Inde et du fait que le père français ayant recours à une mère porteuse soit le père biologique.

21 mars 2016 – Cour d'appel d'Orléans : Refus d'apposer la mention sexe neutre à l'état civil (Arrêt infirme TGI Tours du 20 août 2015).

24 mars 2016 – Tribunal de grande instance de Montpellier : Refus de la demande changement de sexe par le TGI de Montpellier faute de preuve suffisante du « caractère irréversible de la transformation d'homme en femme ». *Quid* de nos jours ?

25 mars 1992 – CEDH : Condamnation de la France par la CEDH pour défaut de rectification de l'état civil d'un transsexuel.

31 mars 2014 – Journée internationale des transsexuels.

2 avril 2014 – Haute Cour de justice d'Australie : Reconnaissance d'un sexe neutre.

7 avril 2016 – Cour d'appel de Dijon : Même en l'absence de réassignation sexuelle (il s'agit d'une chirurgie de reconstruction génitale, (« génitoplastie masculinisante » et « génitoplastie féminisante ») une durée du traitement hormonal de 4 ans et demi est une des conditions suffisantes pour considérer que le transsexuel en l'espèce un homme a accompli sa transition vers le sexe féminin.

10 avril 2015 – Cour d'appel de Nancy : Rectification d'acte de naissance Modification de la mention du sexe de masculin à féminin à l'état civil Absence de nécessité d'une transformation chirurgicale. La seule apparence aux yeux des tiers n'est toutefois pas suffisante.

11 avril 2017 – Journal *Sud-Ouest Bordeaux* (www sud-ouest bordeaux) « Stopper la chirurgie sur les enfants nés de sexe indéterminé ».

19 avril 2016 – Tribunal de grande instance de Montpellier : Par jugement, rendu public le 19 avril, le TGI de Montpellier considère qu'un transsexuel désireux de changer de sexe sur son état civil doit se faire opérer chirurgicalement ou au moins avoir subi un traitement hormonal (opération de réassignation sexuelle) Le simple changement d'apparence ne suffit pas.

2 mai 2014 – Cour d'appel de Versailles 9e chambre : Relaxe du chirurgien à propos d'une phalloplastie ou pénoplastie « De l'agrandissement du sexe au changement de sexe ».

4 mai 2017 – La Cour de cassation en date du 4 mai 2017 doit se prononcer sur la question du sexe neutre à l'état civil pour une personne intersexuée (ni homme ni femme).

4 mai 2017 – Rejet de la Cour de cassation en date du 4 mai 2017 sur la question de l'admission de la mention d'un sexe neutre à l'état civil pour une personne intersexe (ni homme ni femme) : arrêt de Rejet.

7 mai 2013 – Loi allemande. Reconnaissance d'un genre neutre en Allemagne.

9 mai 2012 – Loi argentine sur le changement de sexe. Vote de la loi en Argentine autorisant le changement de sexe sur simple demande.

11 mai 2012 – Selon le journal *Le Monde* en date du 11 mai 2012 les Argentins ont adopté un projet de loi qui devrait pouvoir permettre librement changer de sexe.

14 mai 2010 – Circulaire du ministère de la Justice favorable à la modification de changement de sexe à l'état civil de transsexuels sous réserve du caractère irréversible de ce changement de sexe mais sans exigence d'ablation des organes génitaux.

21 mai 1990 – Cour de cassation, 1re chambre civile, 21 mai 1990: Rejet de la demande de mention changement de sexe à l'état civil d'un transsexuel (changement de fille en garçon) en dépit de traitements hormonaux et d'opérations chirurgicales.

28 mai 2001 – Tribunal de grande instance de Caen, 28 mai 2001, Juris-Data n° 2001-162327 ; D. 2002 : Prononcé du divorce de celui qui avait changé de sexe non du fait du transsexualisme ou du changement de sexe légalement admis en France mais pour faute dans son comportement ultérieur.

30 mai 1991 – Cour de cassation : L'opération chirurgicale d'un transsexuel par un urologue est considérée à cette époque comme réalisée dans un but « de curiosité scientifique » et ne répond pas à l'exigence d'un but thérapeutique, qui seul peut justifier la mise en œuvre d'un traitement médico-chirurgical.

7 juin 2012 – Cour de cassation chambre civile (2 arrêts n° 10-26.947 et n° 11-22.490) : Refus de modifier la mention du sexe sur l'acte de naissance de transsexuel en raison de l'insuffisance de preuves sur « le caractère irréversible de la transformation de son apparence » ou du fait d'une opposition de principe à l'expertise ordonnée par les juges.

9 juin 2017 – Propos sur le sexe neutre suite à la décision de la Cour de cassation du 4 mai 2017 de refuser la mention sexe neutre à l'état civil (JD).

11 juillet 1989 – Cour de cassation chambre sociale : Rejet du concubinage homosexuel.

12 juillet 2016 – L'Assemblée nationale en deuxième lecture adopte une procédure de démédicalisation du changement de sexe.

6 août 2017 – Propos (JD) en date du 6 août 2017 sur la mention d'un sexe neutre à l'état civil en France.

19 août 2013 – Extrait suivi d'un commentaire de l'article du Journal *Le Monde* en date du 19 août 2013 concernant la reconnaissance législative par l'Allemagne d'un sexe indéterminé.

20 août 2015 – Tribunal de grande instance de Tours : Autorisation de mention de sexe neutre à l'état civil d'une personne intersexuée (jugement infirmé par CA Orléans, 21 mars 2016).

11 septembre 2015 – Transsexuel : Discrimination dans l'entreprise en raison du sexe ? (Non en l'espèce).

29 septembre 2015 – Le sexe neutre en attente de pleine reconnaissance en France.

14 octobre 2016 – Publication de l'inter. associative lesbienne, gaie, bi et trans (Inter-LGBT) consacrée au changement d'état civil (CEC) des personnes Trans et à la démédicalisation de la procédure de changement de sexe.

18 octobre 1994 – Cour de cassation chambre civile n° pourvoi 93-10730 : Arrêt de cassation (de la cour d'appel de Douai du 26 octobre 1992). Transsexuel Changement d'état civil autorisé suite à traitement hormonal, traitements chirurgicaux divers et statut général conforme au sexe masculin demandé.

23 octobre 2008 – Un transsexuel étranger vivant en France peut se prévaloir en France d'un changement de sexe.

28 octobre 2011 – Circulaire : La mention (définitive) sexe « neutre » ou indéterminé d'un nouveau-né rejeté par la circulaire du 28 octobre 2011.

18 novembre 2016 – Loi de modernisation de la Justice du XXIe siècle (concerne notamment la démédicalisation de la procédure de changement de sexe).

22 novembre 2016 – Propos Jacques Delga, «Au-delà de la procédure de changement de sexe : Quelques conséquences importantes concernant le mariage le divorce ».

1er décembre 2013 – Vers une suppression de la mention du sexe dans les actes d'état civil en France ? In 3e Forum international Intersexe du 1er décembre 2013.

11 décembre 1992 – La Cour de cassation admet pour la première fois sous condition le changement d'état civil d'un transsexuel et la primauté de la vie privée sur l'indisponibilité de l'état civil.

24 décembre 2016 – Différence entre transsexuel et intersexué (Propos JD).

25 décembre 2017 – Propos : La loi et la mention du sexe dans l'état civil. Pertinence de la dualité du sexe binaire (masculin et féminin) ?

THÈME IV

Procréation médicale assistée / Gestation pour autrui (PMA/GPA) Filiation Adoption

18 janvier 2016 – Cour d'appel d'Agen: Une femme homosexuelle mariée a obtenu l'adoption plénière de l'enfant de sa compagne suite à PMA à l'étranger.

25 janvier 2013 – Circulaire (Taubira) du ministère de la Justice au profit des mères porteuses concernant la délivrance de certificats nationalité aux enfants nés à l'étranger issus d'un GPA.

15 mars 2012 – CEDH : Une femme homosexuelle peut-elle adopter (adoption simple) l'enfant de sa compagne ? Avis négatif à cette date de la CEDH.

19 mars 2014 – Cour de cassation, 1re chambre civile: Refus de transcription (fondé sur l'indisponibilité et la fraude à la loi) à l'état civil français d'un enfant né de GPA en Inde en dépit de la licéité de la GPA en Inde et du fait que le père français ayant recours à une mère porteuse soit le père biologique.

16 mai 2012 – Conseil constitutionnel: L'accouchement sous X n'est pas contraire à la constitution. Droit à l'anonymat de la mère biologique en cas de refus de révélation de son identité.

31 mai 2016 – Conseil d'État: De l'insémination *post-mortem* admise par exception par le Conseil d'État au profit d'une veuve espagnole en Espagne par exportation de gamètes.

26 juin 2014 – CEDH Arrêts: Menesson et Labassé condamnant la France pour refus de transcrire à l'état civil les actes de naissance des enfants nés de GPA à l'étranger « au nom de l'intérêt supérieur de l'enfant » (sans remettre en cause de l'interdiction de la GPA par la France).

3 juillet 2015 – Cour de cassation assemblée plénière (arrêt n° 619 du 3 juillet 2015, 14-21.323, arrêt n° 620 du 3 juillet 2015, 15-50.002): Transcription sur le registre de l'acte de naissance français d'un enfant né de GPA (constitutive d'une fraude à la loi) au nom de « l'intérêt supérieur de l'enfant». Le refus de transcrire l'acte de naissance d'un enfant né en Russie de père biologique et de mère porteuse ne saurait résulter du fait qu'il y a eu recours à GPA (gestation pour le compte d'autrui (GPA).

5 juillet 2017 – Cour de cassation: Arrêt du 5 juillet 2017 et adoption simple pour la première fois (en dépit d'un GPA) par le conjoint d'intention (conjoint du père biologique).

7 juillet 2011 – Loi bioéthique assouplissant les règles concernant l'assistance médicale à la procréation, notamment la PMA (suppression des deux ans de vie commune, etc.).

21 juillet 2016 – CEDH : Condamnation de la France par la CEDH en raison du refus de transcription à l'état civil d'acte de naissance d'enfant né à l'étranger par GPA (affaires Foulon et Bouvet c France).

29 juillet 1994 – Premières lois en matière de bioéthique (concerne notamment PMA et GPA).

14 septembre 2017 – Propos en date du 14 septembre 2017 à la suite de l'avis favorable du comité national d'éthique fin juin 2017 concernant la procréation médicale assistée de couples de femmes homosexuelles.

18 septembre 2017 – Propos : La discrimination suite à PMA et GPA en matière d'adoption par des couples de lesbiennes ou d'homosexuels serait-elle levée ?

20 septembre 2017 – Propos (JD) : La gestation pour autrui (GPA) de nos jours en France.

22 septembre 2014 – La Cour de cassation émet deux «avis» favorables à l'adoption d'un enfant né d'une PMA réalisée à l'étranger par l'épouse de la mère (parent d'intention).

15 octobre 2009 – Tribunal de grande instance de Rennes référé : Rejet d'une demande d'admission en France d'insémination *post mortem*.

3 novembre 2011 – CEDH, affaire S. H. et autres c. Autriche : La CEDH ne condamne pas l'interdiction de certaines méthodes de procréation médicalement assistée en Autriche tel le recours aux dons de sperme ou d'ovules en vue d'une fécondation in vitro.

20 novembre 2016 – Brève réflexion sur une remise en cause de la CEDH à propos notamment de décisions en matière de GPA.

12 décembre 2014 – Le Conseil d'État valide l'attribution de la nationalité française aux enfants nés après GPA à l'étranger.

THÈME V

« VIH/SIDA »

4 janvier 2005 – Transmission volontaire du Sida. Quel fondement pénal ? : « Administration de substance nuisible ».

10 janvier 2006 – Porteur VIH. Administration de substance nuisible.

24 février 2015 – Vers une reconnaissance légale généralisée de la prise de Truvada (traitement préventif contre le SIDA) en France ?

1er avril 2008 – Tribunal de grande instance de Lille : Le tribunal prononce la nullité du mariage à la demande de l'époux à la suite d'un mensonge sur l'absence de virginité de l'épouse (erreur sur les qualités substantielles de l'épouse).

4 avril 2006 – Tribunal de grande instance de Dinan : Annulation du mariage pour VIH non révélé.

5 avril 2016 – Don du sang des homosexuels ou bisexuels : « Levée (sous conditions) de la discrimination suite à arrêté du 5 avril 2016 ».

29 avril 2015 – Cour de justice de l'Union européenne CJUE, 4e Chambre, 29 avril 2015, Léger, Aff. C-528/13 : L'interdiction du don du sang par la personne homosexuelle suite l'arrêté du 12 janvier 2009 n'est pas jugé discriminatoire.

3 octobre 2013 – I.B. c/ Grèce, CEDH : Le licenciement d'un employé séropositif constitue une atteinte à son droit au respect de sa vie privée ainsi qu'une discrimination fondée sur son état de santé.

THÈME VI

« Homosexualité » / Discrimination / Dépénalisation / Répression

22 janvier 2008 – CEDH : Condamnation de la France pour refus d'adoption par une homosexuelle.

29 janvier 2013 – Résumé de l'esprit et bref extrait du discours de Christiane Taubira ministre de la Justice prononcé le 29 janvier 2013 à l'Assemblée lors de la présentation du projet de loi sur le mariage homosexuel (mariage pour tous).

31 janvier 1999 – Manifestation anti pacs. Menace de « Act up » (non réalisée) « d'outer » un député homosexuel présent à cette manifestation.

4 février 2016 – Inconstitutionnalité du Projet de loi USA *anti sodomy*.

6 mars 2014 – Loi *anti sodomy* abrogée en Virginie.

5 avril 2016 – Arrêté : Don du sang des homosexuels ou bisexuels « Levée (sous conditions) de la discrimination suite à arrêté du 5 avril 2016 ».

28 avril 2016 – Cour constitutionnelle de Colombie : Le mariage homosexuel n'est pas contraire à la Constitution.

29 avril 2015 – Cour de justice de l'Union européenne CJUE, 4e Chambre., 29 avril 2015, Léger, Aff. C-528/13 : L'interdiction du don du sang par des homosexuels suite à l'arrêté du 12 janvier 2009 n'est pas jugée discriminatoire.

13 mars 2007 – Annulation du premier mariage homosexuel à Bègles.

27 mars, CEDH : Liberté de pratique homosexuelle par enfant mineur.

9 avril 2015 – Cour de cassation, 1re chambre civile : Révélation de l'homosexualité d'un personnage dans un ouvrage d'information d'intérêt général : Rejet de l'atteinte à la vie privée.

17 avril 2017 – Selon Wikipédia en date du 17 avril 2017, 22 pays autorisent le mariage aux couples de même sexe à se marier (environ 13 % de la population mondiale).

29 avril 2015 – Cour de justice de l'Union européenne (CJUE, 4e Ch., 29 avril 2015, Léger, Aff. C-528/13) : L'interdiction du don du sang par des homosexuels – suite à l'arrêté du 12 janvier 2009 – n'est pas jugée discriminatoire.

15 mai 2016 – Selon le site tetu.com/2016/05/17/liban-manifestation-droits-lgbt/ : Manifestation au Liban exigeant l'abolition des lois pénalisant les relations homosexuelles dites « contre nature ».

17 mai 2013 – Loi consacrant le droit au mariage des personnes de même sexe.

23 mai 2012 – La Cour de cassation Soc., 23 mai 2012, n° 10-18.341) saisit la Cour de justice de l'Union européenne, sur la question préjudicielle qui suit « Des salariés homosexuels pacsés peuvent-ils en l'absence de texte législatif bénéficier de la convention collective d'une entreprise qui ne vise à la lettre que les hétérosexuels mariés ? » La question posée avant la loi de 2013 est en fait celle d'une éventuelle discrimination fondée sur l'orientation sexuelle.

29 mai 2013 – Circulaire du 29 mai 2013 relative au mariage pour tous excluant (à l'époque) onze pays d'un tel mariage homosexuel en France si la loi nationale du conjoint l'interdit.

6 juin 2000 – La loi du 6 juin 2000 impose aux partis et groupements politiques de présenter 50 % des candidats de chacun des deux sexes à 2 % près.

18 juin 2014 – Le Luxembourg autorise le mariage et l'adoption pour les couples homosexuels.

20 juin 1983 – Circulaire du secrétaire d'État à la santé du 20 juin 1983 relative à la sélection des donneurs de sang discriminant les homosexuels dans le cadre de la prévention contre le VIH.

21 juin 2016 – Décision MLD-2016-171 du Défenseur des Droits du 21 juin 2016 relative à un harcèlement discriminatoire pour homosexualité.

22 juin 2007 – Conseil d'État : Le Conseil d'État refuse de consacrer une forme de discrimination positive en faveur des femmes en matière de composition des jurys de recrutement des fonctionnaires de l'État dans la mesure où la loi ne fixe qu'un « objectif » d'égalité et non une obligation.

27 juin 2013 – L'Assemblée parlementaire du Conseil de l'Europe a tancé la France au sujet d'un risque de « recours excessif à la force » contre les manifestants opposés au mariage gay et d'un risque d'atteinte à la liberté de manifester.

28/29 juin 1969 – Émeutes de Stonewall à New York source de l'émancipation de la communauté homosexuelle et de la gay pride.

30 juin 2016 – CEDH Taddeucci et McCall c. Italie req. n° 51362/09 : Constatation de la discrimination dans le refus d'attribution d'un permis de séjour en Italie à un concubin homosexuel dans la mesure où ce refus est justifié en fait par l'absence de mariage alors qu'il n'existe pas (à l'époque) de droit au mariage ou d'union civile pour les homosexuels en Italie.

8 juillet 2013 – Cour de cassation : Rejet de la Cour de cassation (arrêt de rejet) concernant la levée du fichage informatique des personnes frappées par l'interdiction de donner du sang, discriminant ainsi les personnes homosexuelles.

11 juillet 1989 – Cour de cassation chambre sociale : « La loi qui fait référence au concubinage ne peut que concerner qu'un homme et qu'une femme ». Rejet du concubinage homosexuel.

14 juillet 2017 – Propos de l'auteur sur le thème « Sexualité, orientation sexuelle (homosexualité) et terrorisme ».

19 juillet 2017 – Propos (JD) sur l'existence de mariage chrétien homosexuel au Moyen-âge ?

19 juillet 2017 – Liste de divers pays (en Europe notamment) qui ont légalisé le mariage gay.

25 juillet 1995 – Tribunal de grande instance de Belfort : Reconnaissance de droits aux homosexuels en ce qui concerne l'indemnisation d'un préjudice par ricochet du compagnon survivant suite à accident du partenaire), et ce avant même la loi sur le mariage homosexuel.

27 juillet 1982 – Adoption par l'Assemblée nationale de la proposition de loi abrogeant la discrimination légale pénale à l'encontre des homosexuels et fixant de ce fait la même majorité sexuelle pour les hétérosexuels et les homosexuels.

29 juillet 1994 – Loi bioéthique PMA (adoption avec loi 17 mai 2013 par couple homo).

4 août 1982 – La loi du 4 août 1982 (Loi n° 82-683, J.O. du 5 août 1982, p. 2502) a supprimé la pénalisation des « actes impudiques ou contre nature commis avec un mineur de 18 ans du même sexe » (suppression de l'alinéa 2 de l'article 331 du Code pénal) Dépénalisation de relations homosexuelles avec un mineur âgé de 15 à 18 ans.

5 août 2015 – Une circulaire du ministre de la Justice invite les parquets à ne plus s'opposer au mariage franco-marocain de couple de même sexe en France alors que la loi marocaine prohibe le mariage homosexuel.

23 août 2011 – Examen pour la première fois devant la Cour interaméricaine des Droits de l'homme (CIADH) réunie à Bogota de la demande d'une personne homosexuelle (lesbienne) à conserver la garde de ses enfants.

28 août 2015 – Propos relaté du Président gambien par le journal *Libération* « Tout gay ou lesbienne pris en Gambie aura le sexe coupé ».

29 août 1793 – Émancipation des esclaves à Saint-Domingue. « De l'abolition de l'esclavage économique à l'abolition de l'esclavage sexuel ».

25 septembre 1791 – Loi : Première dépénalisation (partielle) de l'homosexualité.

27 septembre 1992 – CEDH Smith et Grady c Royaume-Uni : Condamnation du Royaume uni pour révocation pour homosexualité de militaires.

3 octobre 2013 – I.B. c/ Grèce, CEDH : De la discrimination constituée par le licenciement d'un employé séropositif.

8 octobre 2013 – Tribunal administratif de Strasbourg : Question préjudicielle posée à la Cour de justice de l'Union européenne à propos de l'exclusion permanente des homosexuelles au don du sang. Discrimination sexuelle.

22 octobre 1981 – CEDH Dudgeon c. Royaume-Uni : les lois britanniques érigeant certaines pratiques homosexuelles en infractions sont jugées contraires à l'article 8 de la Convention des Droits de l'Homme protégeant le respect de la vie privée des individus. La Cour affirme ainsi que la liberté de pratique et de l'orientation sexuelle.

15 novembre 1999 – Loi sur le pacte civil de solidarité (PACS).

2 décembre 2014 – Arrêt Cour de justice de l'Union européenne (CJUE) à propos de la vérification des allégations d'homosexualité d'un demandeur d'asile.

9 décembre 2016 – Selon Associated Press du 9 décembre 2016 la chambre des députés du Mexique a rejeté le droit au mariage entre conjoints de même sexe.

13 décembre 2012 – Communiqué de l'enseignement catholique sur le projet de mariage de personnes de même sexe.

18 décembre 2015 – Tribunal de grande instance de Paris : Christine Boutin condamnée par le Tribunal de grande instance de Paris, pour homophobie « l'homosexualité est une abomination ».

21 décembre 1999 – CEDH c Portugal : Condamnation du Portugal dans l'affaire Salgueiro pour avoir refusé la garde de son enfant au père du fait de son homosexualité.

THÈME VII

Harcèlement sexuel et moral / Sexisme / Discrimination / Principe de parité

9 janvier 2017 – Hommage à l'engagement féministe de Simone de Beauvoir (née le 9 janvier 1908).

15 janvier 2015 – Cour de cassation chambre sociale : Obligation absolue (de résultat) de cessation de harcèlement à la charge de l'employeur en cas de harcèlement moral ou sexuel d'une employée.

7 janvier 2015 – Décision MLD-2014-209 du 7 janvier 2015 relative au harcèlement moral subi par un fonctionnaire territorial depuis la dénonciation de l'agression sexuelle dont elle aurait été victime de la part de son supérieur hiérarchique.

20 janvier 2017 – Publication d'une enquête du Défenseur des Droits dénonçant le contrôle au facies.

21 janvier 2017 – Marche des femmes (contre l'atteinte aux Droits de l'homme) après l'investiture de Donald Trump.

2 février 2016 – Tribunal correctionnel Paris : Harcèlement sexuel (aggravée) d'une femme gendarme par ses collègues (condamnation).

11 février 2005 – L'assistance sexuelle des handicapés n'est (toujours) pas reconnue par la loi du 11 févr. 2005.

12 février 2013 – Décision du Défenseur des Droits MLD-2012-185 du 12 février 2013 « Nécessité absolue en cas de licenciement économique d'une salariée enceinte d'indiquer en quoi les raisons économiques placent l'employeur averti de la grossesse dans l'impossibilité de maintenir le propre contrat de la réclamante pendant la période de protection légale ».

18 février 2016 – Avis du contrôleur général de la prison sur la situation carcérale des femmes et leur discrimination : « Discrimination par rapport à l'homme ».

25 février 1790 – Loi : Suppression du droit d'aînesse.

3 mars 2015 – Cour de cassation : De la nécessité de distinguer les préjudices générés par le harcèlement moral ou sexuel de ceux nés de la discrimination pour état de grossesse (Cass. soc. 3 mars 2015 n° 13-23521, Bulletin).

20 mars 2015 – Disposition dérogatoire à la proportion minimale de quarante pour cent de chaque sexe dans la constitution des jurys pour le recrutement ou la promotion dans certains cadres d'emplois de la fonction publique territoriale.

23 mars 2016 – Décision du Défenseur des Droits (MLD lutte contre les discriminations -2016-080) Contestation de la rupture d'un contrat de collaboration pour discrimination sexuelle en raison du sexe de la demanderesse.

14 avril 2016 – Cour de cassation chambre sociale : En cas de harcèlement subi par l'employé l'employeur doit prendre toutes dispositions pour reclasser l'employée harcelée de manière à assurer sa sécurité (obligation de résultat). Le constat initial de l'inaptitude au poste formulé par le médecin du travail ne saurait suffire Un manquement à l'obligation de reclassement est condamnable.

23 avril 2015 – Cour d'appel d'Orléans : Preuve difficile de la discrimination d'une salariée au travail. Nécessité d'éléments comparatifs difficiles à obtenir.

24 avril 2015 – Question prioritaire constitutionnelle (QPC) et Décision du conseil : La loi exigeant la parité homme femme uniquement dans les instances de recrutement des Maîtres de conférences (MDC) n'est-elle pas contraire avec le principe d'égalité entre les élus qui doivent siéger au comité ? Décision négative le principe de parité ne s'appliquant qu'aux MDC et le principe d'égalité n'étant qu'un objectif et non un droit ou une loi.

28 avril 2016 – Cour constitutionnelle de Colombie : Le mariage homosexuel n'est pas contraire à la Constitution.

29 avril 2015 – Cour de justice de l'Union européenne (CJUE, 4e Ch., 29 avril 2015, Léger, Aff. C-528/13) : L'interdiction du don du sang par des homosexuels – suite à l'arrêté du 12 janvier 2009 – n'est pas jugée discriminatoire.

5 mai 2009 – Cour d'appel de Nîmes, 5 mai 2009 Numéro JurisData 2009-378662 : L'audition par l'employeur de salariés ou de témoins est un préalable obligatoire en matière de licenciement pour harcèlement sexuel.

24 mai 2016 – Décision MLD-2016-117 du Défenseur des Droits visant à lutter dans la fonction publique hospitalière contre la pratique de notation visant à geler la note chiffrée des agents absents en lien avec la maternité (Discrimination liée à l'état de grossesses).

27 mai 2016 – Selon l'Observatoire des inégalités les hommes gagnent 23 % de plus que les femmes.

28 mai 2015 – Cour de cassation chambre sociale : De l'attitude passive du responsable hiérarchique face au harcèlement moral d'une salariée et aux accusations de masturbation et relations sexuelles.

1er juin 2016 – Cour de cassation, 1er juin 2016 : L'obligation de sécurité et de résultat de l'employeur est étendue à la situation de harcèlement moral (et de harcèlement sexuel). Par ailleurs il ne s'agit pas seulement de faire cesser le harcèlement moral pour que l'employeur se dégage de toute responsabilité. Il doit être établi que toutes mesures spécifiques ont été prises par application des articles L. 4121-1 et L. 4121-2 du Code du travail et notamment la mise en œuvre d'actions d'information et de formation propres à prévenir la survenance de faits de harcèlement moral est nécessaire.

10 juin 2015 – Cour de cassation, n° 13-25.554. et n° 14-13.318. : La dénonciation d'un harcèlement moral ou sexuel par un salarié n'est fautive que s'il est démontré la connaissance de la fausseté des faits dénoncés par le dénonciateur au moment où il les a formulés.

11 juin 2002 – Cour de cassation chambre criminelle : La chambre criminelle de la Cour de cassation estime que la preuve de la discrimination par testing ne peut être écartée a priori au seul motif qu'elle ne soit pas transparente ou obtenue de manière illicite ou déloyale. Elle considère qu'il appartient au juge répressif qui ne peut refuser l'examen des éléments de preuve d'en apprécier la valeur probante.

17 juin 2010 – Cour de cassation 2e chambre civile : Définition du préjudice sexuel et distinction implicite avec le préjudice d'agrément : Confirmation de l'autonomie du préjudice sexuel par rapport au préjudice d'agrément.

22 juin 2007 – Conseil d'État : Le Conseil d'État refuse de consacrer une forme de discrimination positive en faveur des femmes en matière de composition des jurys de recrutement des fonctionnaires de l'État dans la mesure où la loi ne fixe qu'un « objectif » d'égalité et non une obligation.

30 juin 2016 – CEDH Taddeucci et McCall c. Italie req. n° 51362/09 : Constatation de la discrimination dans le refus d'attribution d'un permis de séjour en Italie à un concubin homosexuel dans la mesure où ce refus est justifié en fait par l'absence de mariage alors qu'il n'existe pas (à l'époque) de droit au mariage ou d'union civile pour les homosexuels en Italie.

7 août 2012 – Loi relative à la nouvelle définition du harcèlement sexuel.

10 juillet 2013 – Cour de cassation chambre sociale : La relation amoureuse au travail d'une salariée dans le cadre professionnel avec son supérieur peut faire échec à une accusation postérieure de harcèlement sexuel de ce directeur par cette dernière.

24 juillet 2015 – Décision MLD-2015-144 du 24 juillet 2015 du Défenseur des Droits relative à un licenciement pour faute grave dont la cause semble être en fait la dénonciation d'un harcèlement moral et d'une discrimination salariale du fait du sexe.

8 août 2016 – La Loi du travail du 8 août 2016 (ou loi el khmori) vise agissements sexistes.

10 août 2016 – À propos du régime probatoire du harcèlement modifié par la loi Travail dite loi El Khomri (JD).

17 août 2015 – Apparition de la notion d'agissements sexistes dans la loi Rebsamen du 17 août 2015 relative au droit du travail.

2 septembre 2009 – Cour de cassation (arrêt de rejet) : Harcèlement sexuel de l'employeur (attitude distincte de celle de séduction).

3 septembre 2014 – Cour de cassation chambre criminelle (arrêt de rejet) : Harcèlement moral à l'encontre d'une collègue gendarme.

11 septembre 2015 – La Cour d'appel d'Aix-en-Provence en date du 11 septembre 2015, (n° 13/15440) montre sa volonté de protéger les salariés transsexuels ou en cours de transformation sexuelle contre les discriminations mais considère qu'en l'espèce la discrimination n'est pas prouvée.

12 septembre 2016 – Conseil de prud'hommes de Lyon : Condamnation pour harcèlement sexuel d'une salariée en l'absence de témoignages initiaux de collègues et prononcé de la nullité de son licenciement.

23 septembre 2015 – Cour de cassation : Deux messages SMS « d'amour » d'un employeur en tant qu'ancien amant de sa salariée ne constituent pas un harcèlement sexuel.

24 septembre 2008 – Cour de cassation (3 arrêts) : Rappel en matière de harcèlement moral Régime probatoire facilité. Vers un renversement de la charge de la preuve.

24 septembre 2008 – Cour de cassation : La tentative d'un cadre d'embrasser une salariée contre son gré, sur le lieu de travail, a été considérée comme un des éléments du harcèlement sexuel.

30 septembre 2009 – Cour de cassation chambre criminelle : Harcèlement sexuel en cas de pression indélicate pour obtenir des faveurs sexuelles.

4 octobre 1958 – Constitution : Le fondement principal de la lutte contre les discriminations sexuelles repose sur la Constitution.

9 octobre 2014 – Cour d'appel administrative du Portugal : Réduction du montant du préjudice sexuel du fait de sa condition de femme, de son âge et de l'existence de deux d'enfants Discrimination sexuelle selon la CEDH.

10 octobre 2006 – L'Assemblée parlementaire du Conseil de l'Europe, décerne le prix des droits de l'Homme « Vaclav Havel » à Nadia Mourad Basée Taha ex-otage et esclave sexuelle de l'État islamique,

11 octobre 2010 – Loi interdisant la dissimulation du visage dans l'espace public.

19 octobre 2011 – Cour de cassation chambre sociale n° 09-72.672 : Harcèlement sexuel (justifiant un licenciement) en dépit de propos tenus hors du lieu et du temps de travail.

28 août 2009 – Cour d'appel de Nancy : Harcèlement sexuel. Nécessité de « divers » témoignages.

16 novembre 2016 – Résultat de la campagne de *testing* destiné à lutter contre les discriminations au travail (Le figaro 16 novembre).

29 novembre 1996 – Cour d'appel de Versailles : Absence de condamnation pour harcèlement sexuel de l'employeur (à cette époque) en l'absence de menaces, de contraintes ou de « pressionsgraves » pour « obtenir des faveurs de nature sexuelle ».

30 novembre 2005 – Cour de cassation chambre sociale, 30 novembre 2005, (n° 04-13877) : Nécessité en cas de harcèlement sexuel du supérieur en dehors de l'établissement de caractériser le trouble objectif à l'entreprise.

3 décembre 2014 – Cour de cassation chambre sociale 3 déc. 2014 : Harcèlement entre salariés. La justification de l'employeur selon laquelle il a pris des mesures adaptées et pertinentes en termes de résolution de conflit relatif au harcèlement moral ou sexuel entre salariés peut lui permettre d'échapper à l'obligation absolue de sécurité et de résultat qui pesait antérieure sur lui (en la matière une brève étude de l'évolution sur la question suit sous l'intitulé Réaction Actualité).

5 décembre 2016 – Conférence sur la lutte contre les discriminations liées à l'origine par l'Association Française des Managers de la Diversité (AFMD) et la Fondation Agir Contre l'Exclusion (FACE).

10 décembre 1948 – Déclaration universelle des Droits de l homme.

27 décembre 2012 – Conseil des prud'hommes : Une célèbre banque condamnée par le conseil des prud'hommes pour discrimination (raciale) envers un de ses cadres.

31 décembre 2016 – Violences à l'encontre de femmes en Allemagne (sexisme ? agressions sexuelles).

THÈME VIII

Infractions sexuelles (autres que celles déjà vues *supra* – exclusion notamment des infractions liées aux mineurs à l'inceste au harcèlement au proxénétisme à la prostitution – à la transmission du VIH –)

2 janvier 2013 – Loi islamique : La femme ne peut être assise qu'à califourchon sur une moto (Province d'Indonésie).

11 janvier 2017 – Cour de cassation : La victime à moitié endormie et alcoolisée, a cru que son mari lui prodiguait de caresses dans son lit avant de comprendre son erreur et de s'y opposer. L'auteur a été condamné pour agression sexuelle par surprise en l'absence même de manœuvre ou stratagème.

12 janvier 2017 – La proposition de loi de doublement des délais de prescription pénale est adoptée en deuxième lecture à l'assemblée. Elle concerne aussi les crimes et délits sexuels.

24 janvier 2012 – Étude par l'université de Sherbrooke (faculté de droit) des crimes d'honneur « qui devraient être qualifiés de déshonneur » au Canada Suivie d'un aperçu personnel global succinct tant dans le monde qu'en France).

6 février 2015 – Journée internationale de la tolérance 0 à l'égard des mutilations sexuelles féminines.

15 février 2012 – Tribunal de grande instance de Paris : Condamnation de Google au déréférencement d'une vidéo pornographique : « consécration d'un droit à l'oubli ? ».

16 février 2016 – Emmanuel Macron porte plainte pour réception de mails érotiques.

19 janvier 2005 – Cour de Cassation chambre criminelle: La stérilisation pratiquée dans un but strictement contraceptif sur une patiente non consentante constitue un délit si elle est réversible et un crime dans le cas contraire.

20 février 2016 – Tribunal de Colombie britannique: «Silence de la loi pénale sur le *Revenge porn*» (revanche en mode pornographique via internet) Diffusion de l'image sans consentement non sanctionnée à l'ère du numérique au Canada (et en France).

21 février 2007 – Cour de cassation: «L'introduction contrainte dans la bouche d'un objet phallique n'est pas un viol».

22 février 1984 – Cour de cassation: De la nécessité de distinguer en matière de fellation l'impératif «Suce-moi» (viol) de «Je te suce» (agression sexuelle) ou la fellation non imposée n'est pas un viol.

1er mars 1994 – Loi: Le délit d'exhibition sexuelle remplace le délit fourre-tout d'outrage public à la pudeur.

9 mars 2004 – Loi: La notion de zoophilie est introduite dans la loi sur la protection des animaux du 9 mars 2014.

10 mai 2012 – Cour de cassation chambre sociale: La consultation sans précaution au vu de tous de manière «ouverte» de sites pornographiques sur l'ordinateur professionnel d'un directeur salarié est une faute grave qui justifie le licenciement.

16 mars 2016 – Cour de cassation: Absence de poursuite pénale pour diffusion d'une photo intime sur internet alors que le consentement à la prise de vue avait été donné (cas dit de *Revenge porn*).

19 mars 2004 – Cour de cassation: Condamnation pour enregistrement et création de site pornographique sur le lieu de travail.

12 avril 2016 – Cour de cassation chambre criminelle 12 avril 2016 n° de pourvoi 15-86298: Un enquêteur désigné pour faire un rapport sur la personnalité d'un mis en examen (pour agression sexuelle aggravée, viol) ne peut recueillir aucune déclaration sur les faits reprochés.

25 avril 2001 – Cour de cassation chambre criminelle: La surprise, élément constitutif du délit d'agression sexuelle au sens de l'article 222-22 du Code pénal, est celle qui surprend le consentement de la victime, (consentement surpris et donc extorqué du fait de l'attitude, des diligences ou des manœuvres de l'agresseur). Il existe une sorte de processus qui vicie le consentement éclairé de la victime. La surprise relative au consentement (consentement surpris) se distingue de la surprise au sens d'étonnement exprimée par la victime suite à l'attitude de l'auteur de l'agression.

3 juin 2016 – Colloque « Droit aux Sexes » en Sarthe au Mans le 03 juin 2016, sous la responsabilité du Collectif L'Unité du Droit, avec le soutien de la Ville du Mans, des Universités du Maine, de Toulouse 1, Capitole (Institut Maurice Hauriou). Marraine de l'édition 2016 Brigitte Lahaie.

17 juin 2010 – Cour de cassation 2e chambre civile : Définition du préjudice sexuel et distinction implicite avec le préjudice d'agrément : Confirmation de l'autonomie du préjudice sexuel par rapport au préjudice d'agrément.

23 juin 1988 – Cour de cassation commerciale : Soufflette dans le rectum. L'employeur commettant n'a pas été jugé responsable de la faute de son préposé qui avait apposé sans autorisation et à des fins étrangères à ses attributions une soufflette sur le rectum de son collègue au lieu et heures de travail.

1er juillet 2009 – Tribunal de grande instance de Paris, 24e Chambre : Relations sadomasochistes(SM) : Relaxe de poursuites suite à violences légères du fait du consentement.

17 juillet 1984 – Cour de cassation chambre criminelle, 17 juillet 1984, pourvoi N° 84-91.288 : Prémices d'une reconnaissance du viol entre époux (reconnaissance du viol entre époux mais séparés).

26 juillet 2016 – Le média d'information des avocats au canada *Inc* en date du 26/07/2016 indique que la loi canadienne du 6 nov. 2014 pénalisant le client de la prostituée ne semble pas (après un recul de plus de deux ans) être une réussite.

12 août 2010 – Julian Assange et le préservatif qui craque et/ou le phénomène du *stealthing* : Viol ?

14 août 2017 – Propos (JD) sur les idées stéréotypées concernant les agresseurs et les agressions sexuelles (JD).

15 août 1896 – Naissance de Marie Besnard considérée comme une empoisonneuse aux multiples amants, acquittée en 1961, décédée le 14 février 1980 à Loudun.

16 août 2015 – Le journal *Libération* fait paraître un article intitulé « Daech et la théologie du viol ».

18 août 2016 – Brève synthèse sur les violences sexuelles et les conflits armés et extraits d'articles ou d'interviews du CICR aux environs du 18/19 août 2016.

22 août 2001 – Cour de cassation : La fellation pratiquée par l'agresseur sur la personne de la victime n'est pas un viol (mais une agression sexuelle).

26 août 2017 – Ordonnance du Conseil d'État (suite à appel devant juge des référés du Conseil d'État) contre l'arrêté municipal anti-burkini du maire.

27 août 1857 – Tribunal correctionnel, Seine 6e chambre : Condamnation de Charles Baudelaire pour outrage aux bonnes mœurs par voie de presse suite à édition par voie de livre.

30 août 1877 – Cour de cassation chambre criminelle : Un cadavre ne peut être juridiquement violé.

31 août 2016 – Interpellation du vice-président d'un parti politique député européen pour exhibition sexuelle dans un magasin de bricolage des Yvelines.

4 septembre 2007 – Cour de cassation : Délit de Zoophilie retenu pour la première fois par application de la loi du 9 mars 2004 sur la protection des animaux.

5 septembre 1990 – Cour de cassation chambre criminelle : Reconnaissance pour la première fois du viol entre époux « durant le mariage » et du caractère simple de la présomption de consentement aux relations sexuelles.

6 septembre 2016 – CEDH : Condamnation de la Belgique par la Cour européenne des Droits de l'homme pour traitement inhumain suite à détention carcérale depuis plus de neuf ans d'un délinquant sexuel, considéré comme ayant une faculté de discernement altéré, sans soins appropriés à son état de santé mentale et sans perspective réaliste de réinsertion.

11 septembre 2009 – Cour de cassation chambre criminelle : Refus d'inscription sur le fichier Fnaeg.

13 septembre 2000 – Cour de cassation : Sanction d'un membre d'un mouvement sectaire pour non-dénonciation de violences sexuelles sur mineur suite à confession d'un adhérant.

17 décembre 2014 – Tribunal correctionnel de Paris : *Femen* condamnée pour exhibition sexuelle (seins nus dans l'église de la Madeleine à Paris).

19 septembre 2001 – Cour de cassation n° 01-84557 : En cas de poursuite pour agression sexuelle ou viol la contrainte morale sur un enfant peut résulter de la menace que fait peser l'agresseur en prétendant vouloir se jeter par la fenêtre.

23 septembre 1964 – Tribunal correctionnel de Grasse : Jouer au Ping-pong seins nus sur la Croisette constitue un délit d'outrage à la pudeur.

1er octobre 2008 – Cour d'appel d'Aix-en-Provence : Le refus de consentir dans le cadre du mariage à avoir des rapports sexuels est considéré comme injurieux (faute) rendant intolérable le maintien de la vie commune.

5 octobre 1972 – Tribunal correctionnel Paris : Essai de définition du caractère pornographique d'une œuvre.

9 octobre 1956 – Cour de cassation chambre criminelle : L'appel aux services de secours n'exclut pas une aide immédiate.

11 octobre 2010 – Loi interdisant la dissimulation du visage dans l'espace public.

13 octobre 1982 – Tribunal correctionnel de Châlons-sur-Marne : Absence d'enlèvement ou de détournement de mineur de plus de 15 ans en dépit de relations sexuelles du majeur de 18 ans.

16 octobre 2013 – Cour d'assises du Val-de-Marne : Condamnation d'un époux pour viol et violence envers sa femme (viol entre époux).

21 octobre 1998 – Cour de cassation chambre criminelle : Une fellation pratiquée par la belle-mère sur un jeune garçon mineur de 14 ans n'est pas un viol faute d'acte de pénétration par l'organe sexuel.

24 octobre 2016 – Cour d'appel de Montpellier : En l'absence d'abolition de ses facultés mentales, un avocat honoraire qui a publié sur un site Internet ouvert au public des photos de son sexe en érection, a commis des manquements graves aux obligations de sa charge qui justifient la mesure de retrait de l'honorariat.

27 octobre 2010 – Cour de cassation : Condamnation du mari pour agressions sexuelles suite à des pratiques sadomasochistes non librement consenties.

8 novembre 2005 – Cour de cassation : Dénonciation calomnieuse. En application de l'article 226-10 du Code pénal, la dénonciation calomnieuse en l'espèce d'une agression sexuelle n'est caractérisée que si elle est spontanée (notamment prise sur initiative personnelle).

19 novembre 2015 – Cour d'appel de Nancy : la nécessaire réparation distincte du préjudice sexuel et du préjudice d'agrément.

23 novembre 2011 – Cour de cassation chambre sociale : Licenciement pour faute grave d'un salarié se connectant avec l'ordinateur professionnel à des sites pornographiques et zoophiles et ayant mis en ligne son numéro de portable professionnel.

4 décembre 2003 – CEDH MC c. Bulgarie : De l'absence de nécessité d'une résistance physique de la personne violée.

7 décembre 2011 – Cour de cassation chambre criminelle : Absence de délit d'exhibition sexuelle d'un travesti en l'absence d'exposition des organes sexuels en dépit d'une masturbation sous la jupe.

8 décembre 2009 – Cour de cassation chambre sociale : Licenciement sans cause réelle et sérieuse du salarié pour stockage d'une soixantaine de photographies pornographiques et zoophiles dans les archives personnelles non cryptées du salarié figurant sur l'ordinateur professionnel « faute d'impact sur l'activité de l'entreprise ».

19 décembre 2012 – Cour de Cassation, 1re Civ. : Nullité du mariage faute d'intention conjugale.

22 décembre 1965 – Cour de cassation chambre criminelle : Une jeune femme jouant au ping-pong sur une plage les seins nus est condamnée pour outrage public à la pudeur.

23 décembre 1980 – Loi relative au viol.

23 décembre 1980 – Propos : Loi sur le viol et bref historique « De la loi générale sur le viol de 1980 à la disparition en 2010 de la présomption de consentement aux relations sexuelles entre époux à propos du viol entre époux ».

THÈME IX

Liberté, Liberté sexuelle, Droit au plaisir sexuel (et limites)

1er janvier 2002 – Une ordonnance fixe implicitement la majorité sexuelle à 15 ans.

6 janvier 1998 – Cour de cassation Belge : À propos du sadomasochisme « Des coups et blessures volontaires peuvent être excusables ».

9 janvier 2017 – Hommage à l'engagement féministe de Simone de Beauvoir (née le 9 janvier 1908).

16 janvier 2009 – Tribunal de grande instance de Paris : Soirées échangistes. Contraires aux bonnes mœurs ? Non.

17 janvier 1975 – La loi VEIL autorise l'IVG sous conditions (même sans le consentement des parents).

24 janvier 2012 – Étude par l'université de Sherbrooke (faculté de droit) des crimes d'honneur « qui devraient être qualifiés de déshonneur » au Canada suivie d'un aperçu personnel global succinct tant dans le monde qu'en France).

26 janvier 2016 – Loi supprimant le délai de réflexion d'une semaine en matière d'IVG.

27 janvier 1987 – La loi autorise la publicité pour les préservatifs.

30 janvier, Tribunal de grande instance de Paris, 17e chambre : Les sites à caractère pornographique sont licites.

5 février 2012 – *Journal du dimanche*. Rajeunissement dans les clubs échangistes (Sociologie).

11 février 2005 – L'assistance sexuelle des handicapés n'est (toujours) pas reconnue par la loi du 11 févr. 2005.

14 février 2017 – La Saint Valentin en date du 14 février est-elle bien la fête d'un saint ou celle des amoureux ?

17 février 2005 – Cour de justice de l'Union européenne (CJUE) : « Le sado masochisme (SM) relève de la liberté individuelle ».

20 février 2016 – Tribunal de Colombie britannique: « Silence de la loi pénale sur le *Revenge porn* » (revanche en mode pornographique via internet) Diffusion de l'image sans consentement non sanctionnée à l'ère du numérique au Canada (et en France).

6 mars 2014 – Loi *anti sodomy* abrogée en Virginie.

11 mars 1998 – Cour d'appel de Versailles: Le consentement à une photo de nue est limité. Il ne vaut pas pour un autre périodique.

16 mars 2016 – Cour de cassation: Absence de poursuite pénale pour diffusion d'une photo intime sur internet alors que le consentement à la prise de vue avait été donné (cas dit de *Revenge porn*).

22 mars 1956 – Tribunal correctionnel: La pornographie n'est pas interdite par le législateur.

22 mars 1968 – Révolte étudiante à caractère libertaire et sexuel en France.

23/24 mars 1965 – Révolte étudiante et sociale au Maroc sans caractère libertaire et sexuel.

3 avril 1990 – Loi sur l'IVG (interruption volontaire de grossesses) en Belgique. Absence de nécessité d'autorisation parentale en cas de demande d'avortement de la mineure enceinte.

18 avril 1969 – Selon le blog d'Agnès Girard anthropologue « les 400 culs » (http //sexes.blogs.liberation.fr) John Giorno a fait distribuer ses poèmes érotiques dans les Rues de New York par des patineuses.

20 avril 2016 – Salon « enVIE d'amour » à Namur Belgique. Conférence « Vie affective et sexuelle des personnes en situation de handicap: mythe ou réalité? », par Marcel Nuss, écrivain et conférencier.

26 avril 2016 – CREAI (Centre régional d'étude et information en faveur des personnes en situation de vulnérabilité): Débat sur « Sexualité et Handicap, Accompagnants et Accompagnés: Quelles pratiques? ».

30 avril 2009 – Cour d'appel de Paris pole 1, 3e chambre : À propos de l'exposition de cadavres sexués du docteur Von Hagens et de l'exposition Our body / À corps ouvert: Le cadavre n'est pas qu'une chose: Nécessité du consentement et du respect du principe de dignité.

3 mai 1968 – Intervention de la police à la Sorbonne. Début des évènements dits de mai 1968 revendiquant notamment une plus grande liberté y compris sexuelle.

3 mai 2011 – Cour d'appel d'Aix-en-Provence 3 mai 2011, 2011/292, RG n° 09/05752: « l'abstinence sexuelle du conjoint n'est pas sans danger » en raison du risque de divorce pour faute et de dommages et intérêts.

10 mai 2012 – Cour de cassation chambre sociale: La consultation sans précaution au vu de tous de manière « ouverte » de sites pornographiques sur l'ordinateur professionnel d'un directeur salarié est une faute grave qui justifie le licenciement.

17 mai 2013 – Loi consacrant le droit au mariage des personnes de même sexe.

19 mai 2004 – Cour de cassation : Condamnation pour abus de confiance en raison d'un surf « abusif » sur internet (durant le temps de travail à partir de l'ordinateur mis à disposition du salarié dans l'entreprise) et de l'enregistrement et la création d'un site pornographique.

4 juin 2013 – Colloque « Handicaps : si on parlait vie sexuelle ? » Organisé à L'Alcazar par la Ville de Marseille « Propos sur l'assistance sexuelle des handicapés ».

5 juin 2002 – Tribunal de grande instance de Lille : « Les PACSES ont une obligation de fidélité fondée sur l'obligation de vie commune selon du moins ce tribunal ».

9 juin 2016 – CEDH 9 juin 2016 : La Convention européenne des Droits de l'homme ne comporte pas de droit impératif au mariage pour les couples homosexuels, tant au titre du droit au respect de la vie privée et familiale (art. 8) qu'à celui de se marier et de fonder une famille (art. 12).

14 juin 2002 – Le Conseil d'État à propos du visa d'exploitation du film *Baise-moi* précise les conditions (scènes de sexe non simulé, intention du réalisateur, caractère esthétique ou non de son travail) pour qu'un film soit classé pornographique (ce qui ne définit pas pour autant la pornographie).

15 juin 2016 – Communiqué de presse du 15 juin 2016 du Haut Conseil à l'Égalité qui appelle les pouvoirs publics à mettre en œuvre une éducation à la sexualité à la hauteur des besoins des jeunes.

24 juin 2011 – *Le Figaro Madame* « Premier de cordée ». Le Shibari Un nouveau must du libertinage et plus précisément du ligotage.

25 juin 1970 – Tribual de grande instance de Dieppe GP 1970, 2, 243 : Condamnation du mari pour avoir imposé des relations excessives sans modération a sa femme.

1er juillet 2009 – Tribunal de grande instance de Paris, 24e chambre : Relations sadomasochistes(SM). Relaxe de poursuites suite à violences légères du fait du consentement.

4 juillet 2001 – Loi n° 2001-458 : Légalisation de la stérilisation volontaire et notamment des personnes handicapées sous tutelle ou curatelle.

5 juillet 2016 – Selon l'article du Journal *l'Équipe* en date du 5 juillet 2016 le sexe n'est pas incompatible avec la performance sportive (auteur Pierre Rondeau).

6 juillet 1972 – Tribunal de grande instance de Valence : Réparation du préjudice sexuel par ricochet. L'impuissance du mari suite à accident oblige à réparation à l'égard de l'épouse victime par ricochet.

13 juillet 1979 – Le Conseil d'État infirme la décision de classer le film *Le Bordel ou la maison des confidences* dans la catégorie des films pornographiques prévus par la loi de 1976 en l'absence de scène à caractère pornographique.

15 juillet 2016 – Cour administative d'appel de Paris 6e chambre N° 16PA02496 : La cour administrative d'appel de Paris considère que le film *Gang bang* ne présente pas un caractère pornographique au regard de la loi des finances en dépit de scènes de sexe.

18 juillet 2000 – Cour de cassation chambre sociale, 18 juillet 2000, n° 97-45.010 : À propos de l'émission de télé-réalité « L'Île de la tentation » l'activité de drague ou même l'activité sexuelle d'un célibataire avec d'autres célibataires de sexe opposé, dans le cadre du jeu de L'Île de la tentation, ou même l'inactivité du participant (temps libre des participants) peut être considérée comme l'exécution d'un contrat de travail.

23 juillet 2014 – Loi pour l'égalité réelle entre les hommes et les femmes : Suppression de la condition de « situation de détresse » en matière d'interruption volontaire de grossesse (IVG) et extension du délit d'entrave à l'IVG.

26 juillet 2016 – Le média d'information des avocats au canada *Inc* en date du 26/07/2016 indique que la loi canadienne du 6 novembre 2014 pénalisant le client de la prostituée ne semble pas (après un recul de plus de deux ans) être une réussite.

28 juillet 2017 – Propos de Jacques Delga sur les personnes âgées oubliées de la sexualité.

31 juillet 2013 – (Jorf) *Journal officiel de la République française* du 31 juillet 2013 n° 0176. Avis sur les droits à l'intimité des personnes âgées (CNCDH assemblée plénière du 27 juin 2013).

2 août 2001 – Décision du Conseil d'État le 2 août 2001 à propos d'un arrêté du maire relatif à un arrête couvre-feu interdisant aux mineurs de sortir non accompagnés au-delà d'une certaine heure. De telles interdictions fonction des situations d'urgence (arrêté couvre-feu anti-prostitution) ne peuvent être générales et absolues.

3 août 2010 – Selon Aurore Lartique journaliste à *L'Obs*, la « sexomnie » est un trouble du sommeil sous forme de somnambulisme qui se manifeste par une montée de désir sexuel et un passage à l'acte.

8 août 2017 – Bref propos sur la liberté sexuelle.

9 août 2016 – Journal *Elle*. Organisation de la première nuit du sexe.

11 août 2017 – Propos : Le sexe incompatible avec la performance sportive ?

26 août 2017 – Ordonnance du Conseil d'État (suite à appel devant juge des référés du Conseil d'État) contre l'arrêté municipal anti-burkini du maire.

29 août 1793 – Émancipation des esclaves à Saint-Domingue. « De l'abolition de l'esclavage économique à l'abolition de l'esclavage sexuel ».

8 septembre 1995 – Conseil d'État : Le bénéfice de l'aide à la création d'entreprise ne peut être refusé à un chômeur qui désire ouvrir un *sex shop*.

15 septembre 1976 – Sortie en France du film *L'Empire des Sens* qui ne fut pas considéré dans notre pays comme pornographique.

16 septembre 2016 – Paris capitale des sexualités. Sondage « observatoire vie sexuelle des Parisiens le sexe à Paris » réalisé par L'IFOP pour le site de rencontres CAM 4 (sondage rendu public au 04/01/2017) (www.ifop.com/?option=com_publication&type=poll&id=359).

21 septembre 1793 – La Convention rend obligatoire le port de la cocarde pour les femmes.

23 septembre 1964 – Jouer au ping-pong nu sur la Croisette constitue un délit d'outrage à la pudeur.

2 octobre 2001 – CEDH : absence de « clause de conscience » des pharmaciens dans la délivrance de contraceptifs. Obligation de délivrance du médicament abortif.

5 octobre 1972 – Tribunal correctionnel de Paris : Essai de définition du caractère pornographique d'une œuvre.

7 octobre 2010 – Le Comité consultatif d'éthique donne un avis très négatif sur l'utilisation de cadavres dans des positions sexuelles à des fins d'expositions dans les musées.

11 octobre 2010 – La loi n° 2010-1192 du 11 octobre 2010 interdisant la dissimulation du visage dans l'espace public (entrée en vigueur 6 mois après sa promulgation, à compter du 11 avril 2011).

13 octobre 1982 – Tribunal correctionnel de Châlons-sur-Marne : Absence d'enlèvement ou de détournement de mineur de plus de 15 ans en dépit de relations sexuelles du majeur de 18 ans.

20 octobre 2016 – « La Musardine » en date du 20 octobre 2016 édite l'ouvrage de Marc Lemonier *Liberté Égalité Sexualité – Révolutions sexuelles en France 1954-1986*.

25 octobre 2016 – La cour d'appel de Paris, en date du 25 octobre 2013, RG n° 12/22521 considère qu'une action en concurrence déloyale peut être intentée par une entreprise vendant des *sex toys* (vibromasseur contrôlé à distance) du fait de l'imitation du produit bien que ce dernier n'ait pas été déposé en tant que marque ou en l'absence de brevet.

26 octobre 2012 – Loi votée à l'Assemblée nationale visant le remboursement à 100 % des IVG par l'assurance maladie.

29 octobre 2015 – Cour d'appel de Paris : Relaxe des Femen : Absence de preuve concernant la dégradation de la cloche de Notre-Dame.

29 octobre 2004 – Cour de cassation assemblée plénière : Validité d'une libéralité d'un homme marié à sa jeune maîtresse.

31 octobre 2012 – Mort du Roi René le 31 octobre 2012.

29 octobre 2004 – Cour de cassation assemblée plénière : Validité d'une libéralité d'un homme marié à sa jeune maîtresse.

5 novembre 1793 – Exécution d'Olympe de Gouges, auteur de la Déclaration des Droits de la femme et de la citoyenne de 1791.

12 novembre 1923 – Attestation médicale du médecin de la prison de Landsberg, le docteur Josef Brinsteiner relatant l'anomalie anatomique de Hitler « cryptorchidie du côté droit » due à l'absence d'un des deux testicules dans le scrotum.

13 novembre 2015 – Journal *Libération* Chronique « De la misère sexuelle des islamistes » de Marcela Lacub.

17 novembre 2008 – Cour d'appel de Douai : Le mensonge sur la virginité n'est pas un motif d'annulation du mariage.

19 novembre 2015 – Cour d'appel de Nancy : la nécessaire réparation distincte du préjudice sexuel et du préjudice d'agrément.

24 novembre 2009 – Loi dite « pénitentiaire ». Cette loi prévoit des parloirs familiaux ou des unités de vie familiale permettant aux détenus d'avoir des rapports sexuels.

25 novembre 1999 – La Cour de cassation 2e chambre civile (98-12.726) considère que le divorce pour faute ne peut être prononcé alors que les deux époux ont accepté de vivre sexuellement librement.

26 novembre 1974 – Simone Veil défend à l'assemblée son projet de loi sur l'interruption volontaire de grossesse.

27 novembre 1996 – Cour de Cassation chambre criminelle : Condamnation pour tentative d'entrave à l'interruption volontaire de grossesse.

28 novembre 2000 – Le tribunal d'instance de Saint-Étienne résilie un bail pour abus de jouissance du locataire se livrant à des actes de débauche réguliers troublant la tranquillité publique.

6 décembre 2007 – Soirée Démonia Déguisement et Fétichisme.

8 décembre 2009 – Cour de cassation chambre civile : Licenciement sans cause réelle et sérieuse du salarié pour stockage d'une soixantaine de photographies pornographiques et zoophiles dans les archives personnelles non cryptées du salarié figurant sur l'ordinateur professionnel « faute d'impact sur l'activité de l'entreprise ».

10 décembre 1948 – Déclaration universelle des Droits de l'homme.

15 décembre 1837 – Cour de cassation chambre mixte : 15 décembre 1837 Rentre dans la classe des conventions interdites (à propos du duel) la convention par laquelle deux hommes prétendent s'attribuer le droit de disposer mutuellement de leur vie « Du duel au SM ? ».

14 décembre 2016 – Ordonnance de référé du tribunal administratif de Paris à propos du film *Sausage Party* à connotations sexuelles. Absence de caractère pornographique du film Interdiction suffisante aux moins de 12 ans.

20 décembre 2016 – Conférence consacrée aux jouets sexuels interactifs et aux relations avec les humanoïdes, organisée à Londres les 19 et 20 décembre. « Sexe et robotique ».

28 décembre 1967 – Loi dite « Neuwirth » et accès aux contraceptifs.

Thème X

Famille / Fidélité / Infidélité

5 janvier 1956 – Cour de cassation: Le fiancé a droit à obtenir réparation en cas du décès de l'autre.

23 janvier 2014 – Cour de cassation 2e chambre civile: Le traitement plus favorable réservé au conjoint marié survivant par rapport au partenaire d'un PACS ne constitue pas une discrimination.

1er février 2012 – Cour de cassation: La non-exécution du devoir conjugal justifie le prononcé du divorce.

7 février 2011 – Cour d'appel de Lyon: Recevabilité de preuves de l'infidélité recueillies sur l'ordinateur familial.

27 février 1970 – Cour de cassation: L'arrêt Dangereux ou « l'action en réparation possible de la concubine en cas de décès par accident de son concubin ».

21 mars 2011 – Cour d'appel de Lyon: La preuve par mail obtenu en fraude de l'épouse qui n'avait pas laissé accès à la messagerie et alors que son époux n'était pas autorisé à résider au domicile est irrecevable.

1er avril 2008 – Tribunal de grande instance de Lille: Le tribunal prononce la nullité du mariage à la demande de l'époux à la suite d'un mensonge sur l'absence de virginité de l'épouse (erreur sur les qualités substantielles de l'épouse ? Non).

4 avril 2006 – Tribunal de grande instance de Dinan: Annulation du mariage pour VIH non révélé.

21 avril 2016 – Enquête IFOP sur l'infidélité (pour le site Gledeen site de rencontres extra-conjugales).

30 avril 2009 – Cour d'appel de Paris (pole 1, Ch. 3): À propos de l'exposition de cadavres sexués du docteur Von Hagens et de l'exposition Our body / À corps ouvert: Nécessité du consentement et du respect du principe de dignité.

1er mai 2014 – Loi allemande sur l'abandon anonyme d'un enfant par sa mère (accouchement sous x) – Sous famille –

16 mai 2012 – Conseil constitutionnel: L'accouchement sous X n'est pas contraire à la Constitution. Droit à l'anonymat de la mère biologique en cas de refus de révélation de son identité.

17 mai 2013 – Loi consacrant le droit au mariage des personnes de même sexe.

18 mai 2005 – Cour de cassation, 1re chambre civile : Des échanges de mails peuvent suffire pour constater les violences graves et renouvelées des obligations du mariage et permettre les divorces pour faute.

23 mai 2002 – Cour de cassation chambre civile : Le fait d'avoir été sexuellement infidèle n'est pas une cause absolue de divorce.

3 juin 2017 – Légalisation du mariage à trois en Colombie ? Reconnaissance officielle du poly amour ? (JD).

5 juin 2002 – Tribunal de grande instance de Lille : « Les PACSES » ont une obligation de fidélité fondée sur l'obligation de vie commune « selon du moins ce tribunal ».

27 juin 2013 – L'Assemblée parlementaire du Conseil de l'Europe a tancé la France au sujet d'un risque de « recours excessif à la force » contre les manifestants opposés au mariage gay et d'un risque d'atteinte à la liberté de manifester.

9 juillet 1998 – Cour d'appel de Poitiers : En cas de pratique libertine l'époux ne peut invoquer l'adultère fautif de l'autre résultant de ces pratiques lors du divorce.

11 juillet 1989 – Cour de cassation chambre sociale : « La loi qui fait référence au concubinage ne peut que concerner qu'un homme et qu'une femme » Rejet du concubinage homosexuel.

16 juillet 2016 – Propos de l'auteur sur le devoir conjugal, l'abstinence, les excès.

20 juillet 2011 – Cours de cassation chambre criminelle, 20 juill. 2011, n° 10-83.763, Juris. Data n° 2011-014732 ; Bull. crim. 2011, n° 160, p. 636) : La chambre criminelle de la Cour de cassation juge que l'officier d'état civil qui signe un acte constatant un mariage qu'il sait fictif commet un crime (faux en écriture publique) et non un délit (faux en matière de document administratif).

23 juillet 2014 – Loi pour l'égalité réelle entre les hommes et les femmes. Suppression de la condition de « situation de détresse » en matière d'interruption volontaire de grossesse (IVG) et extension du délit d'entrave à l'IVG.

1er août 1999 – Mise sur le marché du Viagra en France aux environs du 1er août 1999.

1er octobre 2008 – Cour d'appel d'Aix-en-Provence : Le refus de consentir dans le cadre du mariage à avoir des rapports sexuels est considéré comme injurieux (faute) rendant intolérable le maintien de la vie commune.

2 octobre 2001 – CEDH : Absence de « clause de conscience » des pharmaciens dans la délivrance de contraceptifs. Obligation de délivrance du médicament abortif.

15 octobre 2009 – Tribunal de grande instance de Rennes: Ordonnance de référé. Rejet d'une demande d'admission en France d'insémination *post mortem*.

17 octobre 2007 – Cour de cassation, 1re chambre civile: Le mariage posthume peut être autorisé par président de la République sur demande du survivant.

26 octobre 2012 – Loi adoptée à l'Assemblée nationale visant le remboursement à 100% des IVG par l'assurance maladie.

2 novembre 2015 – Une ONG israélienne Aguda (Groupe de travail national LGBT) saisit la Cour suprême d'Israël dimanche afin de permettre le mariage entre les personnes de même sexe dans le pays. https://www.i24news.tv/.../israel/.../91142-151102-

9 novembre 1999 – Conseil constitutionnel: La vie commune inhérente au pacs supposerait une obligation de fidélité (selon du moins cette décision).

17 novembre 2008 – Cour d'appel de Douai: Le mensonge sur la virginité n'est pas un motif d'annulation du mariage (infirmation de la décision TGI de Lille, *supra* 1er avril 2008).

24 novembre 2009 – Loi dite pénitentiaire. Cette loi prévoit des parloirs familiaux ou des unités de vie familiale permettant aux détenus d'avoir des rapports sexuels.

25 novembre 1999 – La Cour de cassation 2e chambre civile (98-12.726) considère que le divorce pour faute ne peut être prononcé alors que les deux époux mariés ont accepté de vivre sexuellement librement.

16 décembre 1963 – Cour de cassation, chambre civile 2: Le refus de relations du mari peut constituer une faute (divorce aux torts du mari), dans les devoirs du mariage (au même titre que l'excès) TGI Dieppe 25 juin 1970, GP 70.II.243)...

17 décembre 1997 – Cour de cassation 2e chambre civile: L'abstention prolongée de plus d'une année de relations intimes sans justification autorise le prononcé du divorce aux torts exclusifs de l'épouse.

17 décembre 2015 – Cour de cassation chambre civile (17 décembre 2015 pourvoi 14 -29549): L'adultère ne porte pas (plus) atteinte à l'honneur et à la considération.

26 décembre 1899 – Cour d'appel de Caen: L'utilisation d'un préservatif par le mari dans les rapports sexuels avec sa femme peut être une injure grave motivant la séparation de corps.

28 décembre 1967 – Loi dite « Neuwirth » et accès aux contraceptifs.

30 décembre 1987 – Loi Abrogation de l'article de la loi de 1920 concernant la publicité pour les préservatifs.

Thème XI

Enquêtes et observations diverses

30 mars 2012 – Enquête IFOP sur la pratique de la fellation (en fonction des orientations politiques).

18 avril 1969 – Selon le blog d'Agnès Girard anthropologue « les 400 culs » (http://sexes.blogs.liberation.fr) John Giorno a fait distribuer ses poèmes érotiques dans les rues de New York par des patineuses.

21 avril 2016 – Enquête IFOP sur l'infidélité pour le site Gleeden (site de rencontres extra-conjugales).

26 avril 2016 – CREAI (Centre régional d'étude et information en faveur des personnes en situation de vulnérabilité) : Débat sur « Sexualité et Handicap, Accompagnants et Accompagnés : Quelles pratiques ? ».

6 mai 2009 – M6 télé a proposé mercredi 6 mai 2009 un reportage sur le boom du « tourisme de l'amour » au Sénégal « chez les femmes » (document de Sophie Le Gall).

20 mai 2016 – Communiqué du STRASS (Syndicat du travail sexuel) dénonçant le harcèlement policier accru depuis le vote de la loi de lutte en date du 13 avril 2016 pénalisant le client et les aspects négatifs de ce dernier texte.

22 mai 2014 – Avis de la Commission nationale consultative des Droits de l'homme (CNCDH) sur la proposition de loi renforçant la lutte contre le système prostitutionnel : « la mesure d'interdiction d'achat d'un acte sexuel et la pénalisation des clients de la prostitution est une mesure inappropriée ».

3 juin 2016 – Colloque « Droit(s) aux Sexe(s) » en Sarthe au Mans le 03 juin 2016, sous la responsabilité du Collectif L'Unité du Droit, avec le soutien de la Ville du Mans, des Universités du Maine, de Toulouse 1, Capitole (Institut Maurice Hauriou). Marraine de l'édition 2016, Mme Brigitte Lahaie.

4 juin 2013 – Colloque « Handicaps : si on parlait vie sexuelle ? » Organisé à L'Alcazar par la Ville de Marseille « Propos sur l'assistance sexuelle des handicapés ».

24 août 2013 – Journée porte ouverte « prostitution » à Zurich.

1er décembre 2013 – Vers une suppression de la mention du sexe dans les actes d'état civil en France ? In 3e Forum international Intersexe du 1er décembre 2013.

16 septembre 2016 – Paris capitale des sexualités. Sondage « Observatoire de la vie sexuelle des Parisiens : le sexe à Paris » réalisé par L'IFOP pour le site de rencontres CAM 4 (sondage rendu public au 04/01/2017).

16 novembre 2016 – Résultat de la campagne de testing destiné à lutter contre les discriminations au travail (*Le Figaro,* 16 novembre).

13 décembre 2012 – Communiqué de l'enseignement catholique sur le projet de mariage de personnes de même sexe.

20 décembre 2016 – Conférence « Sexe et robotique » consacrée aux jouets sexuels interactifs et aux relations avec les humanoïdes, organisée à Londres les 19 et 20 décembre.

Table des matières

Dépôt légal : mars 2018 N° imprimeur : 031860127-01
Imprimé en France par Présence Graphique - Monts